推理◉邪馬台国と日本神話の謎

卑弥呼の墓は、すでに発掘されている!!

福岡県平原王墓に注目せよ

安本美典［著］

勉誠出版

日本のシュリーマン？ 原田大六

原田大六（1917〜1985）は、福岡県の平原王墓を、天照大御神（あまてらすおおみかみ）の墓であるとする。宮崎公立大学の教授であった奥野正男氏は、平原王墓を卑弥呼の墓にあてる。

原田大六の説と奥野正男氏の説とを合体させると、平原王墓は「卑弥呼＝天照大御神の墓」であることになる。

原田大六は、平原遺跡に生き、平原に死んだ。いま、原田大六の業績がよみがえる。

（写真は原田大六著『平原弥生古墳 上巻』による）

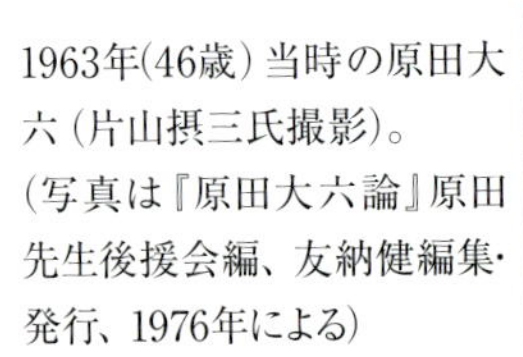

1963年（46歳）当時の原田大六（片山摂三氏撮影）。
（写真は『原田大六論』原田先生後援会編、友納健編集・発行、1976年による）

全国最大!! 5面の大鏡

写真は、平原王墓出土の5面の大鏡（直径46.1～46.5cm）のひとつ。

日本全国で、ほぼ5000面の青銅鏡が出土している。そのうち、直径の大きいもののベスト5が、すべて平原王墓というひとつの墓から出土している。このような墓は、他に存在しない。他に隔絶した状況である。今後も、これをこえる王墓が出現する可能性は、まずない。

わが国古代人口学の建設者

大正6年、57歳ごろ

沢田 吾一

(1861〜1931)

沢田吾一は、歴史学者であり、数学者であった。

昭和2年、67歳ごろ

目次

掲載図版一覧

地図

図

表

写真

コラム

系図

第I編　「卑弥呼の墓＝奈良県箸墓古墳説」を検討する

●考古学者、森浩一の見解を手がかりに●

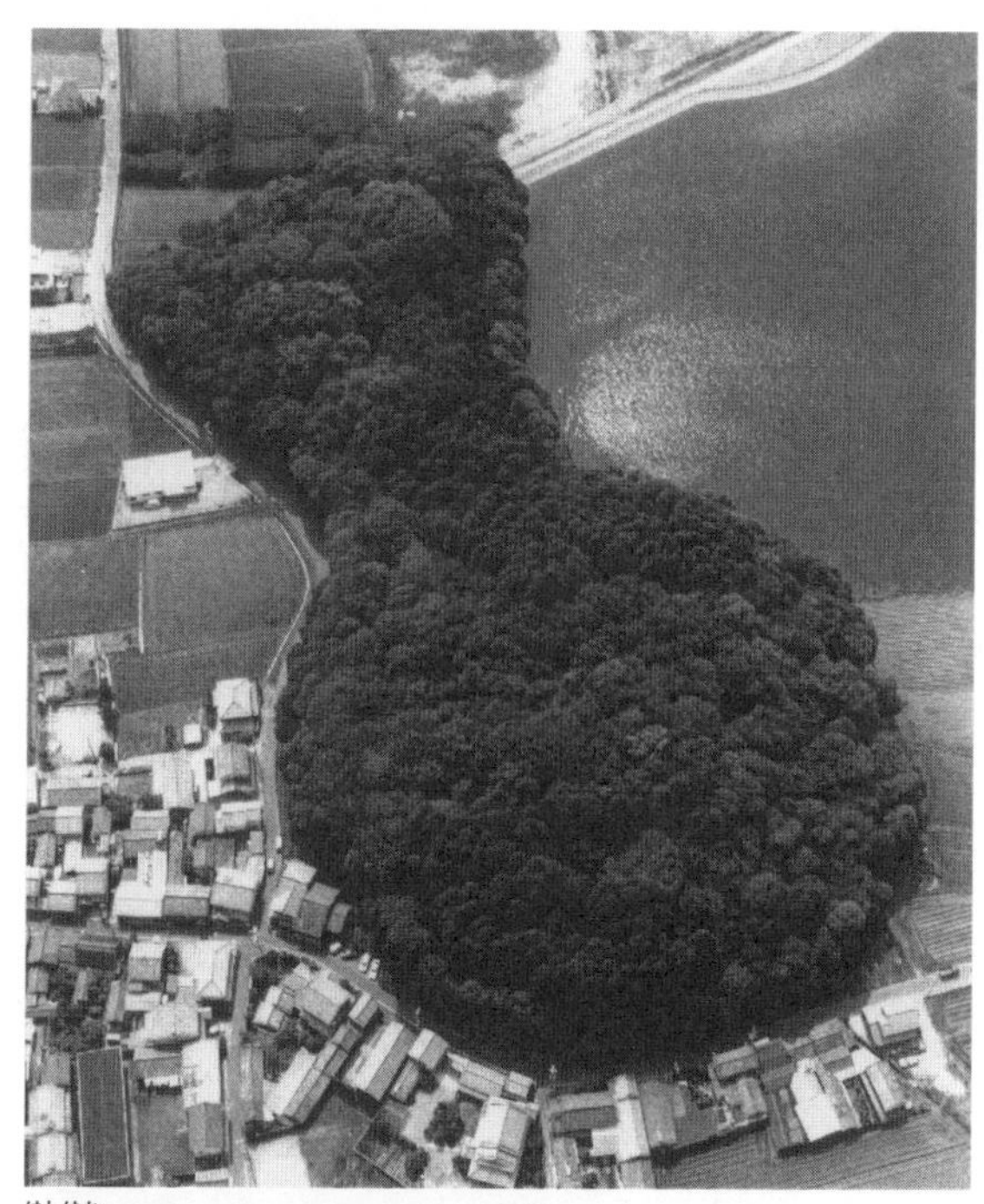

箸墓古墳（写真提供：共同通信）

倭迹迹日百襲姫の命の大市の墓（箸墓古墳）の拝所（ウィキペディアによる）

箸墓古墳は、奈良県桜井市箸中にある。

『日本書紀』は、この墓を第10代崇神天皇の時代に活躍した倭迹迹日百襲姫の命の墓とする。

奈良県桜井市にある箸墓古墳を「卑弥呼の墓」とする説がある。

しかし、この墓は、卑弥呼の時代から、一世紀ほどのちの四世紀中ごろ以後の崇神天皇の時代に築造された墓とみられる。

また、『魏志倭人伝』は、卑弥呼の死後「更(あらた)めて男王を立てたが、国中が、それにしたがわないかった。」と記す。つまり、卑弥呼は女王で、卑弥呼の時代は、男王の時代ではなかった。しかし、『日本書紀』では、箸墓古墳築造の前後の時代は、男王、崇神天皇の時代であった。話のあわない点が多い。

卑弥呼の墓についての諸説

『魏志倭人伝』は、倭の女王・卑弥呼が死んだときのことを、つぎのように記している。

「（魏の帯方郡の国境守備の属官の張政らが、倭の地に到着したときには、）卑弥呼はすでに死んでいた。大規模に、冢（つか）を作った。直径が百余歩であった。殉葬した男女の奴隷は、百余人であった。あらためて男王を立てたが国中は、それに従わなかった。殺しあいをして、当時千余人が死んだ。そこで、また、卑弥呼の一族の娘で、壱与（とよ）（台与）という十三歳の少女を立てて王とした。国が、ようやく治まった。」

ここで、冢の直径を「百余歩」と記している。「歩」は、長さの単位である。左足と右足をふみ出した長さのことである。現在の二歩にあたる。（左足をふみだしたときと、右足をふみだしたときと、長さが違うことがある。左足と右足をふみ出したときの長さを単位にとれば、平均化され、長さが安定化する。現在の一歩［ひと足、かたあしをふみだしただけの長さ］は「跬（き）」という。）

司馬遷の書いた『史記』の、秦の「始皇本紀」に、「六尺を歩とする」とある。それがうけつがれた。魏の時代の一尺は、二十四・二四センチほど（たとえば『角川漢和中辞典』［角川書店刊］）。したがって一歩（六尺）は、一四五センチほどである。卑弥呼の冢の「百余歩」は、およそ、一五〇メートルていどとなる。

この本では、この「卑弥呼の冢」について考えてみよう。

この卑弥呼の墓については、つぎのような説などがある。

(1)　奈良県桜井市にある箸墓古墳（はしばかこふん）を、卑弥呼の墓にあてる説。
(2)　福岡県糸島市にある平原王墓を、卑弥呼の墓にあてる説。
(3)　福岡県久留米市の祇園山古墳（ぎおんやまこふん）を、卑弥呼の墓にあてる説。

このうち、(1)については、このシリーズの拙著の『邪馬台国は99・9%福岡県にあった』(勉誠出版、二〇一五年刊)のなかで、くわしく検討している。

そこでは、そもそも、邪馬台国が奈良県にあったとする説が、不当であること、箸墓古墳は、四世紀に築造されたとみられること、などをややくわしくのべている。そこで今回のこの本では、箸墓古墳説については、私の考えの要点をのべ、なるべく新しい資料を加えるようにつとめた。

私は、基本的に、(2)の平原王墓を卑弥呼の墓にあてる説が、妥当であると考えている。この本では、この説を支持する根拠について、ややくわしくのべる。

(3)の祇園山古墳を、卑弥呼の墓にあてる説についても、あるていどの検討を行なう。

考古学者、森浩一の見解

「卑弥呼の墓」について考えるのに、考古学者の森浩一が、その著『古墳』(保育社、一九七〇年刊)でのべている議論が参考になると思える。すこし長くなるが、まず、その見解を引用紹介し、それをベースにして、議論をすすめよう。なお、森浩一には、別に「卑弥呼の冢(ちょう)」という論考がある(『ゼミナール日本古代史 上』〔光文社、一九七九年刊〕所収)。

森浩一は、『古墳』において以下のように記す。脚注は、安本がつけた。

写真１　森浩一著『古墳—石と土の造形—』（保育社、一九七〇年刊）

写真２　森浩一（1928〜2013）日本を代表する考古学者。同志社大学名誉教授。

森浩一の見解

箸墓と卑弥呼の冢

『書紀』における箸墓の説話

奈良盆地の南東部、大神(おおみわ)神社の神域として守り伝えられてきた秀麗な三輪山の麓から、平地に少し離れて箸墓古墳がある。墳丘の長さが[1]二七八メートルもある巨大な造山[2](つくりやま)で、全国の前方後円墳の中でも十番目の大きさだが、平地に立地しているためか、あるいは背景の三輪山が青一色であるためか、力量感だけでなく神秘さのただよう古墳である。『古事記』や『日本書紀』では意外と古墳についての説話は乏しいのだが、崇神紀にまずでているのが箸墓の説話である。その大筋をたどっておこう。

「倭迹々日百襲姫(やまとととひももそひめ)が、大物主神の妻[3]になった。ところが夫[3]の神は、夜にしかあらわれず、どんな姿かを見せない。姫が懇願すると、明朝おまえの櫛箱に入っているから、自分を見ても驚かないようにと答えた。姫が明るくなってから櫛箱を見ると、そこに美麗(うるわ)しい小蛇(おろち)がいる。あまりのことに姫が驚いて声をあげたので、蛇神である大物主神がいかって三輪山へ登ってしまった。嘆き悲しんだ姫は、箸で陰(ほと)をついて死んだので大市[4]に葬り、時の人たちは箸墓となづけ

(1) 墳丘全長をとると、卑弥呼の墓として、大きすぎる。あとの、脚注(9)参照。

(2) 初期の古墳は、丘陵の尾根の上などにあり、自然地形を利用するのが、ふつうであった。これに対し、箸墓古墳は、平野に造りあげられた古墳である。これは、初期の古墳といえるのか。

(3) 倭迹迹日百襲姫を、卑弥呼にあてる見解がある。しかし、『魏志倭人伝』には、卑弥呼には、「夫壻(ふせい)（おっと・むこ）がいなかった。」とある。「妻となった。」「夫の神」という記述は、卑弥呼にふさわしくない。

(4) 古代の天皇の宮殿や陵は、市(いち)の近くにつくられることがしばしばであった。

た。」

という、これは難解な説話であるが、私たちにとって興味深いのは説話の後半の部分である。

「この墓は、日は人作り、夜は神作る。大坂山の石を運んで造る。大坂山から墓までは人民が並んで、たごし、つまり手送り式で運んだ。それを時の人が、歌った。

大坂に　踵ぎ登れる　石群を　手遞伝に越さば越し難むかも[5]」

箸墓は、畿内地方にある雄大な高塚古墳の中でも古式に属している。箸墓と前後を決めにくいこの時期の大型古墳としては桜井茶臼山、大阪府摩湯山、京都府椿井大塚山などがあるが、いずれも自然地形を利用して墳丘を整えている。それにたいして、箸墓は、多少は自然地形を利用しているにしても、平野に築きあげられた墳丘である。もともと丘陵や尾根があったところを修築して古墳に利用した場合にくらべると、眼をさえぎるもののなかった平地[6]に造りだされた大古墳は、それがいかに人間の知恵と労働によって営造されたものであっても、神の協力のたまものと信じたのは自然の理ではなかったか。

箸墓は卑弥呼の墓か？

箸墓を、『魏志』倭人伝に記載する女王卑弥呼の墓に想定した人

(5)『日本書紀』の原文は、万葉仮名で記されており「固辞介氏務介茂（こしかてむかも）」。意味は「越せるだろうかなあ」「渡せせるだろうかなあ」。「かてむ」は「……しきれるだろう」の意味。「かつ（できる、耐える）」という意味の動詞の未然形が「かて」。

(6) 前期古墳は、丘陵の尾根上、台地の縁辺など、低地を見おろすような地形に立地するものが多い。自然の地形を利用するのである。東京大学の教授であった考古学者の斎藤忠は、箸墓古墳が平地に築かれていることなどから、この古墳の築造の時期を、四世紀後半とする。卑弥呼の時代よりも、およそ百年のちのものとする。

がいる。それは種々の古代学の労作をのこした笠井新也氏である。[7]
笠井氏は文献のうえから、卑弥呼が倭迹迹日百襲姫（やまとととひももそひめ）であるという仮説を発表したのち、さらに「卑弥呼の冢墓と箸墓」なる論文を『考古学雑誌』三十二巻七号に掲載した。それは太平洋戦争がたけなわの昭和十七（一九四二）年のことであった。

倭人伝では卑弥呼の墓に関しては、

「卑弥呼以って死す。大いに冢（ちょう）[8]を作る。径百余歩、徇葬する者、奴婢百余人」

と書かれており、卑弥呼が君臨した邪馬台国が大和地方か、あるいは北九州にあったかは別にしても、三世紀の中葉に卑弥呼の墓が日本のどこかの地域に造られたのは事実としなければならない。笠井氏は箸墓の後円部の直径が一五〇メートルであるとして、それは魏の百四歩半に近いと考証した。この場合、後円部よりずっと大きい墳丘の長さをすてて、後円部の規模で古墳を代表させたのだが、[9]笠井氏は江戸時代の学者河村秀根（かわむらひでね）が箸墓を『円形之丘』と表現していることで説明しようと試みている。

箸墓をめぐる問題点

笠井氏の論文以来、すでに約三十年が過ぎたが、箸墓が御陵墓であることも関係して、その研究はまったく進んでいない。今日の学

(7) 一八六四〜一九五六。考古学者。徳島県立脇町（わきまち）中学校（現、脇町高校）教頭。徳島大学学芸学部講師など。

(8) 「冢」は、「墳墓」すなわち土を盛った墓を意味する。「冢墓」は、「墓」の意味に、「冢地」は、「墓地」の意味に、「冢樹」は墓場に植えてある木の意味に用いられる。

(9) 寺沢薫氏は、『箸墓古墳周辺の調査』（奈良県立橿原考古学研究所、二〇〇二年刊）のなかで、箸墓古墳が「当初から前方後円墳として築造されていたことが明らか」とのべる。これは、箸墓古墳の、後円部がさきにつくられたとする説を否定するものである。

界でも、卑弥呼の墓についての倭人伝の記載を絶対視して、これをわが国における高塚築造の開始とみなし、この時点から古墳時代にしてもよいという大胆な意見もあるようだが、私は反対である。というのは中国の王陵の記事と卑弥呼の墓の記事を比較してみると明らかに相違がある。『後漢書』の註にひかれている古今註によると、

光武原陵　山方三百二十三歩、高六丈六尺（以下略）

安帝恭陵　山周二百六十歩、高十五丈（以下略）

などとある。光武原陵は方とあるので方墳、安帝恭陵は周とあるので円墳と考えられるが、いずれもそのあとに高さを明記しているのである。ところが、すでに引用した古代の中国人による卑弥呼の墓の記録では、径百余歩と平面の空間は示すものの、そのあとに高さを示す記載がない。これはどうしたことか。すでに最初の章において古墳を三類型に分かって、そのA型[10]を無盛土[11]の古墳とした。倭人伝を忠実に読み、しかもできるだけその時代に近い同種の記載例を中国の史料に求めて比較すると、卑弥呼の墓をB型[10]、つまり高塚古墳と推定する根拠はないのである。現在の段階では、卑弥呼の墓は、顕著な墳丘のないA型古墳、しかしその墓域は広大であったと、私は考えている。もしその墓域の周囲、または墓域内の聖域だけを溝で区画してあれば、方形か円形の周溝墓[12]になろう。

⑽　森浩一は、「古墳」をつぎのように分類する。

［A型］方形周溝墓（次項⑾、次次項⑿参照）のような古墳。

［B型］仁徳天皇古墳のように墳丘をもったいわゆる高塚古墳。前方後円墳など。

［C型］横穴のように、平面空間はほとんど占有してないが、立体空間を使っているもの。（丘陵や台地の斜面を利用して掘りこまれた横穴の墓。）

⑾　森浩一は、「無盛土」と記す。しかし、『最新日本考古学用語辞典』（柏書房刊）は、「方形周溝墓」の項で、「方形区画内には、本来数十cmから一m余りの低い墳丘があったが、後世の削平で失われたものが多い。」と記す。

⑿　中央に遺骸をおさめる墓あな（土壙〈どこう〉）を掘り、そのまわりを、

昭和四十年（一九六五）二月、福岡県糸島郡前原町（まえばるまち）[13]の平原（ひらばる）で重要な古墳が原田大六氏らによって発掘された。このあたりは、倭人伝にでている伊都国のあった地で、平原に近い三雲や井原からは弥生中期の支配者たちの墳墓がすでに江戸時代に発見されている。三雲や井原の墳墓は、遺骸を甕棺にいれてあり、三雲では前漢時代の銅鏡三十数面、井原には王莽や後漢前半の銅鏡二十数面が副葬されていた。要するに、三雲、井原、平原の地は伊都国の政治的中心であり、代々の国王の墓のいくつかが偶然に発掘されたのであろう。さて、平原の古墳は、長大な木棺を埋葬施設にし、銅鏡だけでも四十二面[14]を副葬した方形周溝墓である。原田氏は、平原古墳の東に接した別の古墳も調査した。その際、周溝を丁寧に調べると、水を流す溝ではなく、殉（徇）葬用の墓穴を連続させた可能性がつよく、溝内に十六人の殉葬があったことが推定できるとした。これは重要な指摘であって、それまでも各地の方形周溝墓の溝内では、ある間隔をおいて土器だけが点々と置かれていたことはあったが、平原での観察を適用すると、人骨は腐朽し去り、遺骸のそばにおかれた土器だけがのこったことになるのである。このような溝内での殉葬の例は中国の山西省侯馬鎮の古墳でも知られている。卑弥呼の墓を倭人伝の記事に即して解釈すれば、殉葬の点でも、A型の古墳であったとす

方形または円形にして溝をめぐらすもの。一辺が、六〜七メートルあるいは十メートル前後。本来、数十センチから一メートル余りの低い墳丘があったが、後世の削平で失われたものが多い（『最新日本考古学用語辞典』柏書房）。方形周溝墓などは、群をなして存在することが多い。

(13) 現、糸島市。二〇一〇年に、前原町、志摩町、二丈町が合併し、糸島市となる。

(14) 前原市教育委員会発行『平原遺跡』（二〇〇〇年刊）では、鏡の総数を「四〇面」とする。森浩一氏のこの文章の書かれた一九七〇年のころは、破片などが別の鏡に数えられ、四十二面とされていた。

るほうが妥当であり、典型的な古式の高塚古墳である箸墓をそれに想定することは今日知られている資料だけでは賛成できない。
最近、箸墓の後円部頂上に埋っていた円筒埴輪の破片が新聞紙上で紹介されたことがある。私も実物を見る機会があったが、奈良県の古式古墳に使われている埴輪のなかでは古拙の手法をとどめている。箸墓の被葬者と築造の時代についての究明はまだまだ時間がかかりそうだ。」

森浩一の見解への異論

森浩一の議論は、考古学や歴史の大すじをざっくりと大きくつかむ点では、すぐれていることが多い。ただ、こまかい点では、多少異論の余地のあるものがある。

さきに紹介した森浩一の見解で、異論をはさむ余地のある点のうち、おもなもの三つをつぎに記す。

(1)　森浩一は、「A型」、すなわち方形周溝墓のような古墳を、「無盛土」とする。しかし、たとえば、大塚初重・戸沢充則編の『最新日本考古学用語辞典』（柏書房、一九九六年刊）の「方形周溝墓」の項では、つぎのように記されている。

「方形区画内には本来数十㎝から一m余りの低い墳丘があったが、後世の削平で失われたものが多い。」

ここでは、「墳丘があった」と記されている。「冢」は、もともと「土を盛ってつくった墓を意味する。中国の『周礼』という本に、「冢」について、「土を封じて、丘壟（小高いところ、おか、また、墳墓を意味する）となす。」とある。現在収録漢語の語彙数世界最大とされている『漢語大詞典』（中国・漢語大詞典出版社刊）は、「冢」の意味として第一に、「墳墓」をかかげる。日本語の「つか」ということばも、『日本語大辞典』（小学館刊）は、「土が盛り上がって小高くなった所」「土を小高く盛り上げた所」と記す。そして、語源説として、「築く」「積む」と関係があるとする説を、いくつかあげている。

報告書『平原遺跡』（前原市教育委員会、二〇〇〇年刊）では四〇面の鏡を出土した「平原1号墓」（平原王墓）について、つぎのように記す。

「平原1号墓は、すでに盛土部分が後世に削平されて下部の周溝が残されていた。」

また、原田大六著『平原弥生古墳（上巻）』（葦書房、一九九一年刊）は、同じく「平原1号墓」について、つぎのように記す。

「墳墓は、この浅い周囲の溝の土を盛り上げたと考えられる。また他から運んできたのもあったであろうが、現在は平坦にならされた畑になってしまって、盛土は痕跡もとどめていなかった。しかし、方形土壙［中央土壙］内中央に埋められた割竹型木棺は、復原すると現地表より上に約五十センチメートル出ることになり、盛土のあった推測はつく。またこの地は、通称を塚畑と言われている。ツカとはツクリヤマがツカヤマになり、更に簡略化された言葉で、人工的に盛土をした墳墓のことをいう。地名も盛土古墳を崩して畑に作ったことを語っている。なお、発掘の結果判明したことは、盛土が鋤で平らにされたのは江戸時代も後半である。」（この文章と、ほぼ同文が、原田大六著『実在した神話』［学生社、一九六六年刊］にも記されている。）

さらに、國學院大学の教授であった考古学者柳田康雄氏は、その著『伊都国を掘る』（学生社二〇〇〇年刊）において、「平原王墓は墳丘墓」という小みだしのもとで、つぎのようにのべている。

「平原王墓の墳丘は、盛土部分が失われているが、主体部の復原された深さや周溝内に流入している土と石などから、現在より二メートル以上高い規模であったことが想定される。これは、この土地が『塚畑(つかばたけ)』の通称で知られており、現代まで墳丘が明瞭に墓と認識できるほどに残っていたことを証明している。」

これらの文章を読めば、平原王墓には、盛り土があったのである。

柳田康雄氏は、平原王墓は、「方形周溝墓」というよりは、「墳丘墓」というべきであるとし、つぎのように記す。

「曽根遺跡群の一つとして国指定されている平原遺跡は、墳墓形態が方形周溝墓とされている。平原王墓の出土品も平成二年（一九九〇）に重要文化財に指定されているものの、その指定名称は『福岡県平原方形周溝墓出土品』である。

方形周溝墓とは、棺の周囲に方形の溝を廻らす墓のことであるが、本来が溝を廻らすことは盛土を伴う墳丘をもつことであるから、これも含めて墳丘墓とすることが提唱されているにもかかわらず、問題意識もなく方形周溝墓の用語が使用されている。

墳丘墓とは、盛土をもつ墓のうち弥生時代に属するものをいい、吉野ヶ里遺跡の有柄式銅剣を出土した壮大な墳丘墓で一般にも知られるようになった。」

(2)　森浩一は、『日本書紀』のなかにみえる箸墓に関する説話のなかにみえる歌謡の一部を、「手遞伝(たごし)に越(こ)さば越し難(かて)むかも」の形で紹介している。

この部分の、「越し難むかも」は『日本書紀』の原文では、万葉仮名で記されていて、「固辞介氏務介毛(こしかてむかも)」となっている。この「介氏(かて)」は、「かつ（できる、するに耐えるの意味）」という補助動詞（下二段活用）の未然形「かて」とみられる。したがって「こしかてむかも」は、「越せるだろうかなあ」「渡せるだろうかなあ」の意味にとるべきであるとみられる。「難(かた)し」の意味にとるのは、ふさわしくない。「難(かた)し」は「かて」の形になりにくい。「む」という助動詞につながるとすれば、「かたからむ」の形が普通である。また、「難(かた)むかも」であるとすると、意味が「越すのが、むずかしいだろうかなあ」の意味になる。

(3)森浩一は、原田大六の見解を紹介し、「(周溝の)溝内に十六人の殉葬があったことが推定できるとした。」と記す。いっぽう、前原市教育委員会刊の報告書『平原遺跡』では、平原1号墓(平原王墓)についてであるが、周辺土壙墓について考察したのち、のべる。

「したがって、1号墓について、報告されているような周溝内や墓域内に主体部と同時期の『殉葬墓』は存在しない。」

この文章は、原田大六の見解に対する批判のようにみえる。ただし、報告書『平原遺跡』は平原4号墳の周溝内土壙墓のところで、つぎのようにも記す。

「(4号墳の)1号周溝内土壙墓は、古墳築造時に周溝底から掘り込んでいることから殉葬墓である。」

このような殉葬問題をどう考えるべきか。

笠井新也の「箸墓古墳=卑弥呼の墓説」

森浩一は、さきに紹介した文章のなかで、笠井新也の、「箸墓古墳=卑弥呼の墓説」を紹介している。

ここで、笠井新也ののべる「箸墓古墳=卑弥呼の墓説」の根拠を、ざっと整理し、検討しておこう。

笠井新也(一八八四～一九五六)は、徳島県の脇町(わきまち)中学校(現脇町高校)の国漢地歴の教諭であった。邪馬台国研究に強くうちこんだ人で、長女を卑弥子、二女を咲耶子(さくやこ)(『古事記』『日本書紀』にみられる「木花(このはな)

の開耶姫」にちなむとみられる）、長男を倭人と名づけたほどであった。

ちなみに、長男の笠井倭人氏（京都女子高校教諭などをされた）も古代史研究家で、その著書に、吉川弘文館刊の『研究史 倭の五王』などがある。

笠井新也の「卑弥呼＝倭迹迹日百襲姫」説は、卑弥呼の時代が、崇神天皇の時代と重なりあうことが前提となっている。

『日本書紀』には、倭迹迹日百襲姫が、崇神天皇の時代に活躍したこと、倭迹迹日百襲姫の墓が、崇神天皇の時代に築かれたことなどが記されている。

しかし、卑弥呼の時代が、崇神天皇の時代と重なりあうとする説は、年代論的に成立しない。以下に、まず、そのことをのべよう。

笠井新也は、一九二四年四月に『考古学雑誌』（第十四巻第七号）に発表した論文「卑弥呼即ち倭迹迹日百襲姫命(一)」のなかで、「卑弥呼の擬定は、まず年代の決定から出発しなければならない。」とのべている。

この主張は、そのとおりである。歴史の問題を考えるのに、年代の検討が中心をなすべきであるのは当然である。邪馬台国関係の書物は、数多く刊行されている。しかし、そのほとんどは、年代の問題が、十分にほりさげて考えられていない。そのため、主観的な印象にもとづく、随筆に近いものになっているものが多い。

笠井新也は、卑弥呼が活躍した年代を、大和朝廷の崇神天皇の時代にあたるとした。

その論拠は、つぎの二つにまとめられる。

(1) 『古事記』に記されている諸天皇の「没年干支」は、信頼できるものとする。

(2) その上で、崇神天皇の没年については西暦二五八年説をとる。

『古事記』には、分注（本文のなかに行をわけて書いた注釈）の形で、第十代崇神天皇以下十五人の天皇について、その没した年が、干支で記されている。いわゆる『古事記』分注の「没年干支」である。たとえば、崇神天皇のばあいであれば、「戊寅（つちのえとら）の年の十二月（しわす）になくなった（戊寅年十二月崩）」と記されている。

つぎの、「コラムⅠ」に、まず「干支による紀年法」について説明をしておく。

コラムⅠ　干支による紀年法

まず十干と十二支についてのべる。

十干とは、次のようなものをさす。

甲（こう）、乙（おつ（いつ））、丙（へい）、丁（てい）、戊（ぼ）、己（き）、庚（こう）、辛（しん）、壬（じん）、癸（き）

これを、中国の原子論、五行説の五元素（これは、五つの遊星とも対応する）

木、火、土、金、水

に配して、おのおの陽すなわち兄（え）と、陰すなわち弟（と）とにわけた。すなわち、

甲	きのえ	木の兄	乙	きのと	木の弟
丙	ひのえ	火の兄	丁	ひのと	火の弟
戊	つちのえ	土の兄	己	つちのと	土の弟
庚	かのえ	金の兄	辛	かのと	金の弟
壬	みずのえ	水の兄	癸	みずのと	水の弟

と名づけた。

また、十二支とは、

子（し）、丑（ちゅう）、寅（いん）、卯（ぼう）、辰（しん）、巳（し）、午（ご）、未（び）、申（しん）、酉（ゆう）、戌（じゅつ）、亥（がい）

をさす。これは、ふつう

ね、うし、とら、う、たつ、み、うま、ひつじ、さる、とり、いぬ、い

とよばれている。

干支による紀年法では、この十干と十二支とをくみあわせる。つぎの図のとおりである。

（十二支）	子	丑	寅	卯	辰	巳	午	未	申	酉	戌	亥（十二支一順）	子	牛	寅	……
（十　干）	甲	乙	丙	丁	戊	己	庚	辛	壬	（十干一順）癸	甲	乙	丙	丁	戊	……

いま、最初の年を甲子（きのえね）の年とすれば、翌年は、乙丑（きのとうし）の年となる。その翌年は、丙寅（ひのえとら）の年である。

このような組みあわせを一回行なうと、とうぜん、十干のほうは終わってしまっても、十二支のほうは二つあまる。そこで、十干をもう一度はじめからくりかえして組みあわせていく。十二支のほうも終わりまでくれば、またはじめからくりかえす。同じようにしてつづけていくと、十と十二の最小公倍数である六十年目で、いちばんはじめの甲子（きのえね）の年がもどってくる。

表1　60干支

1. 甲子《こうし(かっし)》（きのえね）	31. 甲午《こうご》（きのえうま）
2. 乙丑《いっちゅう》（きのとうし）	32. 乙未《いつび》（きのとひつじ）
3. 丙寅《へいいん》（ひのえとら）	33. 丙申《へいしん》（ひのえさる）
4. 丁卯《ていぼう》（ひのとう）	34. 丁酉《ていゆう》（ひのととり）
5. 戊辰《ぼしん》（つちのえたつ）	35. 戊戌《ぼじゅつ》（つちのえいぬ）
6. 己巳《きし》（つちのとみ）	36. 己亥《きがい》（つちのとい）
7. 庚午《こうご》（かのえうま）	37. 庚子《こうし》（かのえね）
8. 辛未《しんび》（かのとひつじ）	38. 辛丑《しんちゅう》（かのとうし）
9. 壬申《じんしん》（みずのえさる）	39. 壬寅《じんいん》（みずのえとら）
10. 癸酉《きゆう》（みずのととり）	40. 癸卯《きぼう》（みずのとう）
11. 甲戌《こうじゅつ》（きのえいぬ）	41. 甲辰《こうしん》（きのえたつ）
12. 乙亥《いつがい》（きのとい）	42. 乙巳《いつし》（きのとみ）
13. 丙子《へいし》（ひのえね）	43. 丙午《へいご》（ひのえうま）
14. 丁丑《ていちゅう》（ひのとうし）	44. 丁未《ていび》（ひのとひつじ）
15. 戊寅《ぼいん》（つちのえとら）	45. 戊申《ぼしん》（つちのえさる）
16. 己卯《きぼう》（つちのとう）	46. 己酉《きゆう》（つちのととり）
17. 庚辰《こうしん》（かのえたつ）	47. 庚戌《こうじゅつ》（かのえいぬ）
18. 辛巳《しんし》（かのとみ）	48. 辛亥《しんがい》（かのとい）
19. 壬午《じんご》（みずのえうま）	49. 壬子《じんし》（みずのえね）
20. 癸未《きび》（みずのとひつじ）	50. 癸丑《きちゅう》（みずのとうし）
21. 甲申《こうしん》（きのえさる）	51. 甲寅《こういん》（きのえとら）
22. 乙酉《いつゆう》（きのととり）	52. 乙卯《いつぼう》（きのとう）
23. 丙戌《へいじゅつ》（ひのえいぬ）	53. 丙辰《へいしん》（ひのえたつ）
24. 丁亥《ていがい》（ひのとい）	54. 丁巳《ていし》（ひのとのみ）
25. 戊子《ぼし》（つちのえね）	55. 戊午《ぼご》（つちのえうま）
26. 己丑《きちゅう》（つちのとうし）	56. 己未《きび》（つちのとひつじ）
27. 庚寅《こういん》（かのえとら）	57. 庚申《こうしん》（かのえさる）
28. 辛卯《しんぼう》（かのとう）	58. 辛酉《しんゆう》（かのととり）
29. 壬辰《じんしん》（みずのえたつ）	59. 壬戌《じんじゅつ》（みずのえいぬ）
30. 癸巳《きし》（みずのとみ）	60. 癸亥《きがい》（みずのとい）

干支のよみかたは、たとえば、丙午「ひのえうま」という仮の訓でよむよりも、「へいご」と音でよむほうがよいと思われる。しかし、ここでは、いちおう仮の訓でよんでおいた。なお、干支は、方角や時の名前としても用いられる。たとえば、北を子、南を午としたので、現在でも南北の線を子午線とよんでいる。

なお、暦のばあい、「乙」は、ふつう、「いつ」とよむ。たとえば、六四五年、「乙巳（いっし）の年」に、中大兄（なかのおおえ）の皇子（おうじ）と中臣（なかとみ）の鎌足（かまたり）とによって、蘇我（そが）の入鹿（いるか）が誅滅される、大化の改新がはじまる。六四五年のときの変事を、「乙巳（いっし）の変」という。「乙巳（おつし）の変」とはいわない。

また、「甲子」は「こうし」とも、「かっし」ともよむ。

『古事記』には分注（本文のなかに行をわけて書いた注釈）の形で、第十代崇神天皇以下十五人の天皇について、その没した年が干支で記されている。いわゆる『古事記』分注の「没年干支」である。

『古事記』の分注に記されている十五天皇の没年干支と、それにあてはめられている西暦年数とをまとめ

表2　『古事記』没年干支による天皇の没年（棒線の引かれてるのは記載のないばあい）

代	天皇名	没　年	西　暦
1	神　武	―	―
2	綏　靖	―	―
3	安　寧	―	―
4	懿　徳	―	―
5	孝　昭	―	―
6	孝　安	―	―
7	孝　霊	―	―
8	孝　元	―	―
9	開　化	―	―
10	崇　神	戊寅の年	318年または258年
11	垂　仁	―	―
12	景　行	―	―
13	成　務	乙卯の年	355
14	仲　哀	壬戌の年	362
15	応　神	甲午の年	394
16	仁　徳	丁卯の年	427
17	履　中	壬申の年	432
18	反　正	丁丑の年	437
19	允　恭	甲午の年	454
20	安　康	―	―
21	雄　略	己巳の年	489
22	清　寧	―	―
23	顕　宗	―	―
24	仁　賢	―	―
25	武　烈	―	―
26	継　体	丁未の年	527
27	安　閑	乙卯の年	535
28	宣　化	―	―
29	欽　明	―	―
30	敏　達	甲辰の年	584
31	用　明	丁未の年	587
32	崇　峻	壬子の年	592
33	推　古	戊子の年	628

れば、**表2**のようになる。

崇神天皇の没年については、それを西暦三一八年にあてる説と、それより六十年さかのぼった二五八年にあてる説とがある。これは、六十年ごとに、同じ干支がめぐってくることから起きている。

『魏志倭人伝』によるとき、卑弥呼が没したのは、正始八年（西暦二四八年）の前後と考えられる。崇神天皇の没年として、二五八年説をとれば、たしかに、卑弥呼の時代に近くなる。

この『古事記』の「没年干支」について、東京大学の教授であった古代史家の井上光貞は、『神話から歴史へ』（『日本の歴史 1』中央公論社、一九六五年刊）のなかで、つぎのようにのべている。

「この崩年干支（没年干支のこと）は、あまり信用できない。古事記のできたころにはすでに、何らかの記録によってできあがっていたものと考えられるが、その書かれた内容をすべて信用することには賛成しかねるからである。崩年干支によってあまりはっきりした数字をだすことは、しばらくあきらめるほうが無難であろう。」

まず、**表3**をご覧いただきたい。

天皇の没年については、『古事記』の記すところと、『日本書紀』の記すところとで、異なっている。

表3をよくみると、**表3**の下のほうの、時代の新しいところでは、『古事記』の記す天皇の没年と、『日本書紀』の記す天皇の没年とが、ほぼあっている。

時代をさかのぼるにつれ、すなわち**表3**の上のほうに行くにつれ、『古事記』の記す没年と、『日本書紀』の記す没年とのくいちがいが、大きくなる傾向がある。

新聞の記事などで、同じ事件の報道なのに、A新聞とB新聞とで、報道の内容のくいちがっている部分のあるばあいがある。

表３ 『古事記』の記す没年と『日本書記』の記す没年との差

代	天皇	(A) 『古事記』の記す没年	(B) 『日本書紀』の記す没年	(A)−(B)
10	崇神	318年または258年	BC29年	346年または286年
11	垂仁	—	70	—
12	景行	—	130	—
13	成務	355	190	165
14	仲哀	362	200	162
15	応神	394	310	84
16	仁徳	427	399	28
17	履中	432	405	27
18	反正	437	410	27
19	允恭	454	453	1
20	安康	—	456	—
21	雄略	489	479	10
22	清寧	—	484	—
23	顕宗	—	498	—
24	仁賢	—	507	—
25	武烈	—	507	—
26	継体	527	531	−４
27	安閑	535	536	−１
28	宣化	—	539	—
29	欽明	—	571	—
30	敏達	584	585	−１
31	用明	587	587	0
32	崇峻	592	592	0
33	推古	628	628	0

●棒線の引かれているのは、『古事記』に記載のないばあい。『古事記』は、崇神天皇の没年月を、戊寅(つちのえとら)の年12月とする。ふつう、この戊寅の年は、西暦318年または258年にあてる。しかし、この年の12月は、西暦319年および259年の１月にあてられる可能性も、かなりある。

そのばあい、記事内容の合致している部分は、情報の信頼性が高いと判断すべきであろう。そして異なっている部分は、情報の信頼性が低いと判断する。

古代の天皇の没年記事については、『古事記』『日本書紀』の両方の信頼度が低いばあいが考えられる。一方だけの信頼度が低いばあいも考えられる。

ただ、どちらのばあいも、ほぼ確実とみるべき根拠をあげることができない。

笠井新也の年代論の問題点

笠井新也は、その年代論の前提を明確に示している。以後、「卑弥呼＝倭迹迹日百襲姫」説をとる論著は数多く刊行されたが、年代論という点にしぼるとき、笠井新也の論考をこえる内容をもつものは、ほとんどあらわれていない。

さて、笠井新也の論拠の(2)、すなわち、『古事記』の「没年干支」を一応信頼できるものとしたばあい、「崇神天皇の没年を西暦二五八年とする」説は、成立するのであろうか。

『古事記』の「没年干支」においては、崇神天皇の没年を、戊寅（つちのえとら）の年とされている。干支による年は、六十年をもって、一回り（ひとめぐり）する。現代でも、数え年六十一歳になると還暦になった祝いをする。

崇神天皇の没年、戊寅（つちのえとら）の年は、西暦二五八年にあてることもできれば、それより一回り（ひとめぐ）り六十年あとの三一八年にあてることも可能である。二五八年説を、もっともはっきりと説いたのは、明治の東洋史学者、那珂通世（なかみちよ）である。笠井新也の説は、那珂通世の年代論をうけついでいる。『古事記』の「没年干支」では、第十代崇神天皇の没年を戊寅の年と記したあとは、第十一代、垂仁天皇の没年の記載はなく、第十二代、景行天皇の没年の記載もない。没年について、この二代の天皇の空白ののちに、第十三代、成務天皇の没年を乙（きのと）

卯の年と記している（表2参照）。

ここで、崇神天皇の没年の翌年から、成務天皇の没年乙卯の年まで、およそ三代の期間を、干支一回り六十年のなかで数えれば、三十七年となり、二回り百二十年。のなかで数えれば、九十七となる。そして、三十七年をとれば、三一八年説がなりたち、九十七年説をとれば、二五八年説がなりたつ。

那珂通世は、その著『上世年紀考』のなかで、「三十七年では（成務天皇の）つぎの仲哀天皇も、在位がわずかに七年であるから、四朝をあわせて、四十二年にしかならない。仲哀天皇から四世の祖先である崇神天皇の没年が、四世の孫の没年から、四十二年まえにすぎないとは思われない。三朝の年数は、九十七年とみる方が妥当であろう。」とのべ、九十七年説をとっている。

しかし、この那珂通世の見解は、つぎの二つの点から、問題がある。

⑴　わが国のばあい、時代をさかのぼるにつれて、天皇の平均在位年数は、短くなる傾向がある。その即位、退位の時期の確実な、古い時代の天皇の平均在位年数は、約十年である。また、世界的にみても、一世紀～四世紀ごろの、「王」の平均在位年数は、ほぼ十年である。このようなデータに照らしあわせるばあい、三代の期間は、九十七年よりも、とうぜん、三十七年をとるべきである（図1～図4参照）。

⑵　『古事記』の「没年干支」をかりに信ずるという立場に立つばあい、第十六代仁徳天皇の没年は、四二七年となる。この仁徳天皇から、第三十一代用明天皇の没年五八七年までの十五代一六〇年間の、一代平均の在位年数は、一〇・六七年となる。すなわち、「没年干支」を信じたばあいにさえ、史的にほぼ確実な時代に近い諸天皇の平均在位年数は、約十年となる。とすれば、とうぜん、三代では、三十七年をとるべきである。

このうち、⑵は、『古事記』の「没年干支」を信じてさえ、崇神天皇の没年としては、二五八年説がとれ

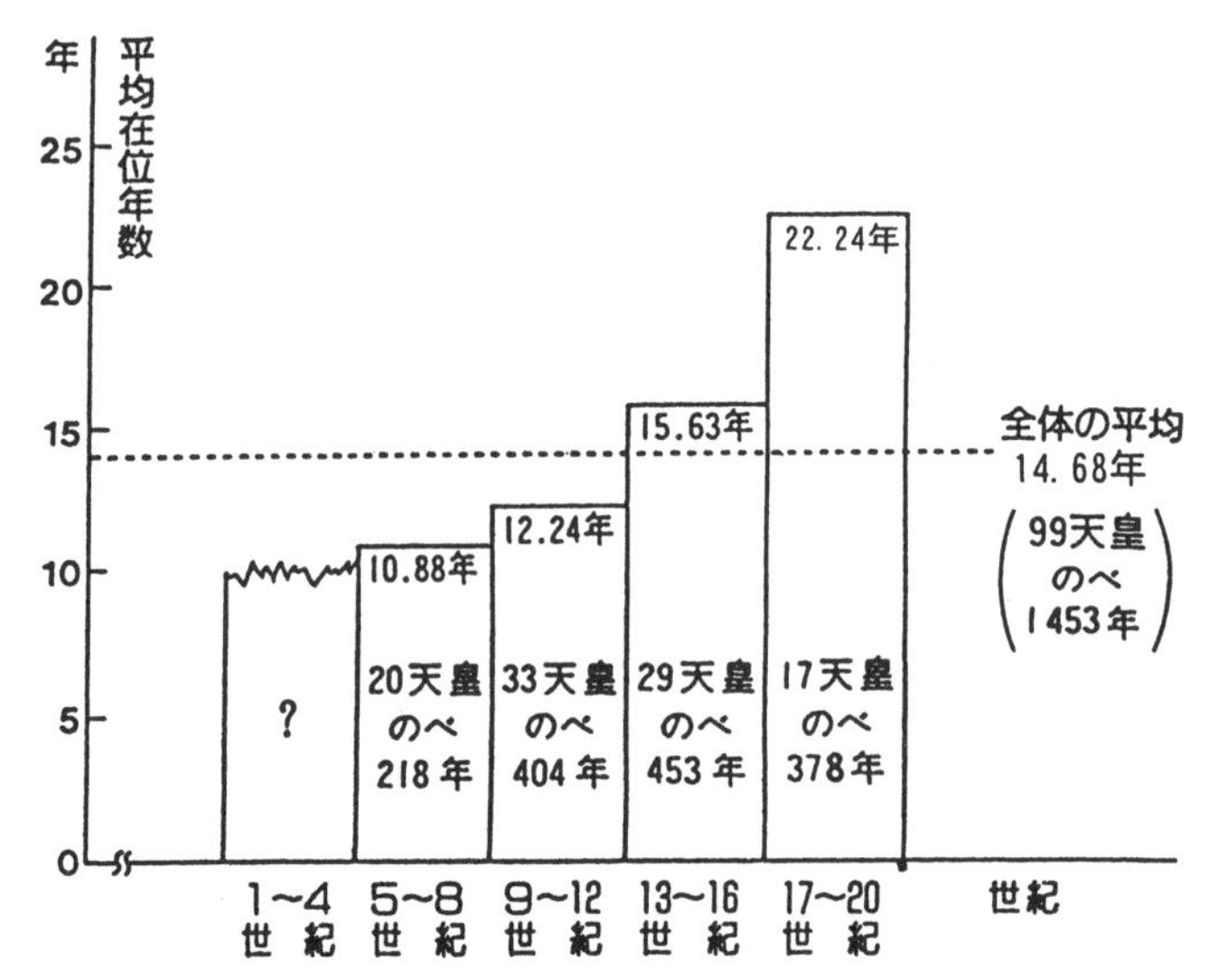

図1　日本の天皇の平均在位年数（東京創元社刊『日本史辞典』のデータにより作成）

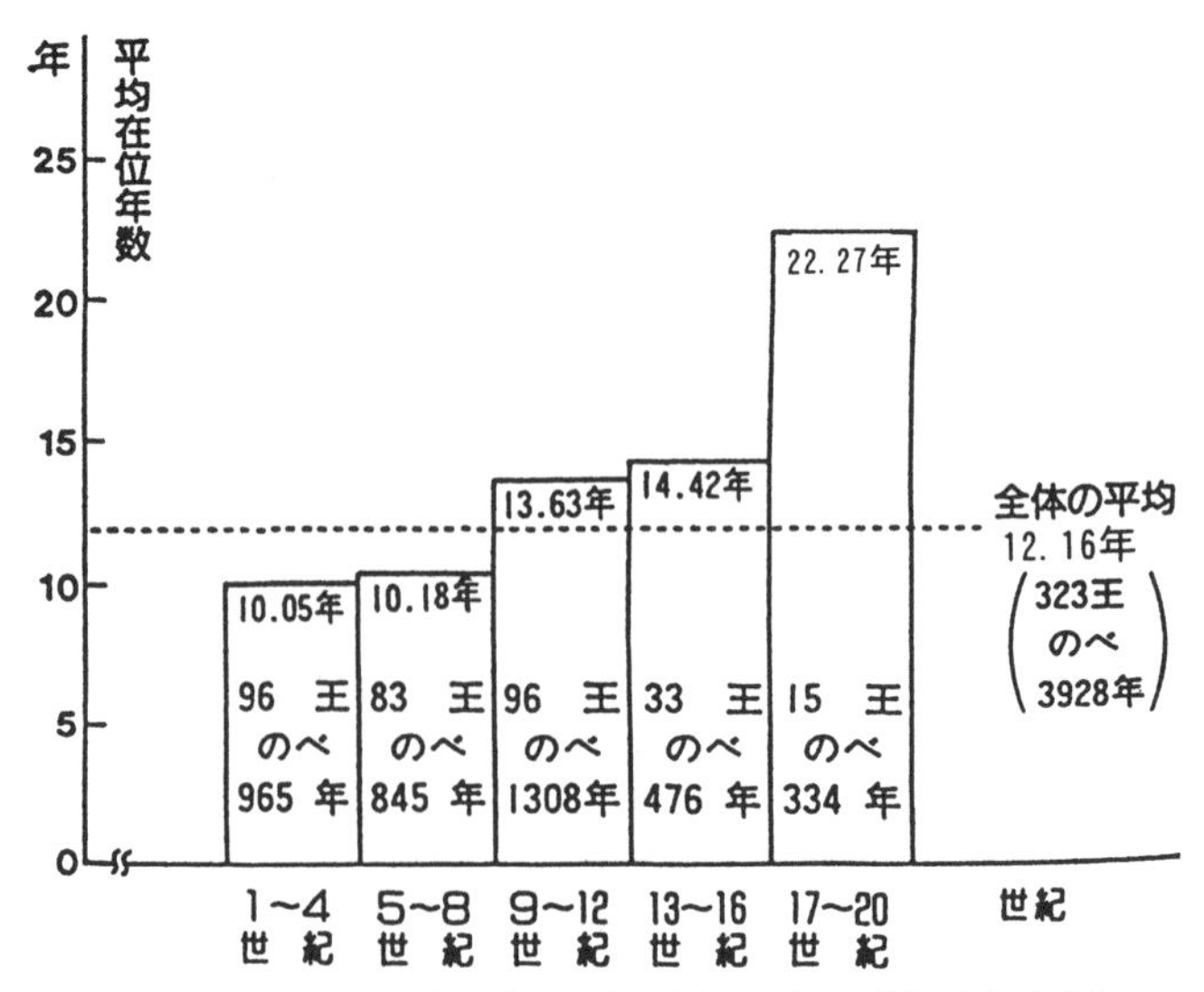

図2　中国の王の平均在位年数（東京創元社刊『東洋史辞典』のデータにより作成）

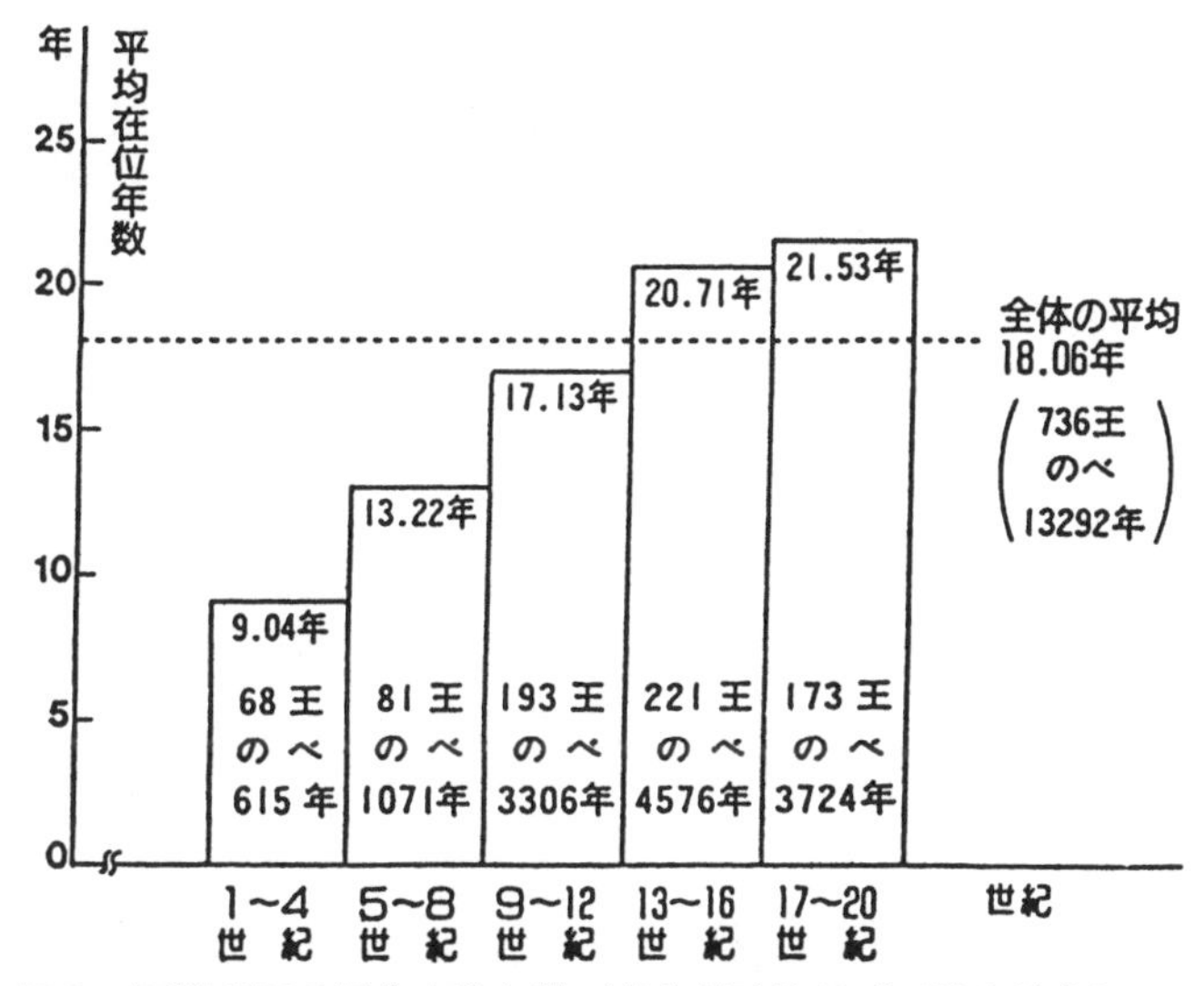

図3　西洋の王の平均在位年数（東京創元社刊『西洋史辞典』のデータにより作成）

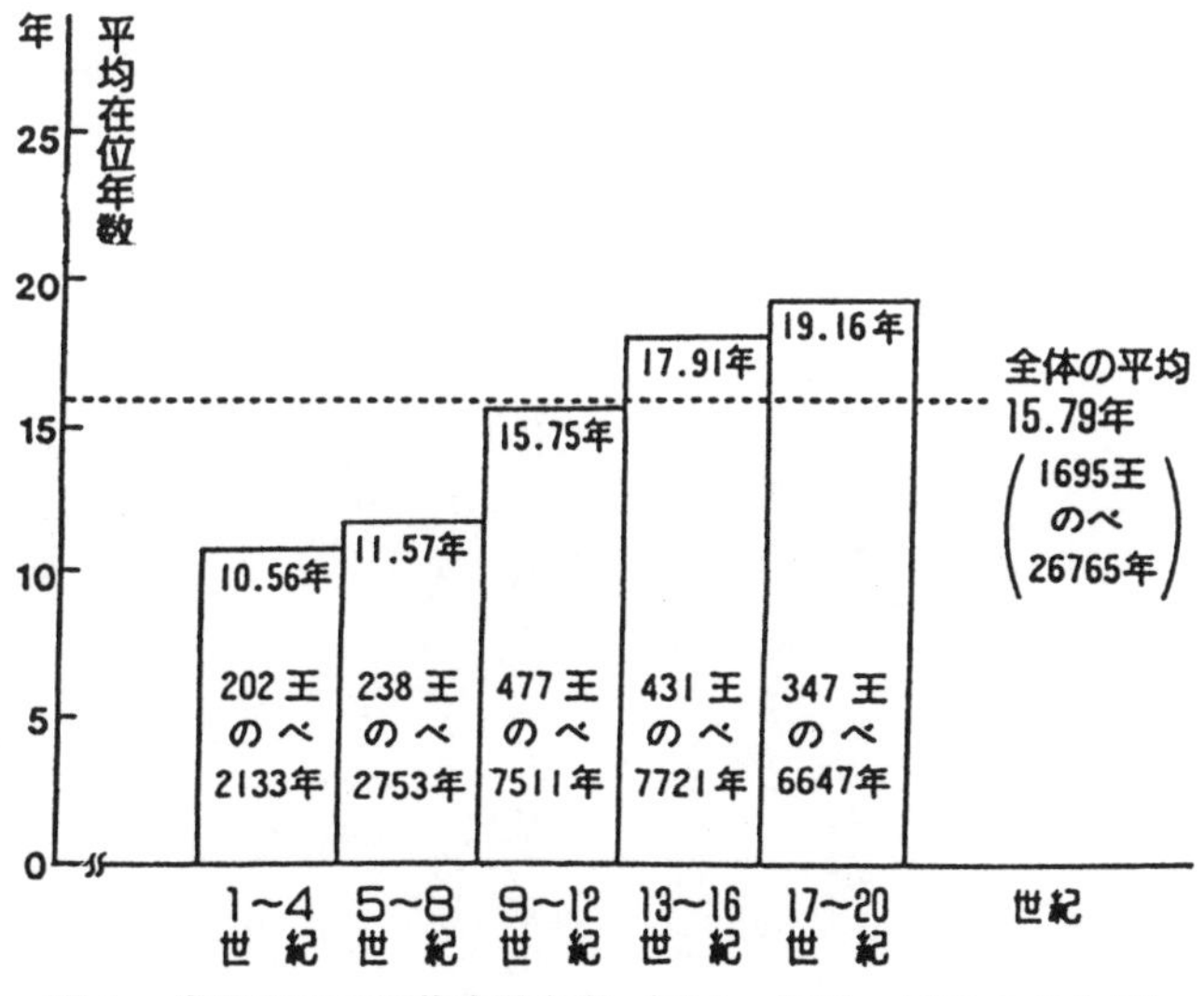

図4　世界の王の平均在位年数（図1、図2、図3のまとめ）

ないことを示している。これは、二五八年説にとって、致命的ではないであろうか。

なお、三代の期間を九十七年とすれば、その一代平均在位年数は、三十二・三三年となる。これは、古代の天皇の平均在位年数一〇・八八年と、統計的に偶然といえない差（一パーセント水準で有意の差）がみられる。三十二・三三年では、一〇・八八年の三倍近い値なのであるから、当然のことである。

天皇の平均在位年数による検討

いま、天皇の平均在位年数を時代別にまとめなおしてみる。すると、**図5**、**図6**のようになる。

図5、**図6**をみれば、『古事記』の「没年干支」によるとき、崇神天皇の没年として、「二五八年没説」をとっても、「三一八年説」をとっても、最古代の「崇神天皇～仁徳天皇」の時代の天皇一代あたりの平均在位年数が不自然に大きくなっていることがわかる。

全体的にみるとき、確実な歴史時代のデータでは、古代の天皇の平均在位年数が、時代をさかのぼるにつれしだいに短くなる傾向がみられる。これに対し、『古事記』の没年干支によるデータにしたがうときは、平均在位年数が、大きくなる。すなわち、崇神天皇の没年を、古くみつもりすぎていることがうかがわれるのである。

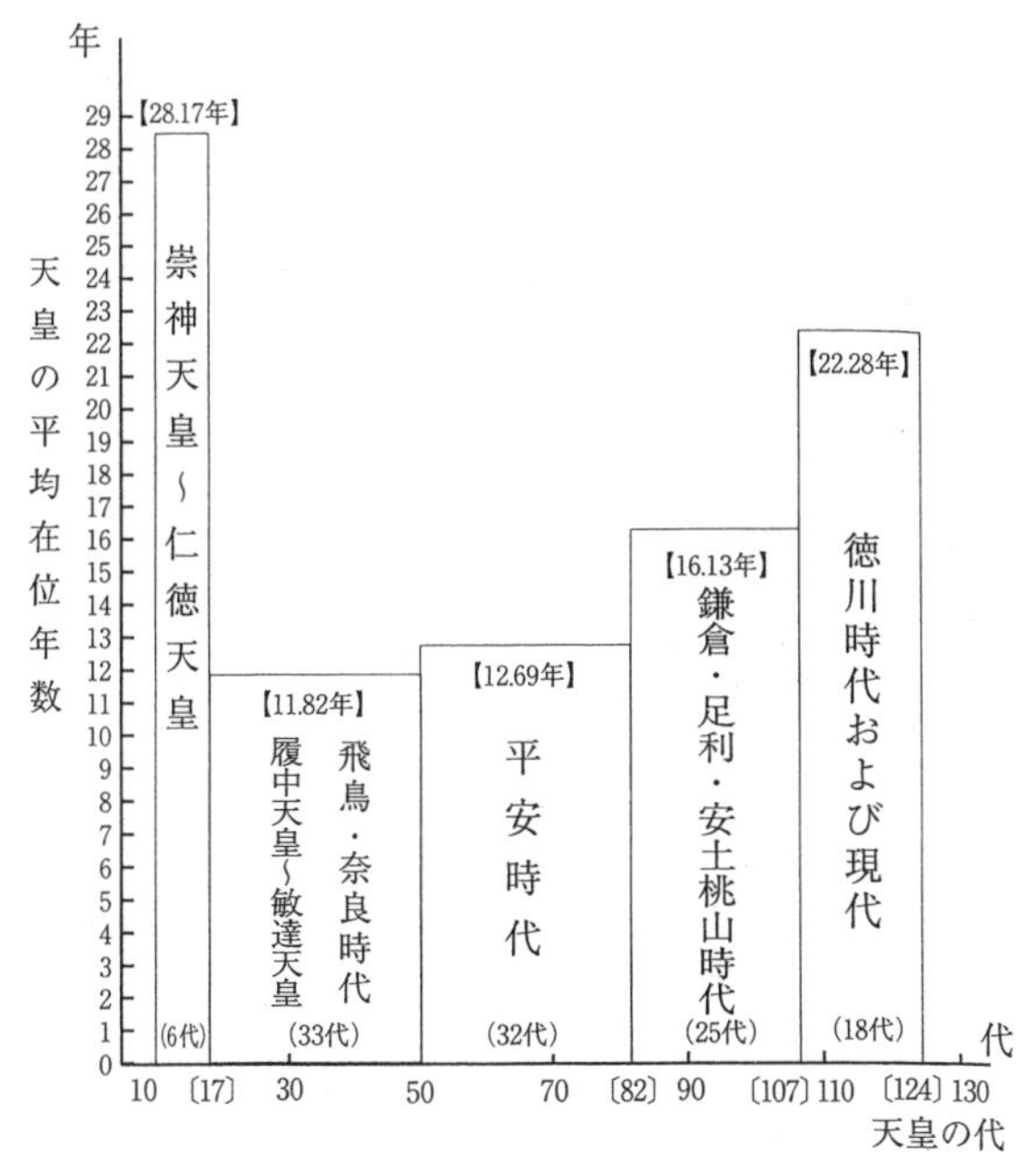

図５　第10代崇神天皇258年没説（卑弥呼＝倭迹迹日百襲姫説）

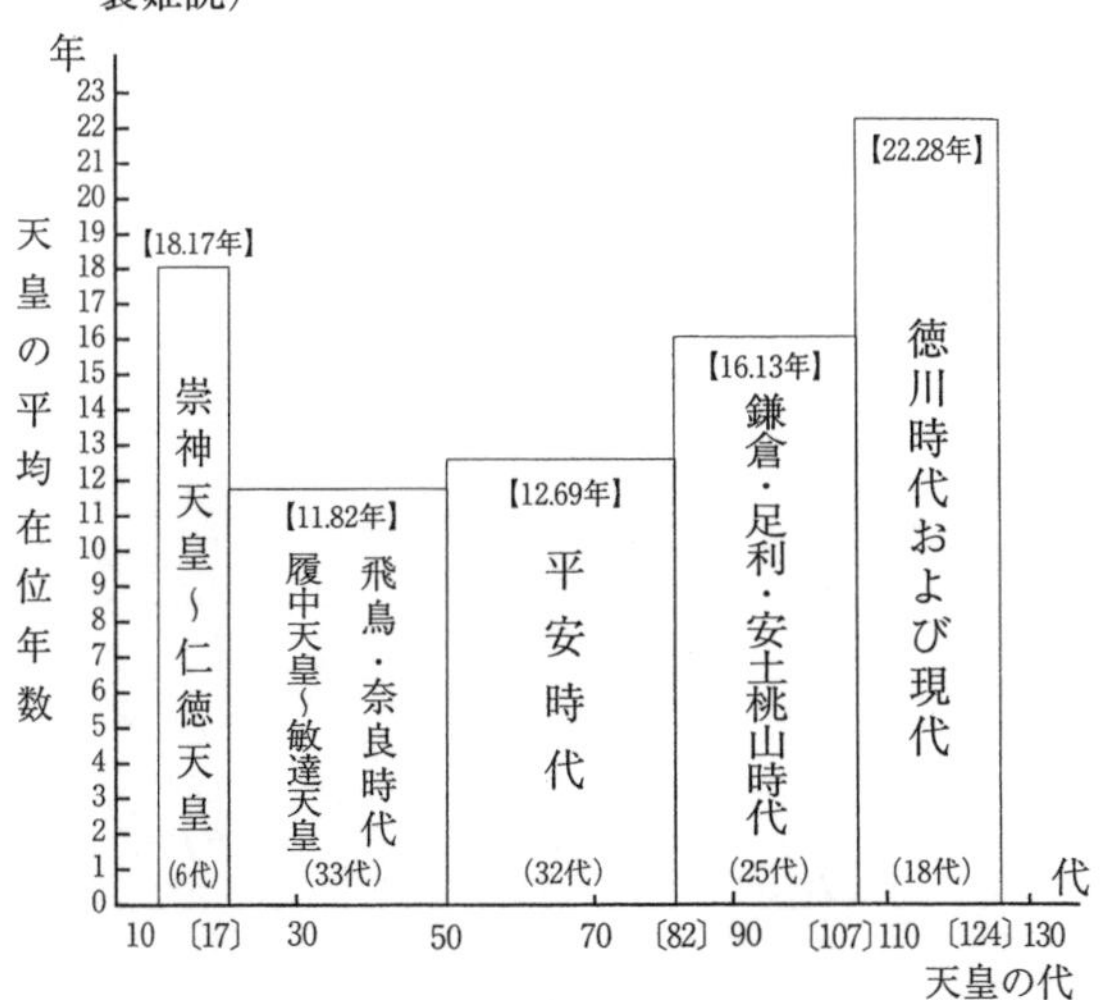

図６　第10代崇神天皇318年没説

年代論における「類ハッブル定律現象」について

京都大学人文科学研究所の教授であった尾崎雄二郎氏は、私の編集している『季刊邪馬台国』14号（一九八二年刊）に、「古代里程記事における類ハッブル定律現象について」という文章を発表しておられる。

その要点は、つぎのようなものである。

「天文学で、地球から離れているほど、星雲の遠ざかる速度も大きいという『ハッブルの定律』がある。昔の人にとっては、都から離れるほど、その里程は、感覚的にふえていくものらしい。古代の里程記事においては、類ハッブル現象が見られるのではないか。」

都から遠く離れた場所は、遠いほど、実際の里程以上に、大きく離れているように、認識される。そして、そのように記載されがちであるというのである。

これは、尾崎雄二郎氏が、邪馬台国の里程記事に関連して、中国文献のいろいろな事例などをあげて論じられたものである。

尾崎雄二郎氏はのべる。

「自分の故郷というかホームグラウンドというか、とにかくベースになるものから離れれば離れるほど何らかの比例で主観的な距離はふえていくのではないか。山の高さも、それが高ければ高いだけ、われわれの普通の生活平面から遠ざかるわけですから、その分だけ、実際の差を超える差が加わっていくのではないか、と思うのです。」

ところで、距離についていえるこのような傾向は、また、「年代」についてもいえるようである。

古い時代のことは、客観的な年代よりも、さらに古めに認識されがちのようである。

『日本書紀』の記す古代の年代は、大はばに延長されている。年代が、事実よりも、古めに記載されている傾向がある。このことは、すでに、多くの人が論じているとおりである。

このような傾向は、わが国の史書ばかりではない。『三国史記』などの韓国の史書でも、また、みとめられる。

そのことは、明治の東洋史学者の那珂通世が、その著『上世年紀考』のなかで、つぎのようにのべているとおりである。

「韓史も上代に溯るにしたがい、年暦の延長せりと覚しきところあることは、ほとんど我が古史に異ならず」

『三国史記』の「新羅本記」は、倭国の女王、卑弥乎（呼）のことを、西暦一七三年にあたる条のところで記すなどしている。

このような傾向は、現代人の心にも、無意識のうちに強く働いているようである。

旧石器捏造事件のおりは、五十万年、七十万年と、年代がくりあがっていっても、専門家も、ふしぎと思わなかった。

なにか、古いものが出土したというばあい、マスコミに大きく報じられることがある。しかし、新しいものが出土したばあいは、ほとんど報道されないことが多い。

人間は、無意識の、このような心理的な傾向をもっていることは、年代などの問題をリアルに論ずるためには、強く意識化しておく必要がある。そうでないと、ともすれば、年代は、古いほうへ、古いほうへと流されがちになる。

諸天皇の代数と、没年または退位年との関係

卑弥呼と天照大御神とが、年代論的にみて、重なりあう可能性の高いことについては、拙著『倭王卑弥呼と天照大御神伝承』（勉誠出版、二〇〇三年刊）や、『卑弥呼の謎』（講談社現代新書、一九八八年刊）で、ややくわしくのべている。

そこでは、たとえば、つぎのようなことがのべられている。

図7をご覧いただきたい。横軸には歴代の天皇の代をとる。また縦軸には、歴代の天皇の没年・退位年、または、とりあげた人物の活躍年代がとられている。実線で書かれているのは確実な歴史的事実である。

歴史的な事実である実線部は、やや下に凸の（下にまがる）傾向を示している。これは天皇の在位年数が、後代になるにつれ、しだいに長くなる傾向があるためである。

いま、仮に「卑弥呼＝天照大御神」とすると、横軸については、『古事記』『日本書紀』によっ

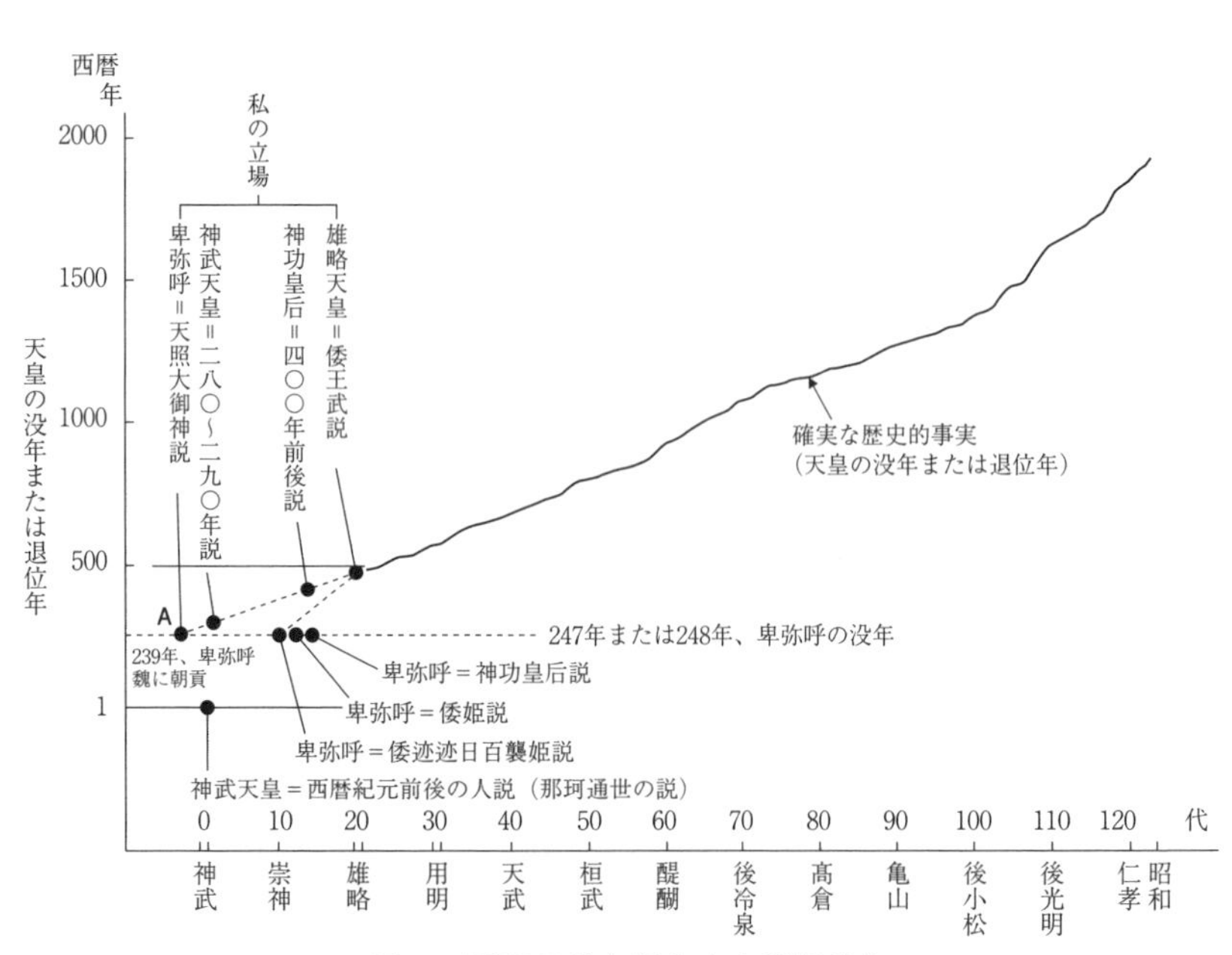

図7　天皇の代と没年または退位年

て、天照大御神は第一代神武天皇の五代前となる。縦軸については、『魏志倭人伝』によって、西暦二四七年または二四八年に没した人物ということになる。その結果、図中のポイントAが定まる。このポイントAが実線の延長線上にきわめて自然に乗っていることが読み取れるであろう。ほとんど、一目瞭然といってよいと思う。

このようなことなどから、卑弥呼のことが、神話化し、伝承化したのが、天照大御神である可能性が、うかびあがってくる。

「卑弥呼＝倭迹迹日百襲姫説」をとると、全体の傾向線が、やや不自然に、下にまがる（年代を古いほうへもって行く）ことになることがわかる。

平山朝治氏の、最小二乗法による年代推定

筑波大学准教授の経済学者、平山朝治氏は、最小二乗法といわれる統計的方法により、古代の天皇などの活躍時代についての区間推定（誤差の幅をつけた推定）をしておられる（『季刊邪馬台国』16号、一九八三年刊）。最小二乗法というのは、**図7**のような傾向線に、もっともうまくあてはまる直線または曲線を求める方法である。

平山朝治氏は、第三十一代用明天皇から、奈良時代の終わりの第四十九代光仁天皇までのデータは、大略直線とみなせるとし、直線をあてはめる。

ただし、平山朝治氏は、各天皇などのデータとして、没年データではなく、即位年データを用いている。

結果は、**図8**のとおりである。**図7**、**図8**をみればあきらかなように、卑弥呼の時代は、卑弥呼ではないかという説のある神功皇后、倭姫（やまとひめ）、倭迹迹日百襲姫（やまとととひももそひめ）などの時代と重ならない。年代的には、『古事記』『日本

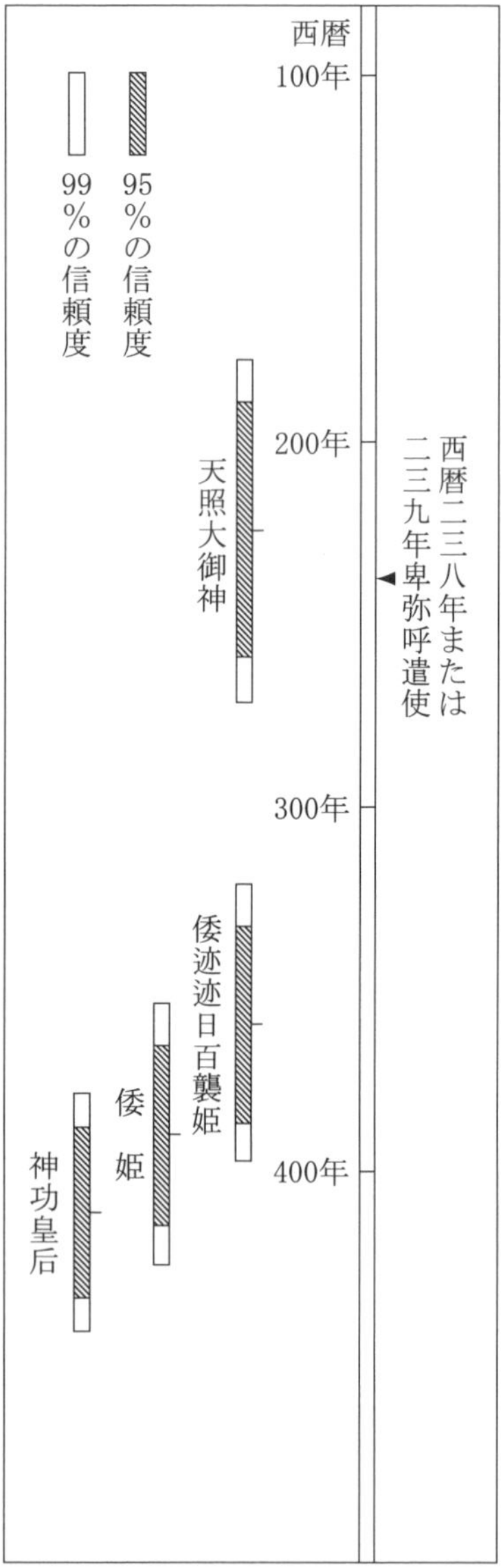

書紀』の伝える天照大御神の時代と重なる。

図8において、「九十五パーセントの信頼度」は、百回のうち九十五回ぐらいの確からしさで、その幅の中におさまることを示す。

同じく、「九十九パーセントの信頼度」は、百回のうち九十九回ぐらいの確からしさで、その幅の中におさまることを示す。

図8にみられるように、倭迹迹日百襲姫は、四世紀の後半にかたむく時期の人となり、天照大御神は、三世紀前半にかたむく時期に活躍した人となる。

西暦
100年
200年
300年
400年
西暦二三八年または二三九年卑弥呼遣使
95％の信頼度
99％の信頼度
天照大御神
倭迹迹日百襲姫
倭　姫
神功皇后

図8　五人の人物が活躍していた時期

原田大六の、「平原王墓＝天照大御神の墓」とする説

福岡県糸島市の有田にある平原遺跡を発掘した原田大六は、一九九一年に、『平原弥生古墳―大日孁貴（おおひるめのむち）の墓―』（葦書房刊）をあらわした。

この本の副題の「大日孁貴（おおひるめのむち）」は、「天照大御神（あまてらすおおみかみ）」のことである。原田大六は、平原遺跡の墓を、卑弥呼の時代よりも、すこしまえのものとみて、天照大御神の墓としたのである。

原田大六は、平原遺跡出土の大鏡と、伊勢神宮におさめられた「八咫の鏡」とが寸法・文様において、一致がみられると考えた。

すなわち、つぎのように考えた。

写真3　原田大六著『実在した神話』（学生社、一九六六年刊）

平原弥生古墳
大日孁貴の墓
上巻
原田大六著
平原弥生古墳調査報告書編集委員会
葦書房

写真4　原田大六著『平原弥生古墳』（葦書房、一九九一年刊）

(1)　伊勢神宮におさめられた「八咫の鏡」は、天照大御神の霊代(神霊の代りとされるもの)である。「八咫の鏡」は、記録からみて、平原遺跡出土鏡ほどの大きさが十分あったと考えられる。(これについてくわしくは、このシリーズの拙著『日本神話120の謎—三種の神器が語る古代世界—』[勉誠出版、二〇〇六年刊]参照。)

(2)　平原遺跡出土の大鏡の円周は、ほぼ、八咫の長さにあたる。

中国の考古学者の王仲殊は、つぎのようにのべる。

「平原王墓出土の大鏡の直径四十六・五センチは、まさに、後漢時代の二尺にあたる。八寸をもって『咫』とするという確かな記載がある。大銅鏡の直径は二尺で、その円周は、八咫に近くなる。」(原田大六著『平原弥生古墳巻』[葦書房、一九九一年刊]、219ページ)

(3)　「八咫の鏡」の文様について、「八咫花崎八葉形なり」という記録がある。これは、平原遺跡出土の大鏡の、「内行八花文(内むきの八つの円弧)と、「八葉座(紐[中央のつまみ]のところの八つの葉の文様)」にあたる。

原田大六は、のべる。

「神話の高天原の物語りのほとんどは、じつは北部九州の弥生時代の最後の史実によっている。また日本神話の実態を証明してきたのは、ひとえに平原弥生古墳によっている。ではこの古墳に葬むられた人物は神話の中の誰にあたるのであろうか。

「神明造の殯宮で、八咫の鏡を所持し、太陽の妻であり、祭日が神嘗祭に近い日で、神として祭られたというのが、平原弥生古墳の被葬者の本質的性格である。神話ではいうまでもなく、天照大御神に相当する。」

原田大六の、以上に紹介したような説明は、原田大六著の、『平原弥生古墳―大日孁貴（おおひるめのむち）の墓―』（葦書房、一九九一年刊）と、『実在した神話』（学生社、一九六六年刊）とに、ほぼ同文でのっている。

ただ、原田大六は、さきの引用文中にあるように、平原王墓を、「弥生時代の最後」のころのものとしながら、天照大御神を卑弥呼よりも、時代的に古い人（神）であると考えた。

奥野正男氏らの「平原王墓＝卑弥呼の墓」とする説

いっぽう、宮崎公立大学の教授であった考古学者、奥野正男氏はのべる。

「平原出土の方格規矩四神鏡が後漢晩期のものであるとすれば、共伴の大形国産鏡の製作年代の上限もまた三世紀代におくことが可能である。この三世紀代はまさに卑弥呼の時代に相当し、一墳墓で副葬された鏡の数においても、日本最大の大形国産鏡という点でも、平原遺跡は日本の古代史上さいしょの女王である卑弥呼の墓にふさわしい。」（奥野正男著『邪馬台国はここだ』〔奥野正男著作集Ⅰ、梓書院、二〇一〇年刊〕209ページ）

奥野正男氏は、また、「卑弥呼の鏡は、後漢鏡、その墓は平原である」（『季刊邪馬台国』第2号、梓書院、一九七九年刊）という論文も、発表しておられる。

吉野ヶ里遺跡を発掘したことで著名な高島忠平氏は、断言的な表現をさける形ではあるが、つぎのように記している。

「（平原王墓の被葬者としては、）『魏志倭人伝』に出てくる卑弥呼もその被葬者の候補の一人として考えていいのではないかと思っています。」（「近畿説はありえない」〔『研究最前線　邪馬台国』〈朝日新聞社、二〇一一年刊〉〕所収）

この文章は、すくなくとも、高島氏が、平原王墓と卑弥呼とが、時期的に重なりあうとみておられることを示している。

福岡大学の考古学者、小田富士雄氏らも、『倭人伝の国々』（学生社、二〇〇〇年刊）のなかで、つぎのようにのべている。

「平原（王墓）になると、これはもう邪馬台国の段階に入っています。」

考古学者の柳田康雄氏は、その著『伊都国を掘る』（大和書房、二〇〇〇年刊）のなかで、平原王墓の被葬者を、「三世紀初頭に埋葬された倭国最高権威にある巫女」と記しておられる。

柳田康雄氏は、また、報告書『平原遺跡』前原市教育委員会、二〇〇〇年刊）のなかで、つぎのように記しておられる。

「これらの（平原王墓の）仿製鏡（ぼうせいきょう）の製作年代は、中国に類似品があるとすれば技術的に後漢以後しか考えられないことから、紀元二〇〇年前後の後漢の動乱期であり、中国製品が入手困難な時期に符合する。」

これも、平原王墓の築造時期が、西暦二〇〇年以後で、卑弥呼の年代と、比較的近いことをのべているといえるであろう。

原田大六の説と、奥野正男氏らの説とを、合体させると、つぎの仮説になる。

平原王墓は、卑弥呼＝天照大御神の墓である

大分県の産婦人科の医師で、大分県考古学会の会員であった中尾七平（なかおしちへい）（一九二八～二〇一〇）の著書に、『日本書紀」と考古学』（海鳥社、一九九七年刊）がある。

中尾七平は、この本のなかで、私とは、あげている根拠が異なるが、私のこの本と、ほぼ同じつぎの結論を、すでにのべている。

(1) 天照大御神は、卑弥呼である。

(2) 卑弥呼の墓は、糸島市の平原王墓である。

(3) 邪馬台国は、朝倉市、小郡市、筑紫野市周辺である。

以下では、この仮説が、成立するかどうかをややくわしく追ってみよう。

和辻哲郎の「邪馬台国東遷説」

これまで、卑弥呼のことが、神話化し、伝説化したのが、天照大御神なのではないかとする説が、すくなからぬ人々によって、となえられてきた。

このような説は、明治期に東京大学の東洋史の教授であった白鳥庫吉によって最初に示唆(しさ)された。白鳥庫吉の見解を受け継ぎ、大きく発展させたのは、東京大学の哲学者・和辻哲郎(わつじてつろう)(一八八九～一九六〇)であった。

和辻は観察眼の広さと明晰な思考によって知られる。和辻は、ドイツの哲学者ニーチェやデンマークの哲学者キュルケゴールの研究から、さらに、日本文化の研究に進み、『日本古代文化』『古寺巡礼』『風土』などの数々の名著を著した。

和辻哲郎の「卑弥呼＝天照大御神説」は、『日本古代文化』(岩波書店、一九二〇年刊)のなかにみえる。『日本古代文化』は、和辻がまだ二十六歳という若さで著した著作である。

和辻が本書ではじめて「邪馬台国東遷説(とうせんせつ)」を明確な形で打ち出した。「邪馬台国東遷説」は、邪馬台国は九州に存在し、のちにその勢力を受け継ぐものが東遷して「大和朝廷」になったとする説である。
和辻はその東遷説を展開する出発点として『古事記』『日本書紀』の神話と『魏志倭人伝』の記述との一致をやや詳しく指摘している。

「君主の性質については、記紀の伝説は、完全に魏人の記述と一致する。たとえば、天照大御神は、高天の原において、みずから神に祈った。天上の君主が、神を祈る地位にあって、万神を統治するありさまは、あたかも、地上の倭女王が、神につかえる地位にあって人民を統治するありさまのごとくである。また天照大御神はの岩戸隠れのさいには天地暗黒となり、万神の声さばえのごとく鳴りさやいだ。倭女王が没した後にも国内は大乱となった。天照大御神が岩戸より出ると、天下はもとの平和に帰った。倭王壱（台）与の出現も、また国内の大乱をしずめた。天の安の河原においては八百万の神が集合して、大御神の出現のために努力し、大御神を怒らせたスサノオの放逐に力をつくした。倭女王もまた武力をもって衆を服したのではなく、神秘の力を有するゆえに衆におされて王とせられた。この一致は、暗示の多いものである。（…中略…）（『魏志』の記述と神代史が、）右のごとき一致を示すとすれば、たとえ伝説化せられていたにもしろ、邪馬台国時代の記憶が全然国民の心から、消失していたとは思えない。」

和辻哲郎は、ついで、大和朝廷の国家統一が、どのように行なわれたと考えられるかについて述べる。大和朝廷は、邪馬台国の後継者であり、『古事記』『日本書紀』の伝える「神武東征」の物語の、「国家を統一する力が九州から来た」という中核は、否定しがたい伝説に基づくものであろうとする。その後、和辻の「卑弥呼＝天照大御神説」「邪馬台国東遷説」は数多くの人によって受け継がれ発展させられた（これについて、くわしくは、拙著『研究史 邪馬台国の東遷』［新人物往来社、一九八一年刊］参照）。

たとえば、学習院大学の教授であった飯島忠夫はその著『日本上古史論』（中文館書店、一九四七年刊）のなかで、およそつぎのようなことを述べている。

(1)　天照大御神の時代は、卑弥呼の時代にあたる。
(2)　九州の邪馬台国が、本州の大和に移動した。
(3)　その移動の時期は西暦三〇〇年前後である（日本建国の年代は『日本書紀』に記されている年代から、約千年ほど、後世に引き下げて考えるべきである）。
(4)　その移動の記憶が、神武天皇東征伝承であると考えられる。

私も、このような説に、基本的に賛成するものである。このような説には、かなりな、文献年代論的な根拠を与えることができると考えている。

第十代崇神天皇の活躍年代

いま**図9**の**［A］**のように、第五十代桓武天皇の「活躍年代」の「七九四年」を**［基準点Ⅰ］**とし、第二十一代用明天皇の「活躍年代」の「五八六年」を、**［基準点Ⅱ］**とする。すると、**［基準点Ⅰ］**と**［基準点Ⅱ］**とのあいだの長さは、十九代（桓武天皇の第五十代から、用明天皇の第三十一代を引いたもの）で、二〇八年間（桓武天皇の活躍年代七九四年から、用明天皇の活躍年代五八六年を引いたもの）となる。

この間の一代平均在位年数は、十・九五年となる。

この平均在位年数を用い、過去の天皇の「活躍年代」を推定してみる。

すると、**図9**の**［A］**に示したとおり、つぎのようになる。

(1)　第二十一代雄略天皇の「活躍年代」の推定値は、第三十一代用明天皇の「活躍年代」五八六年から、十代一〇九・五年（平均在位年数10.95［年］×10［代］＝109.5［年］）さかのぼって「四七七年」となる。

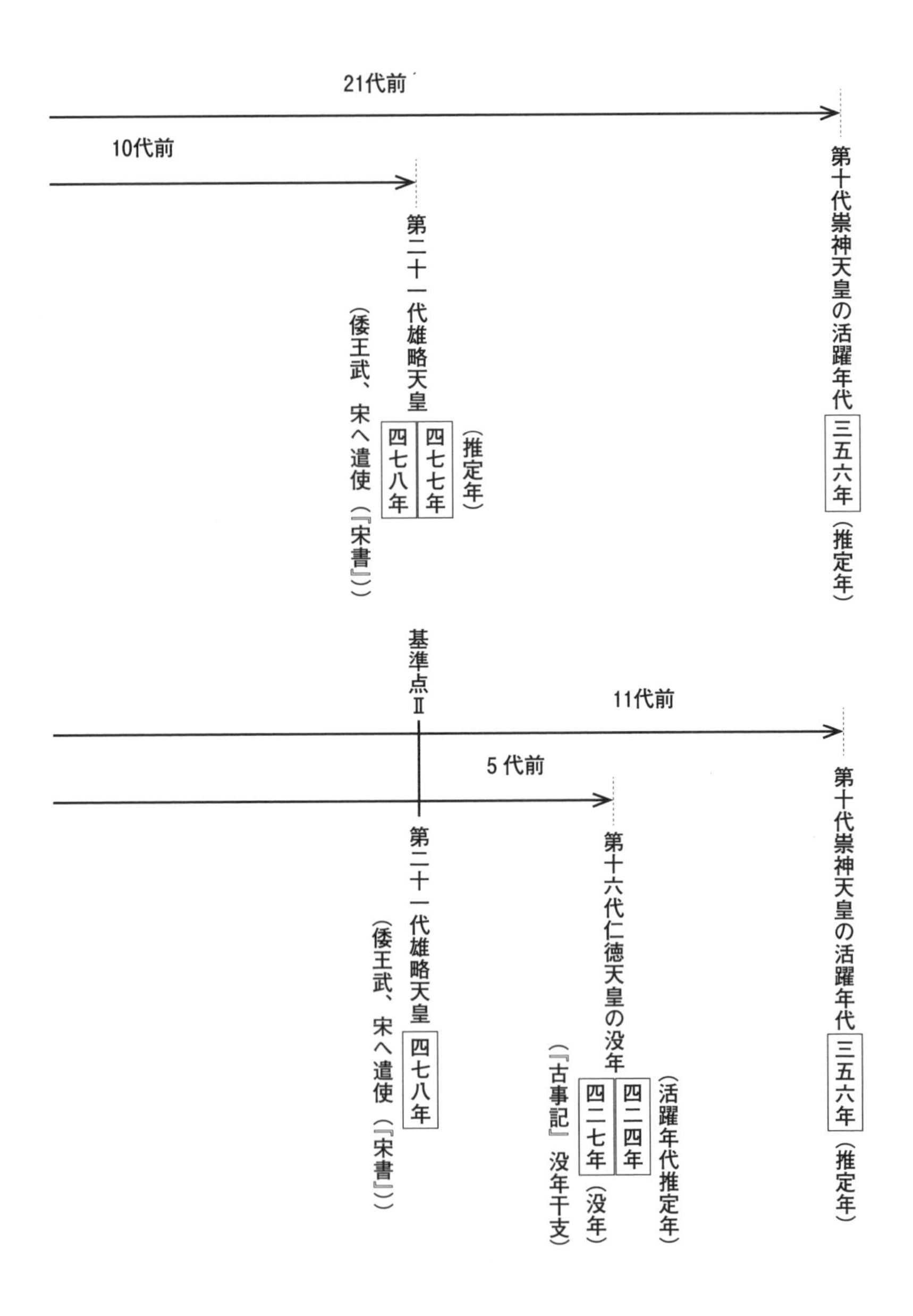
21代前
10代前
第十代崇神天皇の活躍年代三五六年（推定年）
第二十一代雄略天皇四七七年（推定年）四七八年
（倭王武、宋へ遣使（『宋書』））
基準点Ⅱ
11代前
5代前
第十代崇神天皇の活躍年代三五六年（推定年）
第十六代仁徳天皇の没年四二四年（活躍年代推定年）四二七年（没年）
（『古事記』没年干支）
第二十一代雄略天皇四七八年
（倭王武、宋へ遣使（『宋書』））

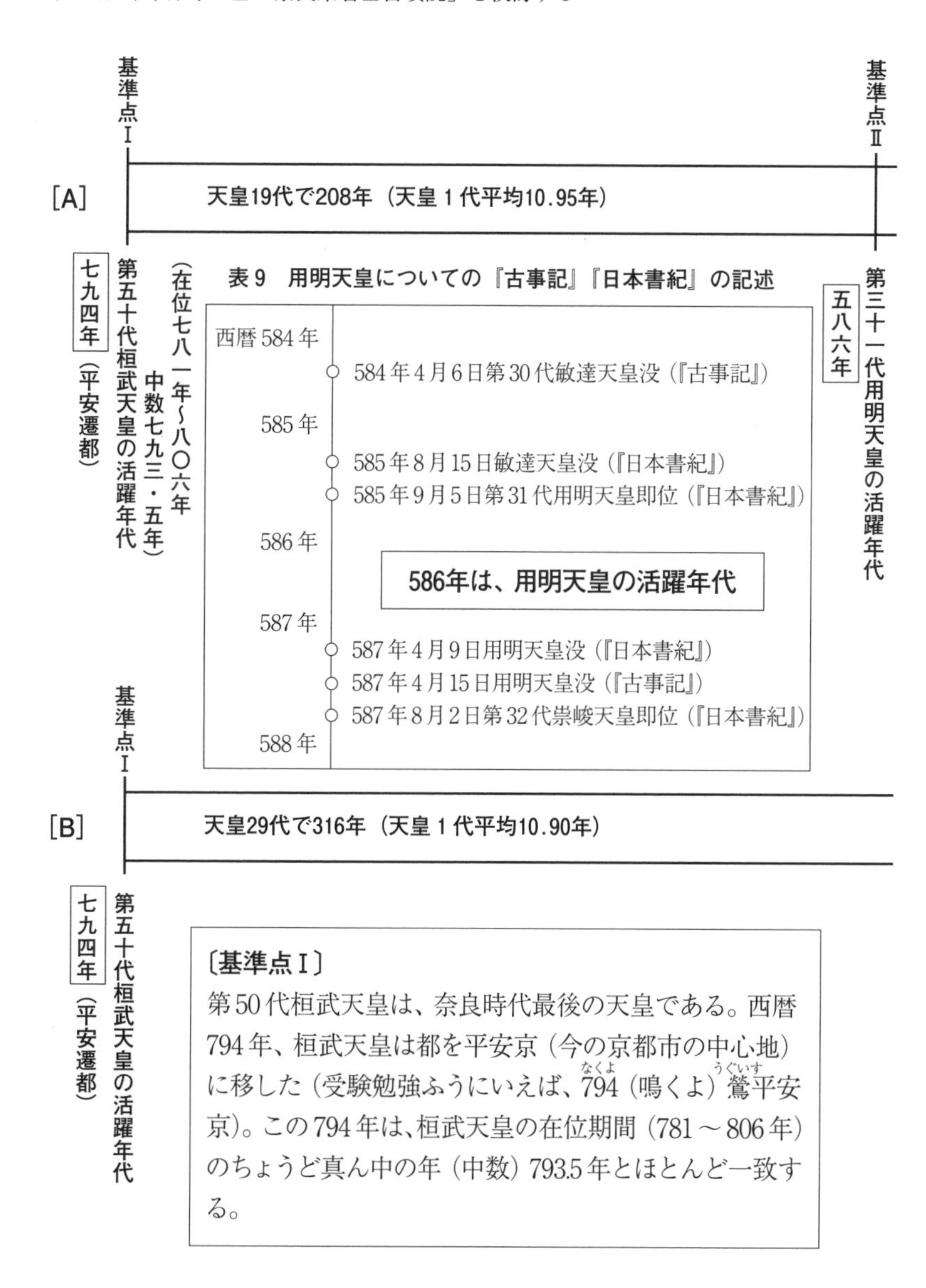

図９ 第10代崇神天皇の活躍年代・没年推定図

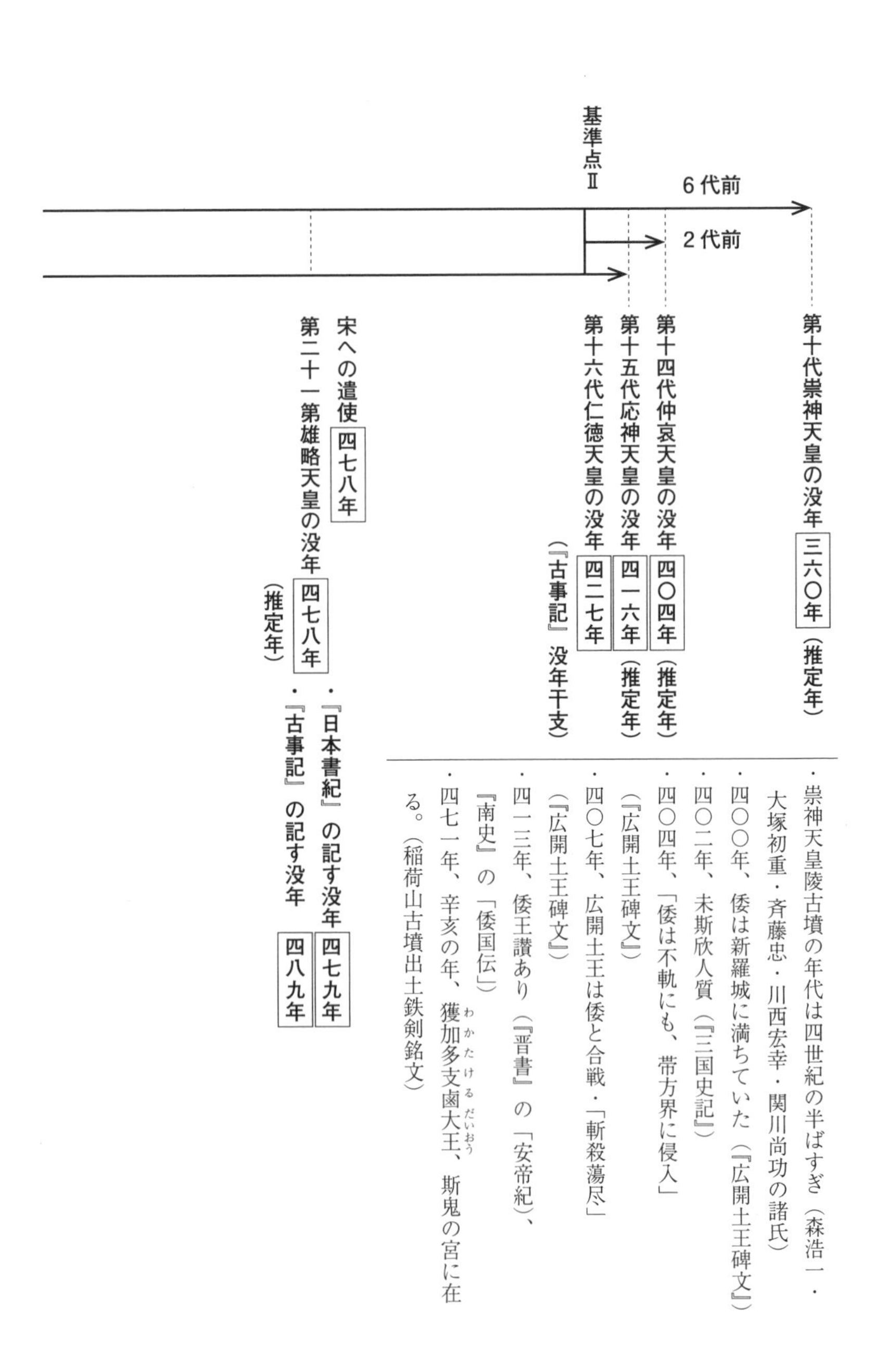

・崇神天皇陵古墳の年代は四世紀の半ばすぎ（森浩一・大塚初重・斉藤忠・川西宏幸・関川尚功の諸氏）
・四〇〇年、倭は新羅城に満ちていた（『広開土王碑文』）
・四〇二年、未斯欣人質（『三国史記』）
・四〇四年、「倭は不軌にも、帯方界に侵入」（『広開土王碑文』）
・四〇七年、広開土王は倭と合戦・「斬殺蕩尽」（『広開土王碑文』）
・四一三年、倭王讃あり（『晋書』の「安帝紀」、『南史』の「倭国伝」）
・四七一年、辛亥の年、獲加多支鹵大王、斯鬼の宮に在る。（稲荷山古墳出土鉄剣銘文）

基準点Ⅰ

[C]　天皇34代で379年（天皇１代平均11.15年）

第五十代桓武天皇の没年（八〇六年）

第21代雄略天皇は、478年に宋へ使を出した倭王武とみられる。そこで雄略天皇の活動の年代として、478年をとる。これは、稲荷山古墳出土の鉄剣銘文の辛亥の年（471年）とも、ほぼ合致する。

また、『日本書紀』は、雄略天皇の在位期間を、西暦457年～479年にあたる期間と記す。478年は、この期間のうちにはいる。

『古事記』は、雄略天皇のまえの第20代安康天皇の没年を記さず、そのまえの第19代允恭天皇の没年を454年とする。そして、雄略天皇の没年を489年とする。『古事記』のばあいも、478年は、ほぼ雄略天皇の在位期間のうちにはいる。『古事記』『日本書記』の記す雄略天皇についての年代は、あたらずといえども遠からずとみられる。

この雄略天皇の「活躍年代」の推定値「四七七年」は、雄略天皇とみられる倭王武が、中国の宋へと使をだした四七八年と、一年しか違わない。

(2) 同様にして、第十代崇神天皇の「活躍年代」を推定すれば、つぎのようになる。

第十代崇神天皇は、第三十一代用明天皇の二十一代まえ(31[代]-10[代]=21[代])の天皇である。一代平均在位年数十・九五年として、二十一代二三〇年(10.95[年]×21[代]=229.95[年])さかのぼれば、「三五六年」となる。つまり、四世紀の中ごろとなる。

『日本書紀』は、この崇神天皇のころに、箸墓古墳がきずかれたと記している。この箸墓古墳を、三世紀の中ごろに没した卑弥呼の墓などとするのは、無理である。

およそ百年の違いがある。

箸墓古墳を卑弥呼の墓とする笠井新也の説では、「『古事記』の没年干支」により、崇神天皇の没年を、二五八年としている。

かつて、考古学者の森浩一は、この問題に関連してのべている(以下、森浩一の論文「卑弥呼の冢(ちょう)」〔『ゼミナール日本古代史 上』〈光文社、一九七九年刊〉所収〕による)。

「古墳の開始の時期は、四世紀の前半というのが有力であって、倭人の条の卑弥呼の冢の年代との間に約半世紀ないし一世紀のへだたりがある。」

「約半世紀間にすぎない間隔が、年代割りだしのうえで生じた誤差として処理しきれないほどの重みをもっていると私はみている。」

最近の畿内説の考古学では、土器の推定年代をくりあげ、それにともなって古墳の推定年代をくりあげることによって、この問題を処理しようとするこころみが、さかんにみられる。

しかし、土器には、西暦年数に換算できるような年代が、直接記されているわけではない。解釈によって、年代をくりあげて行くと、あちこちに矛盾を生ずることになるようにみえる。

第二十一代雄略天皇の「活躍年代」を、［基準点Ⅱ］とすれば、……

前節で、第五十代桓武天皇の「活躍年代」を［基準点Ⅰ］とし、第三十一代用明天皇の活躍年代を、［基準点Ⅱ］として、その間の平均在位年数をもとに第十代崇神天皇の「活躍年代」を推定した。

この前節での推定の、ややつらいところは、二つの基準点間の期間（天皇の代で、十九代）よりも、［基準点Ⅱ］から推定すべき崇神天皇までの期間（天皇の代で、二十一代）のほうが、長いことである。推定するための射程距離が、やや遠いかな、という感じもする。身の丈（たけ）をこえて、とびあがろうとしているようにもみえる。

そこで、こんどは図9の［B］のように、第二十一代雄略天皇の「活躍年代」として、倭王武が、宋へ使をだした四七八年をとることにする。今度は、これを［基準点Ⅱ］とする。四七八年は、『古事記』『日本書紀』の記述でも、雄略天皇の在位期間のうちにはいるといえる。また、図9の［A］の推定でも、雄略天皇の「活躍年代」の推定値の「四七七年」と倭王武が宋へ使をだした「四七八年」とは、一年しか違わなかった。

雄略天皇の「活躍年代」として四七八年をとり、これを［基準点Ⅱ］とすれば、つぎのようになる。

(1)　［基準点Ⅰ］から、［基準点Ⅱ］までの期間は、天皇第二十九代で、三一六年間となる。天皇一代の平均在位年数は、十・九〇年である。三百年以上にわたる期間の諸天皇の平均在位年数が、十年あまりなのである。

(2)　この平均在位年数十・九〇年を用いれば、第二十一代雄略天皇から五代まえの第十六代仁徳天皇の活躍年代推定値は、四二四年となる。
これは、『古事記』の没年干支による仁徳天皇の没年四二七年と、三年しか違わない。
また、仁徳天皇の「活躍年代」の推定値が四二四年で、「没年」が、そのあとの四二七年というのも妥当である。
『古事記』の「没年干支」については、仁徳天皇の没年記事の四二七年以後は、ほとんど年代の延長がないと判断される。

(3)　同様にして、第十代崇神天皇の「活躍年代」を推定する。すると、推定値は**図9**の**〔B〕**に示したように、三五八年となる。**図9**の**〔A〕**のばあいの三五六年と、ほとんど変わりがない。

第十六代仁徳天皇の「没年」を、〔基準点Ⅱ〕とすれば、……

前節でのべたように、『古事記』は、第十六代仁徳天皇の「没年」を四二七年とする。この『古事記』の記述は、平均在位年数の延長をうかがわせない。ほぼ妥当である。

そこで、今度は仁徳天皇の「没年」を**〔基準点Ⅱ〕**にしてみよう。

その推定の様子をしめしたのが、**図9**の**〔C〕**である。

このばあい、『古事記』は、仁徳天皇の「没年」を、はっきり記している。しかし、「活躍年代」については、はっきり指定できる情報がない。

そこで、仁徳天皇の「没年」にあわせて、**〔基準点Ⅰ〕**についても、桓武天皇の「没年」をとる。桓武天皇の「没年」は、八〇六年である。

図9の**［C］**によるとき、つぎのようになる。

(1)　**［基準点Ⅰ］**として、第五十代桓武天皇の「没年」の八〇六年をとる。**［基準点Ⅱ］**として、『古事記』の記す仁徳天皇の「没年」四二七年をとる。

そして、二つの年をもとに、比例配分により、第二十一代雄略天皇の「没年」の推定値を求める。すると、**図9**の**［C］**に示すように、四八三年となる。この値は、つぎの二つの点から大略妥当である。

①　雄略天皇の「没年」の推定値四八三年は、倭王武が、宋へ使を出した年（活躍年代）四七八年の五年ほどあとである。天皇の一代平均在位年数が、十一年ほどなので、「活躍年代」の五年ほどあとに、「没年」がくるのは、妥当である。

②　雄略天皇の没年の推定値四八三年は、『古事記』の記す雄略天皇の没年四八九年と、『日本書紀』の記す雄略天皇の没年四七九年との中ほどの値である。推定値としては、無理がない。

(2)　第十六代仁徳天皇の「没年」四二七年を、**［基準点Ⅱ］**とすれば、一代の平均在位年数を、**図9**の**［C］**の示すように十一・一五年として、直近の前代応神天皇の「没年」の推定値は、四一六年となる。

前々代の仲哀天皇の「没年」の推定値は、四〇四年となる。

このころ、仲哀天皇の皇后の神功皇后が、朝鮮半島の新羅に出兵したと、『古事記』『日本書紀』ともに記す。『風土記』『万葉集』などの奈良時代に成立した諸文献も、神功皇后の出兵のことを記す。

そして、朝鮮の歴史書『三国史記』は、西暦四〇二年に、新羅の皇子未斯欣（みしきん）が、倭の人質になったと記す。新羅の皇子が、日本の人質になったことは、『日本書紀』の「神功皇后紀」にも記されている。

また、好太王（こうたいおう）（広開土王（こうかいどおう））の碑文なども、このころ、倭が、朝鮮半島に出兵してきたことを記す。

(3)　第十代崇神天皇の「没年」の推定値は、三六〇年となる。崇神天皇についての年代の推定値は、つぎのようになっている。

①　図9の【A】によるとき……三五六年（活躍年代）
②　図9の【B】によるとき……三五八年（活躍年代）
③　図9の【C】によるとき……三六〇年（没　年）

「没年」の推定値が、「活躍年代」の推定値よりもあとにきていることも妥当である。

崇神天皇の「没年」の推定値が、三六〇年前後である確率は、かなり大きいとみてよいのではないか。

以上のべてきた諸推定値のあいだに、大きな矛盾はみられない。むしろ、きわめて整合的であるようにみえる。

崇神天皇陵の没年が、三六〇年前後であるとしてみよう。

『日本書紀』によれば、箸墓古墳がきずかれたのは、崇神天皇の時代で、それは倭迹迹日百襲姫（やまとととひももそひめ）の墓であるという。

「箸墓古墳＝卑弥呼の墓説」は、なりたたなくなる。年代が、卑弥呼の時代よりも、百年ほどあとのものとみられるからである。

「箸墓古墳＝卑弥呼の墓説」は、笠井新也の、つぎのような考えを骨格として成立しているものである。

(a)　『古事記』の「没年干支」によれば、崇神天皇の没年は、西暦二五八年にも、西暦三一八年にもあてはめられる。このうち、古いほうの二五八年説をとれば、卑弥呼の没年二五〇年ごろと、かなり近くなる。

(b)　『日本書紀』によれば、箸墓古墳は、崇神天皇の時代に、倭迹迹日百襲姫の墓としてきずかれたことになる。

（c）　年代が、ほぼ合うことになるから、卑弥呼は、倭迹迹日百襲姫で、箸墓古墳は、卑弥呼の墓であろう。

現代の考古学者、白石太一郎氏らの「箸墓古墳＝卑弥呼の墓説」は、考古学的な根拠を骨格として成立しているのではない。笠井新也の説いた文献学的年代論を骨格として成立しているのである。しかし、その根拠には、大きな無理がある。

『古事記』の記す没年干支は、仁徳天皇の没年以降については、かなりのていど信頼すべき根拠がある。しかし、それよりもまえの諸天皇の『古事記』の記す「没年」は、『日本書紀』ほどではないにしても、年代に延長があるとみるべきである。

各天皇の活躍年代

私は、つぎのような原理にもとづき、古代の天皇の大略の活躍年代を推定した。

（1）　古代の天皇の平均在位年数を、約十年として、各天皇の大略の活躍年代を定める。

（2）　『日本書紀』には、歴代の古代天皇の在位年数が記されている。この在位年数には、延長があるとみられる。しかし、事蹟が多く、在位の長かった天皇は、伝承上も在位が長いように伝えられがちであろう。そこで、『日本書紀』の在位年数の長さに比例させて、一代の平均値十年に増減を加える。

（3）　『古事記』には、各天皇の在位年数は記されていないが、各天皇の享年は記されている。長命な天皇は、在位期間も比較的長く、事蹟も多くなりがちであろう。そこで、『古事記』に記されている享年の長さに比例させて、一代の平均在位年数に、増減を加える。

（4）　在位年数が長く、事蹟も多い天皇は、『古事記』『日本書紀』などに記されている記事の量も多くなるであろう。そこで、『古事記』『日本書紀』に記されている記事の量に比例させて、一代の平均在位年数に、増減を加える。

このような原理にもとづき、古代の各天皇の活躍時期の推定値を求めれば、**図10**のようになる。推定法についてくわしくは、このシリーズの拙著『古代年代論が解く邪馬台国の謎』(勉誠出版、二〇一三年刊)を参照していただきたい。

図10の年代表によって、古代の天皇・豪族の活躍年代の大略を推定することができる。

前方後円墳の築造時期を推定する

前方後円墳は、時代がくだるにつれ、後円部に比し、前方部が相対的に発達する。

前方後円墳においては、墳丘全長および後円部の径に比して、前方部の幅が、古い時代の前方後円墳ほど小さく、後代の前方後円墳ほど、大きくなる傾向がみとめられる。

いま、横軸(x軸)に、前方部の幅を後円部の直径で

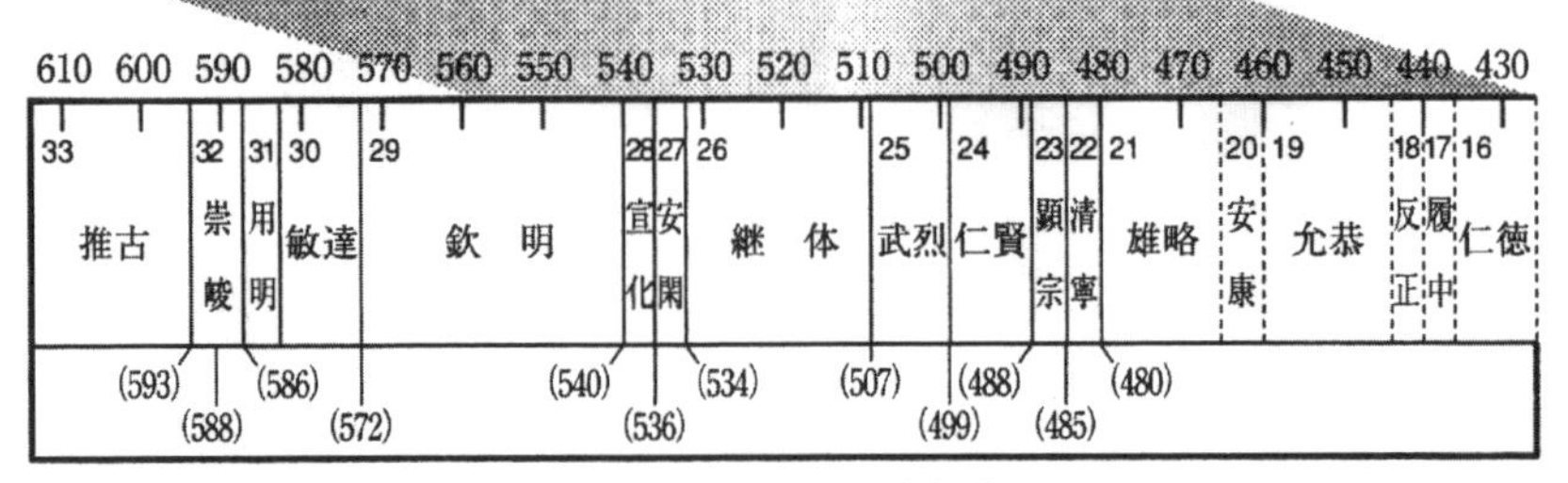

図10 諸天皇の推定年代

割った値、

$\left[\frac{\text{前方部幅}}{\text{後円部径}} \times 100\right]$

をとる。

また、横軸（y軸）に、前方部の幅を墳丘全長で割った値、

$\left[\frac{\text{前方部幅}}{\text{墳丘全長}} \times 100\right]$

をとる。

そして、天皇陵古墳や皇后陵古墳、さらに代表的な前方後円墳などをプロットすれば、**図11**のようになる。

このようなグラフを描くと、古い時代の古墳は全体的に左下に、新しい時代の古墳は全体的に右上にプロットされる。それは、時代がくだるにつれ、後円部に比し、前方部が、しだいに発達する傾向があるからである。

すなわち、墳丘全長および後円部の径に比して、前方部の幅が、古い時代の前方後円墳ほど小さく、後代の前方後円墳ほど大きくなる傾向がみとめられる。

図11によって、前方後円墳の大略の築造時期を推定できる。

たとえば、第十代崇神天皇陵古墳、第十一代垂仁天皇陵古墳、第十二代景行天皇陵古墳などは、左下の「四世紀型古墳群」のなかに位置する。崇神天皇の没年の推定値が、西暦三六〇年ごろとなることはすでに42～43ページの**図9**の［**C**］で示した。

第十五代応神天皇陵古墳、第十六代仁徳天皇陵古墳、第十七代履中天皇陵古墳などは、「五世紀型古墳群」

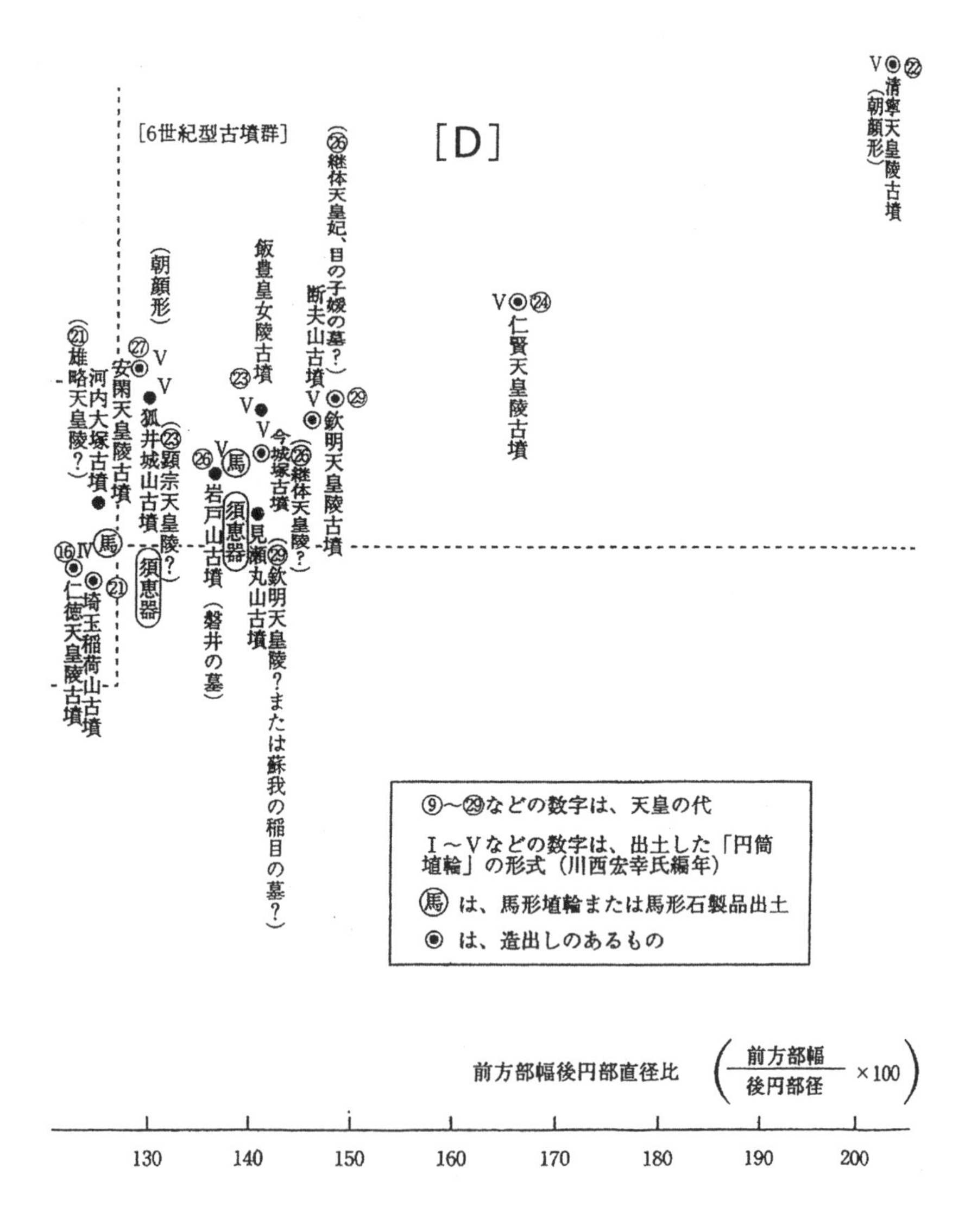

[6世紀型古墳群]
[D]
V◉㉒清寧天皇陵古墳（朝顔形）
V◉㉔仁賢天皇陵古墳
㉖継体天皇妃、目の子媛の墓？）
断夫山古墳
V◉㉙欽明天皇陵古墳
飯豊皇女陵古墳
㉓V●
V◉今城塚古墳（㉖継体天皇陵？）
㉖●V㊫岩戸山古墳（磐井の墓）
須恵器
●見瀬丸山古墳（㉙欽明天皇陵？または蘇我の稲目の墓？）
（朝顔形）
㉗◉V安閑天皇陵古墳
V●狐井城山古墳（㉓顕宗天皇陵？）
須恵器
（㉑雄略天皇陵？）
河内大塚古墳●
⑯Ⅳ◉仁徳天皇陵古墳
㊫
◉埼玉稲荷山古墳㉑
⑨～㉙などの数字は、天皇の代
Ⅰ～Ⅴなどの数字は、出土した「円筒埴輪」の形式（川西宏幸氏編年）
㊫は、馬形埴輪または馬形石製品出土
◉は、造出しのあるもの
前方部幅後円部直径比（前方部幅／後円部径 ×100）
130
140
150
160
170
180
190
200

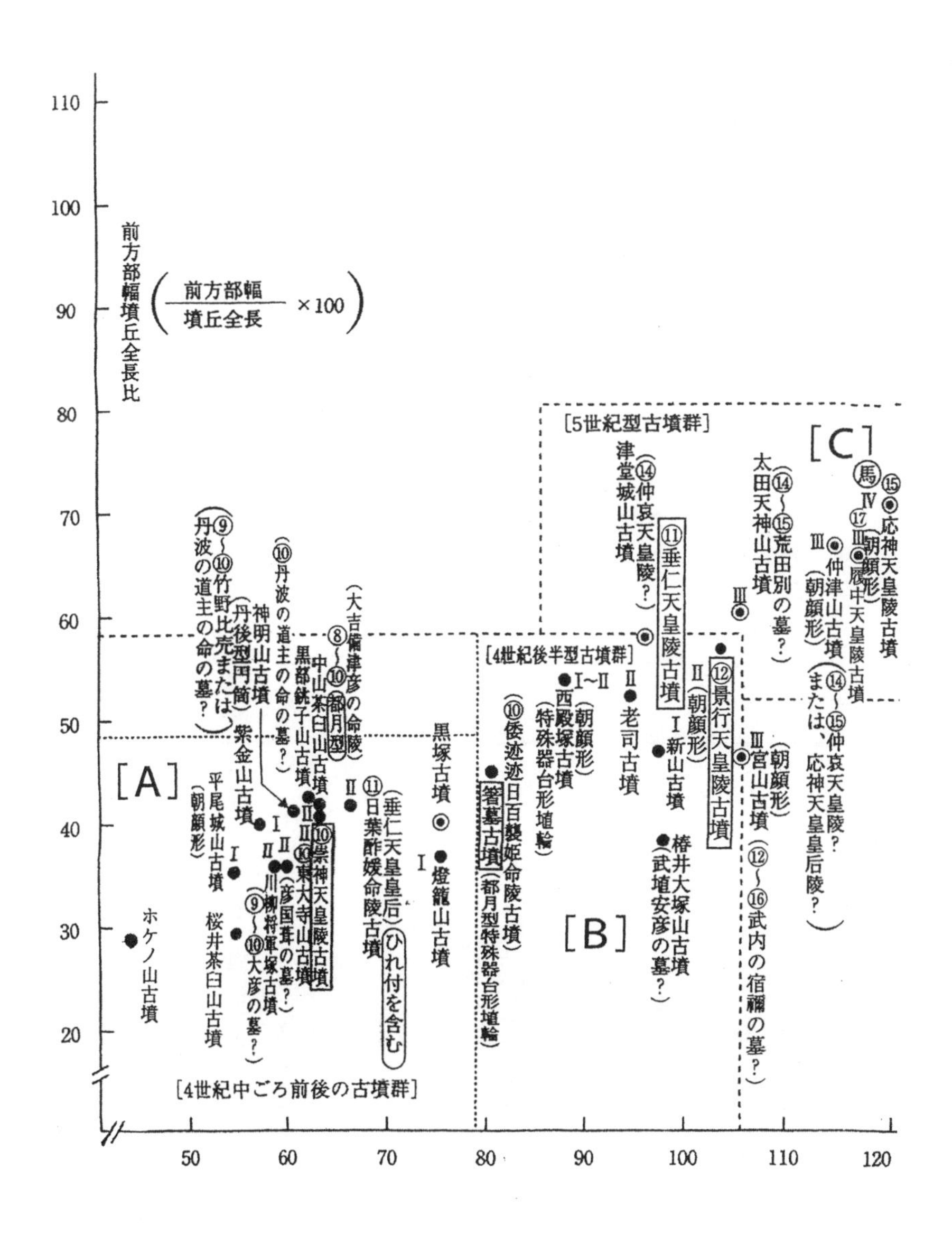

図11 前方後円墳の築造年代推定図

のなかに位置する。第二十一代雄略天皇ころの古墳とみられる埼玉県の稲荷山古墳は、「五世紀型古墳群」のなかでも、ほとんど「六世紀型古墳群」に近いところに位置する。

第二十四代仁賢天皇陵古墳、第二十六代継体天皇陵であることが通説になりつつある今城塚古墳、第二十九代欽明天皇陵古墳などは、「六世紀型古墳群」に属する。第二十六代継体天皇のころの、西暦五二七年に反乱をおこした筑紫の国造磐井の墓とされる岩戸山古墳も、「六世紀型古墳」に属する。

全体的にみれば、**図11**の「前方後円墳築造時期推定図」は、各古墳の築造時期を、かなりよく弁別しているといってよい。

図11において、⑧などのような丸の中の数字は、その古墳の被葬者と一応されている人物が、ほぼ何代目の天皇と同時代になるかを示したものである。たとえば、岡山県の吉備の中山茶臼山古墳は、一九一五年に宮内省からでている『陵墓要覧』では、吉備津彦の命の墓とされている。吉備津彦の命は、第七代孝霊天皇の皇子で、第十代崇神天皇の時代に活躍した人物である。したがって、中山茶臼山古墳のところには、⑧〜⑩と記されている。

図11をみれば、およそつぎのようなことがわかる。

(1) 古い代の天皇に関連した古墳は、おおむね左下にくる傾向があり、新しい代の天皇に関連した古墳は、おおむね右上にくる傾向がある。そしてこの傾向は、考古学の分野で一般にいわれている古い時代に築造されたと推定されている古墳と、より新しい時代に築造されたと推定されている古墳との関係に対応している。このことは、すくなくとも統計的にみたばあい、いわゆる天皇陵古墳が、古墳の築造年代推定のあるていどの基準になりうることを示している。また、当該古墳に、ある天皇などが葬られているという伝承には、あたらずといえども遠からずていどの信憑性のあることを示している。

(2)　「円筒埴輪」が出土している古墳については、古墳名のそばに、「Ⅰ期」～「Ⅴ期」のどの期の「円筒埴輪」が出土しているのかが、ローマ数字で記されている。「Ⅴ期」の円筒埴輪の出土した古墳は、右上のほうにくる。「Ⅰ期」「Ⅱ期」の円筒埴輪の出土した古墳は、左下にくる傾向がある。すなわち、「古墳の形態」と「円筒埴輪の形式」という二つの別基準にもとづく古墳の築造年代推定編年が、ほとんど正確に合致している。その古墳がいつ築造されたかについての、円筒埴輪などにもとづく考古学的な推定年代と、天皇の一代平均在位年数約十年説による天皇の活躍時期についての統計的推定年代とが、大略合致している。このことは、その古墳に、伝承によって伝えられている被葬者が葬られている可能性を高めるものであろう。また、考古学的な年代推定の結果と、文献にもとづく統計的年代推定の結果との信憑性を、相互に高めるものであろう。

なお、**図11**作成のための古墳の計測値のほとんどは、大塚初重他編『日本古墳大辞典』（東京堂出版刊）に記されている値を用いた。『日本古墳大辞典』に記されていないものについては、近藤義郎編『前方後円墳集成』（山川出版社刊）によった。

「三角縁神獣鏡」と「画文帯神獣鏡」との埋納盛行年代

図12には、「三角縁神獣鏡」を出土した前方後円墳の位置を示した。

図13には、「画文帯神獣鏡」を出土した前方後円墳の位置を示した。

これらの図をみれば、つぎのようなことがわかる。

(1)　第十代崇神天皇、第十一代垂仁天皇、第十三代景行天皇の没年の推定値を、三六〇年、三七〇年、三八〇年ごろとし、それを基準として、**図12**、**図13**をみれば、「三角縁神獣鏡」埋納の盛行年代は、四世

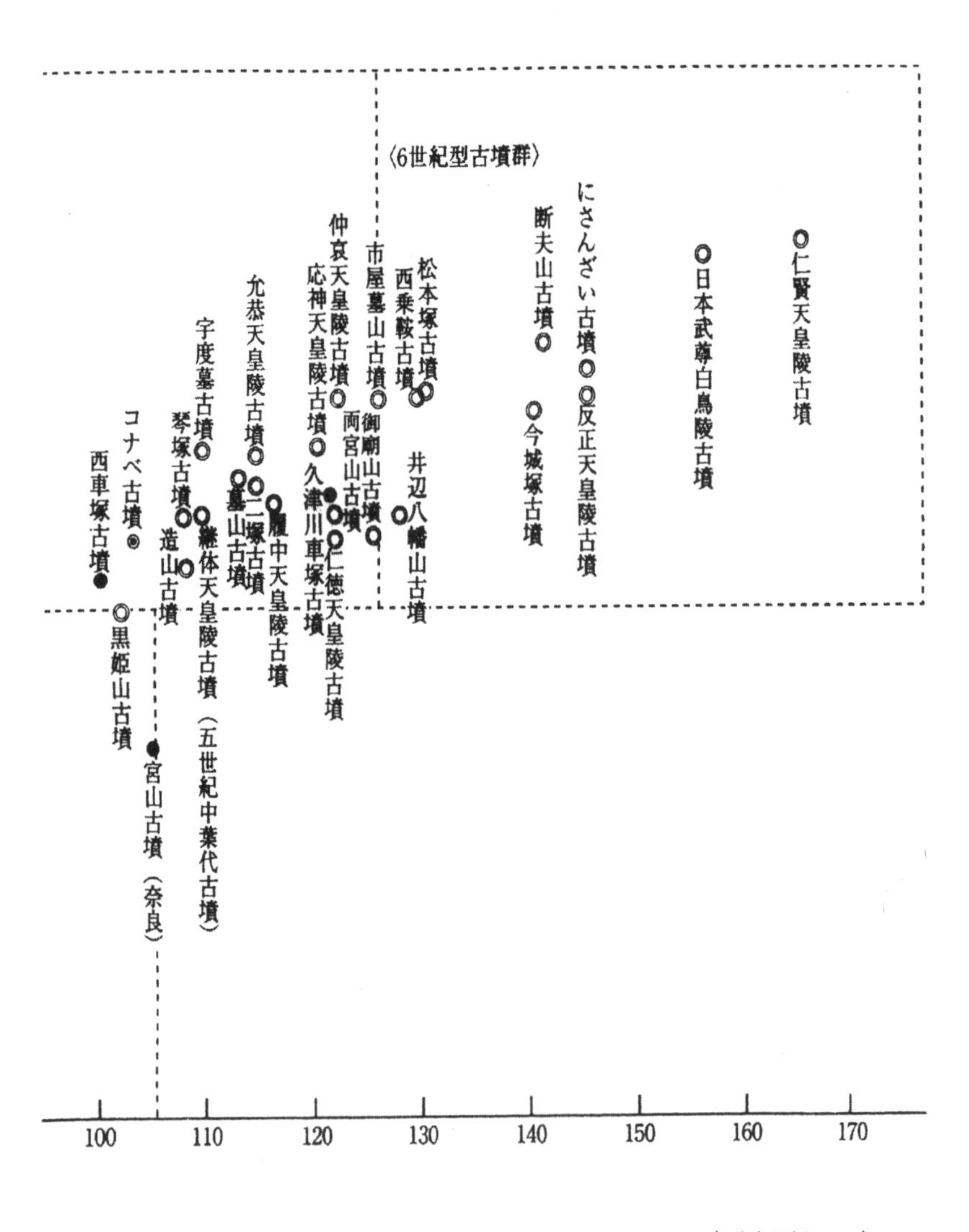

前方部幅後円部直径比 $\left(\dfrac{\text{前方部幅}}{\text{後円部径}} \times 100\right)$

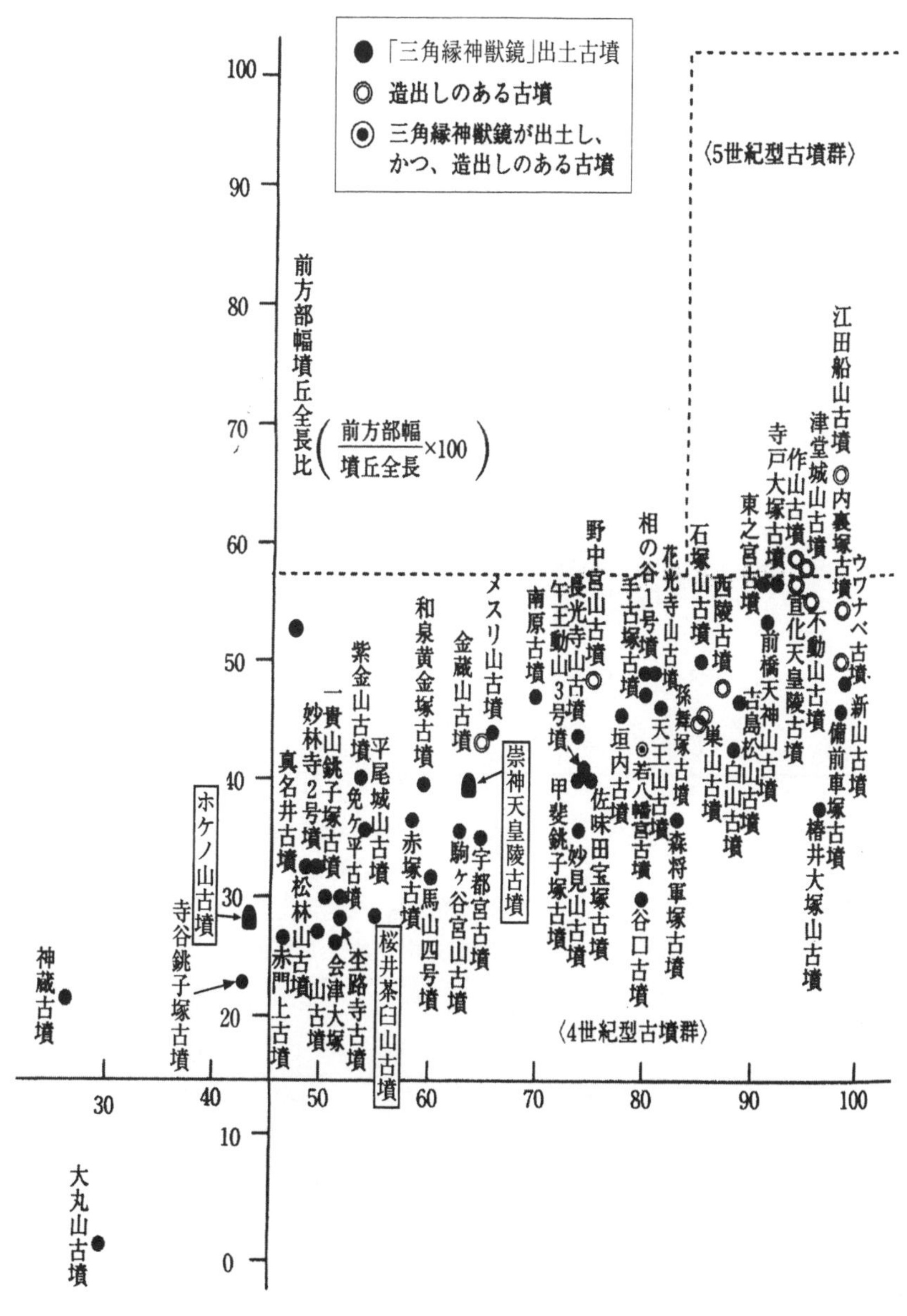

図12　「三角縁神獣鏡」出土古墳群と造出しのある古墳群

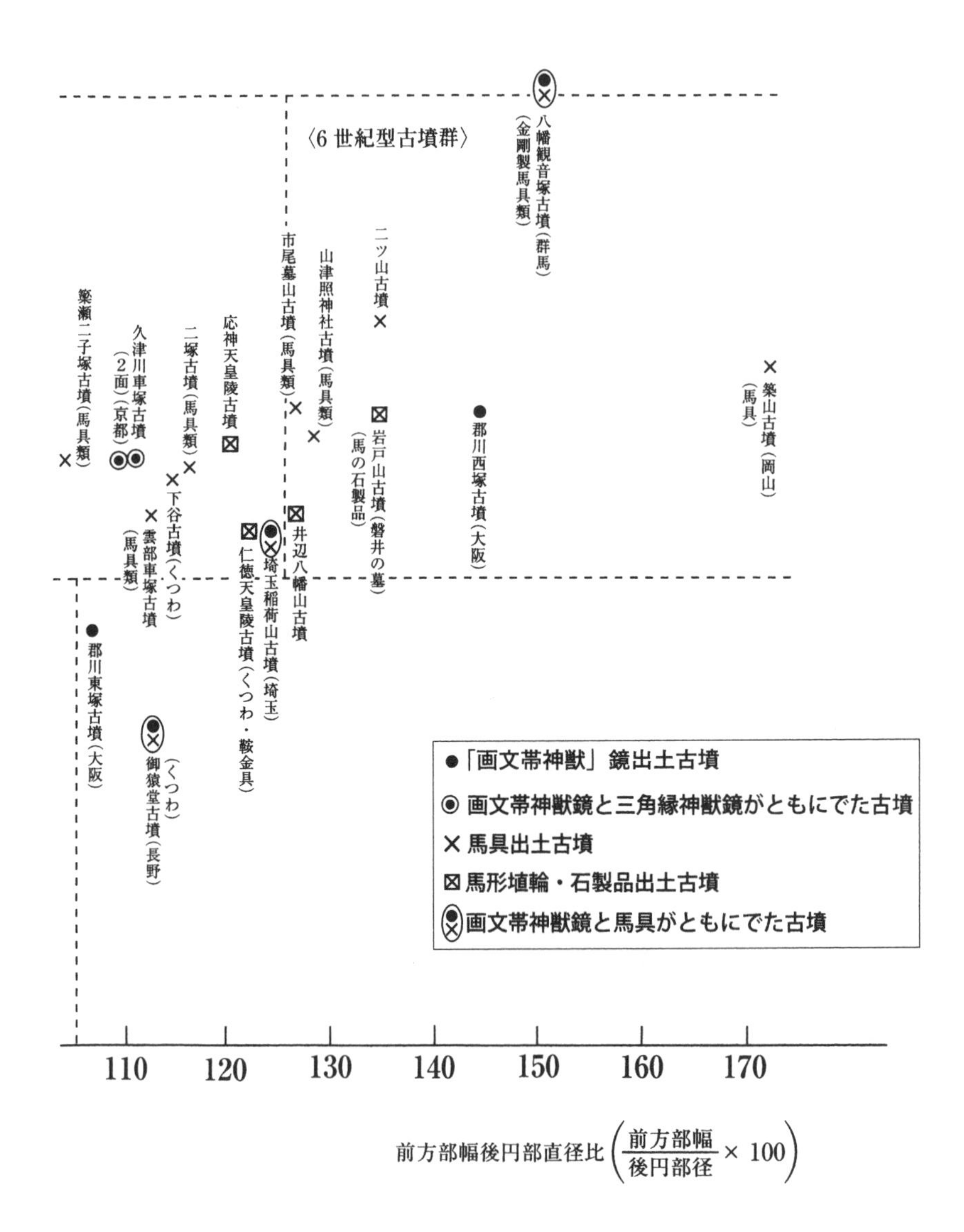

〈6世紀型古墳群〉
八幡観音塚古墳（群馬）（金剛製馬具類）
二ツ山古墳
山津照神社古墳（馬具類）
市尾墓山古墳（馬具類）
応神天皇陵古墳
二塚古墳（馬具類）
久津川車塚古墳（2面）（京都）
築瀬二子塚古墳（馬具類）
築山古墳（岡山）（馬具）
郡川西塚古墳（大阪）
岩戸山古墳（磐井の墓）（馬の石製品）
井辺八幡山古墳
埼玉稲荷山古墳（埼玉）
仁徳天皇陵古墳（くつわ・鞍金具）
下谷古墳（くつわ）
雲部車塚古墳（馬具類）
郡川東塚古墳（大阪）
御猿堂古墳（長野）（くつわ）
●「画文帯神獣」鏡出土古墳
◉ 画文帯神獣鏡と三角縁神獣鏡がともにでた古墳
× 馬具出土古墳
⊠ 馬形埴輪・石製品出土古墳
画文帯神獣鏡と馬具がともにでた古墳
110
120
130
140
150
160
170
前方部幅後円部直径比（前方部幅／後円部径 × 100）

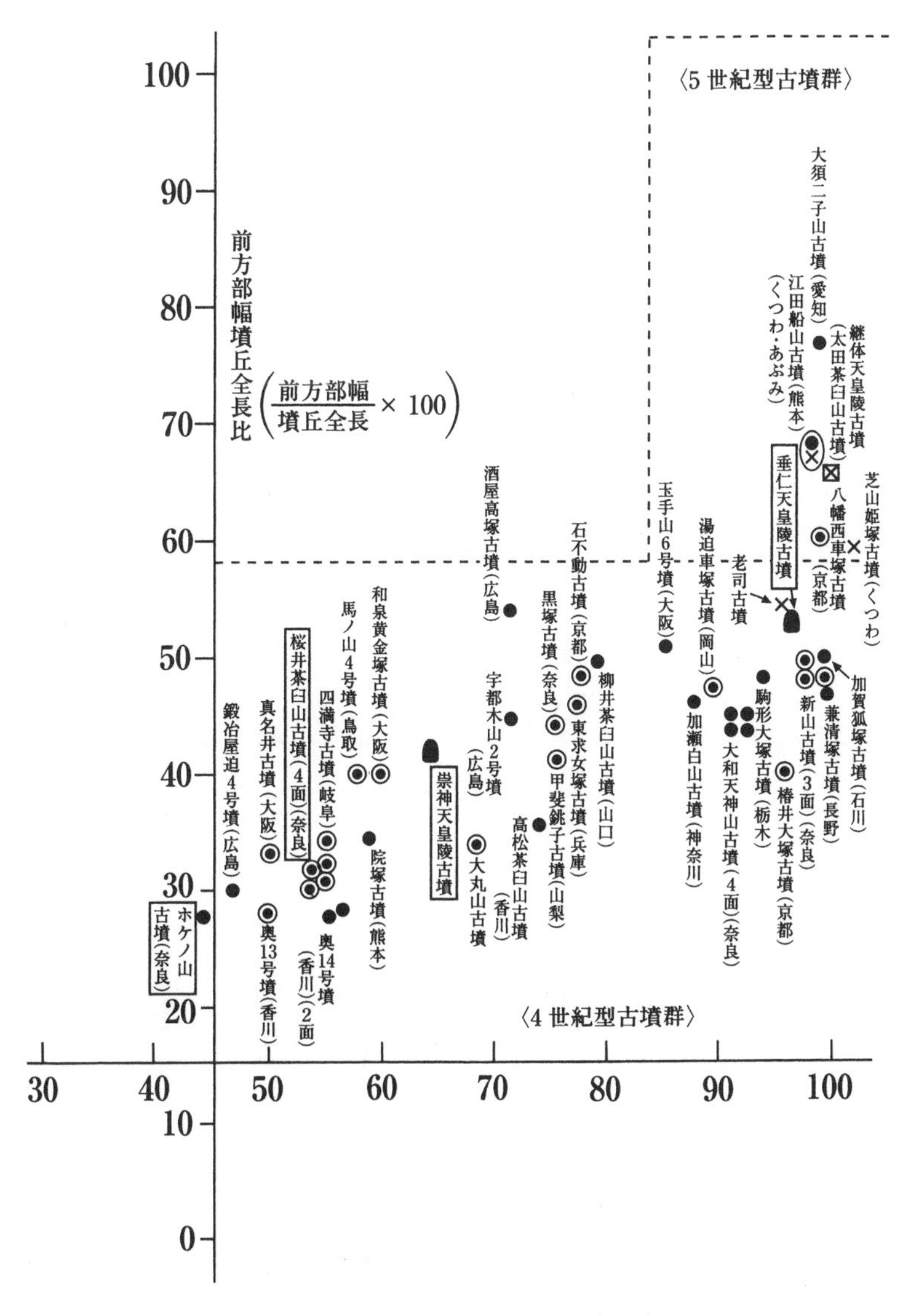

図13　「画文帯神獣鏡」出土古墳群と馬具類・馬形埴輪出土古墳群

紀中ごろから後半ごろであることがうかがわれる。

(2) **図12**、**図13**をみれば、「画文帯神獣鏡」埋納の盛行年代も、「三角縁神獣鏡」とさして変わらないことがわかる。じじつ、**図13**をみれば、「画文帯神獣鏡」と「三角縁神獣鏡」が、同じ古墳から出土している例が、かなりみられる「画文帯神獣鏡」は、五世紀型の前方後円墳からも、あるていど出土している。

三世紀に、北九州を中心に、「雲雷文内行花文鏡」や、「方格規矩鏡」など、魏系の鏡が、墓に埋納されている。

三世紀の末に、北九州を中心に、「位至三公鏡」や「蝙蝠紐座内行花文鏡」など、西晋系の鏡が、墓に埋納されている。

そして、四世紀になると、畿内を中心に「三角縁神獣鏡」や「画文帯神獣鏡」が、墓に埋納されている。鏡を墓にうずめる習慣の、九州中心から畿内中心への移動は、年代からいっても、伝承内容からいっても、饒速日の命や、神武天皇などの東遷、東征の伝承と、かなりなていど符合しているようにみえる。

西暦三一七年に、東晋王朝が、中国の南の建康(南京)を都として成立する。

わが国で、「三角縁神獣鏡」や「画文帯神獣鏡」が盛行した年代は、大略この東晋(三一七～四二〇年)の年代にあたる。

中国南方系の銅を原料とし、中国南方の神獣鏡系の文様をもつ「画文帯神獣鏡」や「三角縁神獣鏡」は、この中国南方の東晋王朝の影響をうけていると考えられる。

魏・西晋をうけつぐ中国王朝の都が、北の洛陽から南の建康(南京ふきん)へ移動したことと、わが国での鏡の分布の中心が、北九州から畿内へ移動することとが、対応しているようにみえる。また、わが国出土の鏡が、中国北方産の銅原料を用いるものから、中国南方系の銅原料を主として用いるようになることと対応しているようにみえる。

古代史探究の基本姿勢

ここで古代史探究の基本的な姿勢のようなものについて、すこし検討しておこう。

これも、拙著『古代年代論が解く邪馬台国の謎』（勉誠出版、二〇一三年刊）でややくわしくのべたところであるが、『古事記』『日本書紀』をはじめとする古文献にみえる記述をどう考えるかという基本的な姿勢は、大きく、つぎの三つを、三極の典型とする形で分けることができよう。

(1) **古典信奉主義** 年代をふくめ、『古事記』『日本書紀』に記されていることは、なるべくそのままうけとろうとする立場。本居宣長などの立場。

(2) **半実半虚主義** 『古事記』『日本書紀』などに記されていることは、実と虚とがあいまじったものと考える立場。伊勢貞丈（いせさだたけ）、黒板勝美（くろいたかつみ）などの立場。

(3) **抹殺博士主義** 『古事記』『日本書紀』に書かれていることで、すこしでも疑わしい記述は、否定し、史料としてみとめない立場。山片蟠桃（やまがたばんとう）、重野安繹（しげのやすつぐ）、津田左右吉（つだそうきち）などの立場。

私は、(2)の「半実半虚主義」あたりが妥当であると思う。

あることがらを「実」とするのも一つの仮説、「虚」とするのも一つの仮説と考えて、どちらの仮説がより妥当かを、文献やデータにもとづいて検討していくべきであると考える。

文献の個々の記述などについて検討し、実である根拠や、虚である根拠などを、具体的にあげていくべきであると考える。

ただ、第二次世界大戦以前は、(1)の「古典信奉主義」が盛んで、教科書なども(1)の立場から書かれることが多かった。

第二次大戦後は、(1)の立場への反動で、(3)の立場が、かなり盛んである。

第二次大戦以前は、(1)の立場を、頭から信ずる人が多く、第二次大戦後は、(3)の立場を、頭から信ずる人が少なくない。

しかし、(1)の立場も、(3)の立場も、ある立場を前提として、その立場から、古典や史料を解釈、理解しようとする傾向が強い。

一つ一つのことがらを、史料にもとづいて具体的に、分析、検討するという姿勢が、かなり欠けている。その意味で、合理性、あるいは科学性に欠けていると思う。
(1)の「古典信奉主義」をとりあげてみよう。
本居宣長は、「露ほどの私心もまじえず、古典(『古事記』『日本書紀』など)を、あるがままに心得て、……」と説く。

本居宣長は、その著『馭戎概言(ぎょじゅうがいげん)』のなかでいう。

「現在ありえないことであるからといって、古代にもありえなかったと考えるのは、あて推量である。人間の知恵には限界があり、太古においてどのようなふしぎがあったかは、はかり知れない。したがって、古代のことは、『古事記』『日本書紀』などをもとにして知るべきである。『古事記』『日本書紀』に記されていることは、現代人の目からみてどのように不合理にみえようと、さかしら心(小賢しい心)によって判断せずに、そのままうけとるべきである。」

そうは言われても、『古事記』『日本書紀』の記事には、そのままにはうけとれないものが、たくさんある。たとえば、神武天皇がなくなったときの年を、『古事記』は、一三七歳と記し、『日本書紀』は、一二七歳と記す。そのままうけとるばあい、そもそも、『古事記』と『日本書紀』とで、十歳違っている。どちらを信ずるべきなのか。そして、現在でも、世界のだれも到達しえないほど神武天皇が長命であったとは、ちょっと考えられない。

『日本書紀』の編者たちは、大和朝廷、あるいは、日本国家の起源をきわめて古いものと考えていた。そのため、神武天皇の即位を、西暦紀元前六六〇年という、孔子（紀元前五五二〜四七九）も釈迦（紀元前四六三〜三八三年ごろ）も生まれていない縄文時代にもっていった。しかし、このような「ものの見方」は、明確に、現代の考古学的知見などと衝突する。

『古事記』『日本書紀』によれば、神武天皇よりまえの神代の時代に、すでに田がつくられ、機が織られ、鹿の肩の骨を灼いての占いが行なわれている。田も、機も、骨卜も、弥生時代以後の風景のなかにおさまるものである。神武天皇の時代は、弥生時代以後に位置づけなければならない。

「半実半虚主義」

つぎに、(2)の「半実半虚主義」をとりあげよう。

江戸時代に、故実家の伊勢貞丈（一七一七〜一七八四）はのべている。

「語り違へもあり、聞き違へもあり、忘れて漏れたる事もあり、事を副へたる事もあるべし。百年五十年以前の事だにも、語り違へ聞き違へて、相違一決せざる事あり。……和漢ともに、太古の事は太古の書籍はなし。古への語り伝へを後に記したるものなれば、半実半虚なりと思ふべし。」（『安斎随筆』）

一九三二年に、日本古文書学を確立した東京大学の黒板勝美（一八七四〜一九四六）の大著『国史の研究各説』の上巻が、岩波書店から刊行されている。これは、当時の官学アカデミーの中心に位置した黒板の代表的著作といってよい。
『国史の研究』が刊行された当時、岩波書店は、この本を、「学界の権威として、洛陽の紙価を高からしめたる名著」とし、「最近まで各方面にわたりて学界に提出されし諸問題」を「一一懇切詳密に提示論評し」、「その拠否を説明取捨し以て学界の指針たらしめ」「宛然最近に於ける国史学界進展の総決算たる観を呈して居る」、そして、「わが国史に就きての中正なる概念を教示する」もので、一般人士はもちろんのこと、「専門研究者も座右に備ふるべき好伴侶たるを失はない」とのべている。

黒板勝美は、『国史大系』などの編集者であり、他の説の批判や自説の主張においては、つねにその根拠を、くわしくのべている。岩波書店がのべていることは、当時にあっては、けっして誇大な宣伝ではなかったのである。その説は、学問的考究の上にたつ、穏健中正な見解とみられていたのである。

黒板は、あとで紹介する津田左右吉の日本神話作為説を、「大胆な前提」から出発した研究とし、それを「余りに独断に過ぎる嫌がある」と批判する。そして、黒板は、神話伝説は、むしろ長い年月の間にだんだん作られてきたとする方が妥当であり、はじめは一つのけし粒であっても、ついに金平糖になるようなものであり、しだいに立派な神話となり伝説となるところにやはり歴史が存在するのではあるまいか、とする。

黒板は、『国史の研究　各説』上巻の冒頭で、およそつぎのようにのべて、「国史の出発点を所謂神代まで、溯らしめ得る」と説く。

「史前時代と有史時代との境目を明瞭に区別しにくいことは、世界の古い国々みなそうである。その太古における物語は、霊異神怪や荒唐無稽の話に富んでいて、神話や伝説などのなかに歴史がつつまれているといえる。

わが国の神話伝説のなかから、もしわが国のはじまりについての事がらを、おぼろげながらでも知ることができるのであれば、私たちは、国史の出発点を、所謂神代まで、溯らしめ得るのであり、神代史の研究が、また重要な意義を占めることになるであろう。

もっとも、神武天皇が始馭天下之天皇という尊称をもち、大和に都をひらいた第一代の天皇であるという古伝説にしたがって、あるいは、わが国の歴史の発展を、神武天皇から説明するにとどめようという人があるかも知れない。しかし、わが国のはじまりが、どのようであったかを、いくぶんでも知ることができるとするならば、従来神代といわれている時代に研究を進めることは、また緊要なことといわなければならない。」

ついで、黒板は、天照大御神よりもまえの神々は、皇室の祖先として奉斎されていないことなどから、実在性はみとめたいが、天照大御神は、「半ば神話の神、半ば実在の御方」と説く。

「天照大御神は、最初から皇祖として仰がれた方であったからこそ、三種の神器の一つである八咫鏡を霊代をして、やがて伊勢に奉斎され、今日まで引きつづき皇室の太廟として、とくに厚く崇祀されているのである。

元来史話なるものは、截然と神話に代るものではなく、その境界は、たがいにいりまじって、両者をはっきりと区別することがむずかしい。これが、天照大御神の半ば神話の神、半ば実在の方として古典に現れる理由である。神話がほどよく史的事象を包んでおり、史的事象がほどよく神話化されている。したがって、須佐の男の命に関する古典の記載なども同様であるが、天照大御神の御代に皇室の基礎が定まり、わが国は天照大御神の徳によってはじまったことは、おぼろげながらみとめられなければならない。」

私は、議論の出発点としては、たとえば、『古事記』『日本書紀』の記す神話なども、頭から信奉するというのでもなく、また、頭から荒唐無稽としてしりぞけるのでもなく、史実が神話化することもありうる、というゆるやかな前提から出発するのがよいと思う。

そして、古典の記事などを信用するばあいも、疑うばあいも、個々の事例について、その根拠を明確にのべるべきであると思う。

「抹殺博士主義」

幕末から明治時代にかけて活躍した歴史学者に、重野安繹（一八二七〜一九一〇）という人がいる。帝国大学（のちの東京大学）の教授となり、国史科を設置した人である。

重野安繹は、『太平記』の史料価値を検討し、児島高徳の実在を否認し、「抹殺博士」の異名をとった。

この小島高徳について、現代の『国史大辞典』（吉川弘文館、一九八五年刊）は、つぎのように記す。

「高徳の事跡は『太平記』にみえるのみで、他の確実な史料にその名が伝わらないため、高徳を架空の人物とする論が、かつて行われたが、その後、田中義成・八代国治らによって『太平記』の記事の傍証となる史料なども指摘され、また児島氏が今木・大富・和田らの一族とともに備前邑久郡地方を中心に繁衍した土豪であることもほぼ確かとされ、今では高徳の実在を疑う人は少ない。」

存在の確証のえられない人物・事績を否定することは、啓蒙期の史学に、よくみられる傾向である。イエス・キリストの実在否定説もあった。親鸞の実在否定もあった。現在でも、聖徳太子の非実在説を説く人がいる。

西欧でも、十九世紀の文献批判学は、「抹殺博士」的傾向が強かった。批判的、懐疑的、否定的な傾向が強かった。このような傾向のため、十九世紀的文献批判学は、史的事実の把握において、大きな失敗をくりかえすこととなった。

一例をあげれば、十九世紀の文献批判学者たちは、『イリアス』や『オデュッセイア』などを、ホメロスの空想の所産であり、おとぎばなしにすぎないとした。しかし、この結論は、学者としてはアマチュアの、シュリーマンの発掘によって崩壊した（ホメロスの叙事詩は、ゼウス、ポセイドン、ヘルメス、アポロン、アフロディテなど、オリンポスの神々が登場し、二つにわかれて、ギリシヤ側とトロヤ側とを助けるなど、十九世紀的な文献批判の方法によるとき、とうてい確実に信用できる文献とはいえない。和辻哲郎は、その著『ホメーロス批判』のながで、「神々のとりあつかい方が、全然神話的である」とのべている）。『イリアス』や『オデュッセイア』の物語は、神話的であるにもかかわらず、シュリーマンの発掘のための重要な手がかりを提供した。

山片蟠桃と津田左右吉

第二次大戦後のわが国における文献学の主流的な方法としては、津田左右吉（一八七三～一九六一）によって代表される文献批判学の方法があげられる。

津田左右吉の文献批判学は、直接的には、江戸後期の大阪の町人学者、山片蟠桃（一七四八～一八二一）の考えをうけつぐものである。

不合理な記述をふくむものは歴史を構成する史料としてみとめるべきではないと、わが国で最初に強く主張したのは、山片蟠桃であった。これは、西欧における十九世紀の文献批判学の勃興、興隆と歩調をともにするものである。

「蟠桃」は「番頭」であった。倒産寸前となった主家升屋を、番頭として縦横の商才を発揮して大阪屈指の豪商に仕あげた鬼才であった。そしてまた、当時の、大阪第一流の町人学者であった。山片蟠桃の生涯をあつかった小説に、南原幹雄著『伊達藩征服』(徳間文庫、一九八九年刊)がある。

山片蟠桃は、商人的実証主義、儒学的・唯物論的合理主義のうえに立ち、『古事記』『日本書紀』の神話などは、荒唐無稽な話であり、そこに、史実の核の存在をみとめることは、とうてい無理であると考えた。

「地獄なし、極楽もなし我もなし、ただ有る物は人と万物。」

「神仏化け物もなし、世の中に、奇妙不思議の事はなおなし。」

このようにのべる蟠桃は、地獄も極楽も信じなかったし、神も神話も信じなかった。

山片蟠桃は、その著『夢之代』のなかでいう。

「日本の神代のことは、存して論ぜずして可なり(不合理な話が、そこに存在しているままにして、議論しないのがよい)。」

「『日本書紀』の神代の巻は、とるべきではない。神武以後も、それほど信頼できず、第十四代仲哀天皇、第十五代応神天皇の記事から歴史書として用いることができる。神功皇后の三韓退治の話は、妄説が多い。応神天皇からは、確実とすべきである。」

「神武天皇から千年ほどのあいだは、神代の名ごりであって、『古事記』『日本書紀』をはじめとする史書には、どのように記載されていようと、みなつくったものである。もちろん、神代のことは、なおさら、夢のようなものである。」

このように、山片蟠桃は、第十五代の応神天皇よりもまえの時代の諸天皇は、実在が確かでないとした。

津田左右吉もまた、この立場をうけついだ。

この立場にたてば、第十代の崇神天皇や、崇神天皇の時代に活躍した倭迹迹日百襲姫や、第十二代の景行天皇や、景行天皇の時代に活躍したと伝えられる日本武の尊などの実在も、確かでないこととなる。

「抹殺博士主義」では、しばしば、実在する確実な根拠がないばあいは、非実在の人物とされる。さらに、一定の意図をもって創作された人物である、ということにされる。

しかし、ある人物、たとえば「ある天皇が、確実に存在するという根拠がえられなかった」ということと、「その天皇は、確実に存在しないといえる」ことことは、イコールではない。

「天皇が確実に存在するという根拠がえられなかった」ということは、「存在するかどうかわからない」ということと、「今後さらに検討されるべきことである」ということである。「歴史を構成する資料としては、みとめられない」ということと、「その資料が、造作であることが証明された」ということとは、同義ではない。造作であることを証明するためには、別に、だれが、いつ、どういう形で造作したのかなどが、確実にあきらかにされなければならない。抹殺博士主義は、このようなイコールでないもの、同義でないものを、しばしば混同している。すなわち、存在が証明されなければ「造作」があったとされ、「非存在」であるとされる。「造作」「非存在」などの証明法が、きちんとしていない。科学的でないということである。

『宋書』「倭国伝」の記事

反例を、いくつかあげてみよう。

まず、『古事記』『日本書紀』に、古代の英雄として語られている日本武の尊(やまとたけるのみこと)の実在性について考えてみよう。

日本武の尊は、第十二代の景行天皇の皇子である。景行天皇の時代に活躍したとされる人である。

50ページに示した古代の諸天皇の活躍推定年代図（**図10**）によれば、四世紀の末ごろの景行天皇の時代に活躍した人であることになる。

系図1　日本武の尊や神功皇后は、雄略天皇（倭王武）の直接の祖先である。

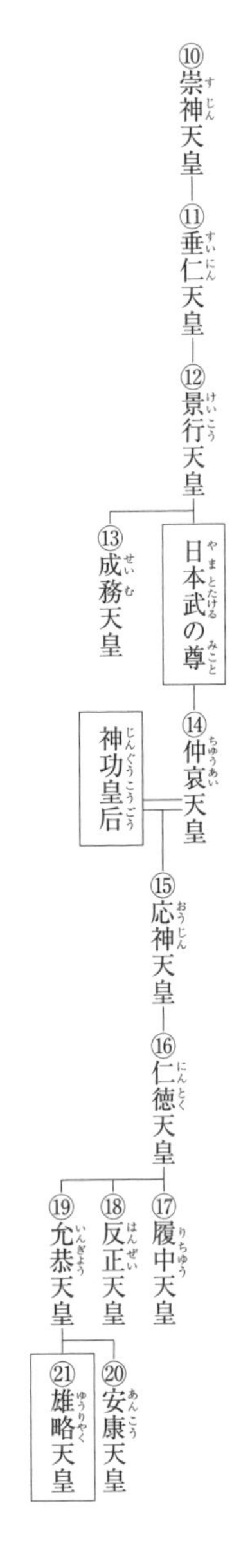

まず、第二十一代雄略天皇とみられる倭王武が、中国の宋王朝に、四七八年に使をつかわしたときの上表文が、『宋書』の「倭国伝」にのっている。

そのなかに、つぎのような文がある（傍線は、安本）。

「順帝（第八代、宋の最後の天子。四七七～四七八在位）の昇明二年、（武は）使いを遣わし、表をたてまつった。いうには、『封国（倭国のこと）は偏遠であって、藩を外になしている。昔から、祖禰みずから甲冑をきて、山川を跋渉し、寧処にいとまがなかった。東は毛人（蝦夷）を征すること五十五国。西は、衆夷（熊襲、隼人などか）を服すること六十六国。渡って海北を平げること九十五国。』」

この文章のなかに、倭王武の祖先が、「みずから甲冑をきて」、東は毛人を征し、西は衆夷を服した、とある。

この記事は、『古事記』『日本書紀』の伝えるところの、雄略天皇の直接の祖先（**系図1参照**）にあたる日本武の尊が、東は蝦夷を征し、西は熊襲を征討した話とよくあっている。

そして、『新撰姓氏録』の「右京皇別下」に、つぎのような文がある。

「廬原公。笠朝臣と同じき祖。稚武彦命の後なり。孫、吉備建彦命、景行天皇の御世、東方に遣被て、毛人及凶鬼神を伐ちて、安倍廬原国に到り、復命日、廬原国を給ひき。」

この文章は、岡山県の豪族の吉備氏からの出身である吉備の武彦という人が、景行天皇の時代に、日本武の尊のおともとして、「東方」につかわされて、「毛人」を討ち、その結果、静岡県の庵原郡の地を与えられ、その地を治める豪族、廬原の公の祖先になった、という内容である。

この記事と、『宋書』「倭国伝」の記事とでは、「東（方）」「毛人」などの表記が一致している。

ちなみに、『古事記』『日本書紀』では、日本武の尊は、「蝦夷」を征討したと記されている。「えみし」の表記が、『新撰姓氏録』と異なっている。

なお、古代の人名に、蘇我の毛人（蝦夷とも書く）、小野の毛人、佐伯の今毛人などがある。

また、『宋書』「倭国伝」の、「渡って海北を平げること九十五国」は、雄略天皇の直接の祖先（系図1参照）の神功皇后が、海を渡って、朝鮮半島で征討を行なったという『古事記』『日本書紀』の記す伝承と一致する。

さらに、以下にのべるような事実がある。

岡山県と関東地方とで、同じ形、同じ文様の鏡が、系統的に出土する

京都大学の教授であった考古学者の小林行雄は、その著、『古墳の話』（岩波新書、岩波書店、一九五九年刊）のなかで、以下のようなことをのべている。

『日本書紀』によれば、景行天皇の皇子の日本武の尊が、東夷を討ちに行くときに、吉備（岡山県）の豪族の若日子建吉備津日子の命の子の吉備の武彦が景行天皇によって随従を命じられた。（吉備の武彦は、日本武の尊よりも、年上であったとみられる。）

この吉備の武彦は、碓日坂で、日本武の尊とわかれて越の国にまわり、美濃で合流し、伊勢から天皇のもとに、復命に帰っている。また、『日本書紀』によれば、吉備の武彦の娘の吉備の穴戸の武媛は、日本武の尊の妃にもなっている。

小林行雄によれば、三角縁神獣鏡の同じ鋳型でつくった鏡（同型鏡）は、「関東に達しているものは、また、吉備にも分布するものが多い」という。岡山県の湯迫の備前車塚古墳から発見された十三枚の鏡のなかには、三角縁神獣鏡の同型鏡が、八種九枚もあり、そのうち四面の同范鏡は、関東地方に分散して、発見されているものである。

このようなことから、小林行雄はのべている。

「同范（型）鏡の分配を考えるばあいに、ただ地方にあって分配をうけたもののほかに、積極的に分配に参加協力したものの存在をみとめる参考にはなろう。」

「こういう事実がある以上、吉備の豪族が東国の経営に参画したという伝承をもっていることも、もっともなことだと思われる。」

この小林行雄の指摘は、じつに重要であると思う。

すこし以前の考古学者は、森浩一にしろ、小林行雄にしろ、『古事記』『日本書紀』をはじめとするわが国の古典を、深く読んでいた。

さいきんの考古学者には、『古事記』『日本書紀』などを、手にとろうともしない人たちがすくなくないのは、なげかわしい。

ここにでてくる備前車塚古墳は**地図1**にみられるように、岡山市の東北方の湯迫にある前方後方墳である。

小林行雄は、備前車塚古墳についてのべる。

「あたかもこれが吉備武彦の古墳であると推定しているようにうけとられるかもしれぬが、岡山市湯迫の車塚古墳から発見された十三枚の鏡のなかには、三角縁神獣鏡の同范鏡が八種九枚もあり、そのうちの四種の同范鏡は、関東地方に分散して発見されているものであるという事実がある。」

小林行雄は、備前車塚古墳が、吉備の武彦の古墳ではないかと疑っている。私もおそらくは、備前車塚古墳は、吉備の武彦の墓であろうと考える（拙著『巨大古墳の被葬者は誰か』（廣済堂出版、一九九八年刊参照。）

備前車塚古墳は、吉備の武彦の墳墓であろう

備前車塚古墳が、吉備の武彦の墳墓であろうと思われる理由を、以下にいますこしくわしくのべてみよう。

(1)　備前車塚古墳からでてきた三角縁神獣鏡のうち、四枚は、京都府の椿井大塚山古墳から出土した鏡と、同范（型）関係にある。そして、椿井大塚山古墳が、崇神天皇のときに反乱をおこした武埴安彦と無関係でないであろうことは、拙著の『巨大古墳の被葬者は誰か』でのべた。

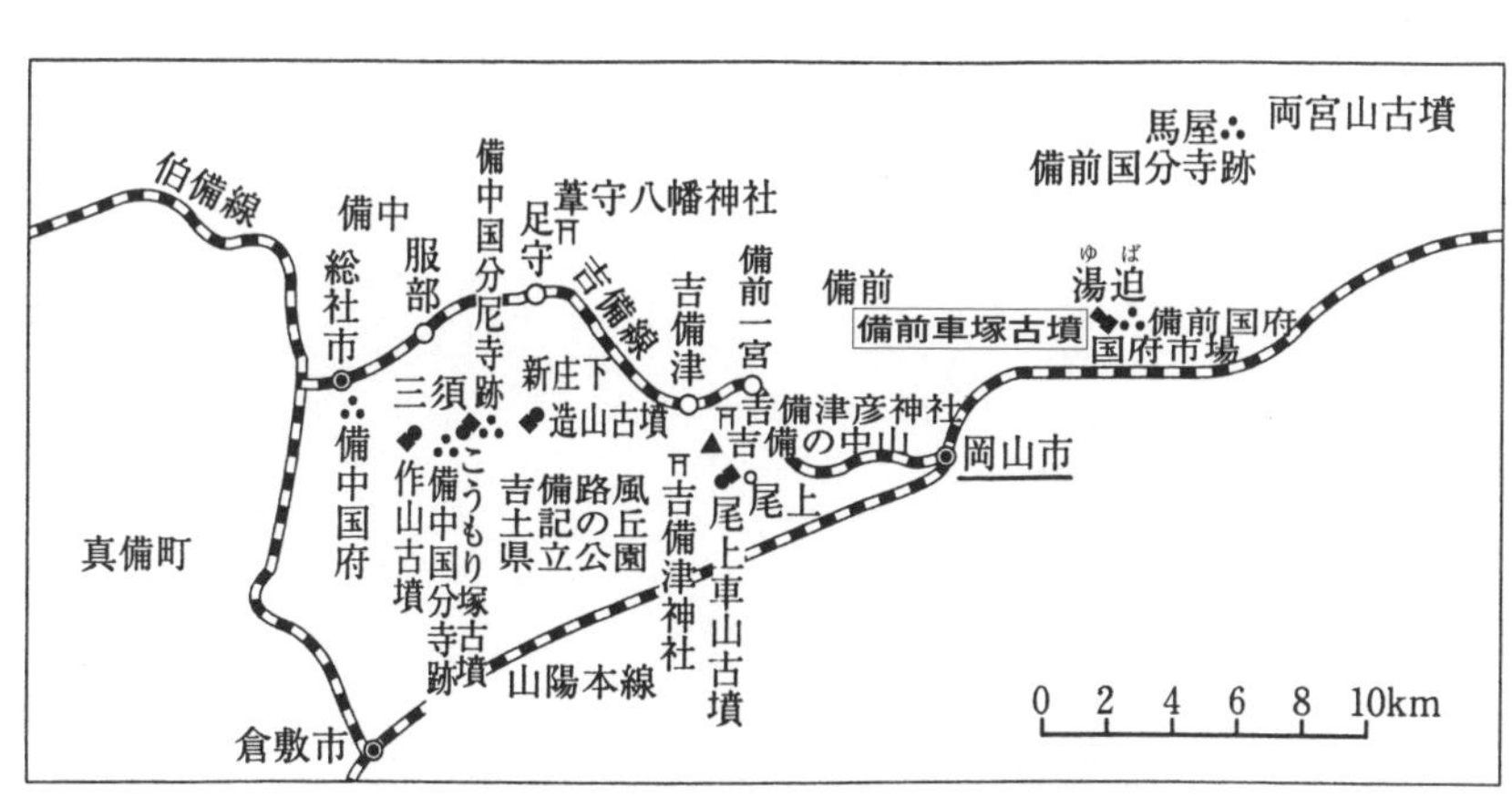

地図１　「吉備の中山」周辺の古墳

そして、『古事記』『日本書紀』その他の文献の伝えるところによれば、吉備の武彦も、武埴安彦も、ともに、第七代孝霊天皇の孫にあたり、いとこ同士で、ほぼ同時代の人である（**系図2**参照）。

(2) 崇神天皇、景行天皇を、四世紀の後半の人とすれば、そのころの中国の王朝は、東晋の国（三一七～四二〇）であった。晋の国は、西晋（二六五～三一六）、東晋にわかれるが、晋の国の時代の一尺は、約二十四センチであった。このモノサシではかるとき、つぎの四つの古墳の主軸長の長さには、一定の関係がみとめられる。

1 崇神天皇陵古墳……二四二メートル（一〇〇〇尺）……崇神天皇

2 椿井大塚山古墳……一九〇メートル（八〇〇尺）……武埴安彦

3 吉備の中山茶臼山古墳……一二〇メートル（五〇〇尺）……大吉備津彦

4 備前車塚古墳……四十八メートル（二〇〇尺）……吉備の武彦

これらが、一定の規格性、共通の文化のもとに築造されていることは、明らかであるように思える。

そして、備前車塚古墳の被葬者を吉備の武彦とすれば、これらの古墳の被葬者たちは、大略同時代とみられる人たちとなる。

(3) 『日本書紀』の記載によれば、吉備の武彦は、備前車塚のある地が属した吉備の上つ道の臣（かみつみちのおみ）の祖である。

なお、**系図2**をみれば、つぎのようなことがわかる。

(1) 吉備の武彦は、景行天皇の時代に活躍した人である。いま50ページの**図10**により、景行天皇を、四世紀末ごろの人とすれば、吉備の武彦の活躍年代も、そのころと考えられる。

(2) 武埴安彦（たけはにやすひこ）は、崇神天皇の時代に反乱をおこした人である。**図10**により、崇神天皇を、四世紀後半ごろの人とし、吉備の武彦と武埴安彦とが、いとこ同士であることを考えるならば、武埴安彦は、四世紀後半から、四世紀末ごろの人と考えられるが、どちらかといえば、三六〇年ごろに近い人であろう。

(3)　倭迹迹日百襲姫は、**系図2**にみられるように、吉備の武彦や武埴安彦のおばさんである。かつ、崇神天皇の時代に活躍した人である。四世紀なかば、三五〇年前後の人とみるべきであろう。

もし、倭迹迹日百襲姫が卑弥呼ならば、わが国が、魏の国へ使をつかわしたこととか、魏の使が日本に来たこととかを思わせる記事が、『日本書紀』の「崇神天皇紀」などに記されそうなものである。しかし、そのようなことはない。このころは、もう、歴史時代にはいっているようにみえる。

系図2　吉備の武彦の系譜

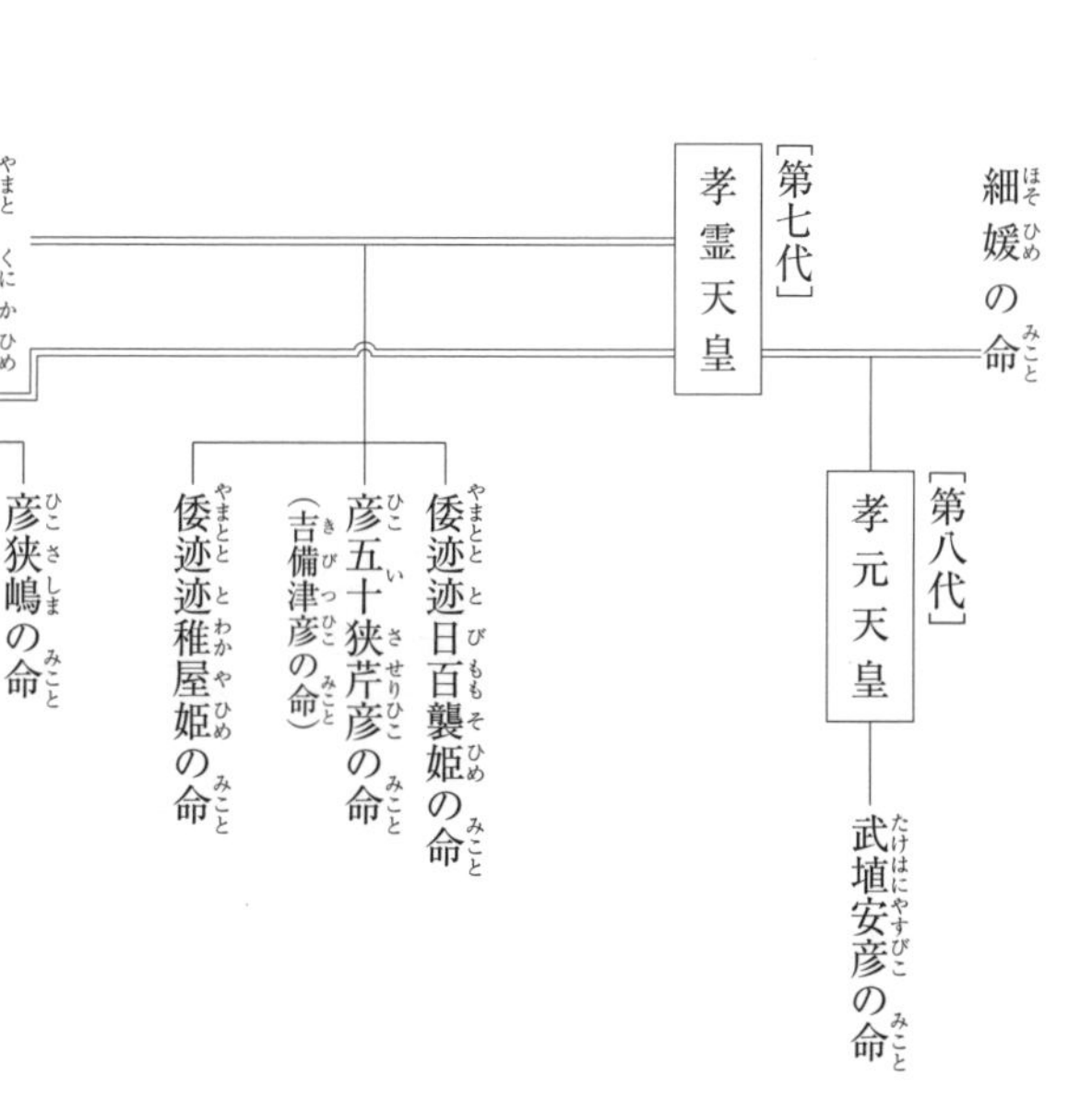

三角縁神獣鏡の同型鏡の出土状況

いま、備前車塚古墳から出土した三角縁神獣鏡の同型鏡の、中部および関東での出土状況を、日本武の尊の東征経路にしたがう形で見てみよう（以下、**地図2**参照）。

『古事記』『日本書紀』は、日本武の尊が、東征の帰途において、甲斐の国の「酒折の宮」（現、山梨県甲府市）にいたことを記している（**地図2**参照）。

備前車塚古墳から出土した三角縁神獣鏡の同型鏡が、山梨県甲府市の甲

地図2　日本武の尊および吉備の武彦の東征経路と備前車塚古墳出土の三角縁神獣鏡の同型鏡出土地点（四角いワクでかこんだ諸古墳）
東征経路は、吉田東伍著『大日本読史地図』（冨山房刊）による。

斐銚子塚古墳から出土している。甲斐銚子塚古墳の地は、酒折の宮の名をのこす酒折の宮神社の比較的近くである。ただし、酒折の宮は、もとは、現在地よりも四〇〇メートルから五〇〇メートル北方の山中にあったという。

『先代旧事本紀』によれば、景行天皇の時代に狭穂彦（さほひこ）の三世の孫の臣知津彦（おみしりつひこ）の公の子の塩海（しおつみ）の足尼（すくね）が、甲斐の国造に任命されたという。景行天皇の皇子の日本武の尊の武威によって、この地にも、国造がおかれることになったとも理解できそうである。狭穂彦は、景行天皇の父君の第十二代垂仁天皇の時代に反乱をおこした人物である。反乱をおこした人物の子孫が、国造になったのは、それなりの功績があったからであるように思える。日本武の尊にしたがっていたのであろうか。

ちなみに、後世の付会かとも考えられるが、こんな話がある。

写真5　安田靫彦（やすだゆきひこ）画「酒折宮（さかおりのみや）」（日本武の尊（やまとたけるのみこと）と御火焼（みひたき）の老人（おきな））（現代日本美術全集14『安田靫彦』［集英社、1974年刊］による。）

『古事記』『日本書紀』によれば、日本武の尊が、常陸（茨城県）をへて、甲斐の国にいたり、酒折の宮で、つぎのように歌われた。

「新治、筑波を過ぎて、幾夜か寝つる（新治や筑波の地をすぎて、幾夜寝たことであろうか）」

すると、火焼の老人（夜警の篝火をたき守る老人）が、日本武の尊の歌に続けて、つぎのように歌った。

「日日並べて、夜には九夜、日には十日を（日日をならべて、夜では九夜、昼では十日になります）」

酒折神社の、江戸時代の神官の飯田氏は、火焼の老人の後裔で、この火焼の老人が、『先代旧事本紀』にみえる塩海の足尼であるという（『甲斐国社記』）。

酒折の宮の近くの、甲府市の南部に、甲斐銚子塚古墳がある（**地図2**参照）。

甲斐銚子塚古墳のあるすこし南に、オウム真理教で名のしられるようになった上九一色村があった（現在は甲府市などに編入）。

さて、**写真6**をご覧いただきたい。**写真6**は、奈良県立橿原考古学研究所編『古鏡総覧（I）』（学生社、二〇〇六年刊）にのっているものからとった。左が岡山県岡山市の湯迫の、備前車塚古墳から出土したものである。右は、山梨県甲府市の甲斐銚子塚古墳から出土したものである。

岡山市と甲府市とは、近畿地方などをあいだにおき、遠くへだたっている。

しかし、**写真6**をよくご覧いただきたい。

あたかも、現在の工場で生産されたかのように、ほとんど、まったく同じといってよい鏡が出土しているのである。

しかも、この一例にかぎらない。いくつもの三角縁神獣鏡の同型鏡が、これと同じような状況を示すのである。

群馬県出土の三角縁神獣鏡

地図2を、もう一度ご覧いただきたい。

酒折の宮の北の群馬県富岡市に、北山茶臼山古墳がある。ここからも、岡山市の湯迫の備前車塚古墳から出土した三角縁神獣鏡と、まったく同じといってよい鏡が出土している。

写真7のとおりである。

そしてさらに、**地図2**にみられる群馬県藤岡市の三本木古墳（さんぼんぎこふん）からも、**写真7**にみられる二つの鏡と、まったく同じといってよい三角縁神獣鏡の同型鏡が出土しているのである。

神奈川県出土の三角縁神獣鏡

地図2の三本木（さんぼんぎ）古墳の下（南）のほうに、神奈川県の平塚市がある。平塚市には、真土大塚山古墳（しんどおおつかやまこふん）がある。

真土大塚山古墳からも、岡山市の湯迫の備前車塚古墳出土の三角縁神獣鏡と同型の鏡が出土している。**写真8**に示すとおりである。

しかも、この**写真8**に示したのと同じ型の鏡が、備前車塚古墳から、もう一面出土している。

また、京都府の椿井大塚山古墳からも、これらと同型の鏡が出土している。**写真9**に示すとおりである。

すでに、75ページの**系図2**に示したように、椿井大塚山古墳の被葬者と関係があるとみられる武埴安彦（たけはにやすひこ）と吉備の武彦とは、いとこ同士である。

これらの鏡は、大和朝廷の相互に関係のある豪族の文化を背景にしているとみるべきであろう。

直径22.1cm

山梨県甲府市の甲斐銚子塚古墳出土の陳氏作神獣車馬鏡

山梨県出土の三角縁神獣鏡

直径22.2cm

岡山県岡山市湯迫の備前車塚古墳出土の陳氏作神獣車馬鏡

写真6　岡山県出土の三角縁神獣鏡と

直径24.9cm

群馬県富岡市の北山茶臼山古墳出土の画像文帯神獣鏡

群馬県出土の三角縁神獣鏡

直径25.0cm

岡山県山市湯迫の備前車塚古墳出土の画像文帯盤竜鏡

写真７ 岡山県出土の三角縁神獣鏡と

直径22.1cm

神奈川県平塚市の真土大塚山古墳出土の陳是作四神二獣鏡

直径22.0cm

岡山県岡山市湯迫の備前車塚古墳出土の陳是作四神二獣鏡

写真８　岡山県出土の三角縁神獣鏡と

直径22.0cm

京都府木津川市の椿井大塚山古墳出土の陳是作四神二獣鏡

直径22.0cm

岡山県岡山市湯迫の備前車塚古墳出土の陳是作四神二獣鏡

写真９　岡山県出土の三角縁神獣鏡と

静岡県出土の三角縁神獣鏡

さらにいま一つ、同様の例をあげよう。

地図2の、左の下のほうに示したように、遠江(とおとうみ)の国(静岡県菊川市)に上平川大塚(かみひらかわおおつか)古墳がある。ここからも、岡山県岡山市湯迫の備前車塚古墳出土鏡と、同型の鏡が出土している。

写真10に示すとおりである。

地図2を、もう一度ご覧いただきたい。

『日本書紀』によれば、日本武の尊は、吉備の武彦とともに、駿河(するが)の国に至っている。駿河(するが)の国は、静岡県の中部である。駿河の国にいたるためには、当然遠江(とおとおみ)の国(静岡県の西部の地を通ったはずである。上平川大塚古墳の、すぐそばの地を通ったはずである。

すでに、70ページで紹介したように、『新撰姓氏録』の「廬原(いほはら)の公(きみ)」の条に、つぎのような記事がある。

「吉備(きび)の武彦(たけひこ)の命(みこと)は、景行天皇の御世に、東方につかわされて、毛人(えみし)また荒ぶる神たちを平定し、安倍の廬原(いほはら)の国にいたり、復命をしたとき、廬原の国を与えられた。」

> **しんせんしょうじろく**…シヤウ…【新撰姓氏録】古代の氏族の系譜を集成した書。京・畿内に本籍を持つ一一八二氏をその出自や家系によって神別・皇別・諸蕃に分類。嵯峨天皇の勅を奉じて万多親王らが編し、八一五年(弘仁六)奏進。三〇巻・目録一巻。現存のものは抄本。新撰姓氏録抄。姓氏録。(岩波書店刊『広辞苑』による。)

そして、『先代旧事本紀(せんだいくじほんぎ)』によれば、日本武の尊の弟の成務天皇の時代に、吉備の武彦の子の思加部彦(しかべひこ)の命(みこと)を、廬原(いほはら)の国造(くにのみやつこ)に任じたという。

廬原の国は、駿河の国の廬原郡の地である（地図2参照）。

また、古代史家の佐伯有清編の『日本古代氏族事典』（雄山閣、一九九四年刊）の「廬原（いおはら）」の項に、つぎのように記されている。

「庵原（いおはら）郡にある三池平古墳、その西方の谷津山古墳や神明山古墳、ひょうたん塚古墳などの前方後円墳などの前方後円墳は廬原氏に属する有力首長の墳墓と考えられている。」

ここに記されている「三池平古墳」からは、「変形方格規矩四神鏡」や「変形四獣鏡」の鏡のほか、鉄刀、鉄剣その他が出土している。

「三池平古墳」は、割竹形石棺を内蔵する竪穴式石室をもつなど、四世紀形古墳の特徴を示している。

大塚初重他編の『日本古墳大辞典』（東京堂出版刊）も、「三池平古墳」の項で、つぎのように記す。

「東海地方の古式古墳の例であり、四世紀代後半ごろの築造と考えてよい。」

ここに、「四世紀代後半ごろ」と記されてる。これまでに述べてきたことと、年代はあっている。

「歴史」と「物語」

以上のべてきたような岡山県と東国諸国との関係は、『日本書紀』の「景行天皇紀」の日本武の尊についての話をふまえれば、うまく説明できる。

山片蟠桃や津田左右吉は、第十五代応神天皇以前の『古事記』『日本書紀』の記述は信用できないとした。山片蟠桃や津田左右吉ののべるように、第十二代の景行天皇も、その皇子の日本武の尊も、造作された仮空の人物であるとしてみよう。そのばあい、岡山市の備前車塚古墳と東国諸国の諸古墳とから「系統的に」同型の三角縁神獣鏡が出土する事実について、どのように説明するのか。答えを求められても、「さあ、なぜ

直径23.2cm

静岡県菊川市の上平川大塚古墳出土の「天王日月」銘獣文帯同向式神獣鏡

静岡県出土の三角縁神獣鏡

直径23.4cm

岡山県岡山市湯迫の備前車塚古墳出土の「天王日月」銘獣文帯同向式神獣鏡

写真10　岡山県出土の三角縁神獣鏡と

なのでしょうかねえ。」という漠然とした答えしか、でてこないとみられる。
『古事記』『日本書紀』の記述をふまえれば、ストーリー性をもった話のなかで理解できる。ストーリー性をもたず、鏡の出土などについて、個々の事実だけを記録し、記憶して行く方法では、「考古学」にはなりえても、「歴史」にはならない。

英語で、「ヒストリー（history）」といえば、まず、「歴史」のことである。ただ、英語の「ヒストリー」は、「物語」という意味ももっている。フランス語で、英語の「ヒストリー」と語源を等しくすることばは、「イストワール（histoire）」である。フランス語の「イストワール」は、おもに、「物語」という意味である。これらの言葉は、ギリシャ語やラテン語の「ヒストリア（historia）」からきている。「ヒストリア」には「歴史」の意味も、「物語」の意味もあった。

ドイツ語の「ゲシヒテ（Geschichte）」ということばも、「歴史」という意味と、「物語」という意味との両方をもつ。

そう、かつて、「歴史」と「物語」とは、分かちがたく結びついていた。

私たちは、「歴史」を、「物語」性をもった形で語らなければならない。私たちは、わが国の古代を語るにあたって、物語性を失なって久しい。

なお、『古事記』によるとき、日本武の尊（これは、『日本書紀』での表記。『古事記』では、「倭建の命」「小碓の命」と表記）と、吉備の武彦（『古事記』では「吉備の臣建日子」と表記）の系譜は、**系図3**のようになっている。

倭建の命（日本武の尊）の母は、針間の伊那毘の大郎女である。これは、若日子建吉備津日子の命（『日本書紀』では、「稚武彦の命」と表記）の娘である。つまり、吉備氏の出身である。

そして、吉備の武彦は、針間の伊那毘の大郎女の弟である。小碓の命（日本武の尊）の叔父にあたる。

ここらあたりの系譜は、『新撰姓氏録』が、吉備の建彦（『古事記』の「吉備の臣建日子」、『日本書紀』の「吉備の武彦」）を、稚武彦（『古事記』の「若日子建吉備津日子の命」）の「子」ではなく「孫」とするなど、かならずしも、全面的に信用できるとは、いいがたい。

系図3　倭建の命（日本武の尊）と吉備の臣建日子（吉備の武彦）の系譜

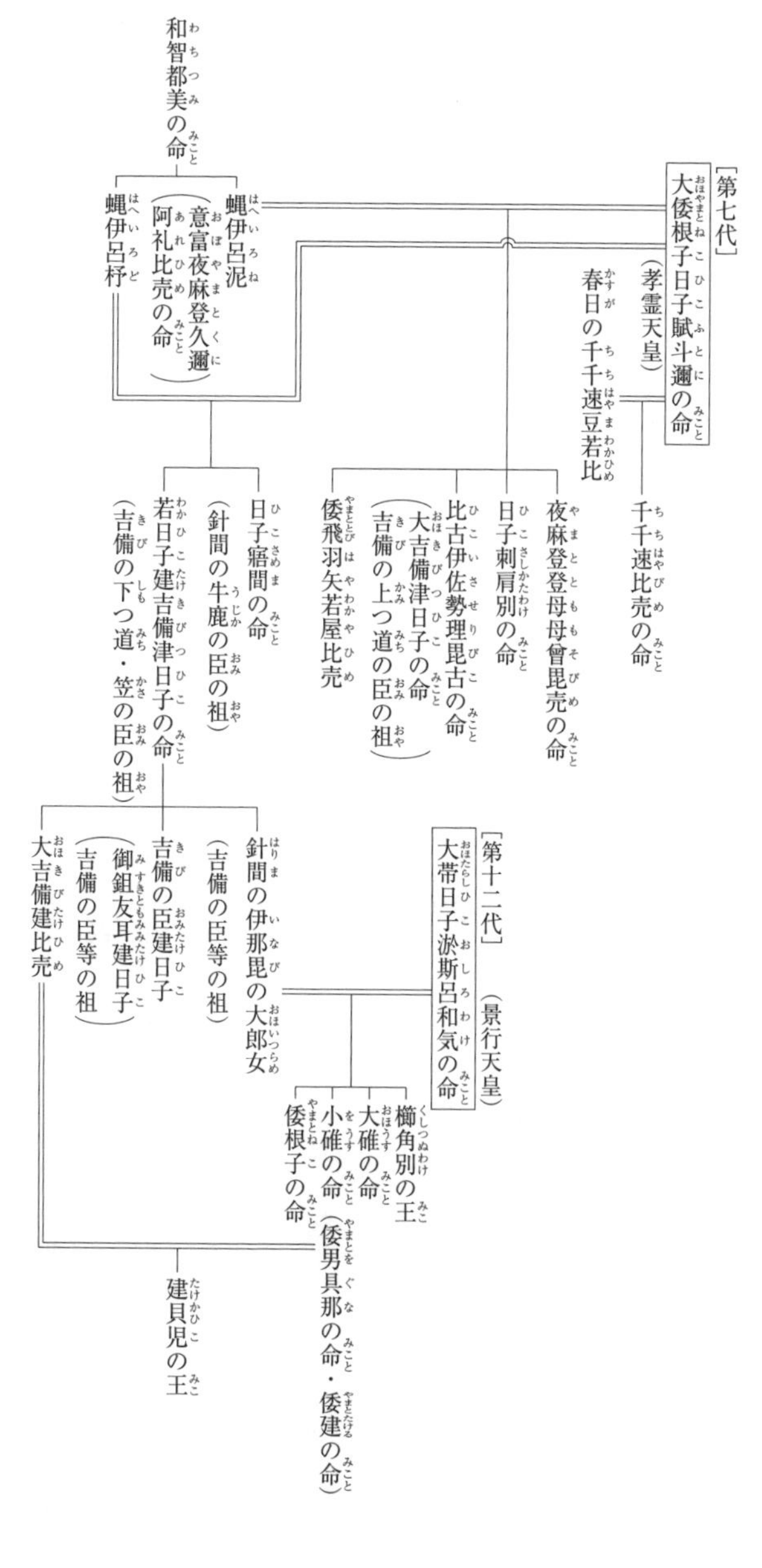

しかし、日本武の尊が東国の征討にあたって、吉備の武彦をおともにした理由や、岡山県と東国諸国とのあいだにみられる鏡の系統的関係の根拠を、なんとなくうかがわせるものではある。

そして、これまでに述べてきたことは、第十代の崇神天皇も、第十二代の景行天皇も、崇神天皇の時代に活躍した倭迹迹日百襲姫も、景行天皇の時代に活躍した日本武の尊も、四世紀の中ごろから、四世紀の末にかけての人であることを示している。

倭迹迹日百襲姫の墓と『日本書紀』に記されている箸墓古墳も、また、せいぜい四世紀中ごろ前後に築造されたとみるべきである。

卑弥呼の時代よりも、およそ百年のちのものとみるべきである。

考古学者、斎藤忠の見解

二〇一三年に、百四歳でなくなった東京大学教授の考古学者であった斎藤忠は、以下のようにのべ、あるていどの根拠をあげて、箸墓古墳の築造年代を四世紀の後半とする。

斎藤忠は、まず、崇神天皇陵古墳について、つぎのようにのべる。

「今日、この古墳（崇神天皇陵古墳）の立地、墳丘の形式を考えて、ほぼ四世紀の中頃、あるいはこれよりやや下降することを考えてよい」

「崇神天皇陵が四世紀中頃またはやや下降するものであり、したがって崇神天皇の実在は四世紀の中頃を中心とした頃と考える……」（以上、斎藤忠「崇神天皇に関する考古学上よりの一試論」『古代学』13巻1号、一九六六年刊）

崇神天皇についてのこの年代観は、天皇の一代平均在位年数にもとづいて、私がすでにのべた年代と、よく合致している。

斎藤忠は、さらに、箸墓古墳の築造年代について、つぎのように記す。

「『箸墓』古墳は前方後円墳で、その主軸の長さ二七二メートルという壮大なものである。しかし、その立地は、丘陵突端ではなく、平地にある。古墳自体のうえからいっても、ニサンザイ古墳（崇神天皇陵古墳）、向山（むかいやま）古墳（景行天皇陵古墳）よりも時期的に下降する。」

「この古墳（箸墓古墳）は、編年的にみると、崇神天皇陵とみてめてよいニサンザイ古墳よりもややおくれて築造されたものとしか考えられない。おそらく、崇神天皇陵の築造のあとに営まれ、しかも、平地に壮大な墳丘を築きあげたことにおいて、大工事として人々の目をそばだてものであろう。」（以上、「崇神天皇に関する考古学上よりの一試論」『古代学』13巻1号）

斎藤忠は、崇神天皇陵古墳の築造の時期を、「ほぼ四世紀の中ごろ、あるいはこれよりやや下降する」と推定している。したがって、箸墓古墳の築造の時期は、ほぼ四世紀の後半にはいることになる。ここで、斎藤忠が、「丘陵の突端でなく、平地にある」「平地に壮大な墳丘を築きあげたことにおいて」と、箸墓が「平地」に築かれたものであることに触れていることは、留意する必要がある。

大塚初重・小林三郎共編の『古墳辞典』（東京堂出版刊）の「用語解説編」において、つぎのようにのべられている。

「（前期古墳は、）丘陵尾根上・台地縁辺など低地を見おろすような地形に立地し、前方後円墳・前方後方墳・双方中円墳・円墳・方墳などの種類がみとめられる。墳形をととのえるのに自然地形をよく利用しているのも前期古墳の特色である。」

箸墓古墳は、丘陵尾根上や台地縁辺などに築かれたものではない。平地に築かれたものである。あるいは、

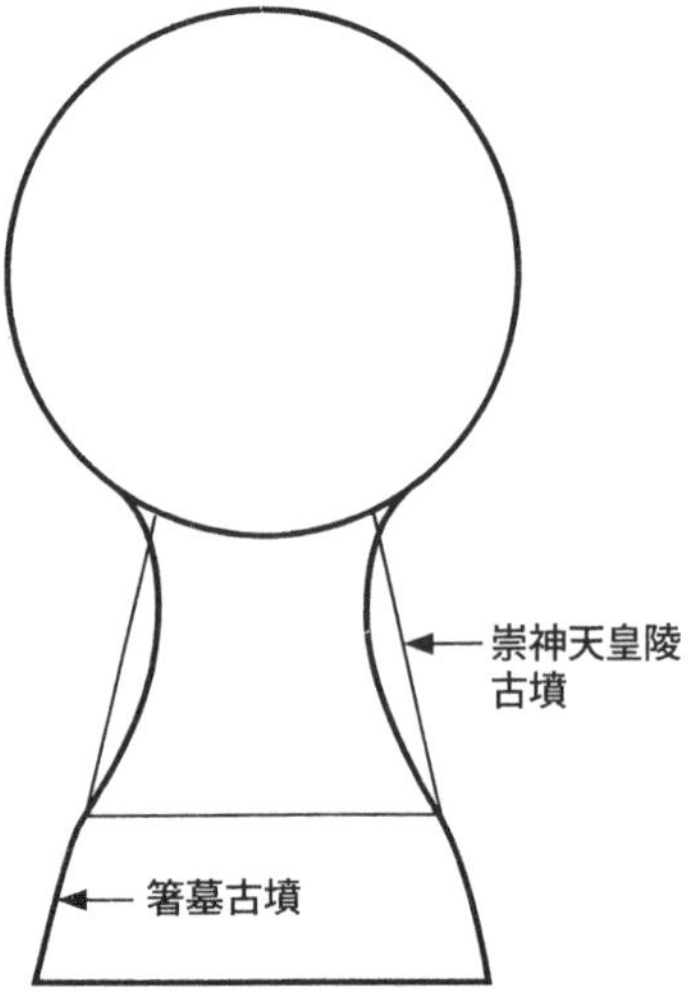

崇神天皇陵古墳
箸墓古墳

図14　箸墓古墳と、崇神天皇陵古墳の墳形の比較

崇神天皇陵古墳よりも時代の下るものか。

箸墓古墳の前方部は、崇神天皇陵古墳よりも、あきらかに発達している。**図14**のとおりである。

箸墓古墳の後円部の径は、一五七メートル。崇神天皇陵古墳の後円部径は、一五八メートル。一メートルほどの差で、ほとんど変わらない。（測定値は、『前方後円墳集成　近畿編』［山川出版社刊］による。）

二つの古墳の後円部の径が、ほとんど変わらず（晋尺で、約六五〇尺）箸墓古墳のほうが、前方部を発達させている。あるいは、箸墓古墳は、崇神天皇陵古墳を、参考にしてつくったものか。

かりに、崇神天皇陵古墳の築造時期が、箸墓古墳の築造時期よりも古いとすれば、崇神天皇陵古墳は寿陵（生前に建てられた陵）で、早めに造られたことなどが考えられよう。中国の前漢の陵墓の多くなどは、帝王の即位の翌年から着工されている（森浩一「卑弥呼の冢」［『ゼミナール日本古代史　上』所収］参照）。

いずれにせよ、箸墓古墳を、卑弥呼の墓にあてる見解は、時代比定を、大きく誤っているものとみられる。

東国出土の年号鏡

これまでに述べてきたことと同様の事例、あるいは、関連する事例は、じつは、数多くあげることができる。

そのような事例の二、三を、なおあげておこう。

表4をご覧いただきたい。

この**表4**は、わが国出土の紀年銘鏡（年号鏡）についての一覧表である。

この**表4**をみれば、つぎのようなことに気がづく。

年号鏡出土古墳のうち、築造年代の推定のつくものは、すべて、四世紀中葉以後のものである。

これに関連して、森浩一は、『森浩一著作集　第1巻　古墳時代を考える』（新泉社、二〇一五年刊）のなかで、つぎのようにのべている。

「わが国での最古の年号鏡である呉の赤烏元年鏡の出土古墳は重要な問題を含んでいる。この鏡の発見された山梨県鳥居原は、後藤守一先生が指摘されたように構造上後期古墳に属し、六世紀を溯るものではない（安本注。**表4**にみられるように、『日本古墳大辞典』は、鳥居原2号墳を、「五世紀中葉の築造か」とする）。また古代の日本には、死穢（しえ）（死のけがれ）を忌む風習が強く、稀有の例のほかには伝世は考えられない。従って鳥居原の赤烏元年鏡は、わが国と呉（くれ）、つまり南朝との交渉が開始されるようになって、中国で伝世されていた鏡が日本へ送輸されたものであろうと説いておられる。先述のように中国での鏡の伝世が明らかにされつつある今日では後藤先生の意見が最も妥当性をもっている。」

「年号鏡を出土した古墳の年代は、古墳編年でも格別古く位置するのでないことは、群馬県柴崎古墳、兵庫県安倉高塚（あくらたかつか）、兵庫県森尾古墳でも共通して認められる。邪馬台国体制下での鏡の配布を示すと推定された魏や呉の年号鏡は、むしろ大和政権によって配布されたのであり、……。」

この文章で、山梨県の鳥居原（狐塚古墳）と群馬県の柴崎古墳とが、とりあげられている。この二つの古

表4　日本出土の紀年銘鏡

（京都府教育委員会1987「鏡と古墳」展図録にのっている表をもとにし、「青竜三年銘鏡」、「桜井茶臼山古墳出土鏡」、個人蔵の「青竜三年鏡」などの情報を加えた。年号順。）

年号	鏡式	径(cm)	(国)年号(西暦)	出土地古墳名	銘文	備考	鏡出土古墳のおよその築造年代(『日本古墳大辞典』による)
①	方格規矩四神鏡	17.4	(魏)青竜三年(235)	京都府竹野郡弥生町と中郡峰山町との境　大田南5号墳	青竜三年顔氏作竟成文章左竜右虎辟不詳朱爵玄武順陰陽八子丸孫治中央寿如金石宜侯王	②③と同型。1994、(平成6)出土	
②	方格規矩四神鏡	17.4	(魏)青竜三年(235)	大阪府高槻市安満御所の町　安満宮山古墳	青竜三年顔氏作竟成文章左竜右虎辟不詳朱爵玄武順陰陽八子九孫治中央寿如金石宜侯王	①③と同型。1995年(平成7)出土	
③	方格規矩四神鏡	不明	(魏)青竜三年(235)	個人蔵	①②鏡と同文とみられる	①②と同型。この表のおわりの〔註〕をみよ	
④	平縁神獣鏡	12.5	(呉)赤烏元年(238)	山梨県西八代(にしやつしろ)郡市川(いちかわ)三郷(みさと)町(ちょう)　鳥居原　狐塚古墳(鳥居原2号墳)	赤烏元年五月二十五日丙午造作竟白凍精銅服者君侯宜子孫寿萬年	1894年(明治27)出土	竪穴式石室があったらしい。5世紀中葉の築造か

番号	鏡式	面径	紀年	出土地	銘文	備考	古墳の年代
⑤	三角縁神獣鏡	23.8	(魏)景初三年(239)	島根県大原郡加茂町神原神社古墳	景初三年陳是作鏡自有経述本是京師地命出吏人詺之位至三公母人詺之保子宜孫寿如金石兮	1972年(昭和47)出土	
⑥	画文帯神獣鏡	23.1	(魏)景初三年(239)	大阪府和泉市上代町黄金塚古墳	景初三年陳是作詺詺之保子宜孫	1951年(昭和26)出土	4世紀末から5世紀初頭ごろの築造と考えられる
⑦	斜縁盤竜鏡	17.0	(魏)景初四年(240)	京都府福知山市天田広峯15号墳	景初四年五月丙午之日陳是作鏡吏人詺之位至三公母人詺之保子宜孫寿如金石兮	⑦と同型。1986年(昭和61)出土	4世紀後半と考えられ、福知山盆地では最古の一つとみられる
⑧	斜縁盤竜鏡	17.0	(魏)景初四年(240)	宮崎県か　出土地不明(辰馬考古資料館蔵)	景初四年五月丙午之日陳是作鏡吏人詺之位至三公母人詺之保子宜孫寿如金石兮	⑥と同型。	
⑨	三角縁神獣鏡	22.6	(魏)正始元年(240)	群馬県高崎市柴崎字蟹沢柴崎古墳(蟹沢古墳)	正始元年陳是作鏡自有経述本自荊師社地命出寿如金石保子宜孫	⑩⑪⑫と同型。1909年(明治42)出土	5世紀初頭の築造と考えられる
⑩	三角縁神獣鏡	22.6	(魏)正始元年(240)	兵庫県豊岡市森尾小字市尾森尾古墳	正始元年陳是作経自有経述本自荊師社地命出寿如金石保子宜孫	⑨⑪⑫と同型。1923年(大正12)出土	年代の決め手に欠けるが、4世紀末から5世紀初頭の年代を与えておきたい

⑪	三角縁神獣鏡	22.6	（魏）正始元年（240）	山口県新南陽市竹島竹島古墳（御家老屋敷古墳）	正始元年陳是作鏡自有経述本自州師杜地命出寿如金石保子宜孫	⑨⑩⑫と同型。1888年（明治21）出土	5世紀前半の築造か
⑫	三角縁神獣鏡	―（破片）	（魏）正始元年（240）	奈良県桜井市外山（とび）桜井茶臼山古墳	正始元年陳是作鏡自有経述本自州師杜地命出寿如金石保子宜孫	⑨⑩⑪と同型。2010年（平成22）出土	4世紀中葉ごろの築造と考えられる
⑬	平縁神獣鏡	17.0	（呉）赤烏七年（244）	兵庫県宝塚市安倉南安倉（あくら）高塚古墳（安倉古墳）	赤烏七年太歳在丙午昭如日中造作明竟百幽湅服者富貴長楽未央子孫番昌可以昭明	1937年（昭和12）出土	4世紀　末葉の築造か
⑭	平縁神獣鏡	13.0	（晋）元康□年（291～299）	伝京都府相楽郡山城町上狛上狛古墳	元康□年八月二十五日氏作鏡□□	不明	

〔註〕大塚初重・小林三郎共編の『続日本古墳大辞典』（東京堂出版刊）の「大田5号墳」の項、および福永伸哉著『三角縁神獣鏡の研究』（大阪大学出版会刊）の39ページに、③の鏡についての記載がある。詳細は不明。

墳については、**表4**では、太いワクにかこまれた形で示されている。

この二つの古墳のうち、狐塚古墳は、**表4**に示したように、山梨県の市川三郷町（いちかわみさとちょう）にある。市川三郷町は、**地図3**に示したように、甲府市のすぐ南である。酒折の宮や、すでにのべた甲斐銚子塚古墳の近くである。日本武の尊の東征経路にあたる。

また、柴崎古墳は、群馬県の高崎市にある。

これまた、**地図3**に示したように、備前車塚古墳出土の三角縁神獣鏡の同型鏡をだした富岡市の北山茶臼山古墳や、藤岡市の三本木古墳のかなり近くである。やはり、日本武の尊の東征経路にあたる。

年号鏡出土古墳の築造年代からいっても、日本武の尊の東征経路にあたることからいっても、日本武の尊の東征と、関連があるもののようにみえる。

また、さきに紹介した森浩一の文章のなかに、「わが国と呉（くれ）、つまり南朝との交渉」とある。

この「呉（くれ）」というのは、『古事記』『日本書紀』にみえる用語である。具体的には、江南の東晋王朝（三一七〜四二〇）と、宋王朝（四二〇〜四七九）

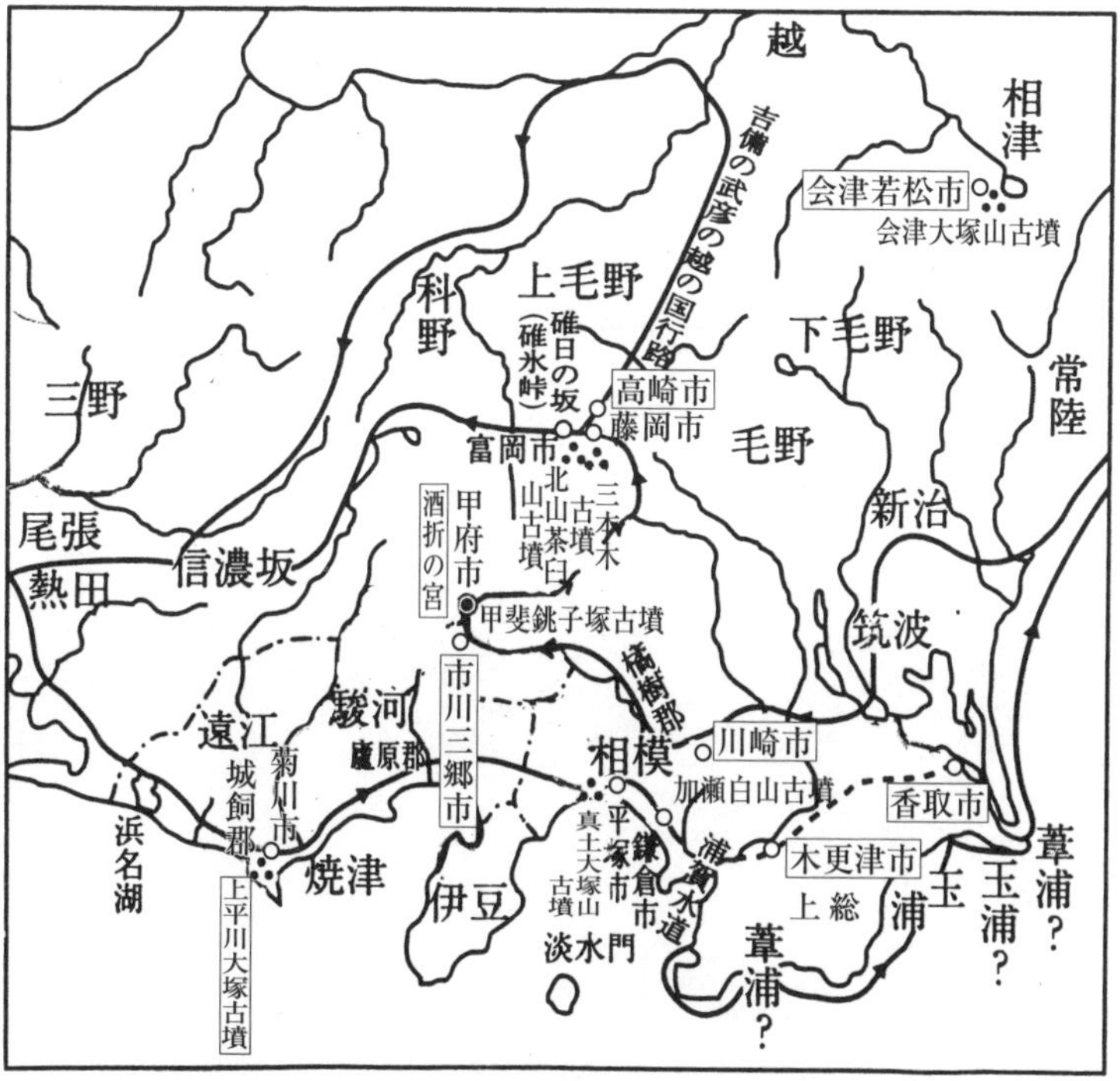

地図3　日本武の尊の東征経路と年号鏡の出土地点

をさす。むかし、江南の地に、呉という国があった。西暦紀元前に、呉越の戦いをくりひろげた呉の国（紀元前四七三年滅亡）や、三国時代の呉の国（紀元後二二二年〜二八〇年）である。その名をとって、『古事記』や『日本書紀』は、のちの時代になっても、江南の地域を、「呉」といっているのである。

このように、年号鏡は、四世紀中ごろ以後に、東国に達しているのである。

千葉県、神奈川県出土の三角縁神獣鏡

別の例をあげよう。

地図4をご覧いただきたい。

地図4は、銅鐸の出土する県の北限（東限）をこえた諸県から出土する「三角縁神獣鏡」の出土数を示している。

このうち、たとえば、千葉県出土の二面をとりあげてみよう。

千葉県出土の二面は、つぎのような地から出土している。

(1)　**手古塚古墳**　千葉県木更津市小浜（獣文帯三神三獣鏡）

『日本古墳大辞典』は、この古墳について、「四世紀末の年代が与えられよう。」と記す。

木更津市には、「吾妻神社」がある。吉田東伍の『大日本地名辞書』（冨山房刊）は、「吾妻神社」について、つぎのように記す（原文は文語文）。

「日本武の尊が東征のとき、日本武の尊の妃の、弟橘媛をまつったところである。日本武の尊が、相模（神奈川県）から、上総（千葉県中央部）に渡った日に、海上で、風と浪の難にあった。……のち、数日にして、弟橘媛の屍が、この海の波うちぎわにただよい動いていた。よって、この地に、『吾妻

（わが妻）』と名づけた。」

木更津市の地も、**地図3**に示した。日本武の尊の東征経路上にあることがわかる。

(2)　**城山1号墳**　千葉県香取市（吾作三神五獣鏡）**地図3**をみれば、香取市も、日本武の尊の東征経路上にあることがわかる。

また、**地図4**をみれば、神奈川県から二面の「三角縁神獣鏡」が出土している。

そのうちの一面は、平塚市の真土大塚山古墳から出土している。これは岡山県の備前車塚古墳出土のものと同型鏡で、すでに考察をした。

神奈川県出土の今一面は、川崎市幸区南加瀬の加瀬白山古墳から出土しているものである（天王日月・獣文帯四神四獣鏡）。現在の川崎市の地には、むかし、橘樹郡という郡があった。この郡名は、日本武の尊の妃の弟橘媛の名を残すための名代であったであろうという説がある。（『大日本地名辞書』）。

現在、川崎市高津区子母口に、橘樹神社がある。日本武の尊と弟橘媛をまつる。また、橘樹神社の裏手の丘に、富士見台古墳がある。これは、弟橘媛の「御陵」であるとも伝えられている。

三角縁神獣鏡の出土した幸区と、橘樹神社のある高津区とは、あいだに一つ中原区をおいているが、それほどはなれているわけではない。

加瀬白山古墳のあたりも、日本武の尊の東征経路にあたる（**地図3**参照）。

会津大塚山古墳

さらに、**地図4**をみれば、福島県から、「三角縁神獣鏡」が一面出土している。

この鏡は、福島県の会津大塚山古墳（会津若松市）から出土している（**地図3**参照）。

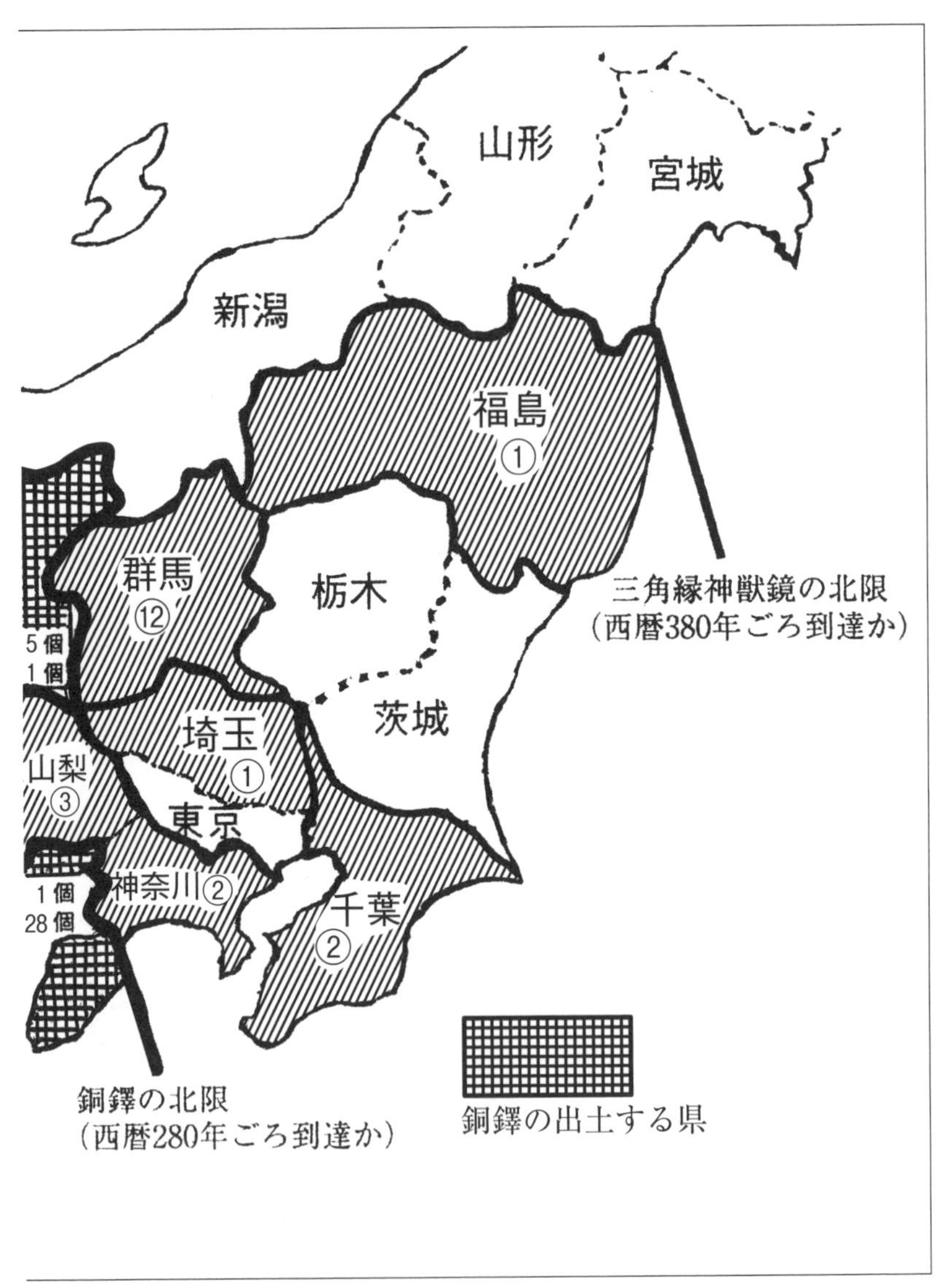

諸県における「三角縁神獣鏡」の出土数の分布

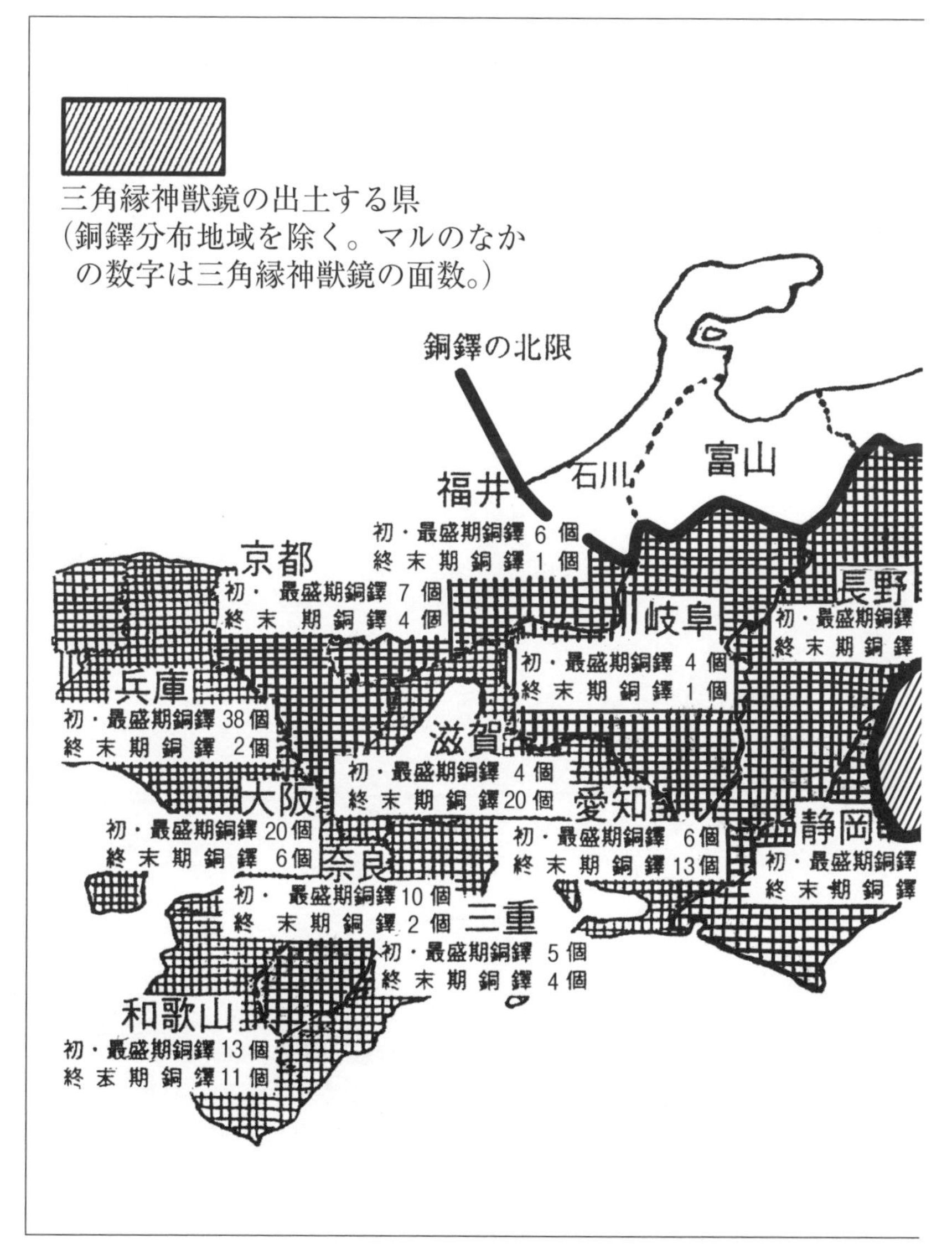

地図４　銅鐸の出土する諸県の北限（東限）をこえた

『日本書紀』に、第十代崇神天皇の時代に、四方の征討のために、四人の将軍を派遣したという話がのっている。いわゆる「四道将軍」の話である。

『日本書紀』は記す。

「大彦の命を北陸に遣わした。
武渟川別を東海に遣わした。
吉備津彦を西道に遣わした。
丹波の道主の命を丹波に遣わした。」

武渟川別については、『古事記』の第八代、孝元天皇の巻に、

「大毗古の命の子の建沼河別の命は、阿部の臣等の祖。」

とある。

『古事記』の崇神天皇紀は、また、つぎのように記す。

「(崇神天皇の時代に、)大毗古

写真11　安田靫彦画「吾妻はや」　日本武の尊は、なくなった妻、弟橘姫をしのび、「吾妻はや（私の妻は、もういない、ああ）」と三たびなげいたという。ただ、なげいた場所が、『古事記』と『日本書紀』とで異なる。『古事記』では、「足柄の坂本（相模の国［神奈川県］と駿河の国［静岡県］との境の足柄峠）」であるとし、『日本書紀』は、群馬県と長野県との境の碓氷峠の地であったとする。また、四世紀当時、この画のように、乗馬の風習があったかどうかは、検討の余地がある。（絵は、現代日本美術全集14『安田靫彦』［集英社、1974年刊］による。）

の命を、高志の道に遣わし、その子建沼河別の命は、東方の十二道に遣わして、したがわない人たちを平定させた。」

「大毗古の命は、（天皇の）ご命令のままに、高志の国に行った。そして、東方に遣わされた建沼河別とその父の大毗古とは、相津で行きあった。」

この相津は、のちの陸奥の国の会津郡（福島県南・北会津郡）の地とみられている。

この地には、「会津大塚山古墳」といわれる前方後円墳がある。会津大塚山古墳について、高橋崇氏の著『蝦夷』（中公新書）にのべられているところを、やや長くなるが、引用してみよう。

「東北最古の古墳

会津大塚山古墳は、現在確認されている東北最古のもので、福島県西部会津盆地の東南部の小独立丘陵頂上に造営された前方後円墳である（会津若松市）。

この丘陵の標高は二七〇メートル、周辺平地との比高三〇メートル、その頂上からは東西一〇キロ、南北三〇キロほどの盆地のすべてが目に入る。その最高所に、この古墳は後円部を置き、前方部は北方に張りだしている。主軸長九〇メートル、前方部先端幅二三メートル、前方部高さ三・五メートル、後円部直径四五メートル、同高さ六メートル、というサイズで、後円部に比べ前方部の幅が狭い柄鏡式前方後円墳で、葺石や埴輪の存在などは確認されていない。

昭和三十九年（一九六四）に発掘調査が行なわれた。その結果、後円部の墳頂下、一・五～一・九メートルに主軸と直交する方向に割竹形木棺が二つ発見された。頭位は東であったとみられ、南棺（長さ八・四メートル、幅一・一メートル）、北棺（長さ六・五メートル、幅一メートル）と呼ばれることになる。南棺がより古く、副葬品は豊富で歯の一部分もあったというが、北棺はかなり散乱しており副葬品は数少なかった。副葬品には、東北地方では、はじめての出土品がいくつかあった。もっとも注目されたものは、仿製（日本産）とみられる一面の三角縁神獣鏡（直径二一・四センチ、縁の厚さ一・〇センチ、重さ九一七・五グラム）であった。この鏡が注目された理由は、仿製鏡としては関東はもとより東北地方の出土であったからである。と同時に、この鏡と同じ鋳型から作られた同范鏡が岡山県和気郡備前町（現、備前市）の鶴山丸山古墳の出土品にも認められた（安本注。ここでも、岡山県の名がでてくる）。両鏡は傷跡まで一致するという。また鏡の唐草文にも特徴があり、同様の文様を有する鏡の存在が、畿内から西日本に分布していることから、会津大塚山古墳出土の鏡の製作地は畿内であるとする見方が支配的である。

次に注目されたのが素環頭大刀で、長さ一・二メートル、やや内反りの鉄刀である。これも東日本からは初出土とされ、こうした大刀は西日本に集中的にみられる。この大刀は、三角縁神獣鏡の上に重ねておかれていた。こうしたことから、この大刀と鏡とが、この古墳の被葬者にとって、極めて重要な意味をもつ副葬品、というより埋葬者生存中からの重要品であった、とみなすことができる。

その他、三三個の銅鏃も分布の濃い西日本からもたらされたといわれ、この会津大塚山古墳の出土品の性格は、総じて古墳文化の中心地である畿内との関連が強いことが判明した。そして出土品や内部構造など古墳のもつ諸要素から考えて、この古墳の造営された年代は四世紀後半（安本注。この古墳も、四世紀代後半で、これまでに考察した諸古墳の年代に近い）と推定されている。

古墳は、その特定地域における特定人物（被葬者）の墓であるから、古墳の存在そのものが、その人物のその地域社会における地位を象徴するとともに、副葬品などの文化内容もまたその地位と密接に関連する要素をもつであろう。

こうした観点に立つならば、会津大塚山古墳に眠る主は、

㈠　会津地方を支配した首長である。

㈡　その首長権を、大和の政権によって承認されていた。

とみなすことができるはずである。

㈡をいうについては副葬品のうちに畿内からもたらされたに違いない品々の存在が証拠とされ、㈠の首長が大和の政権に忠誠を誓った証（あかし）として下賜された品々であると推定されている。

さらに㈠の人物は、大和の政権から会津地方の支配権を承認されるとともに、具体的内容はわからないが、おそらく大和の政権と朝貢関係などを結ぶことに同意していた。

こういうふうに筋書きを展開すると、㈠の人物は、会津地方の土着の人間のなかから、同地域の支配者に成長してきたものであろうという結論に至るのが自然と思われるが、はたして、こう考えることは正しいであろうか。

こうした疑問をだすのは、『古事記』によると、崇神天皇の時代（絶対年代は不明）の、いわゆる『四道将軍』の派遣に関連して、高志道（こしみち）（北陸）へ向かった大毗古命と、東方十二道（東海・東山）に行った建沼河別父子が落ち合ったところに『相津』、という地名が生じたという伝承がみえるからである。この『相津』、大方は福島県会津とするが、『尾張の相津』（『古事記』垂仁記にみえる）とする考えも残る。もし福島県会津説が妥当なら、㈠の人物は、中央から派遣されたものがそのまま土着したか、またはその子孫かとも考えうる余地もある。こうした伝承をどう評価するかに関わるが、㈠の人物がどこの出身地であるか、そう簡単には断定できない。

とにかく、この古墳の発掘によって四世紀後半という時代における、東北地方と大和の政権との政治的

関わりは確認されたといってよい。倭王武の上表文の、『東は毛人』云々を想起したくなるはずである。その北方地域については、四世紀に位置付けられる土師器の分布が、宮城県・山形県の中部あたりまで認められるという。それは文化的交流があったことを示している。そこに政治的交流というか接触が加わるのは、もはや時間の問題であったといえよう。」

『古事記』『日本書紀』に、将軍たちを、岡山県と東北地方に遣わしたとあり、そして、岡山県と東北の会津から、同范鏡が出土しているのである。とすれば、ともに、中央によって派遣された人たち、または、その子孫の墓とみるのが妥当であろう。

会津大塚山古墳と桜井茶臼山古墳

ここで、注目すべきなのは、会津若松市の会津大塚山古墳（全長九〇メートル）と、奈良県桜井市外山(とみ(とび))にある全国で第三十一位の大きさを誇る桜井茶臼山古墳（二〇七メートル）とが相似形に近いことである。

桜井茶臼山古墳については、大塚初重編『日本古墳大辞典』に、およそ、つぎのように記されている。

「丘陵端部に立地し、前方部を南に向けている。墳丘は三段築成で、典型的な丘尾切断形を呈し、周堀を有している。一九四九年～一九五〇年に発掘調査が行なわれた。主軸全長二〇七メートル、後円部径一一〇メートル、前方部幅六一メートルを測り、後円部は前方部より約五メートル高い。葺石があり、後円部中央に墳丘主軸に平行して、扁平な割石を小口積みにした竪穴式石室が存在する。石室は内法長約六・七五メートル、幅一・一メートル前後、高さ一・六メートル前後の大きさで、床面は板石敷きの特異なものである。石室内からは内行花文鏡・神獣鏡・半円方格帯鏡などの鏡片若干、碧玉製の玉杖・玉葉三・五輪塔形石製品一・鍬形石片一・石釧(くしろ)片一・車輪石片二・異形石製品一組・用途不明石製品五・管玉六・硬玉製勾玉一・ガラス製管玉一・同玉類若干・鉄剣片三・鉄杖身五・鉄杖片一・刀子一・鉇（やりがんな）二・鐓（いしづき）形鉄製品一・鉄製利器一・用途不明鉄器一・同棒状品一・銅鏃二・鉄鏃多数などが出土した。神獣鏡片は、豊前赤塚古墳出土の天王日月四神四獣鏡と同范鏡と考えられるものである。奈良盆地東南部の代表的な前期古墳の一つで、四世紀中葉ごろの築造（安本注。ここでも、「四世紀中ごろの築造」とあるのに注意）と考えられる。」

会津大塚山古墳も、桜井茶臼山古墳も、ともに、「柄鏡（えかがみ）式前方後円墳である。柄鏡に形が似ているので、「柄鏡式」という。柄鏡は、室町以後江戸時代に普及した柄のついた円形の銅鏡である。

前方後円墳の形を、ごくごく大まかに、つぎの三つにわけることもできよう。

(1)　標準型前方後円墳
(2)　柄鏡式前方後円墳
(3)　撥（ばち）型前方後円墳（前方部が、三味線の撥のように開いているもの）

横軸に、$\left(\frac{前方部幅}{後円部径}\times 100\right)$をとり、縦軸に、$\left(\frac{前方部幅}{墳丘全長}\times 100\right)$をとって、**図11**（52～53ページ）や**図12**（56～57ページ）などのような「前方後円墳築造時期推定図」を描くと、「柄鏡式前方後円墳」では、前方部の幅が大きくならない形式なので、「標準型前方後円墳」にくらべて、年代をやや古めに推定することになるようである。逆に、撥形前方後円墳では年代をじっさいよりもやや新しめに推定することになるようである。

図12に示されているように、会津大塚山古墳は、「前方後円墳築造時期推定図」では、崇神天皇陵古墳よりも、やや時代の古い場所に位置するが、会津大塚山古墳が四道将軍の大毗古の命やその子の建沼河別の命、あるいは、その子孫の墓と関係するとすれば、崇神天皇陵古墳とほぼ同時期かそれよりむしろ新しい古墳と

みるべきであろう。

とすれば、桜井茶臼山古墳の築造の時期も崇神天皇陵古墳の築造の時期と、それほど大きくは、へだたっていないであろう。

桜井茶臼山古墳の被葬者としては、まず安倍氏の家系が考えられる。

氏族系譜研究家の宝賀寿男（ほうがとしお）氏は、その編著『古代氏族系譜集成上巻』（古代氏族研究会刊）のなかで、およそ、つぎのようにのべている。

「安倍氏族は、孝元天皇の皇子とする大彦の命から出ている。この氏族は、大和の国十市郡安倍村（現、桜井市安倍）より起り、同所の高屋安倍神社（今は桜井谷村の若桜神社境内に鎮座）を氏神としている。この氏族の分布は、四道将軍の伝承のある大彦の命、武渟川別の命父子の遠征経路とかなり良く一致している。大彦の命の遠征経路とみられる伊賀、近江、若狭、越前、加賀、越後を経て会津に至る路と、武渟川別の命の経路とみられる東海道の尾張、駿河から安房、上総、下総を経て那須から会津に至る路のそれぞれに安倍氏族の分布がみられる。」

この氏族のおきた大和の国十市郡安倍村の地（高屋安倍神社の地）は、**地図5**にみられるように、桜井茶臼山古墳に、比較的近い。

図15をみると、会津大塚山古墳の形は、桜井茶臼山古墳の前方部を、さらに発達させているようにみえる。

堺女子短期大学名誉学長の古代史学者、塚口義信氏は、桜井茶臼山古墳を、大彦の命その人の墓であろう、

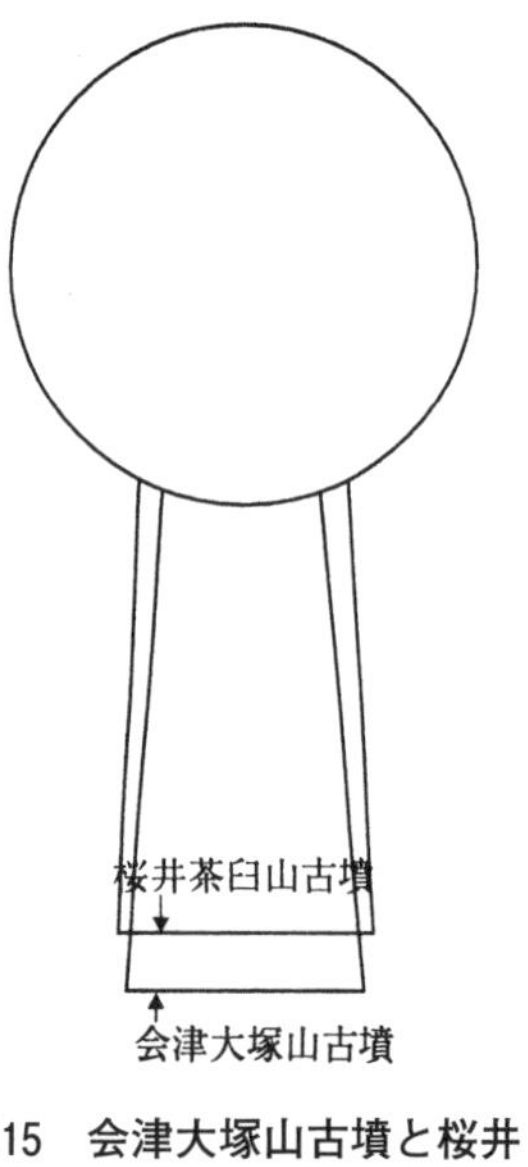

桜井茶臼山古墳
会津大塚山古墳

図15　会津大塚山古墳と桜井茶臼山古墳の墳形

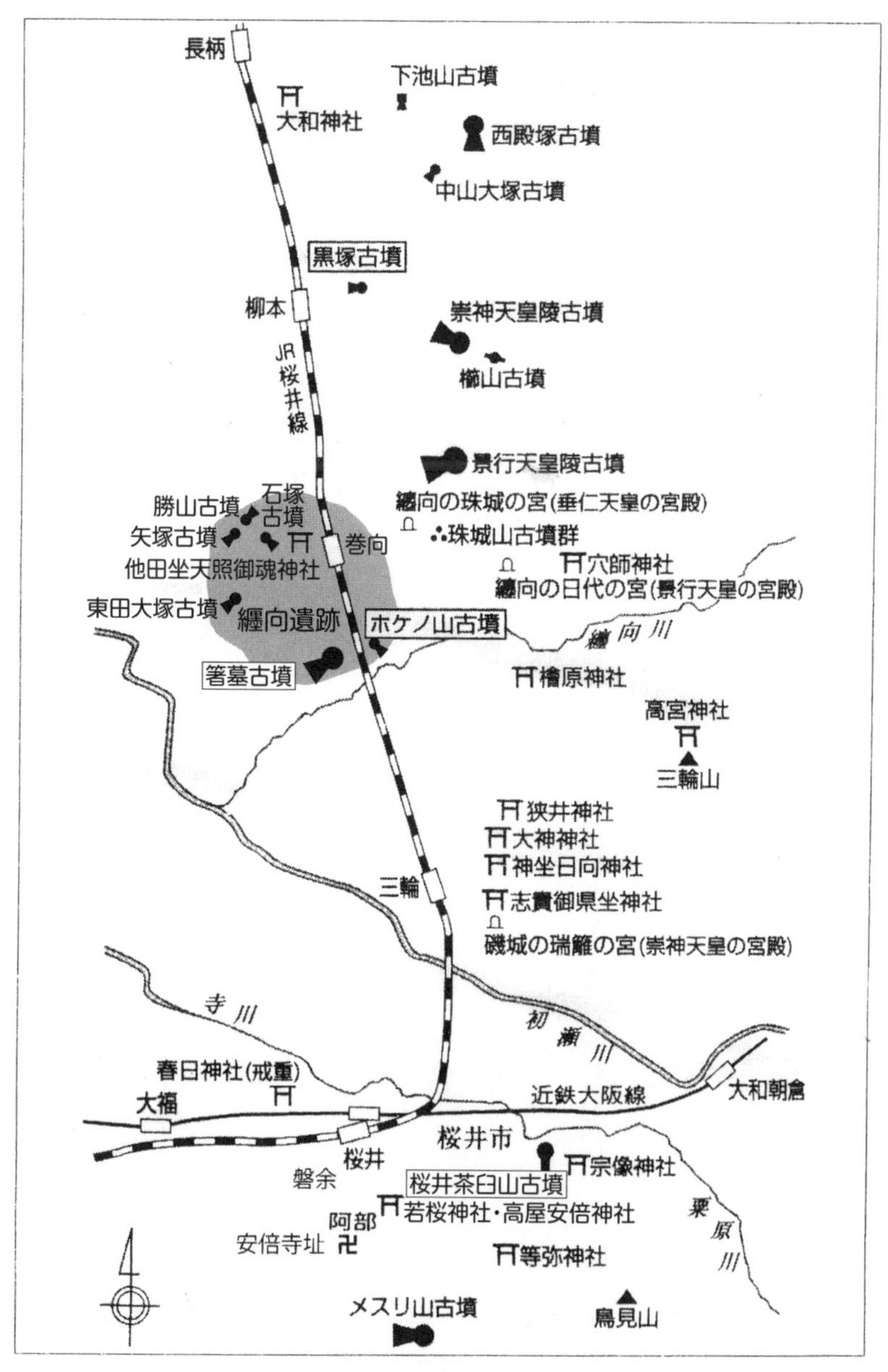

地図５　桜井茶臼山古墳の位置

とする。古代史研究家の志村裕子（しむらゆうこ）氏は、桜井茶臼山古墳を、崇神天皇の皇后で、大彦の命の娘の御間城姫（みまきひめ）の墓であろうとする（『季刊邪馬台国』108号、参照）。

会津大塚山古墳と、桜井茶臼山古墳とは、伝承からみても、古墳の形や出土物からみても相互に関係している。

おそらく、大彦の命、武渟川別の命、御間城姫の一族に関係する墓であろう。

箸墓古墳は、卑弥呼の墓では、ありえない

以上みてきたように、崇神天皇、四道将軍、景行天皇、日本武の尊、四世紀～五世紀ごろの築造の古墳などが、たがいに色こく関係しているようにみえる。

『古事記』『日本書紀』の記す伝承に、あるていどの史実性があることをうかがわせる。

そして、古代の天皇の一代平均在位年数からも、崇神天皇、景行天皇は、四世紀中ごろから、四世紀後半ごろの天皇と推定されるのである。

とすれば、崇神天皇のころに活動したと伝えられる倭迹迹日百襲姫や、倭迹迹日百襲姫の墓と伝えられる箸墓古墳も、四世紀中ごろから後半ごろの、人や墓と考えるべきである。

卑弥呼の時代よりも、約百年ほどのちの古墳と考えるべきである。卑弥呼の墓では、ありえない。

すでに、このシリーズの拙著『邪馬台国は99・9％福岡県にあった』（勉誠出版刊）において、「炭素14年代測定法でも、箸墓古墳の年代は四世紀になること」、「箸墓古墳と同時期とみられる古墳、または、箸墓古墳と関連をもつ古墳で、現在までに発掘されたものは、ことごとく竪穴式石槨または木槨をもつが、これは、『魏志倭人伝』の『棺あって槨なし』の記事にあわないこと」「箸墓古墳の周濠の上層から布留1式期の土器

とともに、馬具の木製の輪鐙（わあぶみ）が出土しているが、畿内の馬具は、西暦四〇〇年前後以後に出土するものであり、そこから、土器の一型式二十年～三十年さかのぼっても、箸墓古墳の土器年代の布留０式は、せいぜい四世紀代のなかばで、卑弥呼の時代には、とうていとどかないこと」、「『日本書紀』は、崇神天皇時代に大坂山から石を運んで、箸墓が築造したと記すが、箸墓古墳の石室材は、大阪府柏原市（かしわらし）国分の芝山産と推定されており、『日本書紀』の記述と一致するごと」など、八つの理由をあげて、箸墓古墳は、卑弥呼の墓では、ありえないことを論じている。

状況が異なっている

『日本書紀』の伝える倭迹迹日百襲姫についての記述は、『魏志倭人伝』や『後漢書』などの伝える卑弥呼についての記述と、基本的な点で合致していないところが多い。

たとえば、『魏志倭人伝』と『後漢書』とは、卑弥呼が王になった事情を、つぎのように記している。

「その国は、もと男子をもって王としていた。倭国が乱れ、たがいに攻伐しあって年をへた。そこで、一女子を共立として王とした。名づけて卑弥呼という。」（『魏志倭人伝』）

「（卑弥呼の死後、）更（あらた）めて男王を立てたが、国中がそれに従わなかった。」（『魏志倭人伝』）

「倭国は大いに乱れ、たがいに攻伐しあった。歴年、主がいなかった。一女子があった。名を卑弥呼という。ともに立てて王とした。」（『後漢書』「東夷伝」）

これらの文章によれば、もとは男子の王がいたが、卑弥呼の時代には男王がいなかったということになる。倭迹迹日百襲姫が卑弥呼であるとすれば、当時は、男王崇神天皇がいたことになり、「更めて男王を立てた」「歴年、主がいなかった」という『魏志倭人伝』や『後漢書』「東夷伝」の記事と、はっきり矛盾することとなる。

『魏志倭人伝』には、卑弥呼の死後、「更めて男王を立てたが、国中それに従わず、殺しあいをして、当時千余人が死んだ。そこでまた、卑弥呼の一族の娘で、台与（壱与）という十三歳の少女を立てて王とすると、国がようやく治った。」と記す。

まず、この記事では、卑弥呼の死後に争乱があったことが記されている。しかし、『日本書紀』の「崇神天皇紀」では、倭迹迹日百襲姫の死のあとのところに、崇神天皇のことばとして、「畿内に事無し。」と記されている。

さらに、「台与という十三歳の少女を立てて王とした。」という。

「崇神天皇紀」には、「豊鍬入姫の命」という「豊」（台与と音があう）の音を名にもつ女性があらわれる。

「豊鍬入姫の命」は、崇神天皇の皇女である。しかし、天照大御神をまつった人であって、崇神天皇にかわって、政治的に日本を代表するような「王」になった人ではない。

どうも、状況が異なっている。

四世紀代の天皇と三角縁神獣鏡

さらに、四世紀代の天皇とみられる崇神天皇～景行天皇時代と関連する伝承に、三角縁神獣鏡が関係している例が、かなり多い。

三つほど、そのような例をあげておこう。

(1) 崇神天皇の時代に、宮中にまつる鏡を、田原本町の鏡作坐天照御魂神社の地（地図6）で改鋳し、そのさい試鋳の鏡も作ったことを記す文書がある。その神社に、「神宝」として、三角縁神獣鏡が伝え

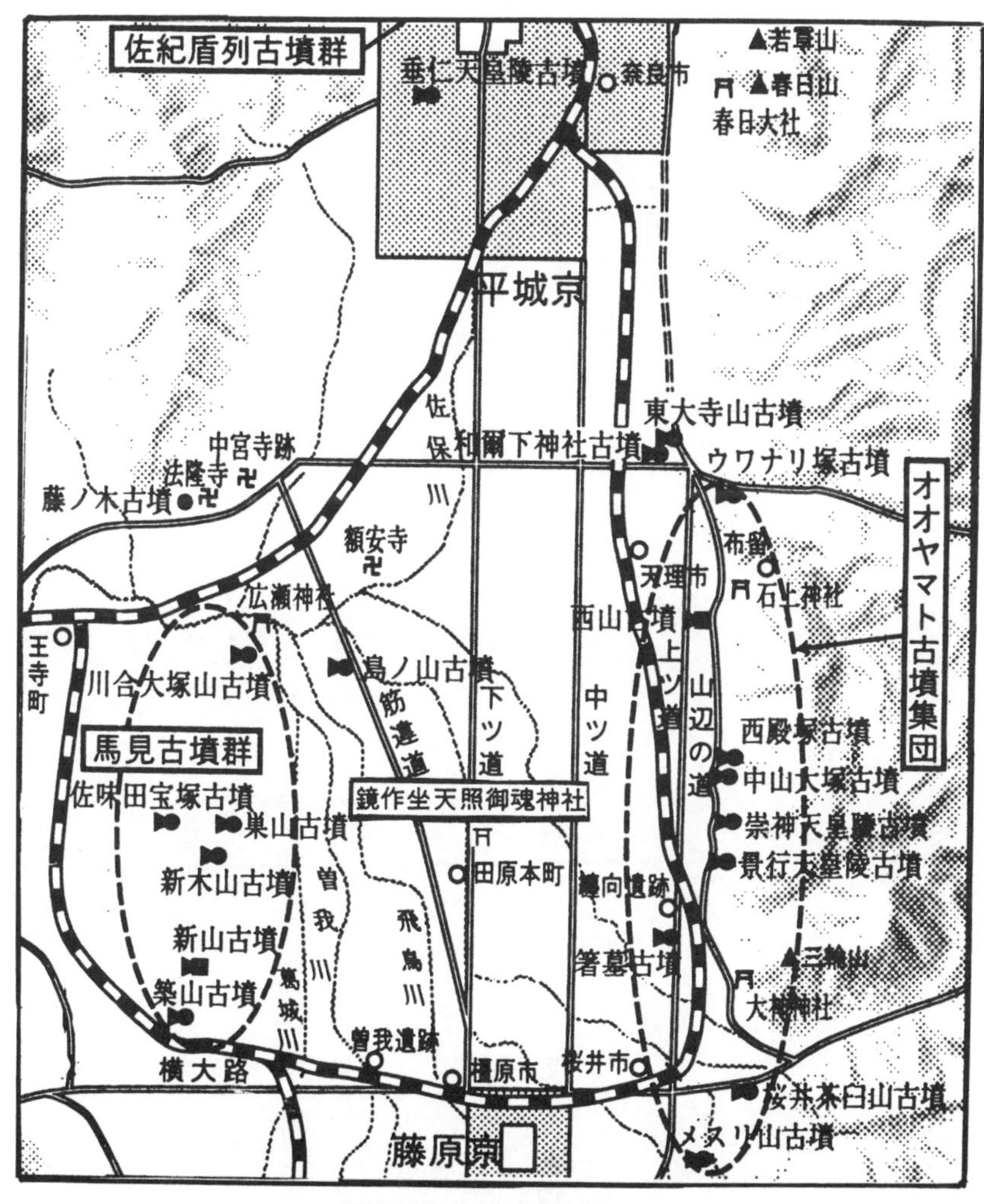

地図6　鏡作坐天照御魂神社（かがみつくりにますあまてるみたまじんじゃ）のある場所

られている。（これについてくわしくは、拙著『日本神話120の謎』（勉誠出版、二〇〇六年刊、228ページ以下参照のこと。）

(2)『日本書紀』の「崇神天皇紀」に、つぎのような話がのっている。

天皇が、出雲の国の神宝を見たいものであるとのべ、出雲へ使をつかわす。そのさい、出雲の振根（ふるね）が、鏡をさしだすことに不満をもち、結局、出雲の振根は殺される。

出雲藩士の黒沢長尚（ながひさ）のあらわした『雲陽志（うんようし）』に、この出雲の振根の墓が、「神原（かんばら）」の地にあることが記されている。この「神原」の地には、神原神社古墳があり、そこから、景初三年銘の三角縁神獣鏡が出土している。

(3)『日本書紀』の「景行天皇紀」に、日本武の尊が東征のさい、「大きな鏡を船に懸（か）けた」という記事がある。三角縁神獣鏡は、一般に、面径が大きい。

この「第I部」では、東国の古墳などをとりあげ、さらに、伝承には、史実の核があるとみられること、四世紀代中ごろ以後におきた一連のできごとを三世紀の卑弥呼の時代にもって行くのは無理であることなどを、論じてみた。

第Ⅱ編　「卑弥呼の墓＝福岡県平原（ひらばる）王墓説」を検討する

●女王の墓in九州●

平原遺跡・碑銘

平原王墓（平原遺跡・1号墓）
（写真は、「ウィキペディア」による。）

平原王墓は、福岡県糸島市の「平原歴史公園」のなかにある。この平原王墓については、天照大御神の墓とする説（原田大六節）や、卑弥呼の墓とする説（奥野正男説）などがある。

平原王墓からは、直系四十六・五センチほどの大鏡五面が出土している。この五面の鏡の大きさは、全国出土の五千面近くの鏡のなかで、冠絶（かんぜつ）している。

平原王墓からは、この五面の鏡をふくむ四〇面の鏡が出土している。この量も、一つの墓から出土した副葬品の数として、弥生時代の墓としては、他に例をみない。古墳時代のすべての墓をふくめても奈良県の桜井茶臼山古墳につぐ第二位の鏡の出土量である。平原王墓からの出土品は、国宝に指定されている。

「卑弥呼の墓＝平原王墓」説の、検討すべき諸問題

この「第Ⅱ編」では、福岡県糸島市有田にある「平原王墓」を、卑弥呼の墓とみる説について検討しよう。

すでに、「第Ⅰ編」で紹介したように、宮崎公立大学の教授であった考古学者の奥野正男氏は、つぎのようにのべている。

「平原出土の方格規矩四神鏡が後漢晩期のものであるとすれば、共伴の大形国産鏡の製作年代の上限もまた三世紀代におくことが可能である。この三世紀代はまさに卑弥呼の時代に相当し、一墳墓で副葬された鏡の数においても、日本最大の大形国産鏡という点でも、平原遺跡は日本の古代史上さいしょの女王である卑弥呼の墓にふさわしい。」（奥野正男著作集Ⅰ『邪馬台国はここだ』〔梓書院、二〇一〇年刊〕）

ただ、「卑弥呼の墓＝平原遺跡説」には、検討し、クリアしなければならないいくつかの問題がある。つぎのような諸問題である。

(1) 平原王墓の築造年代は、卑弥呼の没年とされる二四七年または二四八年ごろにあうのか。

(2) 『魏志倭人伝』には、「大いに塚をつくること径百余歩（約一五〇メートルていど）」とある。この長さは、あうのか。

(3) 『魏志倭人伝』には、卑弥呼が死んだとき、徇葬（殉葬）の奴婢は百余人であった、と記されている。この徇葬の奴婢の墓はあるのか。

(4) 平原遺跡のある地は、『魏志倭人伝』に記されている「伊都国」の地にあたるとみられる。

そもそも、平原遺跡のある「糸島市」の「糸島」の名は、むかし存在した「怡土郡」と「志摩郡」の名に由来する。

いっぽう、『魏志倭人伝』によれば、女王の都するところ「邪馬台国」は、「伊都国」よりもかなり南に

あったように描かれている。卑弥呼の墓は、伊都国よりも南の邪馬台国にあるのではないか？

以下では、このような諸問題を、順次検討して行こう。

平原王墓の築造年代は、卑弥呼の没年ごろにあうのか

『魏志倭人伝』によれば、倭の女王の卑弥呼は、女王国の南にあった狗奴国の男王と仲がわるかった。正始八年（二四七年）卑弥呼は、帯方郡に使をつかわし、両国が、たがいに攻めあっている状況をのべさせている。

そこで、帯方郡では国境守備の属官の張政らを倭国につかわした。しかし、その使者の張政らが、倭国に到着したときには、卑弥呼は、すでに死んでいたという。

このようなことから、卑弥呼の死亡年は、二四七年から二四八年とみられている。

桜井市纒向学研究センター所長の寺沢薫氏は、四〇面の鏡を出土した平原王墓を、畿内の土器のⅥ―1の時期にあて、西暦一五〇年～二〇〇年のあいだのころのものとする。

そして、そのあとの庄内様式の土器の時代を、二〇〇年をすぎたころから、二五〇年をすぎたころまでにあてる。すなわち、ほぼ、邪馬台国の時代にあてる（寺沢薫著『弥生時代の年代と交流』〔吉川弘文館、二〇一四年刊〕）。

寺沢薫氏の見解は、平原王墓の年代を卑弥呼の死亡時期よりも、五〇年ていどはまえの、二世紀後半にあてる見解である。

つぎに、國學院大学の教授であった考古学者の柳田康雄氏は、その著『伊都国を掘る』（学生社、二〇〇〇年刊）のなかで、つぎのようにのべる。

「平原王墓の被葬者としては、超大型内行花文八葉鏡＝『八咫鏡』とすると、『大柱』と太陽の門としての『鳥居』（太陽信仰）などを総合すると、実在論は別にして、神話のなかの『天照大神』に象徴されるような性格の人物像が浮かび上がり、卑弥呼直系で直前の三世紀初頭に埋葬された倭国最高権威にある巫女王となるだろう。」

ここには、「三世紀初頭に埋葬された」とある。この見解は、平原王墓の年代を寺沢薫氏よりもあとのものとみるが、卑弥呼の死亡時期よりも前とみる見解である。

この見解は、平原王墓の被葬者を、天照大御神とし、天照大御神の年代を、卑弥呼よりもまえの時代の人とみた原田大六の見解に近い。

さきに紹介したように、寺沢薫氏は、平原王墓の築造年代を、庄内様式の土器の時代よりもまえの時期にあてる。これに対し考古学者の小山田宏一（こやまだこういち）氏は、平原王墓を「庄内0式～庄内3式」の時期にあてる（小山田宏一「三世紀の鏡と『おおやまと古墳群』」〔伊達宗泰編『古代「おおやまと」を探る』《学生社、二〇〇〇年刊》所収〕）。そして、寺沢薫氏は、庄内様式期を、ほぼ邪馬台国の時代にあてる。小山田宏一氏の見解を参考にすれば、平原王墓の時期を邪馬台国の時代にあてることもできることになりそうである。

さらに、寺沢薫氏は、庄内様式期に出土した鏡について、つぎの**表5**のようなデータを示しておられる。ただし、**表5**において、太ワクの四角でかこんだ「238年、または239年卑弥呼遣使」の文字は、安本が書き加えたものである。

寺沢薫氏は、「庄内様式期」を西暦二〇〇年をすこしすぎたころから、西暦二五〇年をあるていどすぎたころにあてておられる。したがって、土器の「庄内様式期」が、ほぼ、邪馬台国時代にあたるころになる。

寺沢薫氏は、「邪馬台国畿内説」の立場にたつ方であるが、**表5**にもとづいて統計をとれば、**図16**のよう

表5　庄内様式期の出土鏡（寺沢薫氏による）

西暦	相対年代 （土器・甕棺様式）		出土遺跡・遺構（鏡式）	
			九州	以東
200	**後期―7様式** **[KV]**	**畿内Ⅳ―2**	**佐賀・中原 ST13414・M（四連Ⅳ）** 福岡・宮原 S3（四連Ⅲ'・Ⅳ） 福岡・笹原（四連Ⅳ） 福岡・日佐原 E 群 D15（四連Ⅳ'） **福岡・高津尾16区 D40（方Ⅵ）** **福岡・みくに保育所1住（方Ⅵ△）** 長崎・原の辻 D 地区 SK9（四連Ⅳ）	**兵庫・西条52号墓石槨（四連Ⅲ※）** **鳥取・秋里9溝（四連Ⅲ or Ⅳ△）**
	土師器―1様式 **[KV]**	**庄内様式（古）**	**福岡・原田S1（単）◎／SD（四連ⅤB'）** **福岡・三雲寺口 S2（蝙連Ⅰ）** **福岡・馬場山 D41a（双ⅠC△）** **福岡・徳永川ノ上Ⅰ区 MD6（方Ⅵ△）／Ⅰ区 D8（三画像△）／Ⅳ区 SD19（斜盤ⅠB'）** 福岡・長谷池 SD2（方Ⅵ'） 福岡・谷頭 S（蝙連Ⅰ） **佐賀・中原 ST13415・M（四連Ⅳ'・四連Ⅳ'・方 VC'）※** 佐賀・藤木 SD（四連Ⅳ' or ⅤB'） **長崎・椎ノ浦 S（円連Ⅲ）**	**山口・朝田3号台状墓石槨（蝙連Ⅱ'）** **広島・壬生西谷 M33（四連Ⅰ）◎** **愛知・朝日北環境濠 D（虺龍ⅡB?▲）** 愛媛・土壇原Ⅵ区 D36（方Ⅶ△） 愛媛・東本4次 SB302（方△） **石川・無量寺 BⅡ区1溝（双ⅠC▲）** 愛知・石座神社3002SI（方 VA △）
238年、または、239年卑弥呼遣使	**土師器―2様式**	**庄内様式（新）**	**福岡・良積 K14（三方Ⅶ）** **福岡・向田Ⅰ―S7（四連ⅤB'）** 福岡・藤崎 S（斜方Ⅶ） **福岡・徳永川ノ上2号墓（方Ⅱ△）◎／4号墓54（蝙連Ⅰ'）** 福岡・前田山1区 S9（蝙連Ⅱ'） 福岡・汐井掛 S4（斜方Ⅶ）／S6（円連Ⅲ△）／M28（三飛） 福岡・酒殿 S2（獣首） 福岡・山鹿石ヶ坪 S2（斜双Ⅰ?△） **福岡・野方中原 S1（上浮四獣△）／S3（蝙連Ⅱ）** **福岡・野方塚原 S1（三浮獣Ⅲ△）** **福岡・御笠地区 F―3住（蝙連Ⅰ△）**	**愛媛・朝日谷2号墳 MA（斜神、禽獣）◎** 愛媛・治平谷7号墳 M（円連Ⅲ）◎ 愛媛・相の谷9号台状墓 S1（細獣ⅣA▲） **岡山・鋳物師谷1号墳石槨 A（虺龍ⅡB）◎** **徳島・萩原1号墳石囲木槨（画同※）** 兵庫・綾部山39号墳石囲石槨（画環※） 兵庫・白鷺山 S1（蝙連Ⅱ△）◎ **兵庫・岩見北山1号墳石槨（四連Ⅳ※）◎**

250			福岡・馬場山S5（斜方Ⅶ△） 福岡・岩屋S（双ⅡG△） 福岡・平S（夔鳳△） 福岡・上所田SD（斜細獣Ⅵ△、四連Ⅰ△）◎ 福岡・五穀神S（方Ⅲ'）◎ **大分・川辺南西地区1号方形墓S2（鳥）◎** **佐賀・町南103住（双ⅡD or E▲）** **佐賀・柴尾橋下流004溝（四連Ⅰ）◎** **佐賀・志波屋六本松2・3号墓周壕（双ⅡG or H△・ⅢK or L△）** 佐賀・中原SP13231・M（斜上浮四獣※） 佐賀・城原三本谷S（方Ⅰ'▲）◎ **長崎・塔ノ首S4（方Ⅶ）** **熊本・狩尾湯の口S2（画同▲）**	**大阪・加美84―1区2号方形墓M（蝙連Ⅰ△）** **奈良・ホケノ山古墳石覆木槨（画同・画同△・四連△◎）伝（四連Ⅰ◎・画同）** **京都・上大谷6号墳M（夔鳳3A）** **京都・太田南2号墳M（画環※）◎** **京都・豊富狸谷17号墓M2（上浮四獣△）／M3（細獣Ⅵ）◎** **滋賀・斗西ヤナ（四連ⅤA▲・ⅤB▲）** **三重・東山古墳M（斜上浮四獣）▲** 千葉・鳥越古墳M2（方Ⅵ▲）◎
	土師器―3様式（古）	**布留0様式（古）**	**福岡・津古生掛古墳M（方ⅤC）◎** **福岡・祇園山古墳K1（画環△）** 福岡・郷屋古墳（三四）◎（以下略）	山口・国森古墳木槨（異Ⅴ'）◎ **広島・中出勝負峠8号墳M8（異Ⅴ'）◎** **広島・石槌山2号墳M1（蝙連Ⅰ▲）** （以下略）

出典：寺沢薫『弥生時代政治史研究　弥生時代の年代と交流』（吉川弘文館、2014年刊）

（注）①出土遺構を以下の略号で示す。

K：甕（壺）棺墓、D：土壙墓、S：石棺墓、SD：石蓋土壙、MD：木蓋土壙、M：木棺墓、石槨：竪穴式石槨、木槨：竪穴式木槨、礫槨、住：竪穴住居、SK・SP：土坑、溝：溝（その他、必要に応じて遺構略号の後に報造書での遺構名を付したものもある）。

②鏡式の略号は以下の通りとし、後に型式名を付す。

草：草葉文鏡、彩：重圏彩画鏡、雷：四乳羽状獣文地雷文鏡、星：星雲文鏡、異：異体字銘帯鏡、虺龍：虺龍文鏡、鳥：八鳥（禽）文鏡、方：方格規矩（四神）鏡、細獣：細線式獣帯鏡、浮獣：浮彫式獣帯鏡、盤：盤龍鏡、四連：四葉座鈕連弧文鏡、円連：円座鈕連弧文鏡、蝙連：蝙蝠座鈕連弧文鏡、獣首：獣首鏡（変形四葉文鏡）、双：双頭龍鳳文鏡、夔鳳：夔鳳文鏡、単：単夔文鏡、飛：飛禽鏡、上浮六（四）獣：「上方作」系浮彫式六像式（四像式）獣帯鏡、画像：画像鏡、四獣：四獣鏡・四禽鏡、画同：画文帯同向式神獣鏡、画環：画文帯環状乳神獣鏡、神：神獣鏡（二神二獣、四神四獣など）、同神：同向式神獣鏡。

なお、平原1号墓の「八連」は八葉座重圏文帯連弧文鏡（仿製か？）をさす。

③外縁型式平縁は無記名とし、斜：斜縁、三：三角縁を付す。

④鏡の形状、性格を以下の通り表示する。

※：破砕鏡、△：鏡片（ただし一部を欠いて研磨されていても原鏡と考えられる鏡は完形鏡として扱う）、▲：懸垂鏡、◎：仿古鏡・復古鏡または踏み返し鏡の可能性の高いもの。

⑤明朝体による表示は土器などからの直接的な時期比定資料を欠くか、不十分なもの。

鏡　種	出土数
内行花文鏡（連弧文鏡）	23 面
方格規矩鏡	15
獣帯鏡	8
双頭竜鳳文鏡	7
画文帯神獣鏡	6
夔鳳鏡	2
虺竜文鏡	2
獣首鏡	1
盤竜鏡	1
その他	6
合　計	71

図16　寺沢薫氏の資料による庄内期の鏡の鏡種

寺沢薫著『弥生時代の年代と交流』（吉川弘文館、2014年刊）334・335ページにみられるデータによる作成。

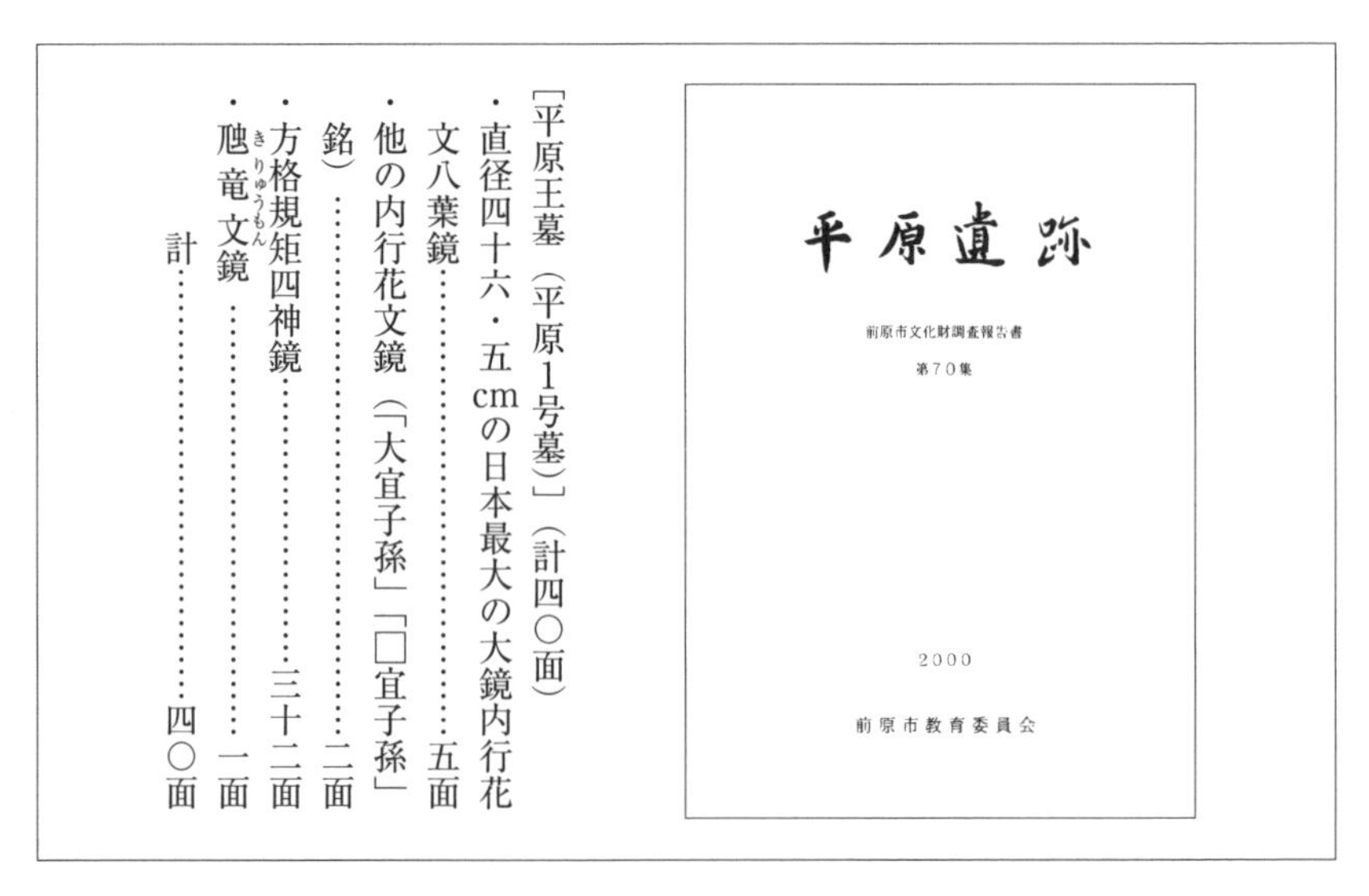
〔平原王墓（平原1号墓）〕（計四〇面）

・直径四十六・五cmの日本最大の大鏡内行花文八葉鏡……五面

・他の内行花文鏡（「大宜子孫」「□宜子孫」銘）……二面

・方格規矩四神鏡……三十二面

・虺竜文鏡（きりゅうもん）……一面

計……四〇面

表6「平原王墓」の出土鏡（『平原遺跡』〔前原市教育委員会、2000年刊〕による）

になる。

つまり、「畿内説」の寺沢薫氏の立場にたったとしても、ほぼ邪馬台国時代の鏡として、もっとも出土数の多いのは、「内行花文鏡」と、「方格規矩鏡」である。

そして、**表6**にみられるように、「平原王墓」から出土している四〇面の鏡のうち、三十九面は、「内行花文鏡」と「方格規矩鏡」なのである。

つまり、「平原王墓」から出土している鏡は、**表5**、**図16**にみられる庄内期、邪馬台国時代の鏡とよく一致しているのである。出土している鏡の内容からみれば、「平原王墓」出土の鏡の傾向は、邪馬台国時代の鏡とみても、おかしくないものである。

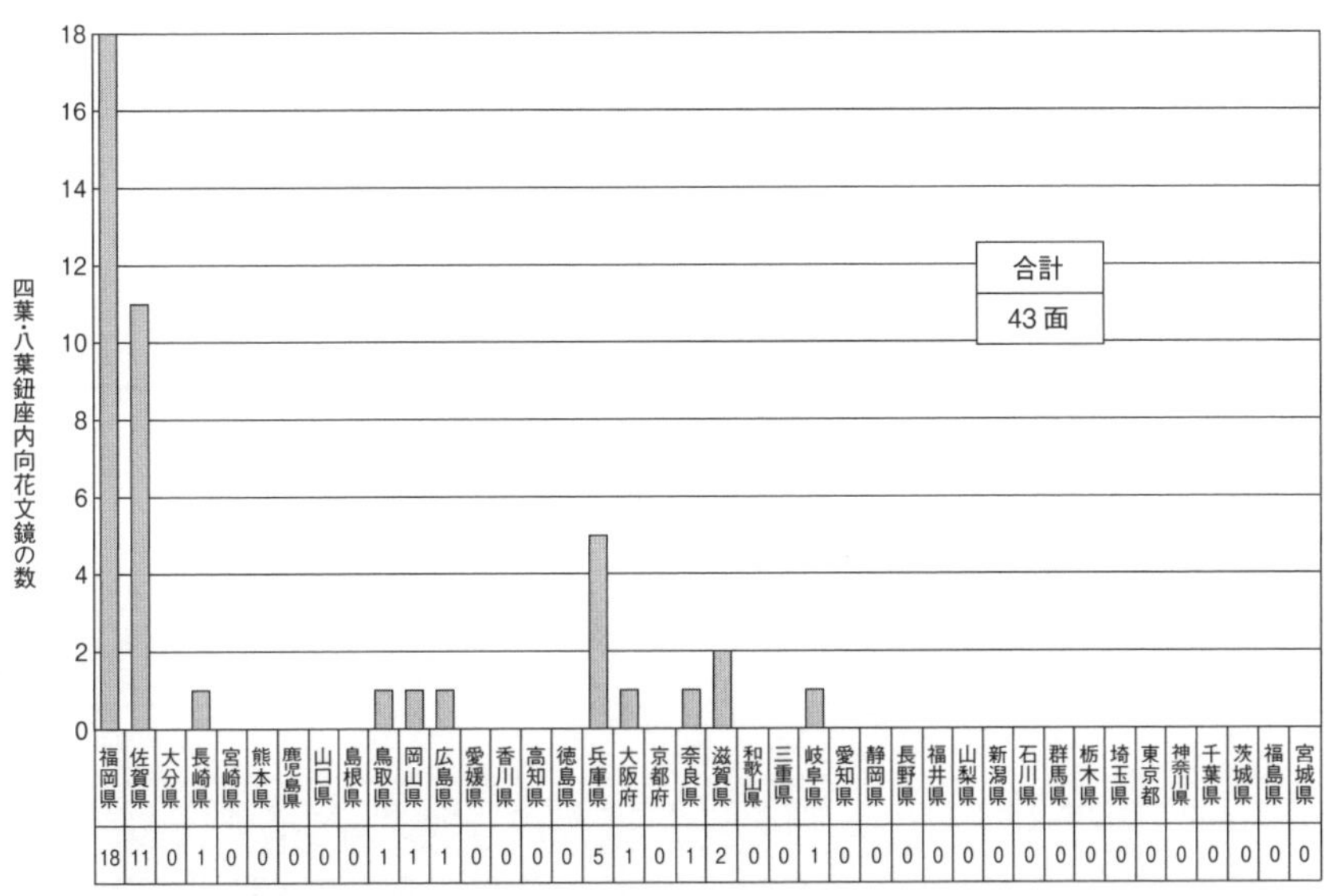

図17　県別　四葉鈕座内行花文鏡（四連）・八葉鈕座内行花文鏡の出土数（大略、雲雷文長宜子孫銘内行花文鏡と重なりあうとみられる）

寺沢薫著『弥生時代の年代と交流』（吉川弘文館、2014年刊）の333～336ページ所載の表のデータをベースとした。それに、平原遺跡出土鏡のデータをおぎなった。平原遺跡出土鏡のデータは、報告書『平原遺跡』（前原市教育委員会、2000年刊）による。

さらに、大略、邪馬台国時代の鏡とみられる「雲雷文長宜子孫銘内行花文鏡」と重なりあうとみられる鏡や、弥生時代の「方格規矩鏡」について、県別の統計をとれば、**図17**、**図18**のようになる。福岡県と佐賀県とから、圧倒的に多くが出土しているのである。

（私は、このようなことなどから、邪馬台国は、北九州にあったと考える。このシリーズの拙著『邪馬台国は99・9％福岡県にあった』参照）。

森浩一は、五世紀の古墳の築造年代についてさえ、つぎのようにのべる。

「古墳やその出土遺物にたいして、たとえば、〝五世紀中ごろ〟という推定を下す考古学者がいるとしても、それは相対的な年代観にすぎず、その年代の前後に約六〇年の判断誤差をつけるべきだと考え

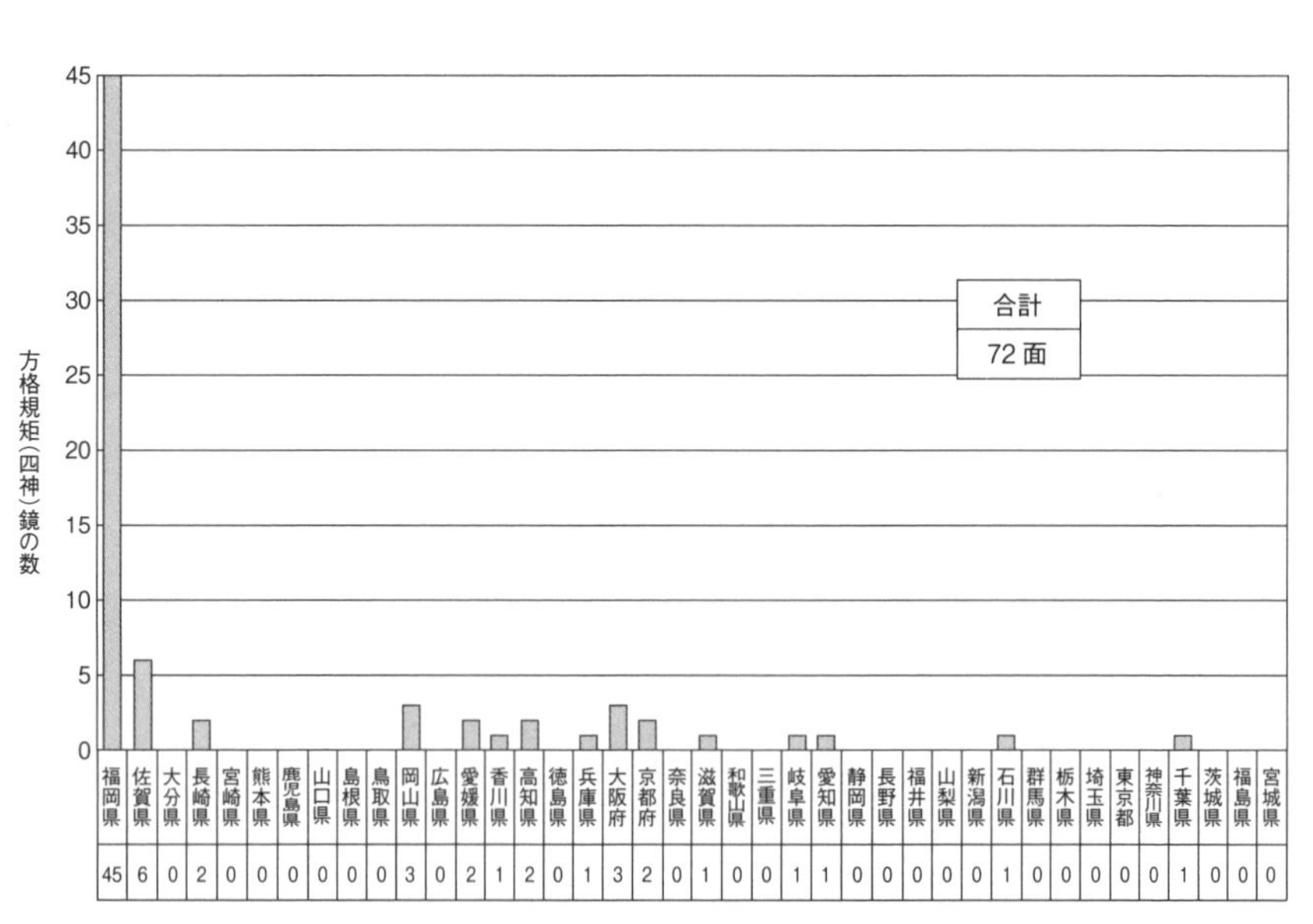

福岡県	佐賀県	大分県	長崎県	宮崎県	熊本県	鹿児島県	山口県	島根県	鳥取県
45	6	0	2	0	0	0	0	0	0

岡山県	広島県	愛媛県	香川県	高知県	徳島県	兵庫県	大阪府	京都府	奈良県
3	0	2	1	2	0	1	3	2	0

滋賀県	和歌山県	三重県	岐阜県	愛知県	静岡県	長野県	福井県	山梨県	新潟県
1	0	0	1	1	0	0	0	0	0

石川県	群馬県	栃木県	埼玉県	東京都	神奈川県	千葉県	茨城県	福島県	宮城県
1	0	0	0	0	0	1	0	0	0

図18　県別　方格規矩（四神）鏡の出土数

寺沢薫著『弥生時代の年代と交流』（吉川弘文館、2014年刊）の333～336ページ所載の表のデータをベースとした。それに、平原遺跡出土鏡のデータをおぎなった。平原遺跡出土鏡のデータは、報告書『平原遺跡』（前原市教育委員会、2000年刊）による。

ている。」

「畿内の五世紀を例にとっても、なお前後に六〇年程度の判断誤差がいるだろうという私の実感は、そのまま三世紀に適用してもよかろう。しかしその判断誤差は、北九州から遠ざかるにしたがって、年数をふやす必要がある。」（以上、『三世紀の考古学』上巻、一九八〇年刊）

森浩一は、また、つぎのようにものべる。

「考古学が一つの遺跡で割り出せる年代は、時間の幅（ある期間）のなかでしかいえないことが普通である。実在のはっきりしている藤原京のすぐ南にあって、石室に壁画もあり副葬品も多い明日香の高松塚古墳でも、八世紀初頭を中

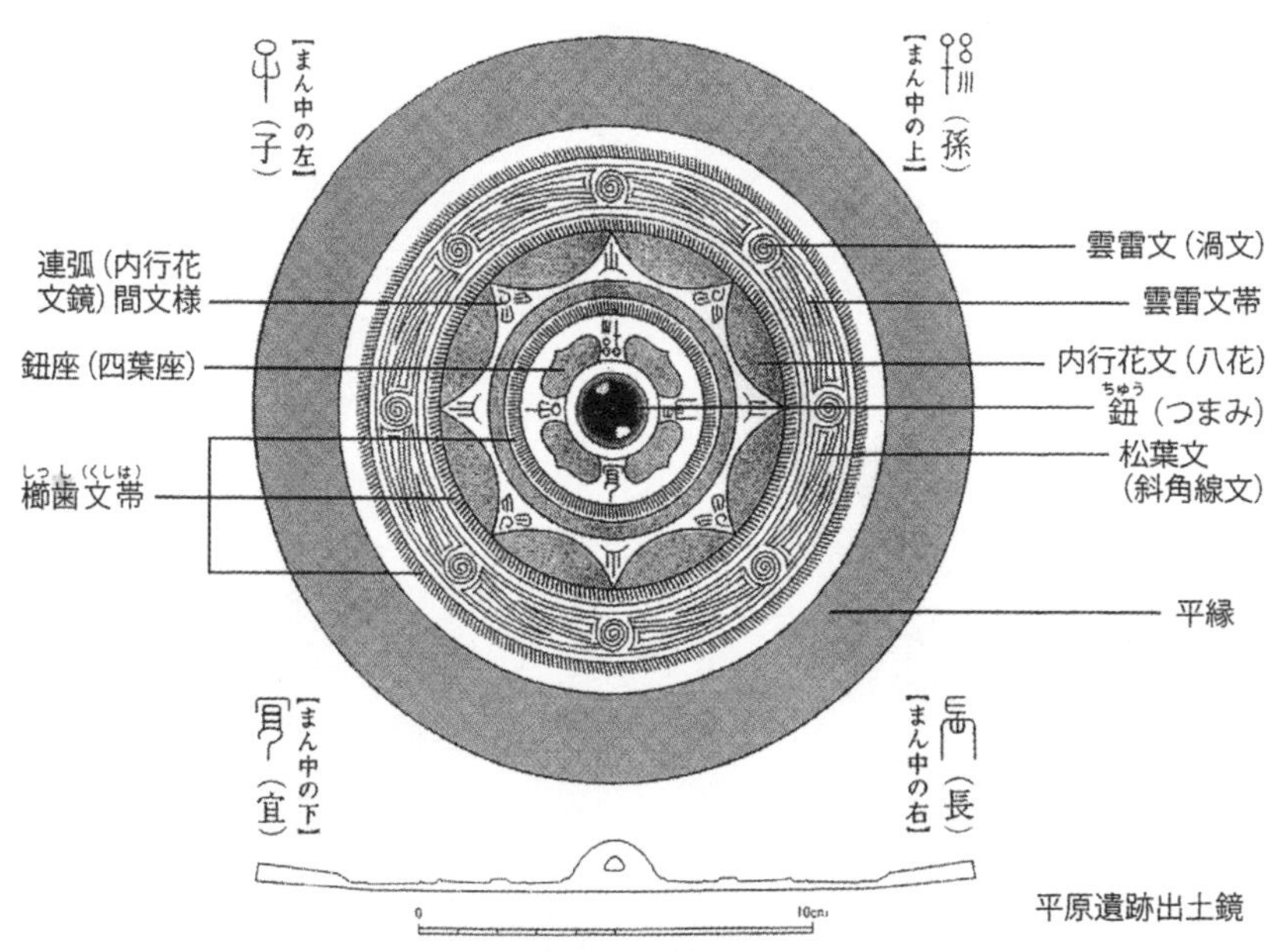

図19　雲雷文連弧文鏡（雲雷文内行花文鏡）

雲雷文は渦巻状・同心小円などの変異がある。

雲雷文帯は、松葉文・同心円的平行線のものなどの変異がある。

心にして約五十年の幅のなかでしかまだ年代はおさえられていない。」（森浩一著『倭人伝を読みなおす』筑摩書房、二〇一〇年刊）

すでに紹介したように、平原王墓を、卑弥呼の墓にあてることも可能であるとする考古学の方方がおられる。また、平原王墓の出土鏡からいっても、邪馬台国時代のものとみるのに無理がない。かつ、遺跡の年代は、あるていどの幅をもってしかいえないものなのである。年代的にみて、平原王墓が、卑弥呼の没年のころと重なりうる可能性は、十分にあるといえよう。

柳田康雄氏の、奥野正男説批判について

平原王墓の調査を担当した考古学者の柳田康雄氏は、その著『伊都国を掘る』（大和書房、二〇〇〇年刊）のなかで、奥野正男氏の、平原王墓を、卑弥呼の墓であるとする説を批判して、つぎのようにのべる。

「最近の調査結果である、奈良県ホケノ山古墳が三世紀前半であることが確認され、三世紀前半が古墳時代に含まれることを裏付けている。」

しかし、この柳田康雄氏の、奥野正男氏説批判は、あたらない。

じつは、奈良県のホケノ山古墳については、炭素14年代測定が、時期をへだてて、二回行なわれている。はじめは、ホケノ山古墳出土の木棺の炭化した部分についての年代測定である。これは、たしかに、柳田康雄氏ののべるように、三世紀前半以前の古い年代がでている（『ホケノ山古墳 調査概報』〔学生社、二〇〇一年刊〕にその要点が紹介されている。）

しかし、この木棺に使用された木材は、古い木材の再利用であったらしい。また炭化した試料は、活性炭的な性質をもち、古い年代がでやすいことが知られている。

表7　ホケノ山古墳・放射性炭素年代測定および暦年較正の結果

測定番号	σ^{13}C (‰)	暦年較正用年代 (yrBP ± 1 σ)	^{14}C 年代 (yrBP ± 1 σ)	^{14}C 年代を暦年代に較正した年代範囲	
				1 σ暦年代範囲	2 σ暦年代範囲
試料 No.:1 PLD-9319	− 25.41 ± 0.14	1710 ± 20	1710 ± 20	260AD (17.0%280AD) 320AD (51.2%) 390AD	250AD (95.4%) 400AD
試料 No.:2 PLD-9320	− 26.01 ± 0.14	1691 ± 20	1690 ± 20	335AD (68.2%) 400AD	250AD (13.9%) 300AD 320AD (81.5%) 420AD

その後、二〇〇八年に、ホケノ山古墳の、正式のくわしい報告書『ホケノ山古墳の研究』（奈良県立橿原考古学研究所編集・発行、二〇〇八年）が刊行されている。

そこでは、再利用の可能性のない二本の小枝資料の、炭素14年代測定が行なわれている。そして、四世紀を中心とする新しい年代が得られている。

ホケノ山古墳から出土した「およそ12年輪」の二つの小枝について、炭素14年代測定法によって年代を求めた結果、**表7**、および、**図20**、**図21**に示されているようなものである。

表7、および、**図20**、**図21**は、原報告書にあるものを、そのままコピーして示したものである。

表7において、「1σ（シグマ）暦年代範囲」のところに、下線（アンダーライン）が引いてある。これも、原報告書のままである。

これは、つまり、ホケノ山古墳の推定年代の可能性の大きいのは、三世紀ではなく、四世紀であることを示している。**図20**、**図21**をみても、その状況は、うかがわれる。

いま、**図20**、**図21**のうえに、方眼紙をあて、ホケノ山古墳出土の日本の小枝が、西暦三〇〇年以後のものである確率（黒い山の面積）を求めれば、**図22**、**図23**のようになる。

これによれば、これらの小枝試料が、西暦三〇〇年以後、つまり、四世紀のものである確率は、それぞれ、六八・二パーセント、および、八四・三パーセント

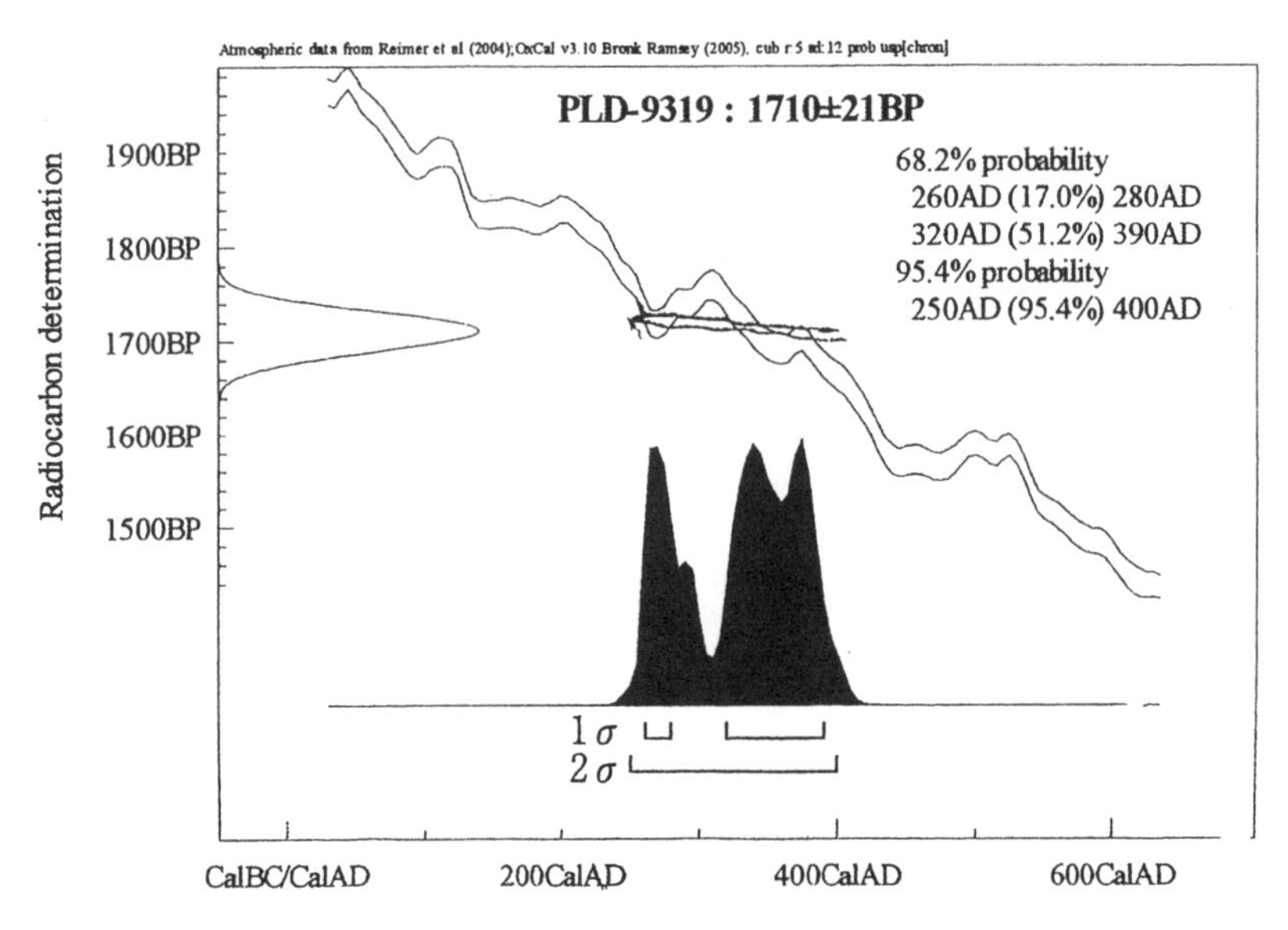

図20　ホケノ山古墳出土の小枝試料の推定西暦年分布(1)

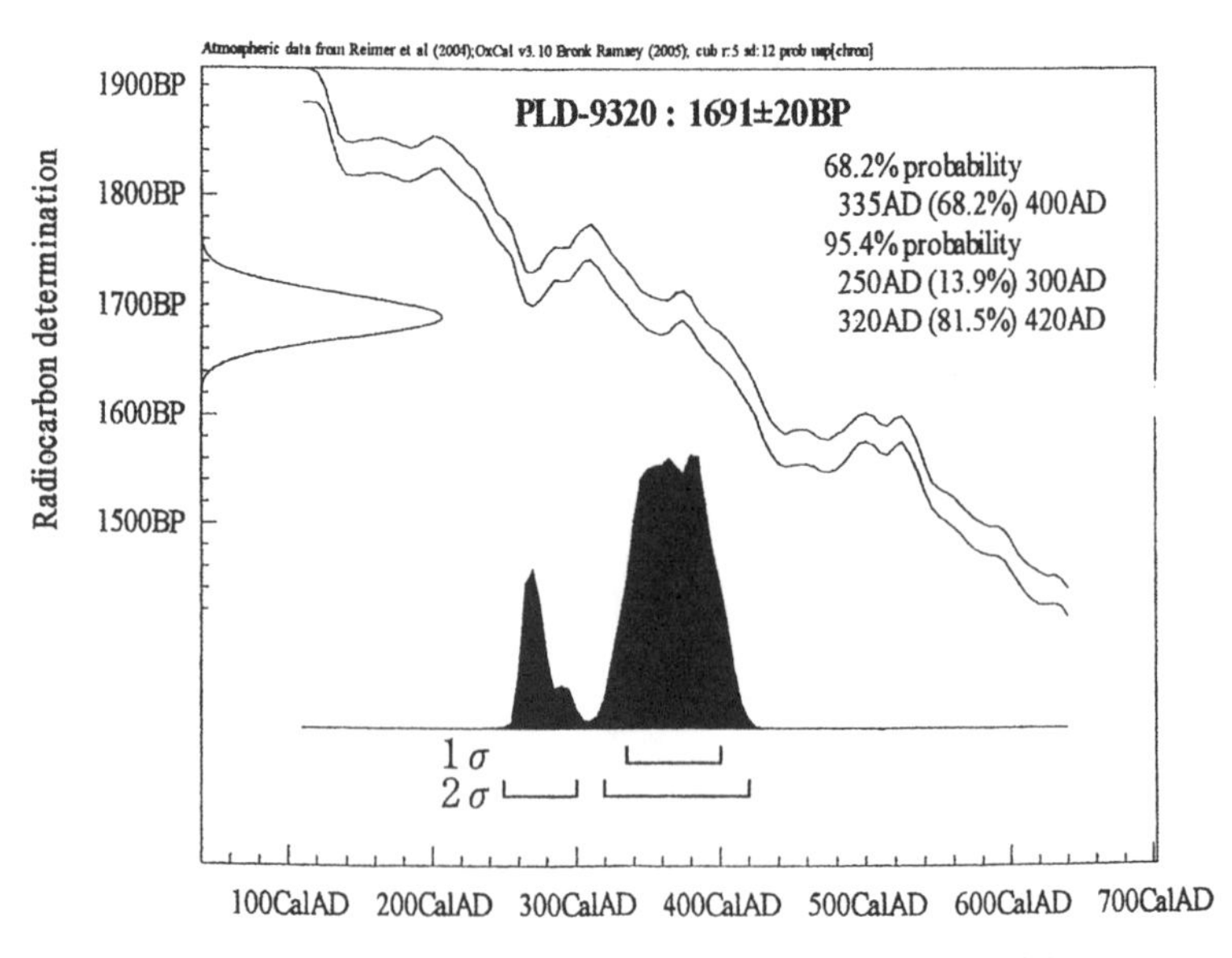

図21　ホケノ山古墳出土の小枝試料の推定西暦年分布(2)

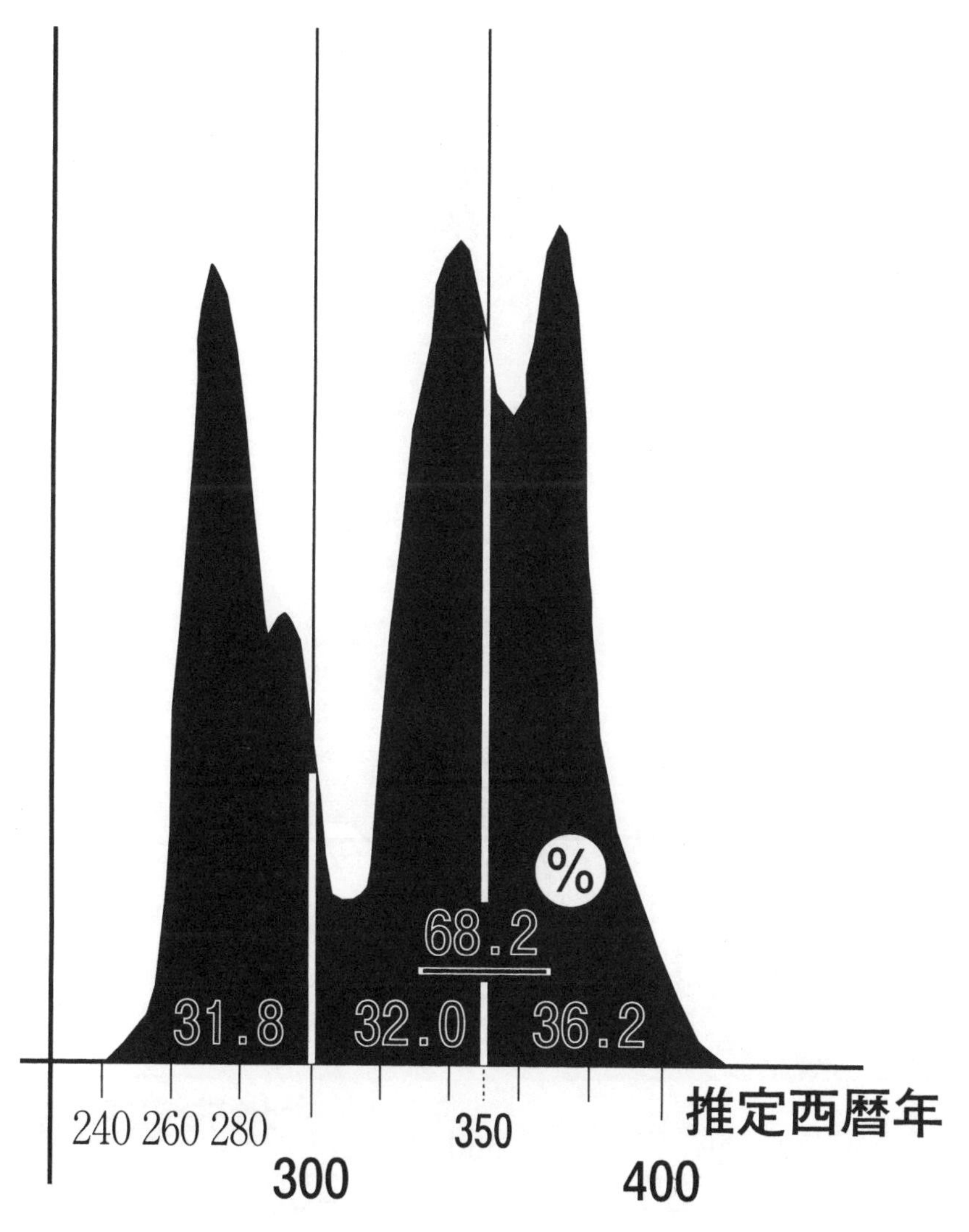

図22　ホケノ山古墳出土の小枝試料が、西暦300年以後のものである確率(1)

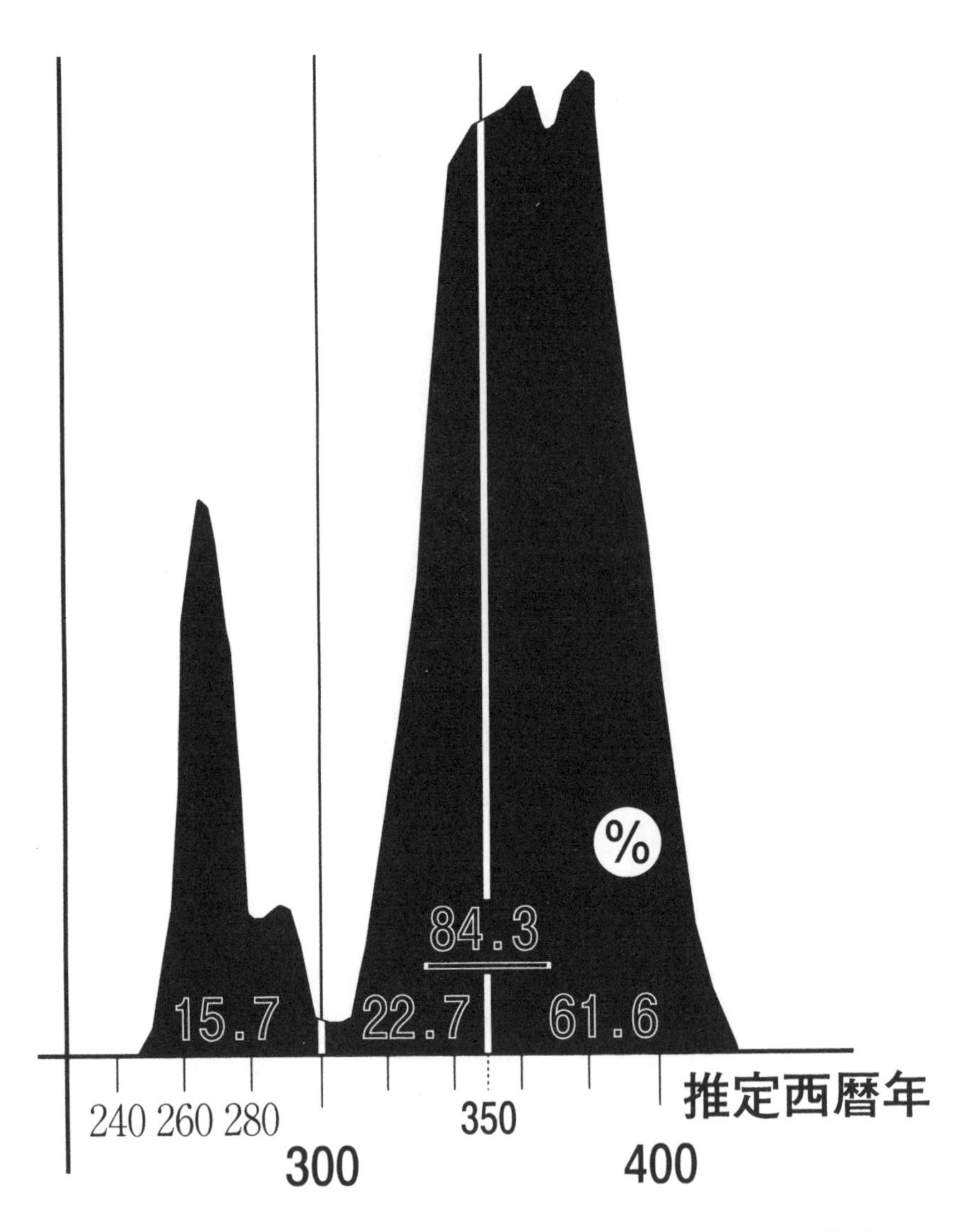

図23　ホケノ山古墳出土の小枝試料が、西暦300年以後のものである確率(2)

となる。

つまり、三世紀のものである確率よりも、四世紀のものである確率のほうが、二倍以上大きい。**図23**では、五倍以上大きくなっている。

$$\left(\frac{84.3}{15.7}=5.37\right)$$

四世紀の中では、四世紀の前半であるよりも、四世紀の後半である確率のほうが、大きくなっている。

「明日、雨である確率は、70パーセント」というのと同じぐらいの確からしさで、「ホケノ山古墳の築造が、四世紀のものである確率は、約70パーセント」といえるデータが存在するのである。

考古学の分野では、考古学者の大塚初重氏がのべておられるような、つぎの基本的な原則がある。

> **「考古学本来の基本的な常識では、その遺跡から出土した資料の中で、もっとも新しい時代相を示す特徴を以てその遺跡の年代を示すとするのです。」（『古墳と被葬者の謎にせまる』［祥伝社、二〇一二年刊］）**

この原則をもってすれば、ホケノ山古墳から出土した資料の中で、もっとも新しい時代相、すなわち年代を示すのは、すでに紹介した二本の、年輪十二年ほどの小枝である。

そして、この二本の小枝については、原報告書の『ホケノ山古墳の研究』に、「小枝については古木効果の影響が低いと考えられるため有効であろうと考えられる」と記されている。

つまり、試料として用いられるのにふさわしいということである。

そして、この二本の小枝の示すところは、**図22**、**図23**の示すように、四世紀で、しかも、四世紀の後半の確率が大きいということである。

この事実を、サポートするようなデータは、ほかにも、いくつもあげられる。

箸墓古墳の年代も、そのような例のひとつである。

寺沢薫氏の土器編年によれば、ホケノ山古墳は庄内3式期のもので、庄内3式期のつぎの時期の土器型式は、「布留0(ゼロ)式期古相」である。

纒向古墳群に属する箸墓古墳は、布留0式期古相のものとされている。また、同じく纒向古墳群に属する東田大塚(ひがいだおおつか)古墳も、布留0式古相のものとされている。

そして、箸墓古墳からは、三個の桃核（桃の種の固い部分）が出土している。東田大塚古墳からは、一個の桃核が出土している。

これらの、合計四個の桃核は、箸墓古墳、および、東田大塚古墳から出土した資料の中で、もっとも新しい時代相を示している。

そして、これらの桃核の炭素14年代測定法による測定値は、ホケノ山古墳出土の小枝試料の年代測定値に近い年代を示している。

いま、ホケノ山古墳出土の二つの小枝試料、箸墓古墳出土の三つの桃核試料、東田大塚古墳出土の一つの桃核試料の合計六つのデータを用い、これらの西暦推定年代の分布を示せば、**図24**のようになる。

年代分布を描くための計算は、数理考古学者の新井宏氏にしていただいた。

図24について、ホケノ山古墳のばあいの**図22**、**図23**のばあいと同じような図を描けば、**図25**のようになる。

図25をみればわかるように、これらの三つの古墳の築造の時期が、西暦三〇〇年以後である確率は、八五・二パーセントとなる。西暦三五〇年以後である確率でさえ、七六・七パーセントとなる。**図25**は、ホケ

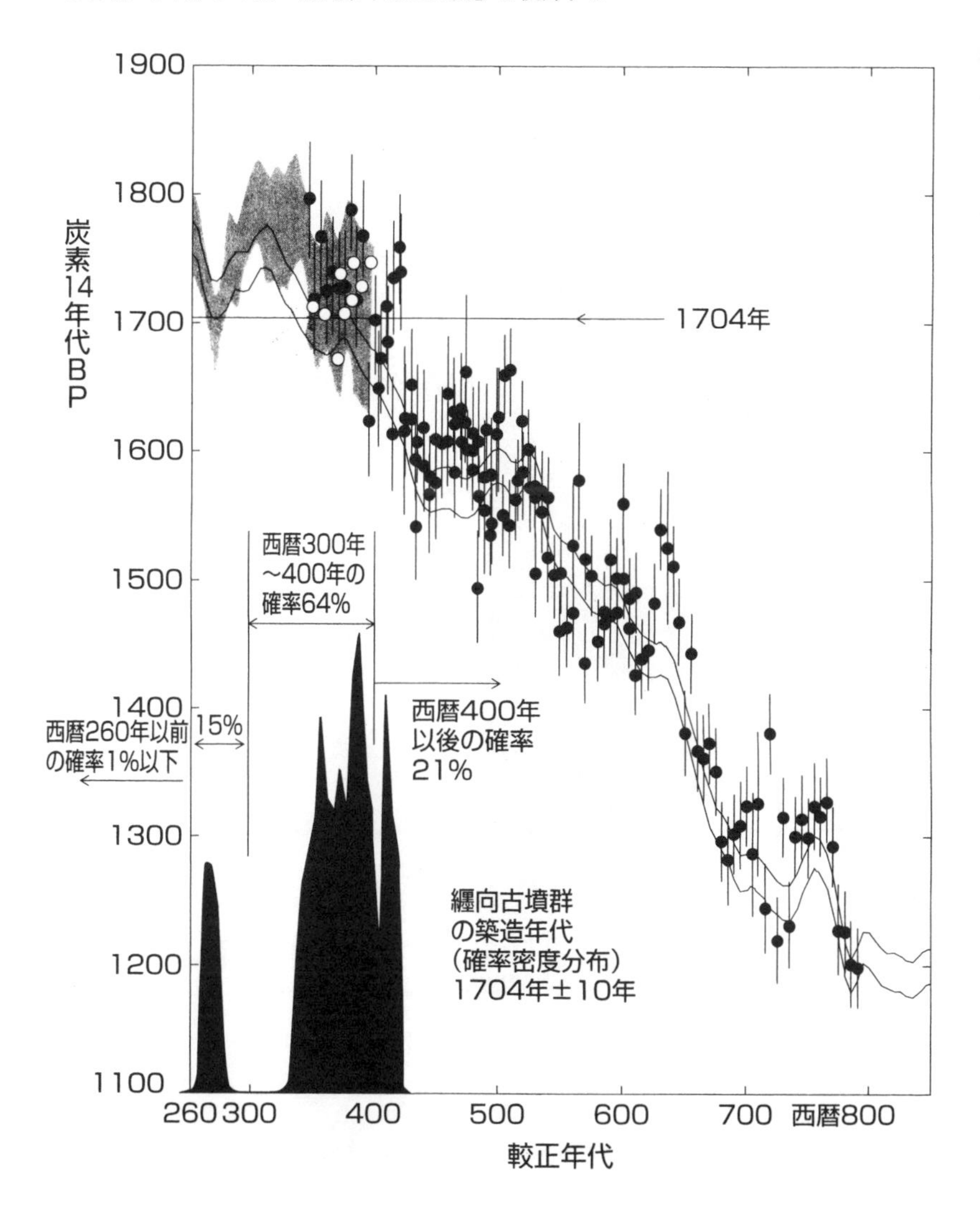

図24 箸墓古墳の桃核試料の推定西暦年分布

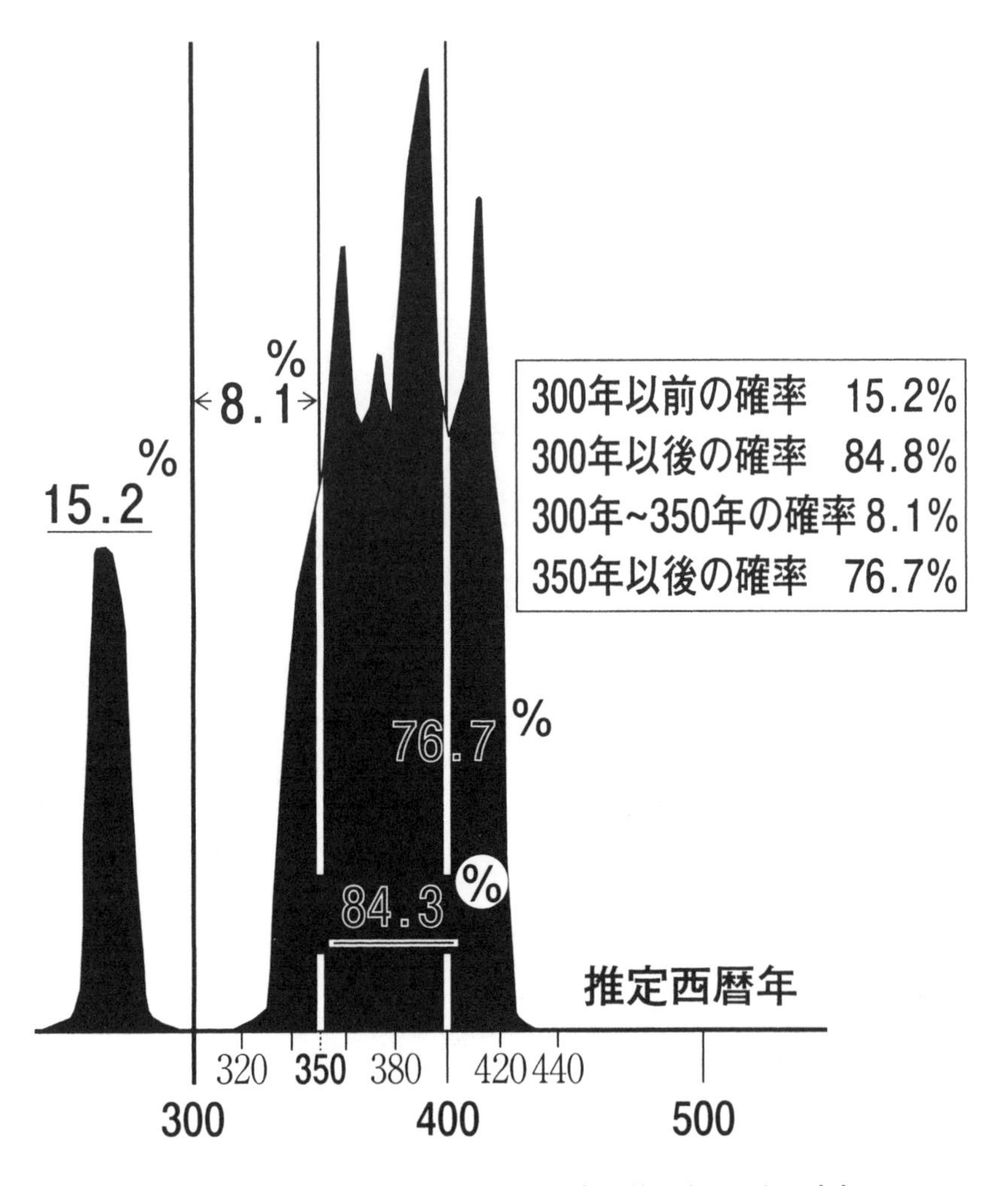

図25　箸墓古墳の桃核試料が西暦300年以後のものである確率

ノ山古墳だけの結果の図22、図23と、はなはだ整合的である。

これらは、すべて、四世紀のものである確率が大きい。

なお、箸墓古墳についての年代測定データは、『箸墓古墳周辺の調査』（奈良県橿原考古学研究所、二〇〇二年刊）による。

この報告書、『箸墓古墳周辺の調査』のなかで、寺沢薫氏は、箸墓古墳出土の「桃核」について、「明らかに布留0式古相の土器群とPrimaryな状況で共存したと判断された桃核」と記しておられる。あとから、なにかの事情で、まぎれこんだりしたものではない、ということである。

また、桃核試料については、名古屋大学年代測定総合研究センターの中村俊夫教授が、「クルミの殻」について、「クルミの殻はかなり丈夫で汚染しにくいので、年代測定が実施しやすい試料である。」（日本文化財科学学会第26回大会特別講演資料）とのべておられることが、参考になるであろう。

そして、纒向遺跡を発掘し、奈良県立橿原考古学研究所の所員で、纒向遺跡を発掘し、大部の報告書『纒向』を執筆された考古学者の関川尚功（ひさよし）氏は、つぎのようにのべている。

> **「箸墓古墳とホケノ山古墳とほぼ同時期のもので、布留1式期のものであり、古墳時代前期の前半のもので、四世紀の中ごろ前後の築造とみられる。」**（『季刊邪馬台国』102号、二〇〇九年刊）

この関川氏の見解は、炭素14年代測定法の測定結果の年代とも、よく合致している。関川尚功氏の見解などを、もっと尊重すべきである。

このような議論については、このシリーズの拙著『邪馬台国は、99・9％福岡県にあった』（勉誠出版、二〇一五年刊）にくわしい。

「径百余歩」について

つぎに、『魏志倭人伝』にある「径百余歩」の記事について考えてみよう。

「第Ⅰ編」のはじめのほうで紹介したように、森浩一は、「墓域は広大であったと、私は考えている」とのべている。

森浩一は、「径百余歩」は、「墓域」の大きさを示していると考えている。

『魏志倭人伝』には、「大いに冢を作る（大作冢）」とある。これは、墓を作る作業が大規模であったことをのべているのである。墓じたいが大きいことをのべているわけではない。「大」の字は、「作る」ことを形容しているのであって、「冢」の字を形容しているわけではない。

柳田康雄氏ののべるように、平原王墓は「墳丘墓」であると考えられる（12ページ以下参照）。

吉野ヶ里遺跡にみられる「墳丘墓」は、集合墓であった。

斎藤忠著の『日本考古学用語辞典』（学生社、二〇〇四年刊）の、「方形周溝墓」の項には、これらは群をなして存することも普通であり、……」と記す。

また、大塚初重・戸沢充則共著の『最新日本考古学用語辞典』（柏書房刊）の「方形周溝墓」の項には、つぎのように記されている。

「方形低墳丘墓という点では、中国地方の方形台状墓や佐賀県吉野ヶ里遺跡のような九州の複数の甕棺を埋葬施設とした方形墳丘墓と共通することから、方形周溝墓の語を用いない研究者も少なくない。」

報告書の『平原遺跡』（前原市教育委員会、二〇〇〇年刊）をみると、平原1号墓から平原5号墓までの、周溝をもつ墓のことが記されている。これらは、長方形、円形、隅丸方形などの周溝をもつものである。また、この五つの墓の周辺土壙墓や、周溝内土壙墓、木棺墓、甕棺墓のことなどが記されている。甕棺墓のなかには、弥生中期初頭のものと考えられるやや古い時期のものもある。

したがって、「墓域」としては、これら複数の墓をとりかこむような地域が考えられよう。

その大きさは、径一五〇メートルほども考えられるであろうか。

ここで、あるていど参考となると思われるものを示そう。それは古代の天皇陵などの「兆域（陵墓の区域）」である。

天皇陵は、個人の墓である。律令の施行（しこう）細則である『延喜式』（九二七年撰進）には、各天皇陵の「兆域」がのっている。

たとえば、第十代崇神天皇の陵の「兆域」は、「東西二町、南北二町」となっている。

このばあい、「一町」は、何メートルと考えるべきであろうか。

ふつうは、一町は、一〇九メートルほどと考えられている。

ところが、一町を一〇九メートルとすると、崇神天皇陵の兆域は、「東西二一八メートル、南北二一八メートル」ほどとなる。いっぽう、崇神天皇陵古墳の墳丘全長は、二四二メートルである。つまり、崇神天皇陵古墳は、兆域内におさまりきれない。はみでてしまう。

平城京や平安京においては、一町を、一二一メートルとする長さの単位が用いられていた（『日本国語大辞典』［小学館刊］）。たとえば、藤田元春著『尺度綜攷（しゃくどそうこう）（考）』（刀江書院、一九二九年刊）に、『九院仏閣抄』という文献が紹介されている。そこに、平安時代前期の僧の伝教大師（最澄）の言として、「四十丈が一町をなす」と記されているという。「四十丈が一町」なら、一町は一二一メートルほどである。

一町を、一二一メートルとすれば、崇神天皇陵古墳は、ぎりぎりで兆域内におさまる。

ただし、崇神天皇陵のようなケースは、特殊である。だいたいは、一町を一〇九メートルとしても、兆域内におさまる。

『延喜式』「巻二十一」「諸陵寮」に記載されている何人かの天皇の兆域を示すと、つぎのようになる。

・（第五代）孝昭天皇「東西六町。南北二町。」

・（第七代）孝霊天皇「東西五町。南北五町。」

・（第十代）崇神天皇「東西二町。南北二町。」

崇神天皇陵古墳の墳丘全長は二四二メートル、後円部径一六〇メートル。

・（第十五代）応神天皇「東西五町。南北五町。」

応神天皇陵古墳の墳丘全長四二五メートル、後円部径二五〇メートル。

・（第十六代仁徳天皇）「東西八町。南北八町。」

仁徳天皇陵古墳の墳丘全長四八六メートル、後円部径二四九メートル。

・（第三十八代）天智天皇「東西十四町。南北十四町。」

天智天皇陵古墳は、上円下方墳（方墳の上に、円墳をのせた形の古墳）。下段部下段一辺六十三・七五メートル。

『延喜式』には、天皇陵ではないが、つぎのようなものものせられている。

・佐保山の西の陵、「東西十二町。南北十二町。」

これは、藤原不比等の娘、宮子（?～七五四）の陵の大きさである。宮子は、聖武天皇の母、文武天皇夫人である。

これらでみると、「兆域」は、陵（古墳）そのものの大きさにくらべて、いちじるしく大きいばあいがある。

『魏志倭人伝』の「径百余歩」は、「墳丘墓」の「兆域」「墓域」的なものと考えれば、けっして不当なものとはいえない。

なお、古代の中国では、皇帝（および、その后妃）の墓所を「陵」といい、王侯（将相）など官職のある人の墓所を「冢」といい、聖人（文武の聖人、孔子と関羽）の墓所を「林」といい、その他の人々（庶民）の墓所を「墳」とか「墓」という。

「卑弥呼」は、「親魏倭王」という「王」の官職にあった。その墓所を、『魏志倭人伝』が「冢」と記した可能性がある。

すると、『魏志倭人伝』の記述は、「大いに墓所」をつくったの意味にうけとれる。

「冢」は、もともと、「盛り土ある墓」をさすから、あるていどの盛り土があったことは当然である。じじつ、平原王墓には、盛り土があったとみられている。

ただ、『魏志倭人伝』では、倭人の葬儀について、つぎのように記している。

「その（地の）死（事）には、棺があって槨（そとばこ）がない。土を封って（あるいは、土に封じて）冢をつくる（この部分の原文は、「封土作冢」）」

ここでも、「冢」という文字が、つかわれている。

この「冢」は、特別に、王侯（将相）などの官職とは、関係がなさそうである。

『魏志倭人伝』の「冢」は、あるいは、たんに、「墓」とほとんど同意義の、軽い意味で、用いられているのかもしれない。

「徇葬の奴婢、百余人」

つぎに、『魏志倭人伝』に、「徇葬の奴婢、百余人」とある問題について考えてみよう。

『魏志倭人伝』には「徇」という文字が用いられているが、「徇」は、「殉」と同じである。「したがう」という意味である。「徇死」といえば、「殉死」と同じで、「主人のあとにしたがって死ぬこと」を意味する。

この、「徇葬の奴婢、百余人」の墓が平原王墓において、みとめられるのか、という問題をとりあげよう。

これは、そのような墓は、みとめられなくて当然である、というのが、私の考えである。

これについて参考となるのは、『日本書紀』の「垂仁天皇紀」にみえるつぎのような記事である。

「(第十一代の天皇の)垂仁天皇の弟の、倭彦の命がなくなった。倭彦の命を、身狭(今、奈良県橿原市見瀬町)の桃花鳥坂にほうむった。

近習のものを集めて、生きたまま、ことごとく陵のまわりに埋め立てた。

数日をへても、殉葬のものは死なず、昼も夜も泣きうめいた。

ついに死んで、ただれ腐った。犬と烏がむらがって、死体を食べた。

垂仁天皇は、この泣きうめく声を聞かれて悲しまれた。

群臣にみことのりをする。

『生きていたときに寵愛したものを、死んだ人に殉わせるのは、まことに心の痛むことである。古くからの風習であろうと、良くないことに、どうして従う必要があろうか。今後は、協議して、殉わせることは、止めるように。』」

ここで、殉葬されたのは、倭彦の命の「近習」のものである。

そして、殉死した人たちの墓をつくったようには、記されていない。「ただれ腐って、犬と烏がむらがって、死体を食べた」とある。

このようなばあい、よほど、特殊な条件でなければ、骨も残らない。

死体は、そのままにすれば、犬や烏のえさとなり、骨もとけ、土にかえる。あるいは、塵となって、千の風にのり、万の風にのり、空にきえる。

北九州で、数多く発見される甕棺でも、多くは、ただ、土がはいっているだけである。

合口甕棺（二つの甕形土器のなかに死体をいれ、口と口とをあわせたもの）のすきまから土や水がはいり、死体は、とけてしまうのである。

剣や玉類などの副葬品がはいっている甕棺でさえ、率からいえば、多いとはいえない。

鴨長明（一一五五？〜一二一六）の書いた『方丈記』に、つぎのような話がのっている。

「（京都の）仁和寺のお坊さんの隆暁法印という人が、数もわからないほど、死体が路にうち捨てられているのを悲しんで、死体の額にサンスクリット語の『ア』をあらわす文字（安本注。サンスクリット語は表音文字をつかう。『ア』の字は、『अ』）を書いて、仏縁を結ばせることを行なった。四月、五月の二カ月のあいだに行なった数を数えたところ、京の一条から南、九条から北、京極から西、朱雀より東の、路のほとりで、四万二千三百あまりであった。」

その四万二千三百の死体は、どこに消えたのか。みな、土となり、塵となったのである。

骨が、みな残ったりすれば、地表は、骨だらけになる。

さきの『日本書紀』の記事では、殉死した人たちは、「近習」のものであった。

卑弥呼のばあい、徇葬されたのは、「奴婢」である。「奴婢」は、のちの律令時代には、五種の賤民の最下位のものである。売買される奴隷であった。

「垂仁天皇紀」にみえる「近習のもの」よりも、「奴婢」のほうが身分は、ひくいとみられる。

「徇葬」の「葬」の字に、「草かんむり」がついているのは、もともとの意味が、「死体を草むす土のなかに隠すこと」であるからである。

土にうずめただけでは、千年ののちには、根跡は、まず残らないとみるべきである。

都のある場所と、墓のある場所とは異なりうる

つぎに、平原遺跡は、伊都国の領域内とみられるが、女王の都する邪馬台国は、伊都国よりも、南にあったのではないか、という問題について考えてみよう。

私は、邪馬台国は、伊都国よりも南の筑後川の流域の、朝倉市のあたりにあったであろうと考えている。

これについては、このシリーズの拙著『邪馬台国と高天の原伝承』(勉誠出版、二〇〇四年刊)のなかで、ややくわしくのべた。

地図7〜地図9を、ご覧いただきたい。

まず、**地図7**にみられるように筑後川流域は、九州最大の平野部である。

また、**地図8**は、茨城大学の及川昭文氏が、『東アジア古代文化』の69号に発表した論文「シミュレーションによる遺跡分布の推定」で示された資料である。

及川氏は、弥生遺跡の発掘された場所の、標高、傾斜度、傾斜方向、地形、地質土壌などをしらべ、それと同等の性質をもつ場所が、九州において、どのように分布しているかを示している。それが、**地図8**である。

及川氏は、そのような場所は、平野を中心にひろがっていること、筑紫平野(筑後川流域)が突出している。

ること、奴国にあてられる博多湾岸地域の合計にくらべ、筑紫平野は二倍以上の人口を含みうることを示している。及川氏の研究については、この本のあとの「第Ⅳ編」でも、とりあげる。

さらに**地図9**は、国立民族学博物館の小山修三氏が、欧文雑誌『Senri Ethnological Studies』(『千里民族学研究』)の№.2(一九七八年)にのせられた論文、「Jomon Subsistence and Population(縄文時代の暮しと人口)」のなかで示されているものである」。

小山氏は、青森から鹿児島までの各都道府県教育委員会発行の遺跡地図に収められている集落、食糧貯蔵穴、土器大量出土地などの生活跡のデータを、コンピュータにいれ、時代別に分類し、人口の推計をおこなっている。

分析した遺跡数は、縄文期二万七千九百九十六か所、弥生期一万六百二十四か所、古墳時代と奈良時代一万千八百三か所である。

そのうちの弥生時代の九州の人口(遺跡)の分布図が**地図9**である。(この**地図9**と、ほぼ同じ地図が、小山修三著『縄文時代』[中公新書、中央公論社、一九八四年刊]にも、のせられている。)

以上の、**地図7〜地図9**は、同じ傾向を示している。筑後川流域が、九州最大の平野部で、遺跡・人口のもっとも密集している地域である。

私は、女王国の都の邪馬台国は、やはり、この地域にあったであろう、と考える。

天皇の宮殿と陵とはかなり離れているばあいがある

ただ、女王の都した場所と、女王の墓のある場所とは、一致するとは、かぎらない。

そのことを示す事例になると思われるのが、**地図10**に示す古代天皇の都した場所と、その天皇の陵のある

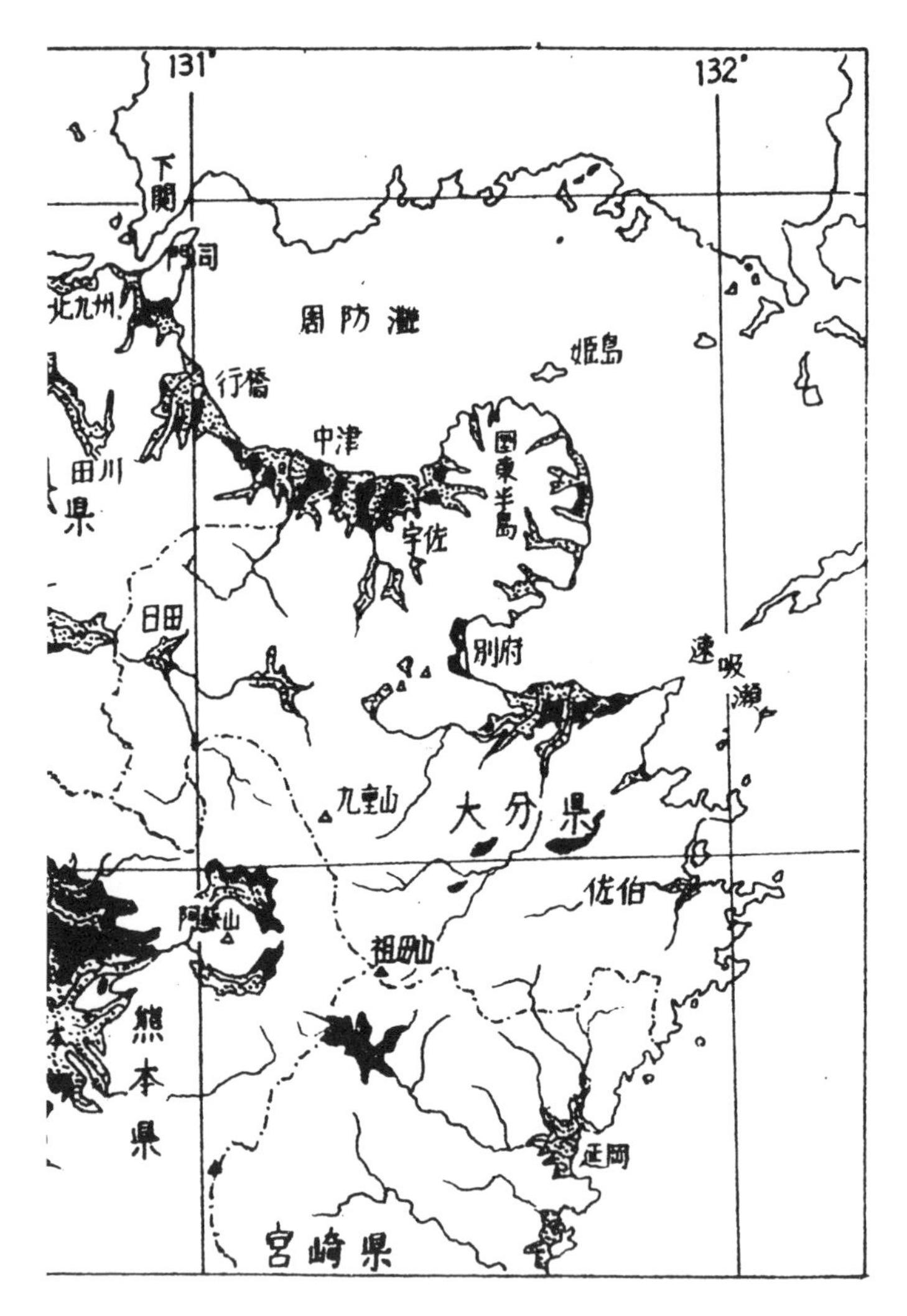

地質学的背景」［『季刊邪馬台国』20号、1984年夏号］による。）

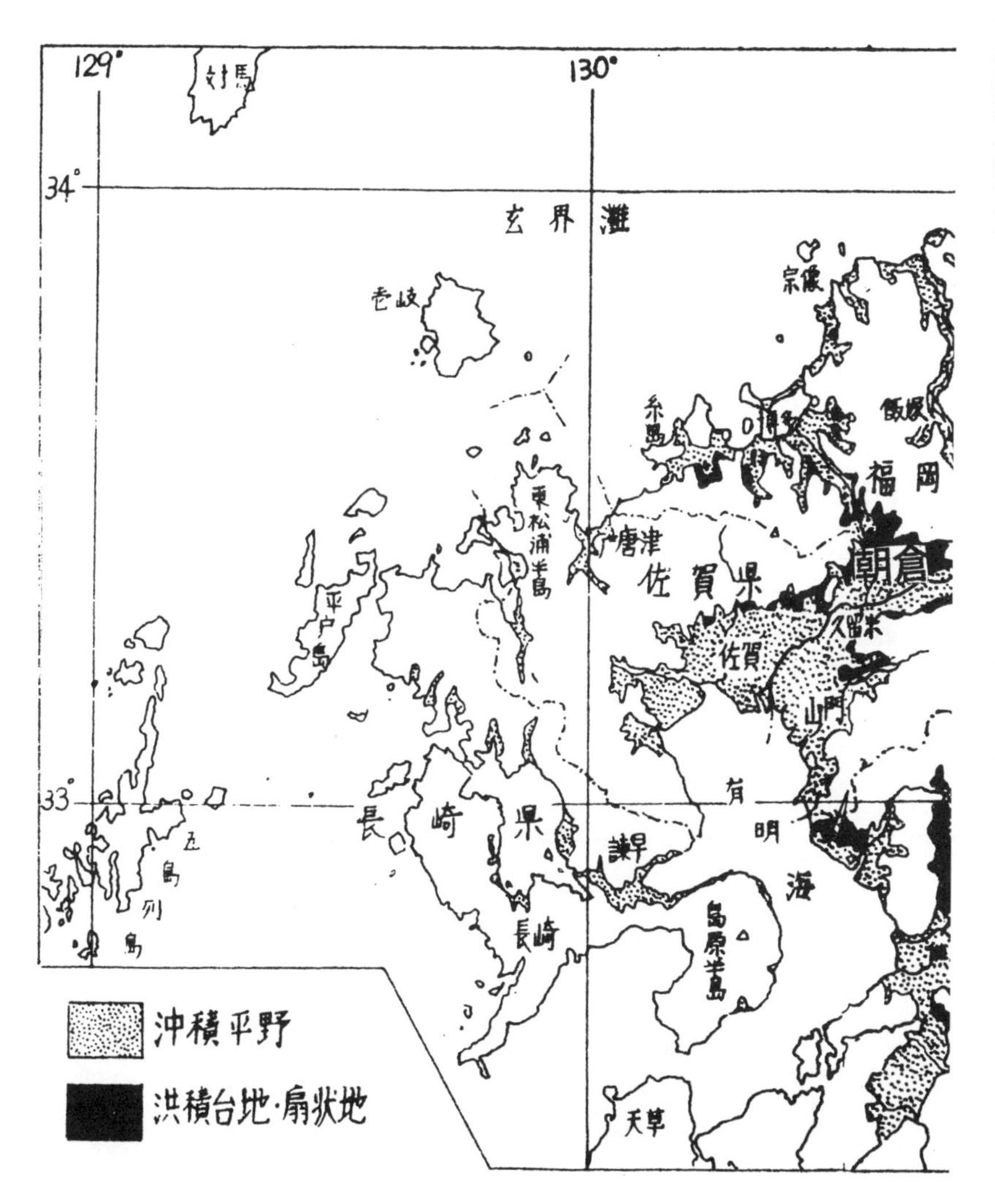

地図７　九州北半部の平野分布（宮久三千年・稲積英朋「邪馬台国宇佐説の

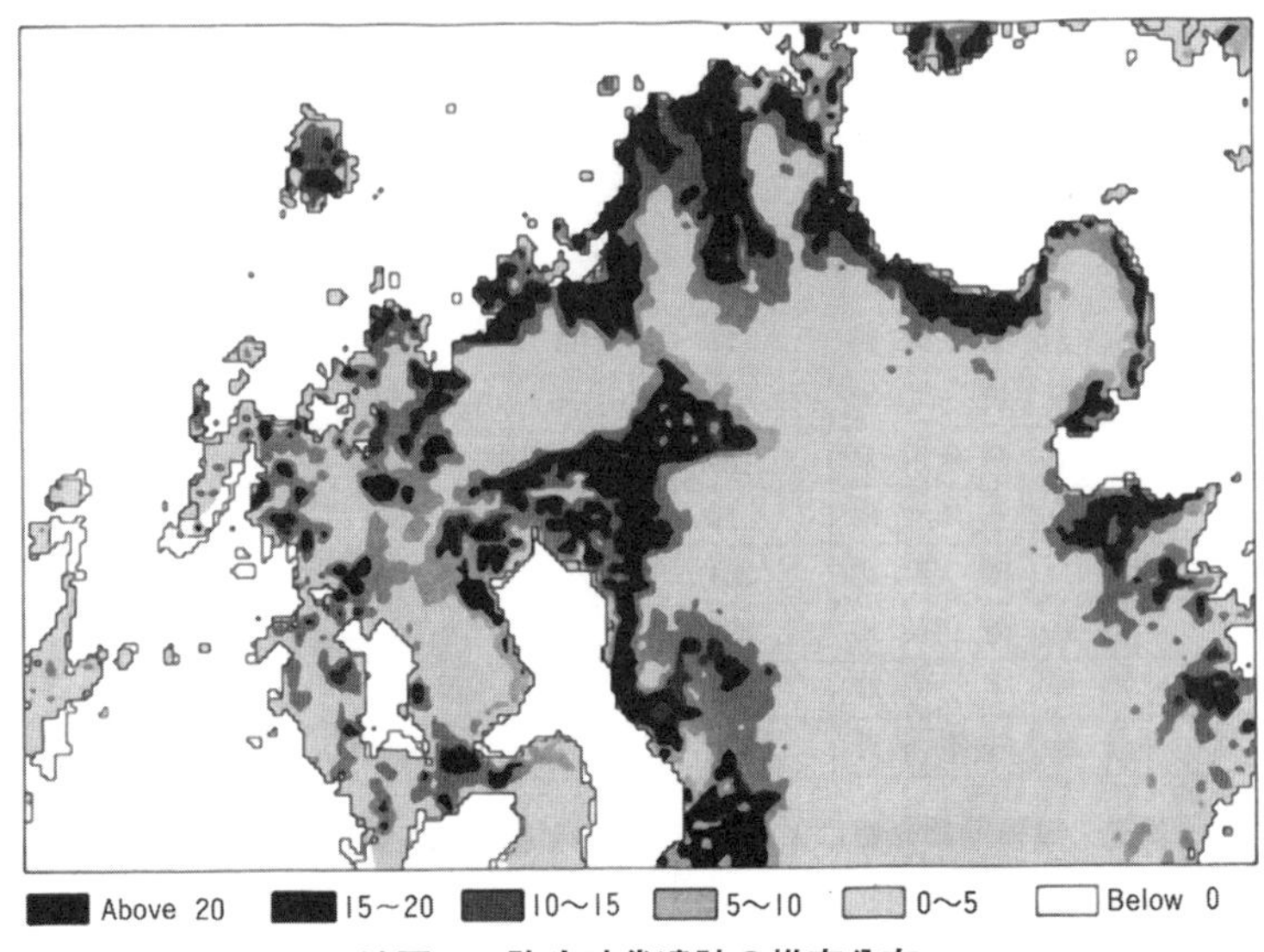

地図8　弥生時代遺跡の推定分布

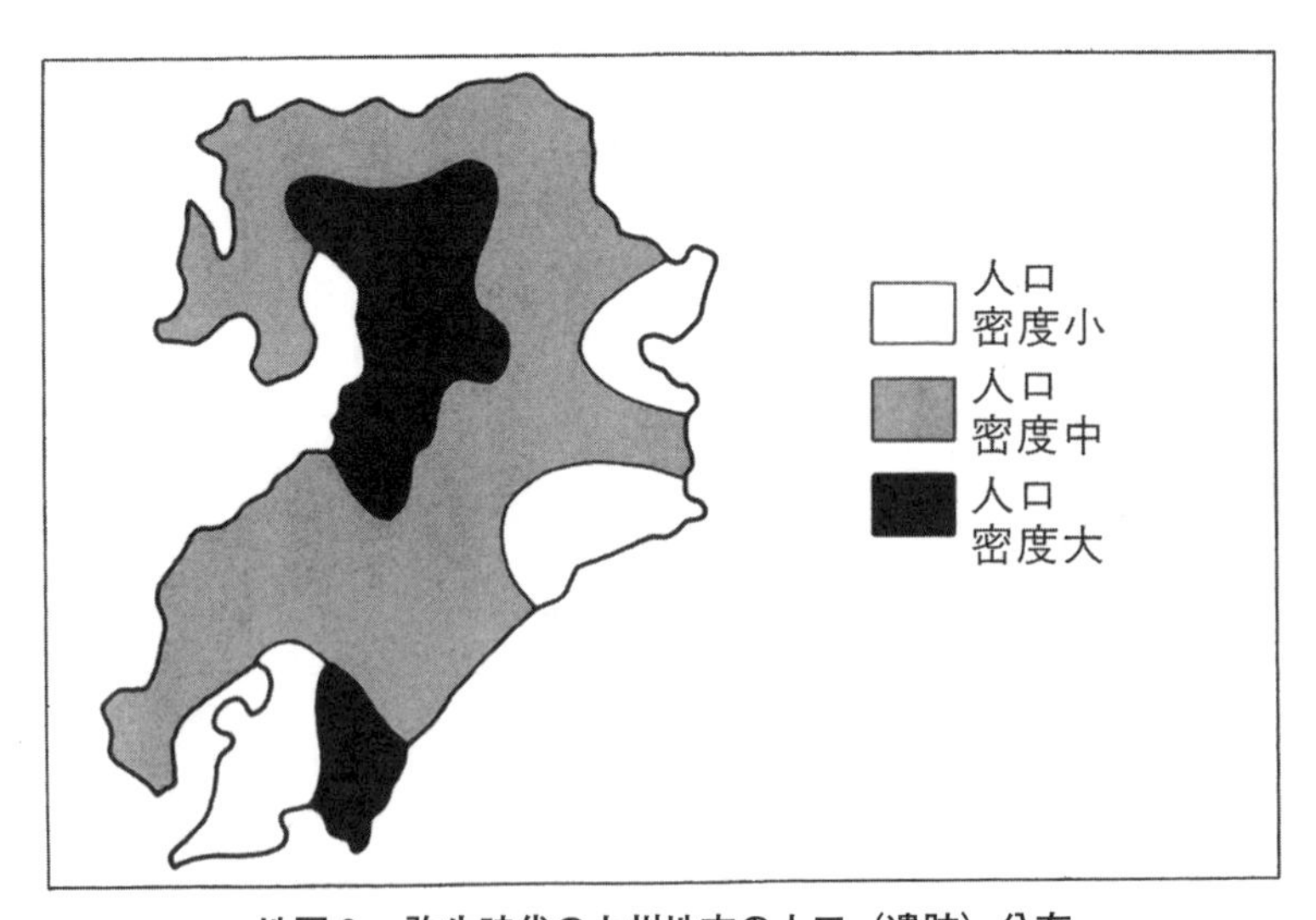

地図9　弥生時代の九州地方の人口（遺跡）分布
（小山修三「Jomon Subsistence and Population」［『Senri Ethnological Studies』No.2］による）

場所との関係である。

地図10の左のほうから説明しよう。

(1)　第十六代仁徳天皇の宮殿の「難波の高津宮」は、今の大阪市内の大阪城址の付近にあった。仁徳天皇陵古墳の「百舌鳥野陵」は、大阪府堺市の大仙町にある。宮殿と陵とが、南北に直線距離で、十四キロほどへだたっている。

(2)　第十五代応神天皇の宮殿の「軽島の明宮」は、今の奈良県橿原市の大軽町付近にあった。応神天皇陵については、『古事記』に「河内のの恵賀の裳伏の岡にある」と記されている。これは現在の、大阪府羽曳野市の、「古市古墳群」のなかにある。直線距離で、二〇キロ近くへだたっている。

(3)　第二十六代継体天皇は、「磐余の玉穂宮」で崩去する。磐余の玉穂宮があったのは桜井市の近くである。そして、継体天皇は、「三島の藍野の陵」にほうむられる。現在の大阪府茨木市の今城塚古墳が継体天皇の陵とみられている。

宮殿と天皇陵との距離が、かなりはなれている。直線距離で、四十二キロほどはなれている。

私が、卑弥呼女王の都があったであろうと考える朝倉市と、糸島市の平原王墓の距離に近いていどにはなれている。

(4)　第十四代の仲哀天皇の皇后の神功皇后は、『日本書紀』では、天皇なみに、「巻第九」の一巻があてられている。『常陸国風土記』は、神功皇后のことを、「息長帯比売の天皇」と記す。また、『扶桑略記』という本は、神功皇后を、第十五代の天皇とし、「神功天皇」「女帝これより始まる。」と記す。

神功皇后の宮殿の、「磐余の若桜宮」は、現在の、奈良県桜井市中部から橿原市東南部にかけての地にあったとされる。そして、神功皇后陵は、「狭域の盾列の陵」とされる。佐紀盾列古墳群のなかにあ

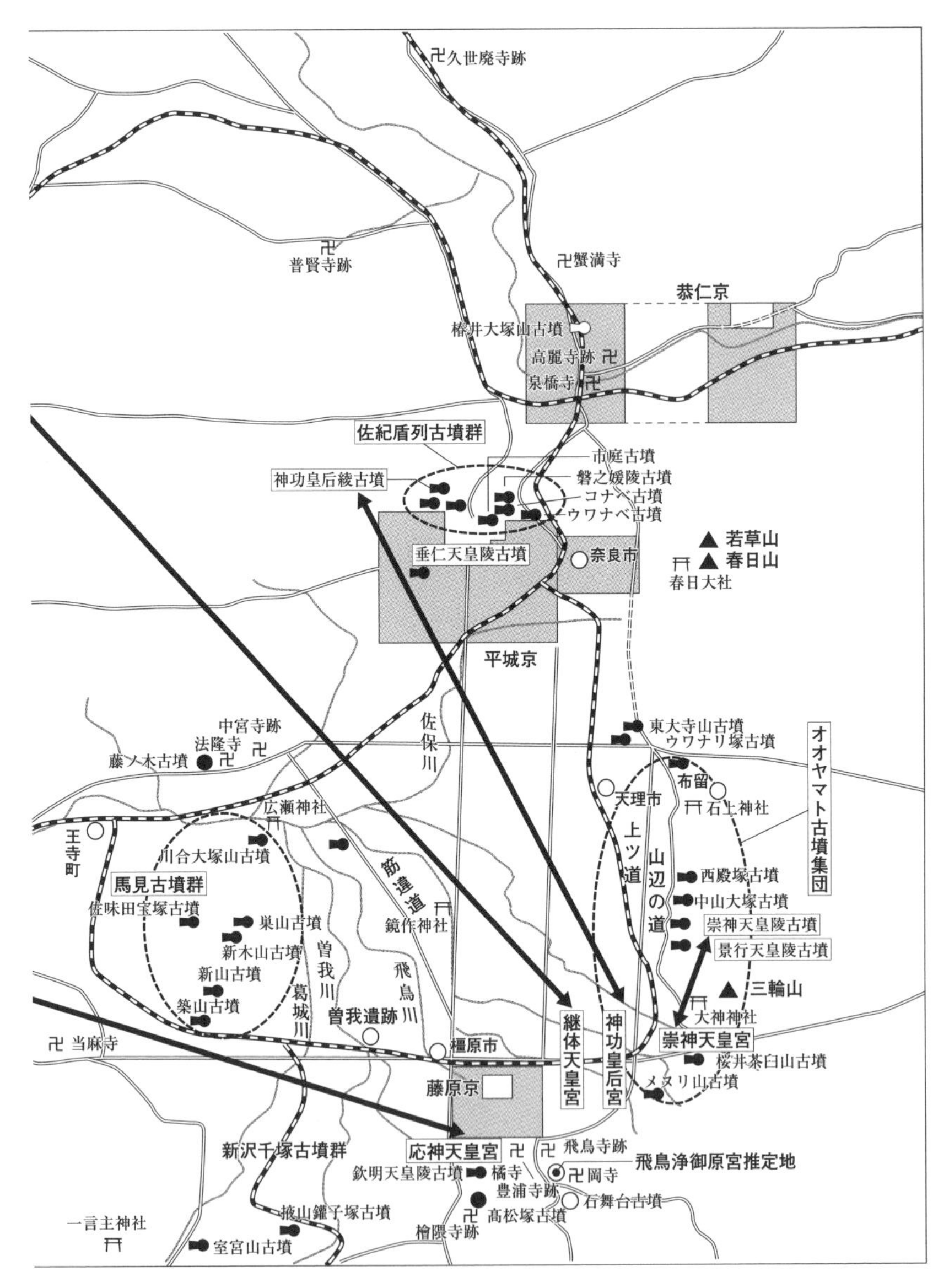

場所と陵のあった場所との関係

し、吉田東伍著『大日本読史地図』(冨山房刊)その他を参考にして作成した。

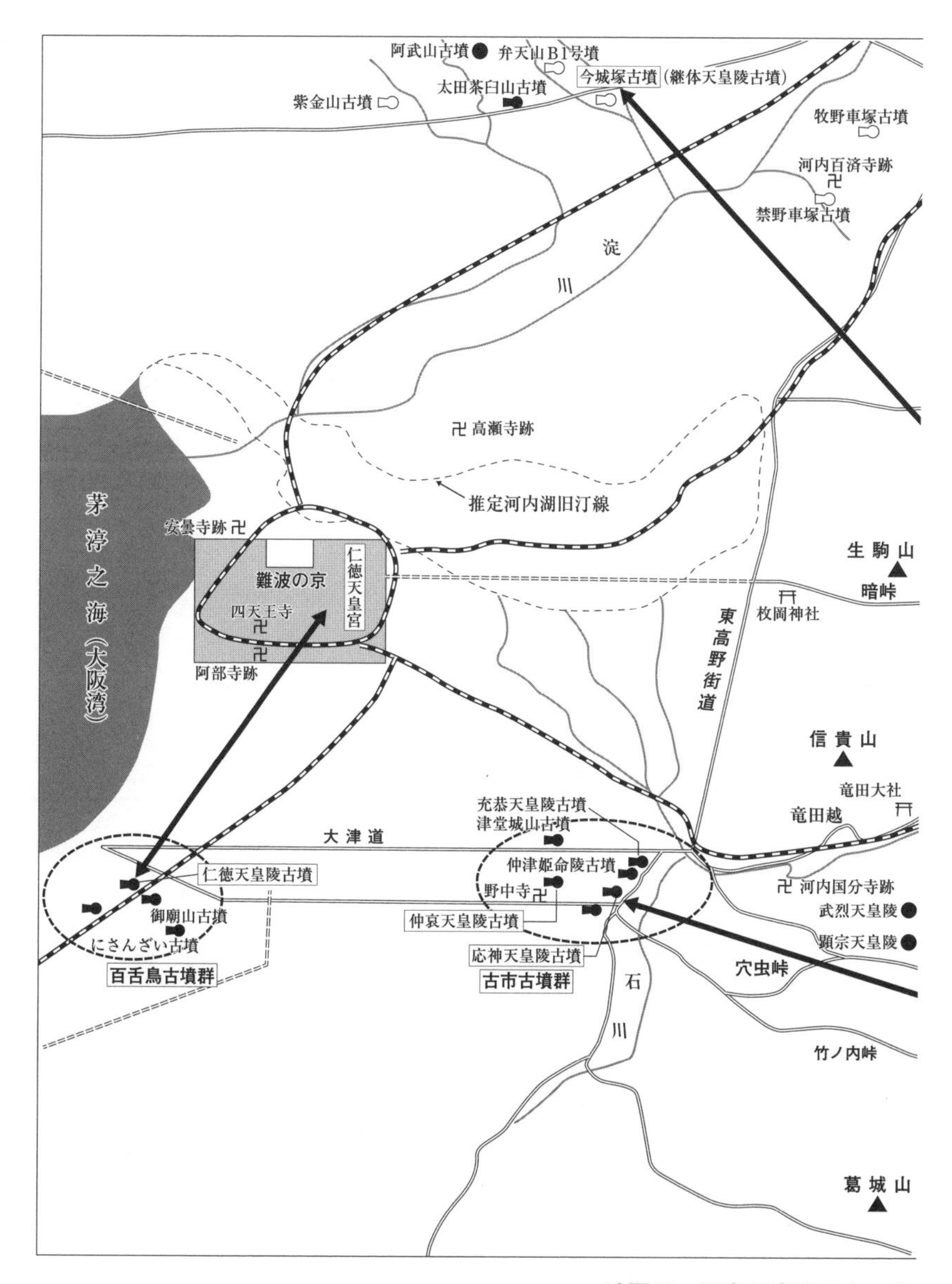

地図10 天皇の宮殿のあった

この地図は、和田萃著『大系日本の歴史２ 古墳の時代』（小学館刊）をベースと

る。奈良県の北部である。

宮殿のあった場所と陵のある場所とが、直線距離で、二〇キロほどはなれている。

(5) 第十代崇神天皇の宮殿は、「磯城の瑞籬宮（しきのみつかきのみや）」とされている。奈良県桜井市の金屋の地である。崇神天皇の陵は、「山辺の道の上の陵（やまのべのみちのうえのみささぎ）」とされている。これは、現在、奈良県天理市柳本町にある。このばあい、宮殿と陵との距離はかなり近い。直線距離で四キロほどである。

地図10には、示すことができないが、宮殿と陵とが、かなりはなれている例などがある。つぎのようなものである。

(a) 第十四代仲哀天皇は、「筑紫の橿日の宮（かしひのみや）」でなくなる。現在の福岡県福岡市の香椎の地である。そして、仲哀天皇の陵は、大阪府の古市古墳群（ふるいちこふんぐん）のなかにある。河内（かわち）の国の長野陵（ながののみささぎ）である。現在の藤井寺市の地である。

宮殿の場所と陵の場所とが、直線距離でおよそ、五〇〇キロほどはなれている。

(b) 第三十七代の斉明天皇は、新羅とあらそった百済を救援するためという特殊事情によるが、現在の福岡県朝倉市の地でなくなった。その地の宮殿を、「橘の広庭の宮（たちばなのひろにわのみや）」という。

斉明天皇の陵は、奈良県高市郡高取町にある。「小市の岡上の陵（おちのおかのうえのみささぎ）」である。

なくなった宮殿の場所と陵の地とは、直線距離で、約五〇〇キロはなれている。

(c) 第十二代景行天皇の宮殿については、『古事記』は、「纏向の日代の宮（まきむくのひしろのみや）」と記す。現在の奈良県桜井市の地である。

『日本書紀』でも、「都を纏向（まきむく）に都をつくる。これを、日代の宮という」と記す。

しかし、『日本書紀』では、近江の国の志賀（しが）の高穴穂の宮に三年」いて、景行天皇は、そこで崩去したと記す。この宮殿は、現在の滋賀県大津市にあった。そして、景行天皇の陵の「山辺の道の上の陵」は、奈良県天理市にある。

『日本書紀』の記述が正しいとすると、景行天皇がなくなった宮殿と、ほうむられた陵とは、直線距離で四十七キロほどはなれていることになる。

(d)　第十三代の成務天皇は、近江の国の「志賀の高穴穂の宮」でなくなる。現在の滋賀県大津市の地である。

成務天皇の陵は、奈良県奈良市の「佐紀盾列古墳群」のなかにある。

宮殿の場所と陵の場所とが、直線距離で、三十五キロほどはなれている。

(e)　第二十一代雄略天皇は、「泊瀬の朝倉の宮」におられた。奈良県桜井市の初瀬の地である。そして、雄略天皇の陵の「丹比の高鷲の原の陵」は、大阪府羽曳野市にある。

宮殿の場所と陵の場所とは、直線距離で約二十八キロはなれている。

以上とりあげたものと、卑弥呼の墓かとみられる平原王墓のばあいとを、表の形でまとめれば、**表8**のようになる。**表8**は、宮殿と陵との距離が、大きいものから順にならべた。

このように、天皇の宮殿と陵とが、距離的にはなれている例は、かなりみられる。

卑弥呼の宮殿が、筑後川流域の、たとえば朝倉市にあり、墓が糸島市のあたりにあり、直線距離で四十七キロほどはなれていても、けっして不自然ではない。

なお、『魏志倭人伝』に、伊都国には、代々王がいて、「みな女王国に統属している。」とある。また、「帯方郡からの使者が、倭と往来するとき、常にとどまる所である。」ともある。

さらに、女王国から北の地には、とくに一人の統率者(一大率)を、(おそらくは、女王が、)置いて諸国を

表8　天皇の宮殿と陵との距離

天皇などの名	宮殿と陵との直線距離	注
（第14代）仲哀天皇	約500 km	筑紫の橿日（かしひ、香椎）の宮でなくなり、陵は藤井寺市。
（第35代）斉明天皇	約500	福岡県朝倉市の地の宮でなくなり、陵は奈良県高取町。
（第12代）景行天皇	約 47	『日本書紀』によれば、近江の国（滋賀県の「高穴穂の宮」）でなくなる。陵は、奈良県天理市。
卑弥呼（＝天照大御神？）	約 47	都が朝倉市にあり、墓は、糸島市の平原王墓とする。
（第36代）継体天皇	約 42	都は、奈良県の磐余（いわれ）。陵は、大阪府茨木市。
（第13代）成務天皇	約 33	「志賀の高穴穂の宮」でなくなり、陵は奈良県奈良市。
（第21代）雄略天皇	約 28	宮殿は、奈良県初瀬町。陵は、大阪府羽曳野市。
（第15代）応神天皇	約 20	都は、奈良県橿原市。陵は、大阪府羽曳野市。
（第15代？）神功皇后	約 20	都は、奈良県桜井市。陵は、奈良市。
（第16代）仁徳天皇	約 14	都は、大阪市内。陵は、堺市。
（第10代）崇神天皇	約　5	都は、奈良県桜井市。陵は、奈良県天理市柳本町。

とりしまらせている。その統率者は、つねに伊都国で、諸国を検察し、治政している、とある。外国（魏の都や帯方郡、韓国など）に、倭王が使を出すとき、帯方郡の使が倭国に行くとき、伊都国の港で、文書などをたしかめた上で、女王にさしだした、という。

伊都国は、倭人の国々のなかでも、女王国にとって、特別の地であったようである。

平原王墓の出土品

平原王墓からの出土品は、断然、他を圧倒している。

まず、これまで、わが国で出土した青銅鏡は、ほぼ五千面である。『国立歴史民俗博物館研究報告　第56集〔日本出土鏡データ集成〕』（一九九四年刊）にのっているものだけで、四七七四面を数える。

その五千面近くの青銅鏡の、面径の大きさのランキングのベストテンをとれば、つぎの**表9**のようになる。ベストテンの半分の五面は、平原王墓がしめるのである。

また、一つの墓からの青銅鏡の、副葬数のランキングのベストテンをとれば、**表10**のようになる。古墳時代になって、あれだけ多数の前方後円墳が発掘されながら、それらをふくめても、弥生時代の平原王墓が、鏡の多数副葬のランキングにおいて、なお第二位をしめるのである。

出土する鏡の大きさと数とを総合的にみたばあい、平原王墓は、弥生時代の他の墳墓を超絶している。

今後、副葬されている鏡の質と量とにおいて、平原王墓をこえる墳墓が出現する可能性は、かなり小さいとみるべきである。

表9　全国出土の鏡の大きさ（面径）ランキングベスト10
平原王墓出土鏡の面径の大きさは、全国出土の五千面近くの鏡を圧倒する。

順位	出土地	鏡	面径
1.	福岡県平原王墓	内行花文八葉鏡	四十六・五センチ
2.	福岡県平原王墓	内行花文八葉鏡	四十六・五センチ
3.	福岡県平原王墓	内行花文八葉鏡	四十六・四センチ
4.	福岡県平原王墓	内行花文八葉鏡	四十六・二センチ
5.	福岡県平原王墓	内行花文八葉鏡	推定四十六センチ以上
6.	山口県茶臼山古墳	鼉竜鏡（だりゅうきょう）	四十四・五センチ
7.	奈良県柳本大塚古墳	内行花文鏡	三十九・七センチ
8.	（出土地不明）	鼉竜鏡	三十八・八センチ
9.	奈良県下池山古墳	倣製内行花文鏡	三十七・六センチ
10.	大阪府紫金山古墳	勾玉文鏡	三十五・七センチ

表10　全国における鏡の多数副葬のランキングベスト10

順位	遺跡	面数
1.	奈良県桜井茶臼山古墳	八十一面
2.	福岡県平原王墓	四十面
3.	京都府椿井大塚山古墳（つばいおおつかやま）	三十六面以上
4.	奈良県佐味田宝塚古墳	三十六面
5.	福岡県三雲遺跡（王墓）	三十五面
6.	奈良県黒塚古墳	三十四面
7.	奈良県新山古墳（しんやま）	三十四面
8.	福岡県須玖岡本遺跡	三十二面
9.	岡山県丸山古墳	三十一面
10.	長野県川柳将軍塚古墳（せんりゅう）	二十七面

原田大六という人

平原王墓が、「卑弥呼の墓」であり、かつ、「天照大御神」の墓であるとすれば……。

原田大六は、「卑弥呼の墓」そして、「天照大御神」の墓を発掘したことになる。

もし、そうであるとすれば、原田大六は、日本のシュリーマンと呼ばれてしかるべきである。

では、原田大六とは、どんな人物であったのであろうか。

講談社刊の『日本人名大辞典』は、原田大六について、つぎのように記す。

「**はらだ―だいろく【原田大六】**（一九一七―八五）昭和時代後期の考古学者。大正六年一月一日生まれ。第二次大戦で召集され、昭和二十一年中国から郷里の福岡県前原（まえばる）町平原（ひらばる）に帰還。中山平次郎に師事し、平原古墳の発掘調査に参加。その研究成果をもとに『邪馬台国論争』『銅鐸への挑戦』など多数の著作をのこした。昭和六十年五月二十七日死去。六十八歳。糸島中学卒。」

私は、生前の原田大六に、一度だけ、あったことがある。それは、一九八〇年ごろのことであったと思う。今から、かれこれ四十年近くまえの話である。

原田大六は、一九六九年に、『邪馬台国論争』（三一書房刊）という本を出している。

原田大六は、この本のなかで、井上光貞、斎藤忠、榎一雄、小林行雄など、当時の代表的な古代史学者、考古学者を、かたっぱしからヤリ玉にあげ、徹底的な批判を行なっている。

光栄にも、それらの人々とならんで、私の本も、手きびしく批判されている。

人に触れれば人を斬る。馬に触れれば馬を斬る。その斬人斬馬（ざんじんざんば）の筆鋒は、するどい。

しかし、原田大六の筆法は、たとえば、つぎのようなものであった。

(1) この虚構を詭弁（きべん）家である榎一雄が見破ることのできなかったのは当然で、御井邪馬台国を安易にも容認したのである。

(2) うそからうそ、いつわりからいつわりへと、ソフィストの詭弁（きべん）はとどまるところを知らない。

(3) だが彼は、仮定の上に仮定を、空想の上に空想を積み上げつづける。

(4) 斎藤（忠）は変な仮説を立てたものである。

(5) 学者が嘘をついてよいという言論の自由はないのである。

(6) 要するに斎藤忠にも論理がない。

原田大六は、「論理」ということばをふりかざすが、その内容は、論理的、論証的とはいいがたい。多分

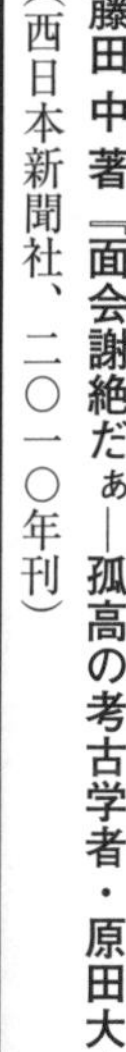

写真12
藤田中著『面会謝絶だぁ―孤高の考古学者・原田大六―』（西日本新聞社、二〇一〇年刊）

原田大六論
原田大六先生後援会編

写真13
友納健編集・発行『原田大六論』（伊都国資料館内、原田大六先生後援会、一九七五年刊）

原田大六
・面会謝絶

写真14
原田大六家の玄関の、「面会謝絶」のフダ
（写真は、藤田中著『面会謝絶だぁ』による。）

に、「罵倒的方法」によっている。

原田大六は、第二次世界大戦中に、軍人、軍隊をとりしまる憲兵（軍事警察の軍人）であったという。その権柄ずくな、上からの目線での物のいい方は、あるいは、そのときに身についたものであろうか。

私は、原田大六の文章が、論理的、論証的ならざることを書いて、原田大六に送った。（その文章は、拙著『数理歴史学』［筑摩書房刊、一九七〇年刊］や、『原田大六論』［原田先生後援会編、中央公論事業出版制作、一九七六年刊］などに、おさめられている。）

一九八〇年ごろ、私が九州に行ったさいに、『季刊邪馬台国』編集部の、梓書院の田村武志氏と話をしているうちに、原田大六にあってみようという話になった。

ところが、アポイントメント（予約）をとろうとしても、どうしても、電話番号がわからない。

とにかく行ってみようということになった。現在の糸島市（当時の、福岡県糸島郡前原町西町）にある原田大六の家に、田村武志氏の運転で、車を走らせた。

ところが、原田大六の家にたどりついて、おどろいた。玄関の表札の下に「面会謝絶」の札がぶらさがっているのである。

わざわざ、「面会謝絶」の札をぶらさげる人は、めずらしい。

これは印象的である。のちに、西日本新聞社の記者の藤田中氏が『面会謝絶だぁ―孤高の考古学者・原田大六―』（西日本新聞社、二〇一〇年刊）という、原田大六の伝記本を書いている。

田村武志氏と私とは、思わず顔を見あわせた。しかし、せっかく来たのであるから、とにかく、声をかけてみよう、ということになった。

家の裏手にまわると、裏は、夏なので開けはなしになっていた。

「安本と申しますが……」と、来意をつげると、原田大六が姿をみせ、案外気さくに、部屋にあげて下さった。

あとは、談論風発。原田大六は私たちのおとずれを、喜んで下さったようにみえた。

写真15　原田大六、イトノ夫妻の結婚写真

1956年。原田大六39歳、イトノ31歳。

写真は、原田大六著『平原弥生古墳　上巻』（葦書房、1991年刊）による。

原田大六の研究にとって、最大の支援者となったのは、イトノ夫人であった。

藤田中氏の、『面会謝絶だぁ』は、つぎのように記す。(傍線とゴシックによる強調は、安本。)

「大きな転機は、昭和三十一(一九五六)年の小学校教諭・原田イトノさんとの結婚だった。このとき大六は三十九歳、イトノさんとはたまたま同姓だった。

この結婚を機に原田は、考古学、古代史研究に邁進(まいしん)するようになる。**生計の不安も一掃された。**

『大六が、一心に本を読み、勉強している姿は、ほれぼれして、思わずすりよりたくなるぐらいでした』

とイトノさんは言う。

『大六は〝妻食主義〟でした。**教師の私が食わしたからではなく、妻の私を食って生きていた。**私はよく大六夫人と言われましたが、本当は第六夫人。あの人にとって、考古学が第一夫人、私は六番目だった』

原田大六氏の一番の理解者で、小学校の教師をしながら大六氏を支え、大六氏亡き後は、退職金をはたいて報告書『平原弥生古墳』を自費出版し、平原遺跡出土品の国宝指定にも奔走した妻の原田イトノさん。」

「さて、主人が亡くなってから、私は主人が生前にやり残した平原遺跡の調査報告書の出版に奔走しました。そして平成五(一九九三)年に葦書房から刊行されたのが、『平原弥生古墳(大日孁貴(おおひるめのむち)の墓)』です。大六が『八咫(やた)の鏡』と考えていた大鏡の原寸写真は、恐れ多くて折り目を入れるわけにはいかないので、みなさんから『こげん太か本は初めて』といわれるほどの大きさになりました。重さは八・五キロあります。**出版には五千万円近くかかりました**が、半分は生前の大六の原稿料、残り半分は私の退職金や貯金をはたきました。報告書の価格は一セット八万円となりましたが、私は大六の学問、大六の仕事を見てもらいたいと、全国の大学や主な研究者に贈呈いたしました。」

「さて、主人の魅力ですが、大六には、こう思ったら一途の美しさがあったとしみじみ思います。**平原遺跡に生き、平原に死んだと言っていいと思います。**」

写真16　原田大六の銅像

原田新八郎制作。伊都国歴史博物館に立つ。写真は、原田大六著『平原弥生古墳　上巻』(葦書房、1991年刊) による。

「私が大六と結婚したのは昭和三十一(一九五六)年のことでした。もともと大六は旧制糸島中学校で私の兄の原田新八郎(のちの彫刻家・日展理事、福岡教育大学名誉教授)と同級生でした。

ご存じの方もいらっしゃいましょうが、伊都国歴史博物館の庭に大六の銅像が建っています。私の兄の原田新八郎が造ったものです。

そして、報告書刊行後、平成十八(二〇〇六)年、**平原遺跡出土の鏡などは一括して国宝になりました。**あのときは、

やっと大六の思いが実ったと涙が止まりませんでした。」

原田イトノ夫人は、『平原弥生古墳　上巻』の最後の「お礼のことば」のなかで、つぎのようにも記している。

「天は（原田大六氏に、）報告書を作り上げるだけの時間と命を与えてくださいませんでした。死の間際までの平原弥生古墳発掘調査報告書作りへの責任感と執念を、目のあたりに見せつけられ、つき動かされた私共の執念と、お心ある方々の御厚意のおかげで本報告書を世に出すことができました。」

『面会謝絶だぁ』には、また、小説家の松本清張が、たずねてきたときの話がのっている。

イトノ夫人の話。

「清張さんは大六に『あなたをモデルに小説を書きたい』と言ったようです。清張さんの推理小説を何冊か読んでいた私は、反対しました。『断りんしゃい、清張さんの小説に登場したら、殺されるか犯罪者になるかが落ちでしょうもん』と言ったことを覚えています。」

個性的で、屈折した思いをもつようにみえる原田大六は、松本清張の小説の主人公にいかにもふさわしい。

考古学者の森浩一は、「原田大六さんの考古学」（藤田中著『面会謝絶だぁ』所収）という文章のなかで記している。

「世に稀な町人学者だった原田さんは昭和六〇年（一九八五）五月二七日に亡くなった。九州が生んだ逸材は壮絶な生涯を終えた。」

福岡県久留米市の祇園山古墳について

この「第Ⅱ編」のおわりに、卑弥呼の墓を、福岡県久留米市の祇園山古墳とする説についても、検討しておこう。

福岡県の南部、筑後川の下流域、筑紫(つくし)平野の東部の久留米市（148・149ページの**地図7**参照）に、祇園山古墳(ぎおんやまこふん)と呼ばれる方墳がある。

この祇園山古墳を、卑弥呼の墓であるとする説がある。

大著『古代氏族系譜集成』（古代氏族研究会、一九八六年刊）などの著書のある古代史研究家、宝賀寿男(ほうがとしお)氏や、村下要助、田中幸夫などの諸氏の説である。

祇園山古墳は、古い要素と、新しい要素とを、あわせもつ。

祇園山古墳の墳頂部の内部主体は、箱式石棺である。しかし、方墳のすその外周から甕棺三、石蓋土壙墓三十二、箱形石棺七、竪穴式石室十三などが見出されている。福岡県の他の地域においては、甕棺墓葬の時代がすでにおわり、箱式石棺の時代になっている時期に、ここではなお甕棺が見出されている。甕棺の、もっとも新しい形式のものである。甕棺が見出されるということは、古い要素である。

いっぽう、甕棺のなかから、中国製とみられる画文帯神獣鏡の鏡片が出土している。この画文帯神獣鏡は、面径が、十センチで、わが国出土の画文帯神獣鏡で、面径のわかるもの一三五面のなかで、もっとも小さい。（一三五面の面径の平均値は、一六・八センチ。）画文帯神獣鏡は、いっぱんに、中国からの輸入鏡とみられるものは、面径が小さく、わが国で作られたとみられるものは、面径が大きい。

また、この祇園山古墳の地出土の画文帯神獣鏡については、銅のなかにふくまれる鉛の同位体比が測定されている。その測定値は、中国の長江下流域の浙江省黄岩五部鉱山の鉛鉱石の値に、かなり近い。

これらのことから、この祇園山古墳の地から出土の画文帯神獣鏡は、おそらくは、中国製とみられる。わが国で出土する画文帯神獣鏡のなかでは、時代の古いものと考えられる。

いっぽう、この画文帯神獣鏡では、いっぱんに、中国の江南の呉の領域系の銅が用いられている。このような銅を使用したものが、わが国に輸入されるようになるのは、おもに、二八〇年に呉の国がほろび、江南の銅が容易に北中国の王朝の手にはいるようになった西晋時代以後のことと考えられる。わが国の邪馬台国王朝は、卑弥呼の死後の台与の時代に西晋の国と、国交があった。

このようにみてくると、祇園山古墳は、西晋二八〇年以後の墓のようにみえる。これは、祇園山古墳の時代を、新しくみるべき要素である。

私は、このようなことから、祇園山古墳は、卑弥呼の時代よりもあとの西暦三〇〇年前後の墓であろうと考える。

学者たちの見解も、つぎのようにわかれる。

(1) **三世紀のなかば、ほぼ卑弥呼の時代のものとみる見解**　考古学者の、石野博信氏は、石野博信討論集『邪馬台国とは何か――吉野ヶ里と纒向遺跡―』（新泉社、二〇一二年刊）の127ページで、つぎのようにのべている。

「三世紀半ば、卑弥呼が亡くなったころの九州では祇園山古墳（福岡県久留米市）があり、鏡も出ています。」

(2) **三世紀末～四世紀前葉とみる見解**　吉野ヶ里遺跡を発掘したことで著名な考古学者、高島忠平氏は、石野博信討論集『邪馬台国とは何か―』吉野ヶ里遺跡と纒向遺跡の124ページで、つぎのようにのべる。

「画文帯神獣鏡を副葬した福岡県久留米市の祇園山古墳の甕棺は土師器である可能性を指摘した。この型の土器は、吉野ヶ里遺跡環壕集落の最終埋没土器群のなかに部分的に散見できるが、古墳時代土師器とも共伴する。共伴関係が多様で日常土器との様式関係を断定できないが、日本列島では古墳時代に多く出土する中国鏡種を副葬するもっとも新しい甕棺として、三世紀末から四世紀前葉にかけての年代をわたしは考えてる。」

(3) 四世紀後半とみる見解

久留米市の教育委員会の古賀寿（こがたもつ）は、祇園山古墳を、四世紀後半ごろとみる。

『日本の神々1　九州』（白水社、一九八四年刊）の200ページに、つぎのような文章がある。

「祇園山古墳は、石棺がこの地方の弥生終末期の墳墓の形式を踏んでいるものの、墳型その他から畿内型古墳とみなされ、一応、九州における十数基の方墳中最古のものと目されている。三世紀末と誇る向きもあるが、久留米市教育委員会の古賀寿（こがたもつ）氏は、祇園山古墳の墳丘が、地山削り出しの際、周囲の埋葬主体（甕棺墓三、箱式石棺墓七、石蓋土壙墓二五、竪穴式石室一三、その他不明・未発掘のもの多数）を上面カットしたと認められること、それらの出土品に鏡・装身具・鉄器のほか土師器・須恵器があること、さらに現在、高良大社所蔵にかかる三角縁神獣鏡が、かつて祇園山古墳で発掘されたと推定されるところから、かかる鏡を出土とする古墳の全国的な編年のうえで、四世紀後半の古墳か、とみておられ、水沼君（みぬまのきみ）のうちでも大和朝廷と手を結んで筑後地方の統一を成し遂げた族長の墳墓であり、ことによると高良大社祭神の墳墓に準ずべきものであろうか、と推測されている。」

祇園山古墳の築造年代を、「邪馬台国＝畿内説」をとく石野博信氏が古くみつもっておられ、地元の古賀寿（こがたもつ）氏が、新しくみておられるのは、興味のあることである。

私は、すでにのべた理由から、(2)の高島忠平氏の見解あたりが妥当なのではないかと考える。いずれにしても、この古墳は、卑弥呼の時代よりもあとの時代のもので、卑弥呼の墓ではないであろう。

第Ⅲ編　卑弥呼の宮殿は、どこにあったか

●箱式石棺の分布からみた「朝倉市所在説」●

箱式石棺

邪馬台国時代の、北九州の、おもな墓制は、箱式石棺であった。北九州では、２世紀末ごろから、墓制が、甕棺から、箱式石棺に移行している。

箱式石棺は、福岡県の朝倉市のあたりを中心として分布する。この地に卑弥呼の宮殿があったのではないか。

写真は、福岡県福岡市日佐原（おさばる）遺跡（ひさばる遺跡ともいう）出土の箱式石棺。

（写真は、原田大六著『実在した神話』〔学生社、1966年刊〕による。）

『魏志倭人伝』は、倭人の墓制について、「棺あって槨なし」と記す。北九州出土の甕棺や箱式石棺であれば、「棺あって槨なし」の記述に一致する。

おもに四世紀におこなわれた前方後円墳などの「竪穴式石室」などは、たとえば、近藤義郎編の『前方後円墳集成』（山川出版社刊）などが、「竪穴式石槨」と記すように、棺をおおう「槨」の一種とみるべきである。『魏志倭人伝』の記述と一致しない。

『隋書』「倭国伝」などは、「死者を斂(おさ)むるに棺槨(かんかく)をもってす」と記す。のちの時代のわが国の墓制が、『魏志倭人伝』のころと、異なっていたことを示している。

1　卑弥呼の「みやこ」、福岡県朝倉市所在説の補強

茂木雅博氏の大著『箱式石棺』

以上述べてきたように、私は、卑弥呼の墓は、福岡県糸島市の平原王墓とみてよいであろうと考える。

いっぽう、卑弥呼の宮殿については、福岡県の朝倉市（旧、甘木市）にあったであろうと考える。これについては、このシリーズの拙著『邪馬台国と高天の原伝承』（勉誠出版、二〇〇四年刊）において、その根拠を、ややくわしくのべた。

ところで、最近、卑弥呼の宮殿が、福岡県の朝倉市にあったであろうことをサポートする新たな資料をふくむ本が刊行されている。

茨木大学名誉教授の考古学者、茂木雅博氏の『箱式石棺（付、全国箱式石棺集成表）』（同成社二〇一五年刊）

箱式石棺
付・全国箱式石棺集成表
茂木雅博著
「箱式石棺」は弥生時代から古墳時代にかけて列島のほぼ全域に盛行、茨城県でも多くが発見されている。かの地に生を受けた一少年は古墳発掘の現場でその1基を目にするが、このときの忘れ難い思いを胸に暖めつづける。それから約半世紀、その情熱を絶やすことなく研究の火を燃やしつづけた彼はついに一書を編むが、本書はまさにかの少年の情熱が研究史にエポックをなす1冊として結実したものといえよう。　同成社

写真17　茂木雅博著『箱式石棺』（同成社、二〇一五年刊）

という大著である。価格は、二万円プラス税で、かなり高価な本である。

この本は、邪馬台国問題を考えるにあたって、かなり重要な情報を提供しているとみられる。

この本は、「箱式石棺」についての本である。

「箱式石棺」が、なぜ重要か。それは、弥生時代の邪馬台国の時代、卑弥呼の時代の、おもな墓制は、箱式石棺であったとみられるからである。

宮崎公立大学の教授であった「邪馬台国＝九州説」の考古学者の奥野正男氏は、つぎのようにのべている。

（以下、傍線をほどこし、その部分を、ゴシックにしたのは安本）

「いわゆる『倭国の大乱』の終結を二世紀末とする通説にしたがうと、九州北部では、この大乱を転換期として、**墓制が甕棺から箱式石棺に移行している。**

つまり、この**箱式石棺墓**（これに土壙墓、石蓋土壙墓などがともなう）**を主流とする墓制こそ**、邪馬台国がもし畿内にあったとしても、確実にその支配下にあったとみられる九州北部の国々の墓制である。」

（『邪馬台国発掘』ＰＨＰ研究所刊）

「前代の甕棺墓が衰微し、箱式石棺墓と土壙墓を中心に特定首長の墓が次第に墳丘墓へと移行していく……。」（『邪馬台国の鏡』梓書院、二〇一一年刊）

「邪馬台国＝畿内説」の考古学者の白石太一郎氏（当時国立歴史民俗博物館。現、大阪府立近つ飛鳥博物館長）ものべている。

「**二世紀後半から三世紀、すなわち弥生後期**になると、支石墓はみられなくなり、北九州でもしだいに**甕棺が姿を消し、かわって箱式石棺、土壙墓、石蓋土壙墓、木棺墓が普遍化する。**ことに弥生前・中期には箱式石棺がほとんどみられなかった福岡、佐賀県の甕棺の盛行地域にも箱式石棺がみられるようになる。」

「九州地方でも弥生文化が最初に形成された北九州地方を中心にみると、（弥生時代の）前期には、土壙墓、木棺墓、箱式石棺墓が営まれていたのが、前期の後半から中期にかけて大型の甕棺墓が異常に発達し、さらに後期になるとふたたび土壙墓、木棺墓、箱式石棺墓が数多くいとなまれるようになるのである。」（以上、「墓と墓地」学生社刊『三世紀の遺跡と遺物』所収）

コラムⅡ「箱式石棺」について

「箱式石棺」については、たとえば、斎藤忠著『日本考古学用語辞典』（学生社、二〇〇四年刊）の、「箱式石棺」の項に、つぎのように記されている（全文ではなく、一部）。

「**箱式石棺**（はこしきせっかん）　遺骸を埋葬する施設をいう。主として弥生時代から古墳時代に発達した。箱形組合石棺・組合式箱形石棺・箱形組合式石棺などともいわれているが、同じ構造のものである。自然に裂き剥がれ易い緑泥片岩・安山岩・頁岩（けつがん）等の石を利用して扁平な板状の石材となし、側壁と小口とに組み合わせて箱形につくるもので、底板もあり、蓋石も設けられていることが多い。組み合わせであるので、あらかじめ棺をつくり遺骸を納めてはこんだものでなく、箱形の土壙（墓あな）を掘り、その壁面にぴったりするように、底石と側壁・小口とを構成し、遺骸を納め蓋石をかぶせたものである。底石のないものもあり、側壁も幾枚か並列したものもあり、蓋石（ふたいし）のないものもある。弥生時代のものにもみられ、ことに北九州に例が多い。」

箱式石棺に葬られた人は、一定の身分以上の人であろうと思われる。

しかし、大略同時代とみられる糸島市の平原王墓には、割竹形木棺が用いられている。長さ三メートル、中央部の直径約一メートルの丸太を縦に二つに割り、内部をくりぬいて、身とふたとしたものである。

あるいは、割竹形木棺のほうが、手がかかり箱式石棺よりも、身分の高い人の墓であろうか。

なお割竹形木棺は、古墳時代前期に比較的よく用いられている。平原王墓に、割竹形木棺が用いられていることは、平原王墓の年代が、古墳時代前期に、あるていど近いことを思わせる。

九州本島での状況

九州本島での状況をみてみよう。

白石太一郎氏ののべるように弥生時代の前期には、この地では、箱式石棺が行なわれていた。

西暦紀元前後を中心とする弥生時代前期の後半から中期にかけてのころ、金印奴国の時代になると、大型の甕棺墓が異常に発達、普及する。（西暦五七年に、わが国の奴国は、後漢に使をつかわしている。）

まず、**地図11**を、よくご覧いただきたい。

地図11は、銅利器の出土した甕棺や箱式石棺だけをとりあげて、その分布を、地図上に示したものである。

このばあい「銅利器」は、おもに、細形銅剣、細形銅矛、細形銅戈、中細形銅矛、中細形銅戈などである。

これらの「銅利器」よりもあとの時代のものとみられる広形銅矛、広形銅戈などは、これらの地域では墓からは、まず出土しない。かつ広形銅矛、広形銅戈などは、「銅利器」すなわち武器というよりも、祭祀に用いられるものであった。

地図11をみると、「甕棺墓地域」と記したところでは、これらの銅利器は、甕棺から出土している。しか

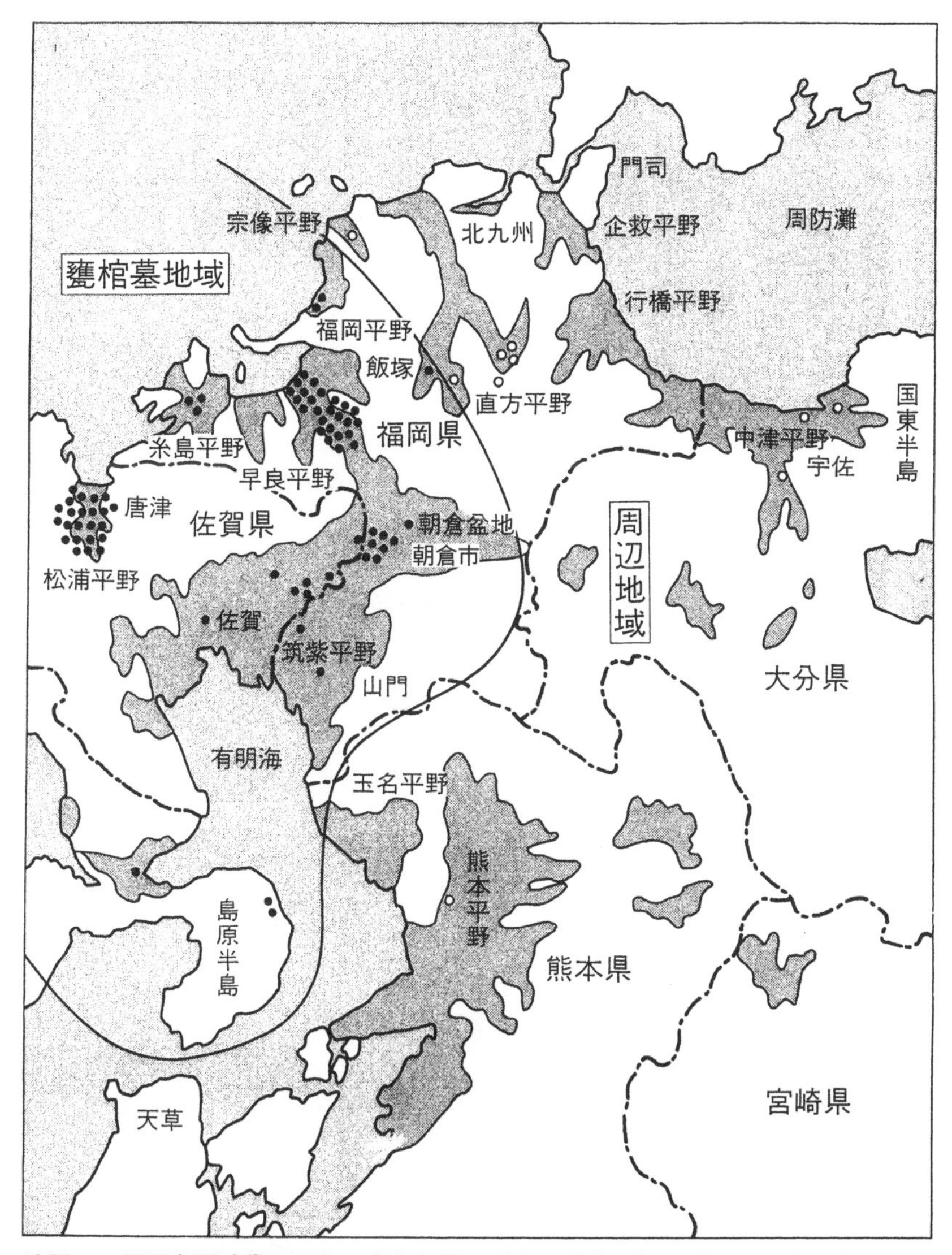

地図11　邪馬台国時代のまえ、金印奴国の栄えた時代の銅の武器は、甕棺墓地域では甕棺から、周辺地域では、箱式石棺から出土する

（●印は、甕棺から出土した銅の武器。○印は、箱式石棺から出土した銅の武器）

し、それ以外の「周辺地域」では、銅利器が、箱式石棺から出土しているのである。

地図11上にプロットされたものは、「銅利器」の内容からみて、同時代性をもつ。

つまり、「周辺地域」では、邪馬台国時代以前も、邪馬台国時代も、一貫して箱式石棺が用いられているのである。

なぜ、邪馬台国時代になると甕棺墓地域の墓制が「甕棺」から「箱式石棺」にきりかわったのであろうか。

私は、遠賀川流域や北九州市方面の「箱式石棺」地域の勢力が、甕棺をおもに用いた金印奴国をほろぼし、邪馬台国をうちたてたためではないかと疑う。

そして、邪馬台国の時代になると、都を筑後川流域の、朝倉市を中心とする地域に置いたであろうと考えている。邪馬台国の時代の箱式石棺は、朝倉市あたりを中心に分布するのである。

茂木雅博氏の『箱式石棺』は、朝倉市あたりに卑弥呼の宮殿があったとする考えを、あらたに補強するデータを提供しているようにみえるのである。

この間の墓制の推移を地図上でみてみよう。

まず、甕棺の時代の、甕棺の分布は、**地図12**、**地図13**のようになる。

このころは、金印奴国が栄えた時代で、甕棺の分布も博多湾から糸島半島にかけての、玄界灘に面した地域に分布の中心があるようにみえる。すなわち、現在の福岡市から糸島市の地域にかけて分布の中心があるようにみえる。

ところが、茂木雅博氏の『箱式石棺』にのせられている「全国箱式石棺集成表」にもとづき、北九州の地図の上に、弥生時代の箱式石棺の分布をプロットすれば、**地図14**にようになる。

箱式石棺の分布の中心地は、福岡県の朝倉市、小郡(おごおり)市のあたりから、佐賀県の三養基(みやき)郡のみやき町、神

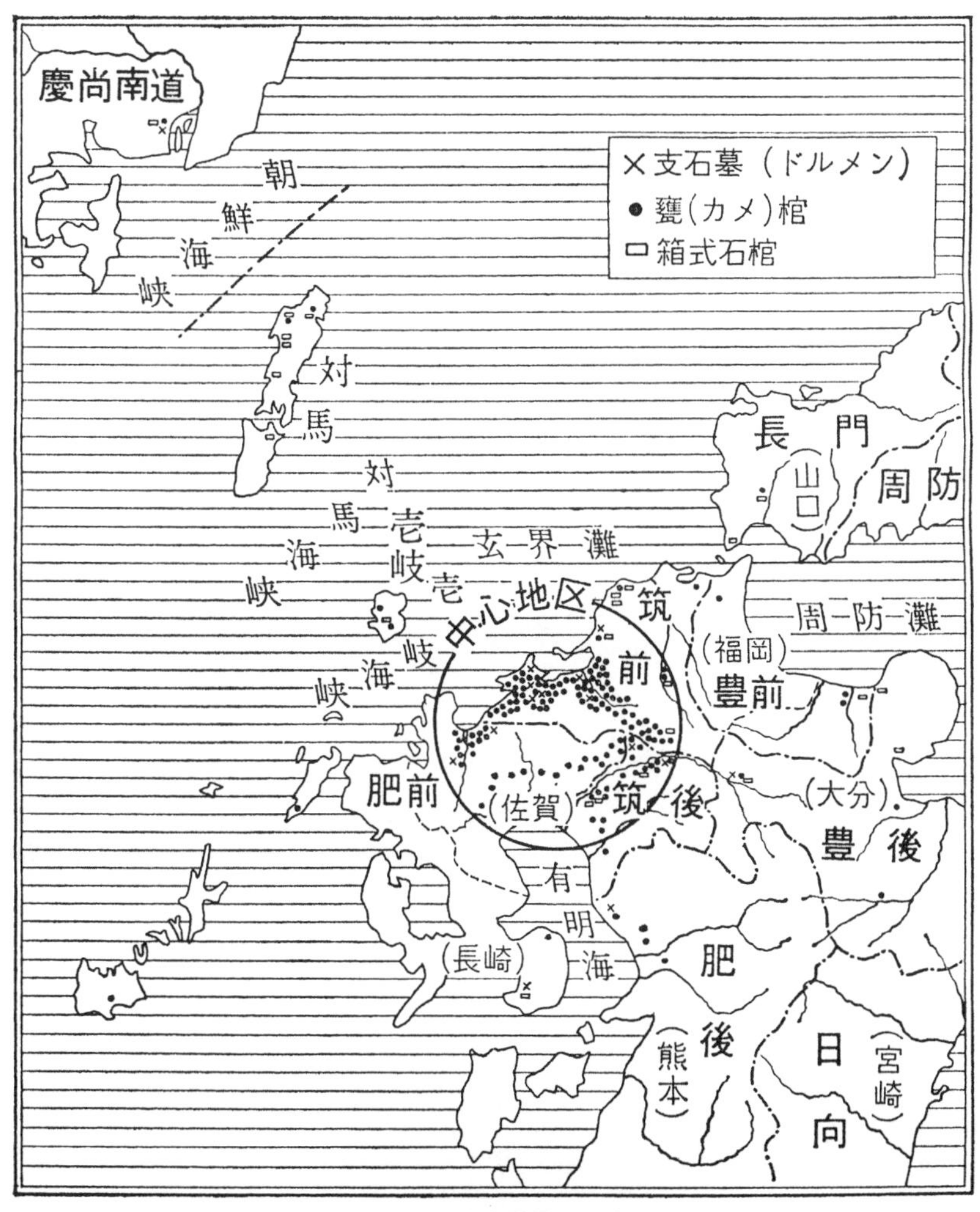

地図12　弥生墳墓の分布

原田大六著『実在した神話』（学生社、1966年刊）による。

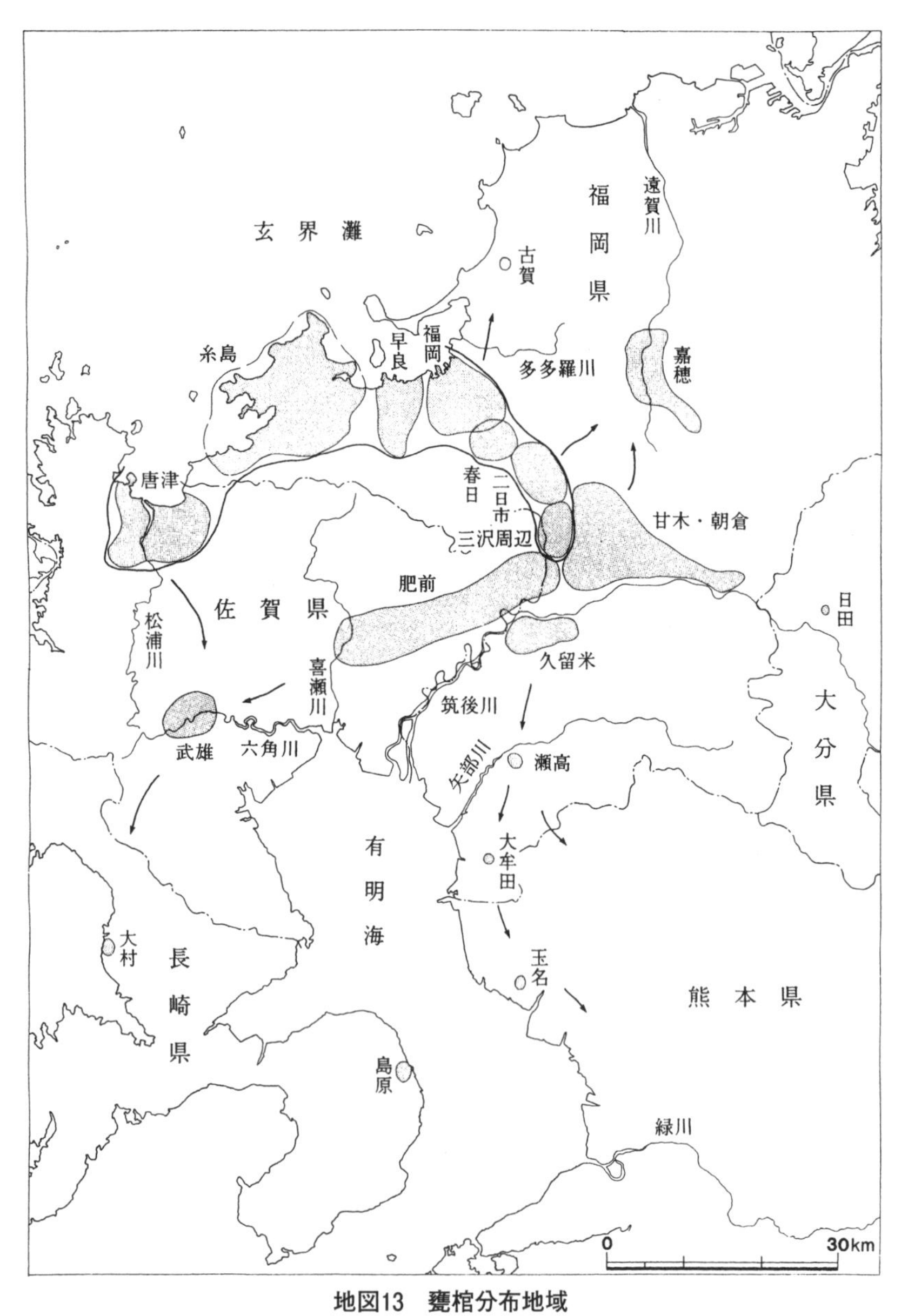

地図13　甕棺分布地域

橋口達也著『甕棺と弥生時代年代論』（雄山閣、2005年刊）による。

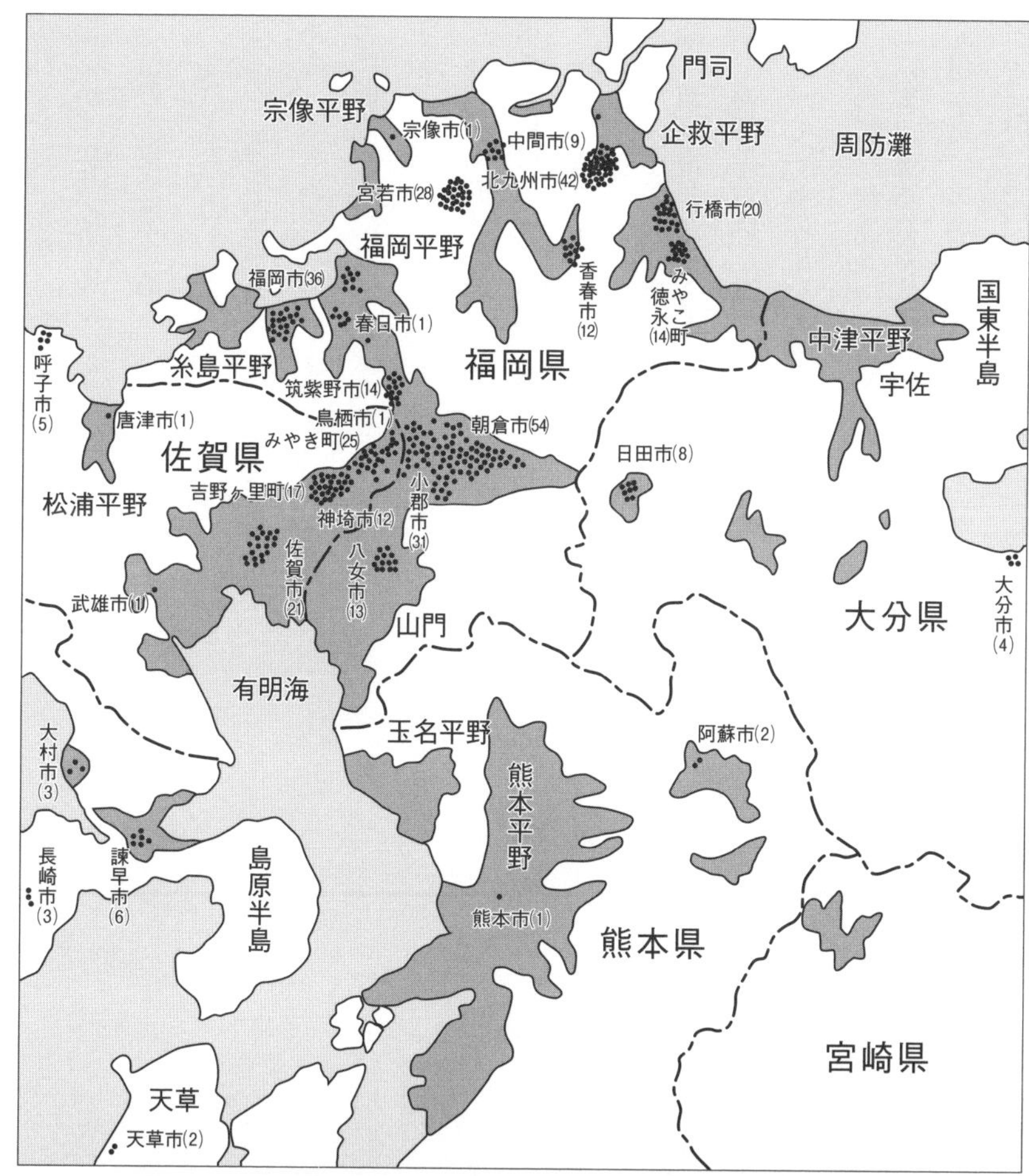

地図14　箱式石棺の分布（弥生時代前期・中期の箱式石棺を除く。）

埼郡の吉野ヶ里町、神埼市にかけての筑後川の上、中流域にある。この地域に、箱式石棺の密集地帯がある。

『魏志倭人伝』の記す「女王の都するところ」、邪馬台国の戸数は「七万余戸」である。この戸数は、とても、現在の朝倉市の範囲内だけにはおさまりきれない。「七万余戸」は、一戸の人数を四人とみても、二十八万人以上である。これに対し、朝倉市の人口は二〇一六年二月末現在で、五万五一九九人となっている。

したがって、卑弥呼の宮殿のあった場所は、朝倉市と考えるとしても、『魏志倭人伝』の邪馬台国「七万余戸」は、筑後川の全流域ていどの広い範囲を考えなければならない。

いま、茂木雅博氏の『箱式石棺』により、九州本島において箱式石棺の出土数の多い「市と町」との、ベスト10(テン)を、グラフに示

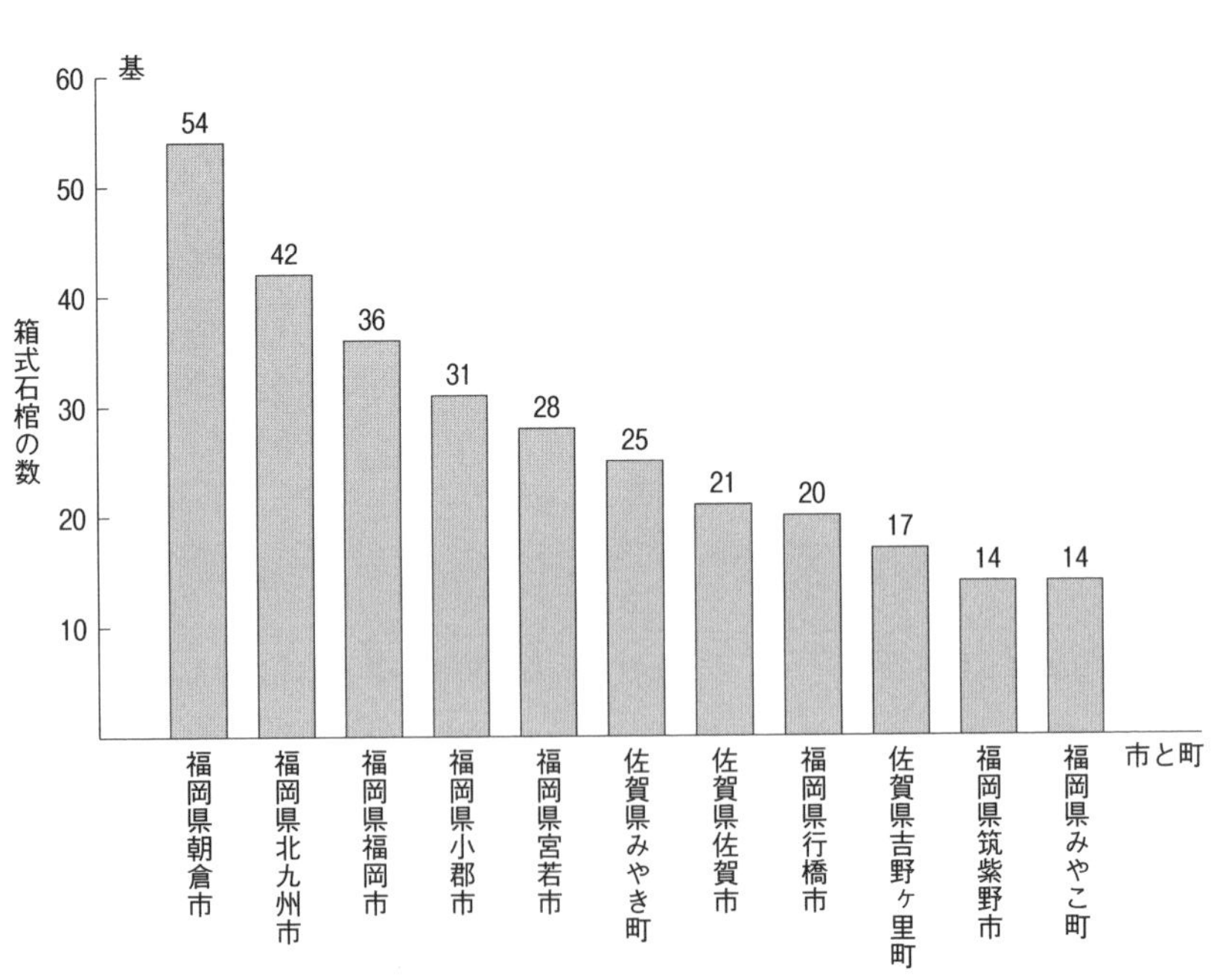

図26　九州本島で、箱式石棺の出土数の多い「市と町」ベスト10
(弥生前期・中期の箱式石棺墓をのぞく。)

すと、**図26**のようになる。

さきの**地図14**には、このような数値も、カッコのなかに示されている。

県別出土状況

以上のべてきたようなことを、いますこしくわしくみてみよう。

茂木雅博氏の『箱式石棺』により、箱式石棺の、県別の出土状況をみると、つぎの**図27**のようになる。

弥生時代のばあい、**図27**に示した以外の都道府県からは、箱式石棺は、出土していない。

図27をみれば、広島県、山口県などの中国地方からも箱式石棺が、かなり出土していることがわかる。

さて、ここで、**地図15**を、ご覧いただきたい。

地図15は、近畿式銅鐸、三遠式銅鐸な

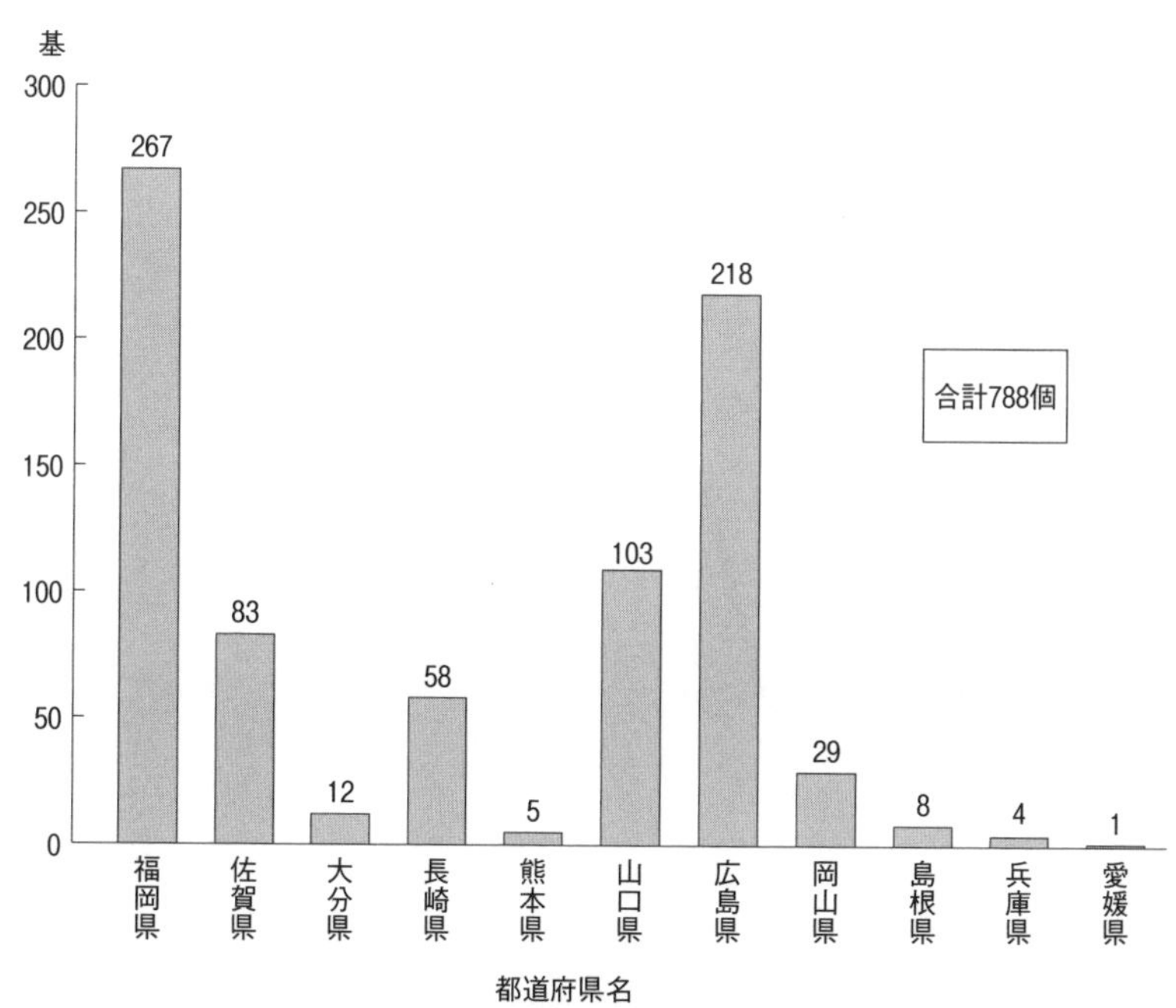

図27　県別　弥生時代箱式石棺の出土数
(弥生前期・中期の箱式石棺墓をのぞく。)

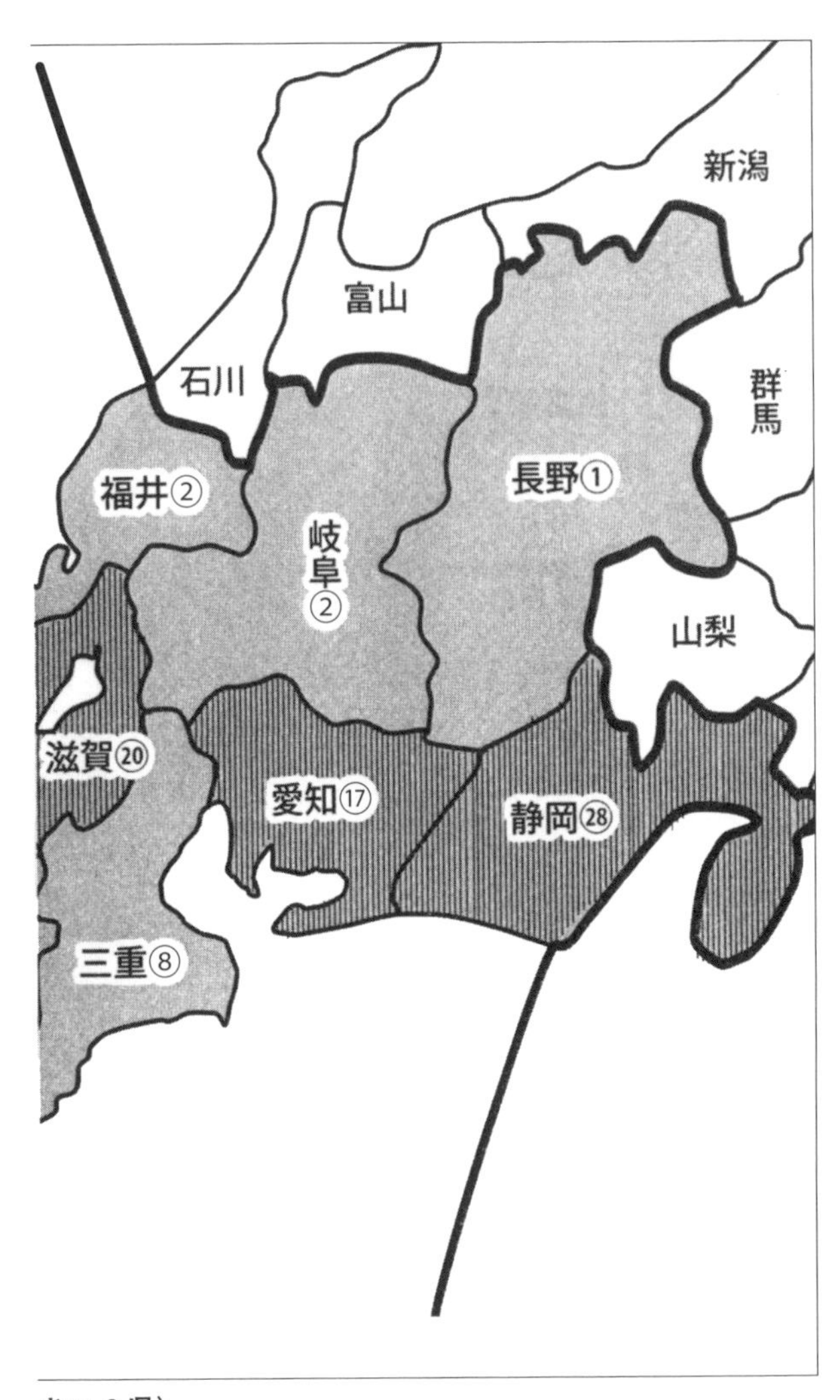

きい3県）

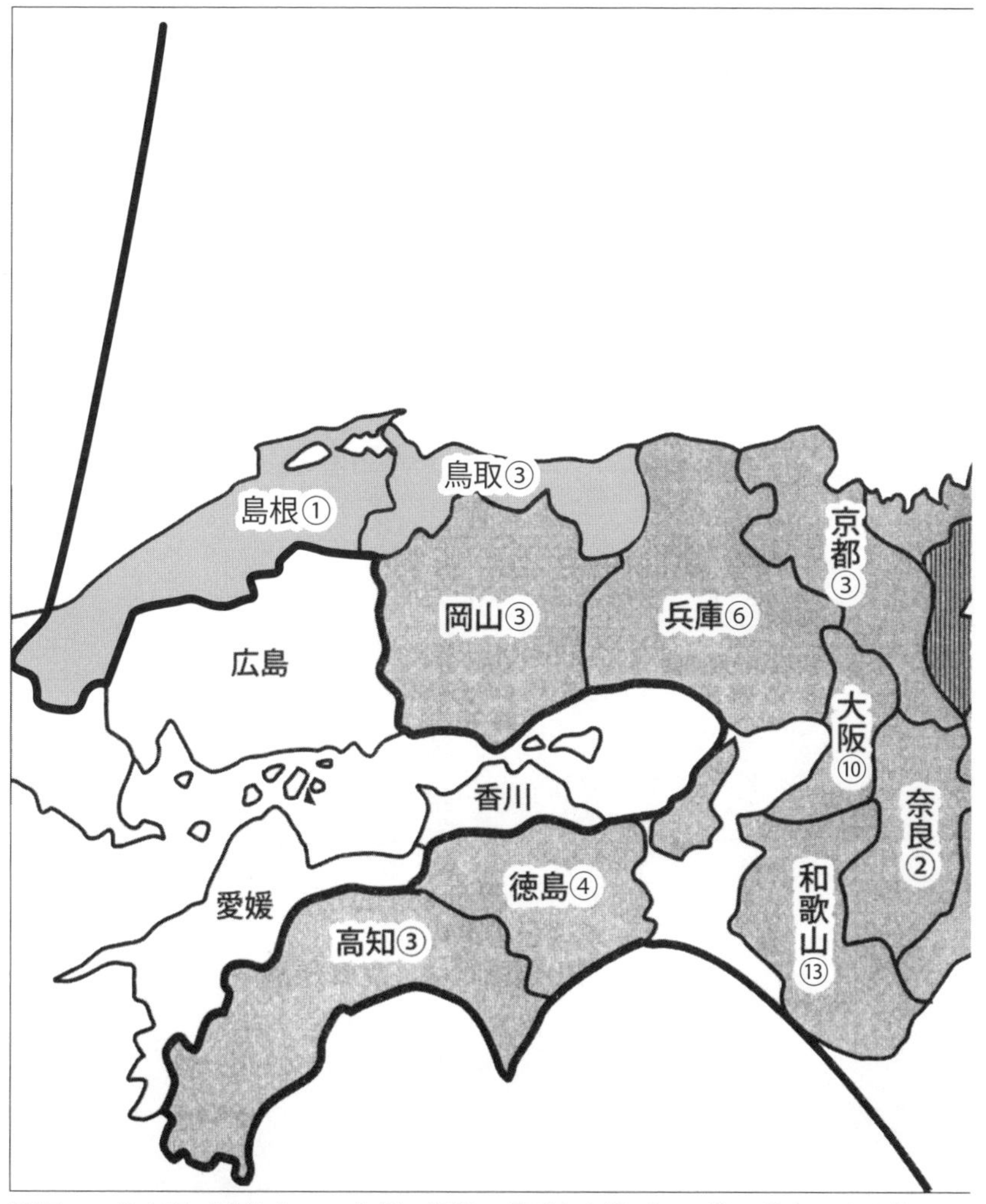

地図15　終末期（近畿式・三遠式）銅鐸の県別出土数（タテ線の県は、出土数の大

どの終末期の銅鐸の、県別出土数を示したものである。

私は、このシリーズの拙著『邪馬台国は、銅鐸王国へ東遷した』(勉誠出版、二〇一六年刊)で、ややくわしくその根拠をのべたところであるが、邪馬台国時代における畿内などは、なお、近畿式銅鐸、三遠式銅鐸などの行なわれていた時代であったと考える。

ここで、**図27**と、**地図15**とを見くらべると、つぎのような、やや重大なことに気がつく。

箱式石棺と終末期銅鐸との住みわけ

ほぼ邪馬台国の時代のころ、箱式石棺と終末期銅鐸とが、住みわけしているようにみえる。

すなわち、箱式石棺の行なわれている地域では、終末期銅鐸は、ほとんど出土しない。

逆に、終末期銅鐸の行なわれているところでは、箱式石棺は、ほとんど出土していない。

この箱式石棺と終末期銅鐸との住みわけ、対立は、じつは、北九州を中心とする「鏡の世界」と、島根県以東にひろがる「銅鐸の世界」との住みわけ、対立の状況を反映しているとみられる。

表11をご覧いただきたい。

この**表11**は、代表的な四つの県、福岡県、島根県、奈良県、静岡県をとって、鏡と銅鐸との出土状況をみたものである。(これについてくわしくは、さきの拙著『邪馬台国は、銅鐸王国へ東遷した』を、ご参照いただきたい。)

表11をみれば、「鏡の世界」と「銅鐸の世界」との対立は、結局、大和朝廷によって、鏡の世界に統一収斂(しゅうれん)して行ったようにみえる。

もし、もともと近畿を地盤とする勢力が、大和朝廷をたて、天下を統一したのならば、銅鐸の伝統が大和朝廷のなかに、残らないはずはないとみられる。

鏡の世界が、天下を統一したのは、大すじにおいて、『古事記』『日本書紀』などの伝承の伝えるように、九州勢力が、天下を統一したというような史実があったためとみられる。

朝倉市における箱式石棺の分布

朝倉市における箱式石棺の分布を、地図上でみれば、**地図16**のようになる。

地図16でみると、箱式石棺の分布は、市役所などのある朝倉市の中心部（**地図16**の左上のほう）よりも、むしろ、中心部の下（南）、そして、右下（東南）のほうに分布している。

そして、右下（東南）のほうに、「須川」および「山田」とよばれる地区がある。

第三十七代の天皇の斉明天皇（女帝、在位六五五～六六一）は、朝鮮半島の新羅（しらぎ）と戦うために、九州に遠征する。そして、現在の朝倉市内にあったとみられる朝倉の橘（たちばな）の広庭の宮で崩去する。

この橘の広庭の宮は、現在の朝倉市の山田または須川のあたりにあったとみられている。

斉明天皇が、この地に宮殿をもうけたのは、あるいは、遠い昔に、この地に大和朝廷の祖先の都があったという記憶が、おぼろげに残っていたためであろうか。「山田」という地名は、ありふれた地名であるが、「邪馬台」の音と、通ずるところがあるのも気になるところである。

さらに、この地域の、ほぼ邪馬台国時代のころのものとみられる諸遺物を、地図上にプロットすれば、**地図17**、**地図18**のようになる。

地図18は、**地図16**、**地図17**の、さらに右（東）のほうを描いたものである。

[銅鐸の世界]（シンボル的人格神：大国主の命）

（前期銅鐸）

形　式	福岡県	**島根県**	奈良県	静岡県
菱環鈕式銅鐸	0個	**1個**	0個	0個
外縁付鈕１式銅鐸	0	**23**	3	1
外縁付鈕２式銅鐸	0	**12**	3	0
扁平鈕式銅鐸	0	**14**	4	0
計	0	**(50)**	10	1

（西暦270年ごろ以前？）

[銅鐸の世界]（シンボル的人格神：饒速日の命系人物）

（後期銅鐸）

形　式	福岡県	島根県	奈良県	**静岡県**
近畿式銅鐸	0個	0個	2個	**12個**
三遠式銅鐸	0	0	0	**16**
計	0	0	2	**(28)**

（西暦300年ごろ以前）

[西暦300年前後]・――――・**[大和朝廷の成立と発展]**・

⑴　奈良県は、西暦300年ごろ以前においては、鏡においても、銅鐸においても、ほとんどみるべきものはないとみられる。

⑵　「鏡の世界」と、「銅鐸の世界」は西暦300年前後に、「鏡の世界」に統一収斂（しゅうれん）していく。

⑶　点線ワク内は、「北中国」系銅原料、太線ワク内は、「南中国」系銅原料（鉛同位体比による）。

は、「鏡の世界」に統一された

↗点線のワク内「北中国」系銅原料

[鏡の世界]（シンボル的人格神：天照大御神）

	福岡県	島根県	奈良県	静岡県
多鈕細文鏡	**3**面	0面	1面	0面
前漢鏡	**24**	1	0	0
後漢・魏系鏡	**18**	0	1	0
小形仿製鏡第Ⅱ型（邪馬台国時代ごろの鏡か）	**51**	1	1	0
西晋鏡（西暦300年前後）	**30**	3	0	0
計	**(126)**	5	3	0

（西暦300年ごろ以前）

↗太線のワク内「南中国」系銅原料

・**[西暦300年前後]**・――――・**[大和朝廷の成立と発展]**・――――

収斂

[鏡の世界]（シンボル的人物：神武天皇～崇神天皇など）

	福岡県	島根県	**奈良県**	静岡県
画文帯神獣鏡	4面	0面	**26**面	3面
三角縁神獣鏡	50	5	**96**	9
計	54	5	**(122)**	12

（おもに、西暦300年～400年）

表11「鏡の世界」と「銅鐸の世界」

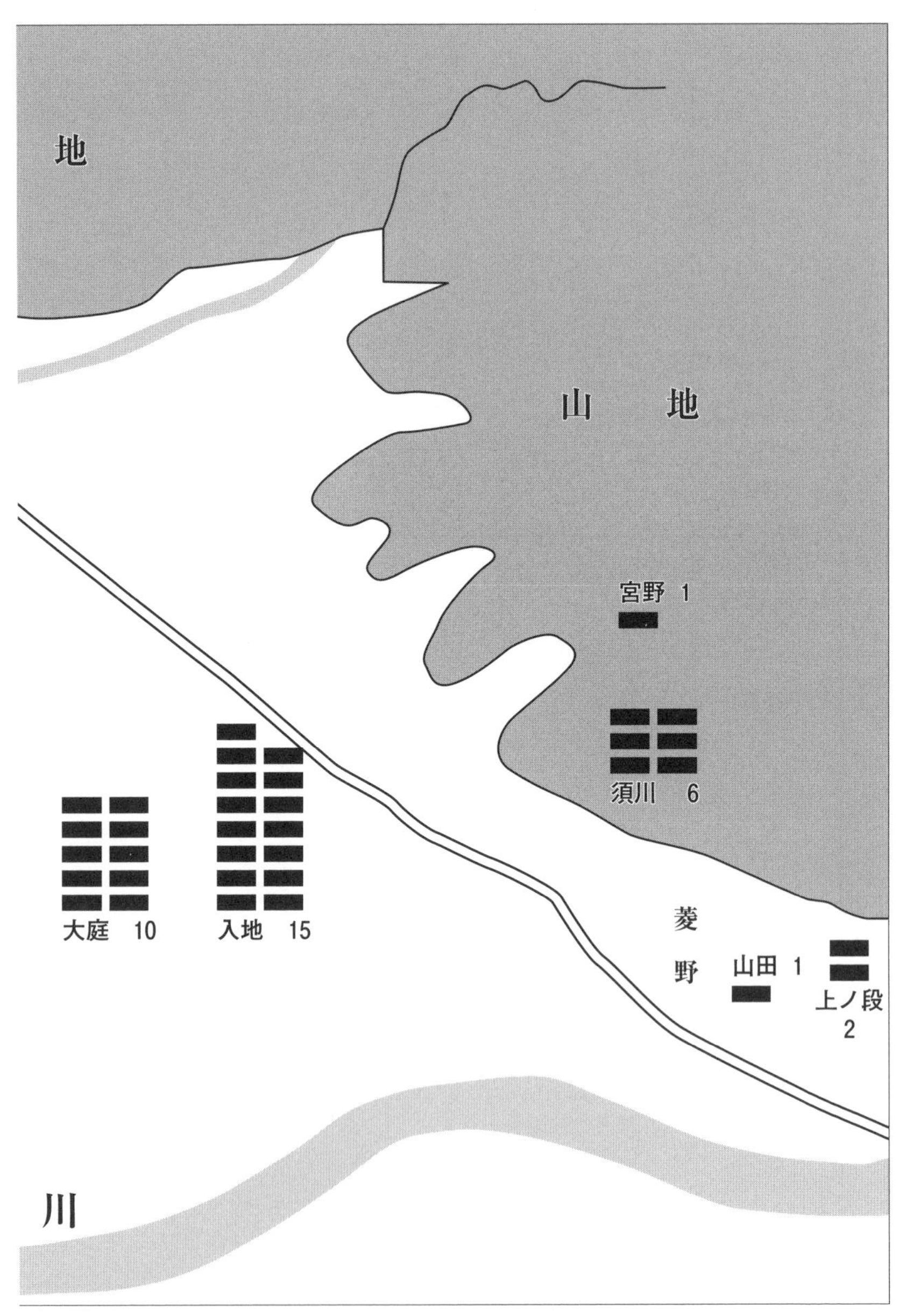

箱式石棺の分布（弥生前期・中期の箱式石棺をのぞく。）

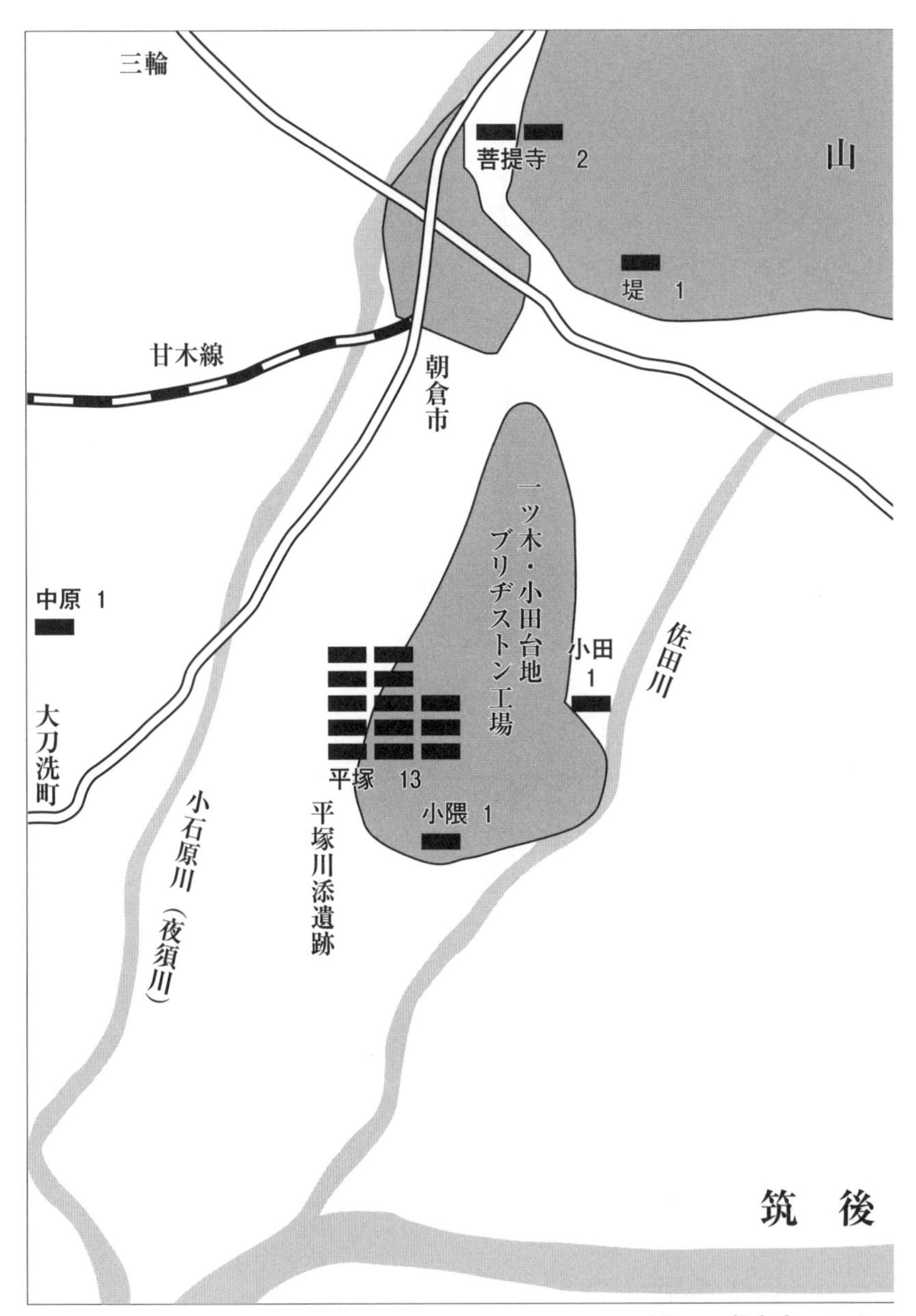

地図16　朝倉市における

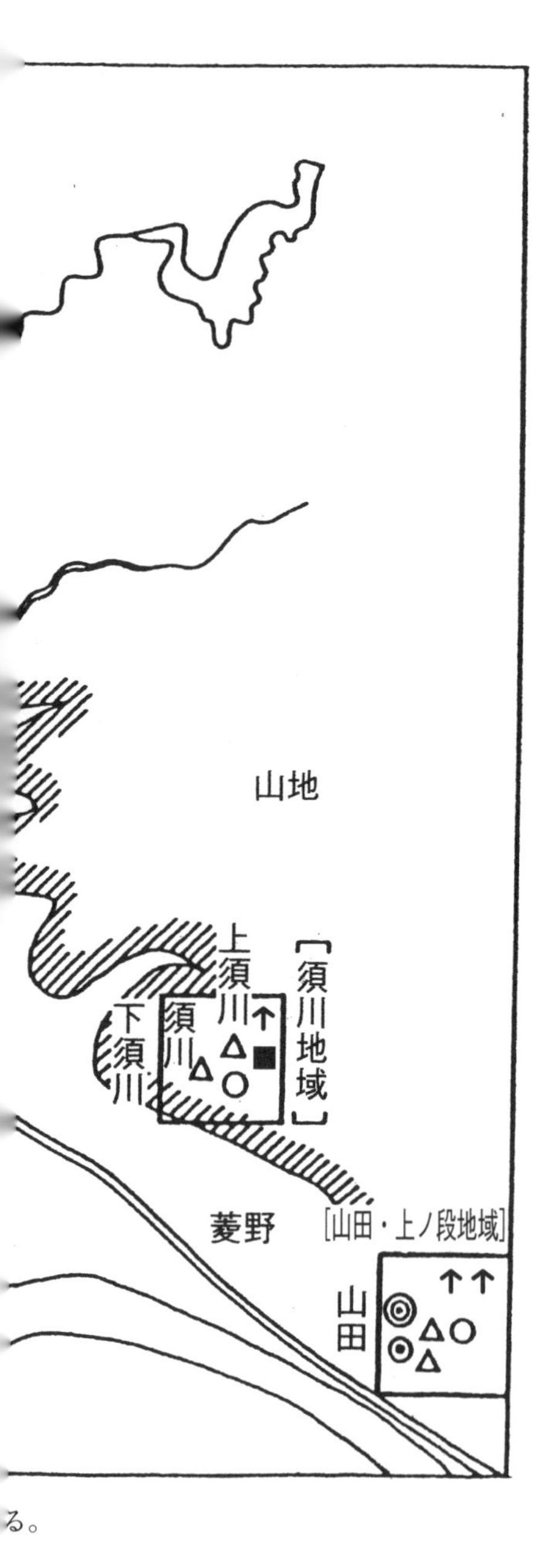

る。

地図17　朝倉市における邪馬台国時代の諸遺物

・朝倉市付近における、ほぼ確実に邪馬台国のものとみられる遺物の分布。
（ 津古生掛古墳 ガラス壁 は、著名な遺跡・遺物であるが、邪馬台国時代のものと異なる。）
▲…鉄矛　　　⟑…鉄戈
△…鉄剣　　　◆…鉄刀
◇…鉄刀子　　↑…鉄鏃
■…鉄斧　　　○…鉄鉇（やりがんな）
⊙…小形仿製鏡
◎…「長宜子孫」銘内行花文鏡
●…管玉　　　＊…絹
これらのものが、邪馬台国時代のものとみられる理由については、拙著『日本誕生記２』のなかで、ややくわしく説明している。
大きい四角でかこんだ地域は、今後詳しい調査・発掘が望まれる地域。

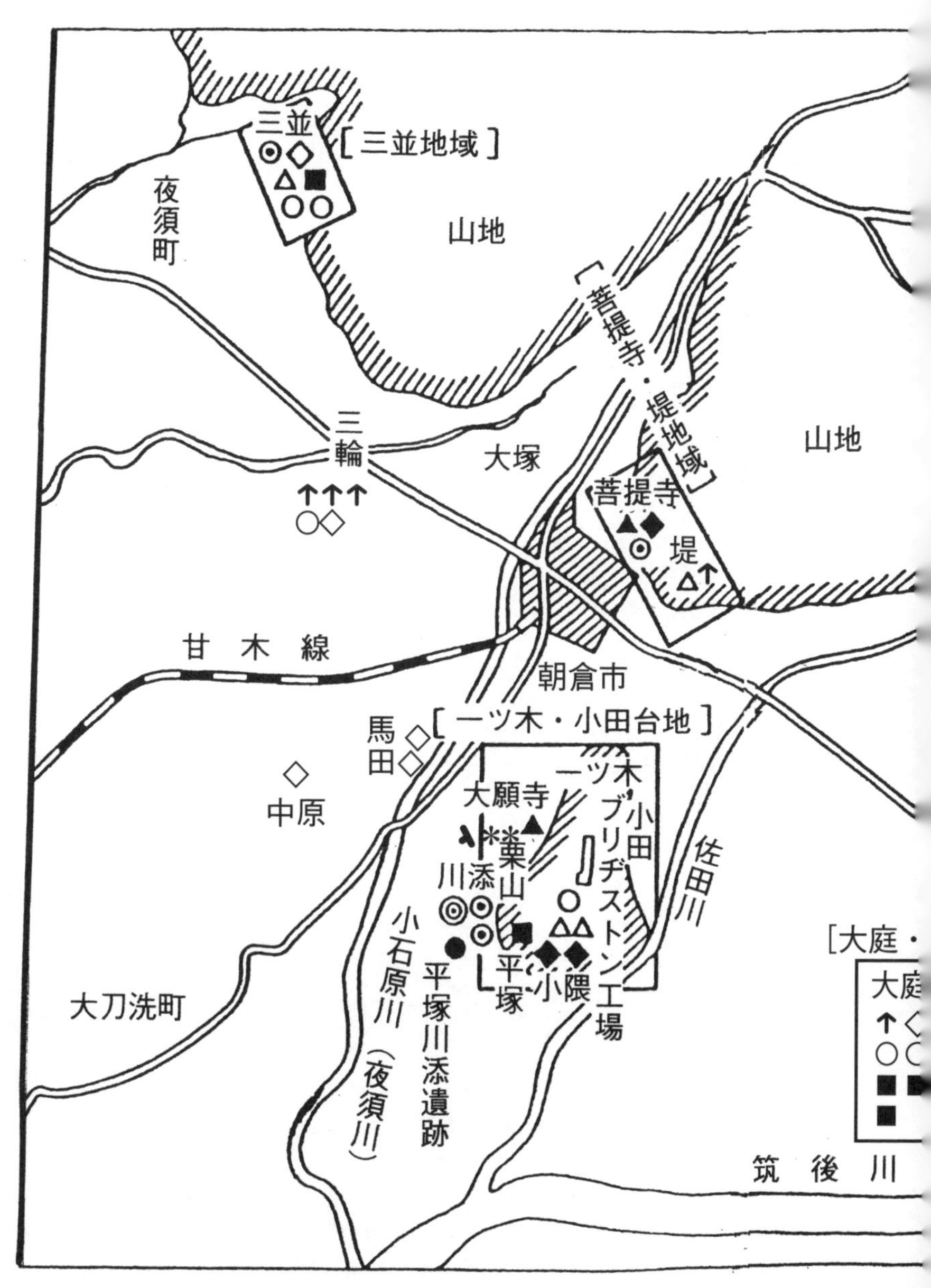

・第37代斉明天皇の「朝倉の橘の広庭の宮」については、朝倉市の山田とする説と、須川

この地から出土したものについて、すこし、議論をしておく。

鉄の矛

まず、「鉄の矛」をとりあげる。

『魏志倭人伝』には、つぎのように記されている。

「(倭人は、) 兵 (器) には、矛、楯、木弓を用いる。」

「宮室・楼観・城柵を、厳に設け、つねに人がいて、兵をもち、守衛している。」

このような文からみれば、卑弥呼の宮殿は、矛をもった人によって、

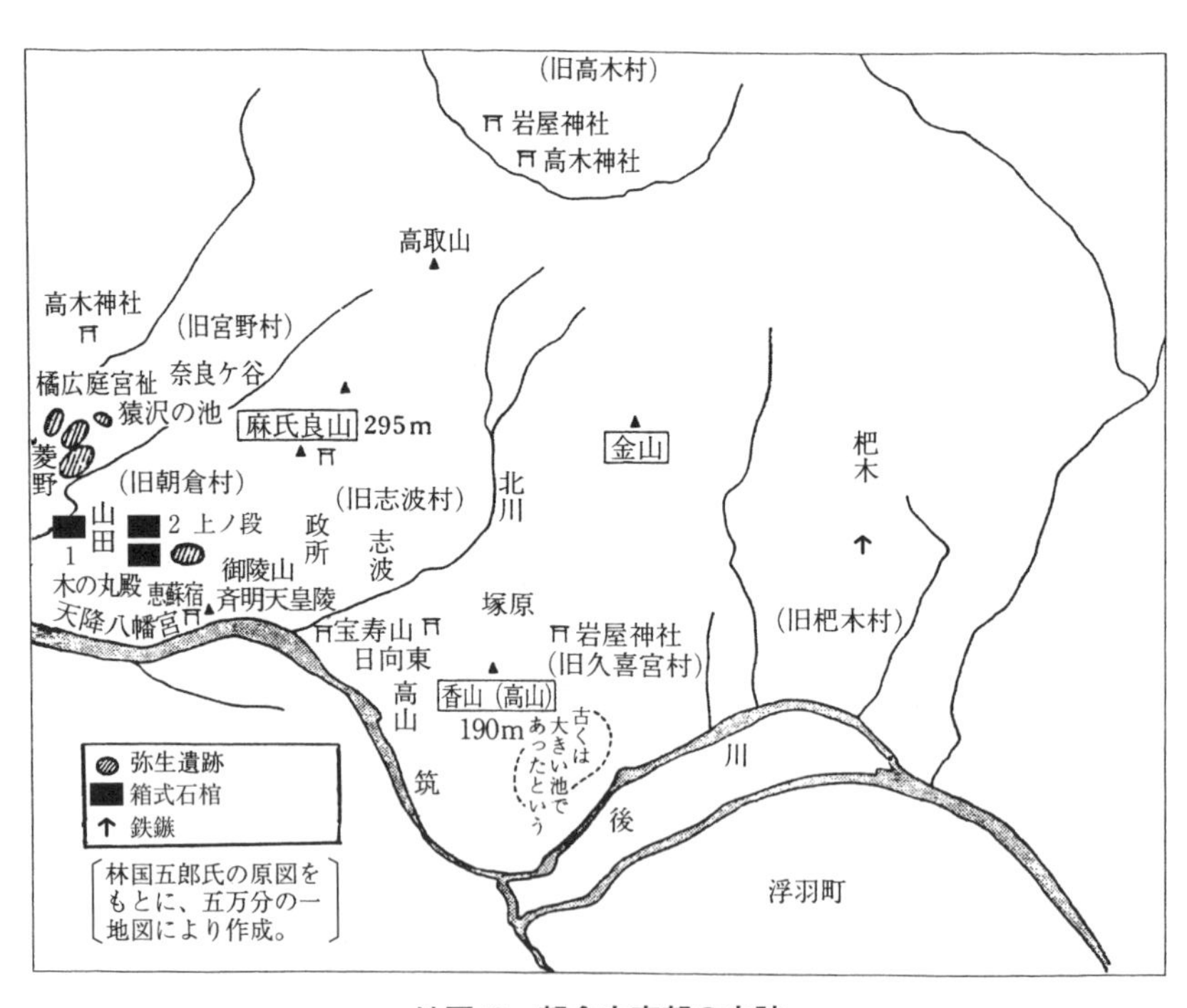

地図18　朝倉市東部の史跡

・恵蘇宿(えそのしゅく)は、古く豊後国府への官道の宿駅。
・木の丸殿(きのまろどの)は、斉明天皇崩御のさい、中大兄皇子(なかのおおえのおうじ)(天智天皇)が服喪した場所。
・菱野の地の背後の山すそからは、かつて無数の甕棺と箱式石棺が出土したという。
・この地図で、すこし気になるのは、「岩屋 (岩屋神社２ヶ所)」「金山」「香山 (香具山)」など、日本神話と関係するような地名が、目につくことである。

守られていたようである。矛は、実用の兵器であった。

邪馬台国時代の矛が、「鉄の矛」であることについては、すでに何人かの研究者がのべている。

たとえば、考古学者、佐原真は、大阪文化財センターの考古学者、坪井清足などとの討論のなかでのべている。

「**佐原**―邪馬台国の時代には、矛はもう鉄矛ですね。

坪井―鉄になっていると思います。

佐原―鉄矛に違いないと思います。」（『邪馬台国が見える！』日本放送出版協会刊）

また、考古学者の、奥野正男氏ものべている。

「弥生後期の実用の矛はすでに青銅製から鉄製に変わっており、このほか鉄剣・鉄戈なども用いられていた。

鉄矛の総出土数は（甕棺などから出土したものを含めて）十六本で、すべて九州北部から出ている。」（『邪馬台国はやっぱりここだった』毎日新聞社刊）

地図17をみれば、朝倉市の菩提寺の地、および、朝倉市の栗山の地から、鉄の矛（地図中では、▲印）が、出土していることがわかる。

広島大学川越哲志の編集した『弥生時代鉄器総覧』（広島大学文学部考古学研究室、二〇〇〇年刊）によると き、弥生時代の鉄の矛の出土地は、**表12**のようになる。**北九州からの出土が十二例中九例をしめる。半数以上の七例は、福岡県からの出土である。近畿からの出土例は、みられない。**（さきの、奥野正男氏の文章では、鉄矛の総出土数は、「十六本」となっているが、『弥生時代鉄器総覧』の資料によれば「十二本」になる。）

なお、**地図17**に示したように、朝倉市の平塚の栗山の箱式石棺からは「鉄の戈」も出土している。

表12　弥生時代の鉄矛の出土地

番号	県名	遺跡名	所在地	鉄矛	遺構名	時期	共伴遺物
1	福岡	下伊川甕棺遺跡	福岡県飯塚市二瀬町下伊川	矛1	甕棺	中期後半	なし
2	福岡	立岩遺跡	福岡県飯塚市立岩堀田	矛1	36号甕棺	中期後半	鉇1・刀子1
3	福岡	立岩遺跡	福岡県飯塚市立岩堀田	矛1	2号土壙墓	後期前半	なし
④	福岡	栗山遺跡	福岡県朝倉市平塚字栗山	矛1	石棺		
⑤	福岡	丸山公園遺跡	福岡県朝倉市菩提寺丸山公園忠霊塔敷地	矛1	5号石棺	不明	鉄刀1
6	福岡	道場山遺跡	福岡県筑紫野市武蔵	矛1	1地点棺外葬品？	中期	なし
7	福岡	元松原遺跡	福岡県遠賀郡岡垣町吉木字元松原	矛1	不明		鉇1
8	佐賀	中原遺跡	佐賀県唐津市原字中原	矛1	7号甕棺	中期末	鉄戈1・甕棺・碧玉製管玉・小玉
9	佐賀	二塚山遺跡	佐賀県三養基郡上峰町堤字五本谷・神埼郡東脊振村大曲字東山	矛1	46号甕棺	後期	甕棺、渦文鏡
10	山口	下七見遺跡	山口県下関市七見地区	矛1	19地区竪穴住居跡2号	中期末	砥石
11	山口	下七見遺跡	山口県下関市七見地区	矛1	25地区竪穴住居跡3号	中期末	なし
12	長野	上田原遺跡	長野県上田市上田原字塚原	矛1	40号土壙	後期後半	弥生土器

・川越哲志編『弥生時代鉄器総覧』（広島大学文学部考古学研究室、2000年刊）による。
・番号をマルでかこんだものは、朝倉市からの出土。

絹

『魏志倭人伝』には、「（倭人は、）養蚕をおこない、糸をつむぎ、細かな縑や緜を作っている」と記されている。

また、魏に献じた品物のなかに、「倭錦、絳青縑、緜衣、帛布」などがある。

絹が、用いられていたのである。

地図17をみると、朝倉市の平塚の栗山の地から、絹が二点出土している。

考古学者の森浩一氏は、その著『古代史の窓』（新潮文庫、一九九八年刊）のなかでのべている。

「ヤマタイ国奈良説をとなえる人が知らぬ顔をしている問題がある。（中略）

布目氏（布目順郎、京都工芸繊維大学名誉教授）の名著に『絹の東伝』（小学館）がある。目次をみると、『絹を出した遺跡の分布から邪馬台国の所在等を探る』の項目がある。簡単に言えば、弥生時代にかぎると、絹の出土しているのは福岡、佐賀、長崎の三県に集中し、前方後円墳の時代、つまり四世紀とそれ以降になると奈良や京都にも出土しはじめる事実を東伝と表現された。布目氏の結論はいうまでもなかろう。倭人伝の絹の記事に対応できるのは、北部九州でありヤマタイ国もそのなかに求めるべきだということである。この事実は論破しにくいので、つい知らぬ顔になるのだろう。」

『朝日新聞』の記者、柏原精一氏は、その著『邪馬台国物産帳』（河出書房新社、一九九三年刊）のなかで、布目順郎の研究などを紹介したうえで、つぎのようにのべている。

「ここで、弥生時代から古墳時代前期までの絹を出土した遺跡の分布図を見てみよう。邪馬台国があった弥生時代後期までの絹は、すべて九州の遺跡からの出土である。近畿地方をはじめとした本州で絹が認められるのは、古墳時代に入ってからのことだ。

ほぼ同じ時代に日本に入ったとみられる稲作文化が、あっという間に東北地方の最北端まで広がったのとは、あまりの違いである。ヤマグワの分布は別に九州に限らないから、気候的な制約は考えにくい。

布目さんは次のような見解をもっている。

『中国がそうしたように、養蚕は九州の門外不出の技術だった。少なくともカイコが導入されてから数百年間は九州が日本の絹文化を独占していたのではないか』

倭人伝のいうとおりなら、邪馬台国はまさしく絹の国。出土品から見ても、少なくとも当時の九州にはかなり高度化した養蚕文化が存在したことには疑いがない。

『発掘調査の進んでいる本州、とくに近畿地方で今後、質的にも量的にも九州を上回るほどの弥生時代の絹が出土することは考えにくい』

そうした立場に立つなら、『絹からみた邪馬台国の所在地推定』の結論は自明ということになるだろう。」

京都大学の出身者は、伝統的に「邪馬台国＝畿内説」をとる人が多いといわれる。

しかし、ここに名のみえる柏原精一氏も、布目順郎も、京都大学の出身者である。

ただ、柏原精一氏も、布目順郎も、理科系の学部の出身者である。

ものごとを、データに即してリアルにみる理科系の方の判断は、京都大学の出身の考古学者とは、また別ということであろうか。

鉄の鏃（やじり）

『魏志倭人伝』は、記している。

「竹の箭（や）は、あるいは、鉄の鏃（やじり）、あるいは、骨の鏃を用う。」

倭人は、「鉄の鏃」を使っていたのである。

朝倉市からは、**地図17**、**地図18**にみられるように、十一個の鉄の鏃が出土している。福岡県全体では、三九八個の鉄の鏃が出土している。

これに対し、奈良県では県全体で、わずか四個の鉄の鏃が出土しているにすぎない。（以上の数値は、いずれも、川越哲志編『弥生時代鉄器総覧』による。）

奈良県には、奈良市をはじめ、桜井市、天理市、橿原市、大和高田市、大和郡山市、香芝市、御所（ごせ）市、五条市、生駒市など、多くの市がある。それにもかかわらず、奈良県全体での鉄の鏃の出土数四個は、福岡県の朝倉市一市の十一個の鉄の鏃の半分に満たないのである。

なお、九州本島北部での鉄の鏃の出土状況をみると、**地図19**のようになる。

熊本県大分県から、相当数の鉄の鏃が出土していることがわかる。

『魏志倭人伝』に記されている狗奴国を、熊本県方面に存在したとみて、狗奴国と邪馬台国との対立が反映して、このような鉄の鏃の分布状況になったのであろうか。

福岡県と奈良県との出土状況の比較

おもに『魏志倭人伝』に記されているものの遺物について、福岡県と奈良県との出土状況を比較すると、**表13**のようになる。

邪馬台国畿内説の方々は、古墳時代のはじまりの年代や、三角縁神獣鏡や画文帯神獣鏡の年代を、古くりあげることによって、畿内説の存在をはかろうとする。

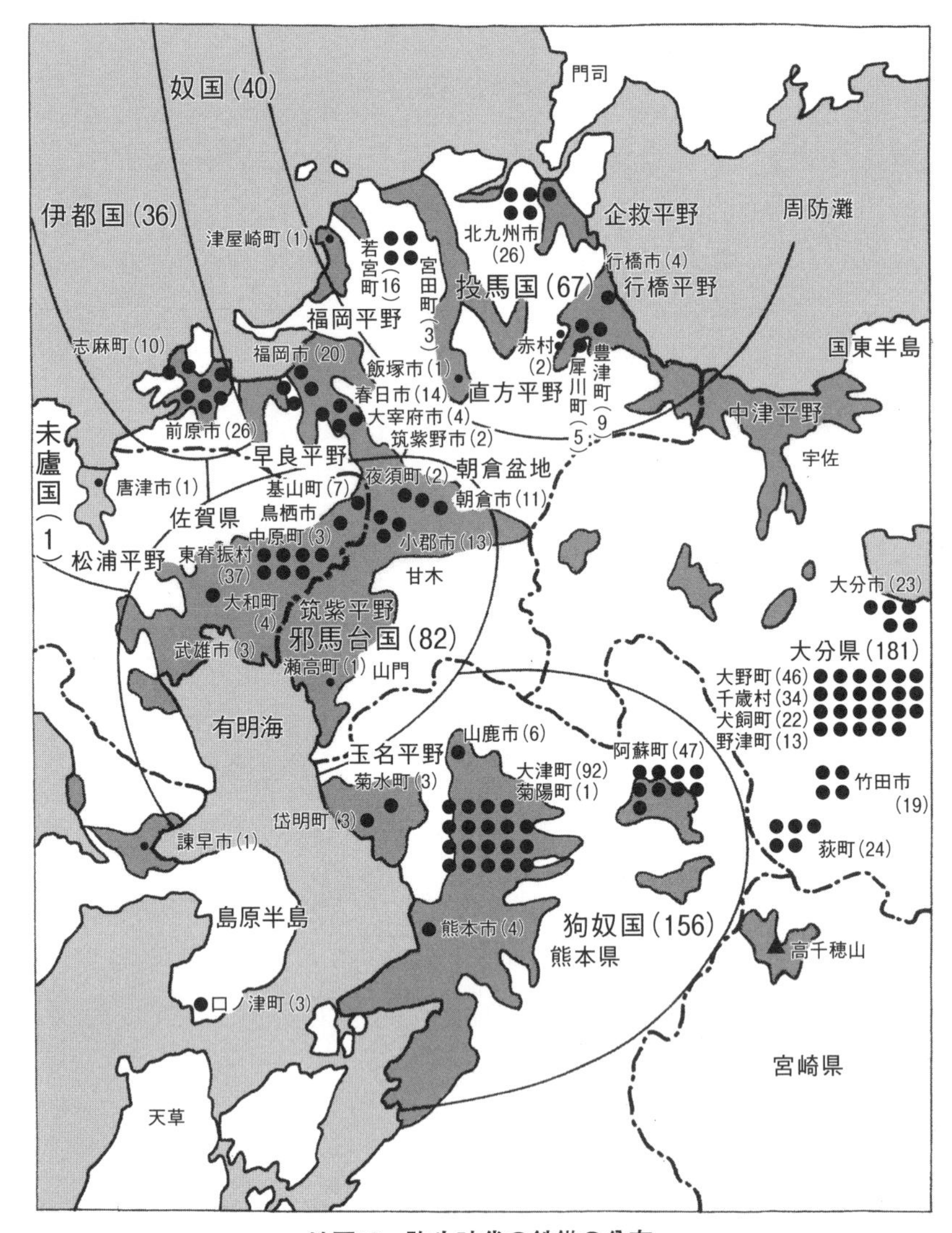

地図19　弥生時代の鉄鏃の分布

●印１個は、鉄の鏃５個をあらわす。鉄の鏃３個、４個は５個に切りあげ、２個１個は切りすてている。つまり、２捨３入してある。１個～２個単独で出土したばあいは、特別に記されている。

表13　おもに『魏志倭人伝』に記されている遺物の、福岡県と奈良県の出土状況の比較

<table>
<tr><th></th><th colspan="2">県／諸遺物</th><th>福岡県</th><th>奈良県</th></tr>
<tr><td rowspan="16">『魏志倭人伝』に記載されているものに関係する遺物（大略西暦三〇〇年以前、弥生時代の遺物）</td><td colspan="2">弥生時代の鉄鏃</td><td>398個</td><td>4個</td></tr>
<tr><td colspan="2">鉄　刀</td><td>17本</td><td>0本</td></tr>
<tr><td colspan="2">素環頭大刀・素環頭鉄剣</td><td>16本</td><td>0本</td></tr>
<tr><td colspan="2">鉄　剣</td><td>46本</td><td>1本</td></tr>
<tr><td colspan="2">鉄　矛</td><td>7本</td><td>0本</td></tr>
<tr><td colspan="2">鉄　戈</td><td>16本</td><td>0本</td></tr>
<tr><td colspan="2">素環頭刀子・刀子</td><td>210個</td><td>0個</td></tr>
<tr><td colspan="2">邪馬台国時代に近いころの銅矛・銅戈
（広形銅矛・中広形銅矛・中広形銅戈）</td><td>203本</td><td>0本</td></tr>
<tr><td colspan="2">絹製品出土地</td><td>12地点</td><td>0地点</td></tr>
<tr><td colspan="2">10種の魏晋鏡</td><td>38面</td><td>2面</td></tr>
<tr><td rowspan="4">庄内期出土の鏡</td><td>寺沢薫氏のデータによる</td><td>30面</td><td>3面</td></tr>
<tr><td>奥野正男氏のデータによる</td><td>98面</td><td>4面</td></tr>
<tr><td>小山田（こやまだ）宏一氏のデータによる</td><td>47面</td><td>4面</td></tr>
<tr><td>樋口隆康氏のデータによる</td><td>5面</td><td>0面</td></tr>
<tr><td colspan="2">ガラス製勾玉・翡翠製勾玉</td><td>29個</td><td>3個</td></tr>
<tr><td rowspan="4">古墳時代の遺物（大略西暦三〇〇年以後）</td><td colspan="2">三角縁神獣鏡</td><td>56面</td><td>120面</td></tr>
<tr><td colspan="2">画文帯神獣鏡</td><td>4面</td><td>26面</td></tr>
<tr><td colspan="2">前方後円墳（80m以上）</td><td>23基</td><td>88基</td></tr>
<tr><td colspan="2">前方後円墳（100m以上）</td><td>6基</td><td>72基</td></tr>
</table>

しかし、銅同位体比でみると、三角縁神獣鏡や画文帯神獣鏡には、188・189ページの**表11**にみられるように、中国の長江（揚子江）流域系の、呉の国系の銅が用いられている。このようなことがおきるのは、二八〇年に呉の国が滅亡し、呉の国系の銅が、中国の北にもはいるようになって以後に、おもにおきた現象のようにみえる。

三角縁神獣鏡や画文帯神獣鏡は、文様も、中国の長江流域系のものである。

三角縁神獣鏡や画文帯神獣鏡は、むしろ、おもに、四世紀の中国の南京あたりに都のあった東晋（三一七～四二〇）時代にあたるころの、わが国における鏡の状況を示すものであろう。

なお、箱式石棺については、もとは存在したけれども、現在は、消えてしまった箱式石棺もすくなくないと思われる。

いまから、四〇年～五〇年ほどまえのころ、北九州の甘木市（現在の朝倉市）のあたりをおとずれると、民家の軒下や、畑の片すみなどに、何枚もの平らな緑泥片岩（りょくでいへんがん）が、重ねて積んであったり、たてかけられたりしてた。

畑などをたがやしたりしたさいにでてきた箱式石棺に用いられていた緑泥片岩がおかれていたのである。

なお、時代によって、人口の密集地に移動のあることは、すでに東洋史学者で、慶応大学の教授であった橋本増吉が、その大著『東洋史上より見たる日本上古史研究』（東洋文庫、一九五六年刊）のなかで、国語学者、山田孝雄（やまだよしお）の議論（『狗奴国考』［『考古学雑誌』第十二巻、第十号、一九二二年］）などを批判して、つぎのようにのべているとおりである（原文は、旧漢字、旧かなづかいでやや文語的な表現のめだつ文章なので、現代文ふうにあらためた）。

『博多は今日でも九州第一の大都である』とは、はたして何にもとづいて断定したところであるか。もし人口の点を見れば、大正十四年（一九二五）十月一日第二回国勢調査の統計で、九州第一の都市は長崎市で人口十八万九千余、つぎは熊本市で人口十四万七千余、第三位が博多を抱括した福岡市で人口十四万六千余となっている。すなわち博多は今日九州第一の大都ではなく、福岡を加えてもなお九州第三の都市であるにすぎないのである。もっとも、かの論文は明治四十四年（一九一一）に作られたものだそうであるから、こころみにその当時の統計を見ても、明治三十六年（一九〇三）度の現在数が、長崎市十五万三千二百九十三人、福岡市七万一千四十七人、佐世保市六万八千三百四十四人、熊本市五万九千七百十七人であり、明治四十一年（一九〇八）年の現在数が、長崎市十七万六千四百八十人、佐世保市九万三千五十一人、福岡市八万二千百六人、鹿児島市六万三千六百四十人となっている。すなわち、福岡市はその当時においても、第二位あるいは第三位を占めるのみで、しかも、その人口数は長崎市のなかばにも上らないのである。私はこのような穿鑿をあえてするのは、論者の論拠が、いかに粗雑な知識観念にもとづくものであるかを明らかにし、もって『古今の変があっても、人工的に地勢を改めない以上は、地理上の便利は古今で大差のあるはずがない。このゆえに倭人国の首都邪馬台国に次ぎ、九州貿易の中心である奴国に倍するほどの有勢地は、今日にあっても、なんらかの痕跡をとどめていることを予想しうる』とか、「戸数だけ見ても邪馬台の大きいことがわかる。もしこの大国が九州の内にあったとすれば、今日その遺跡がどこかにあるべきである』とか、『邪馬台という地名の似よつたものをさがせばあるけれども、戸数を考えて見れば話にならない。とにかく九州で一番開けた北部の灘が三万余戸で、その二倍以上の人口のあつたところが、九州の内にあつたとは信じられない』とかいう類の粗雑放漫な空論に対して、その注意を求めるためである。」

「みやこ」の意味

以上までの議論について、以下に、いくつかの補足的なことを記しておこう。まず、日本語の「みやこ」ということばについて記す。

そもそも、日本語の「みやこ」ということばは、「宮」ということばと、「場所を意味するコ」との複合語とみられている。」「場所を意味するコ」は、「ココ」「ソコ」「イズコ」などの「コ」である。

そして、「みや」は、接頭語の「ミ（御）」と、建物、家屋を意味する「ヤ（屋）」との複合語とみられている。「ミ（御）」は神・天皇・宮廷などに属するものであることをあらわす接頭語である。

よって、日本語の「宮処」は、「天皇の住んでおられる場所」「皇居のあるところ」の意味である。

これに対し、漢字の「都」は、もともとは、「人々の集まる大きな町」「国の中心ときめた大きな町」の意味である。

「都」は、やや移動しにくいが、天皇の住む場所である「みやこ」は、やや移動しやすい。

古代の天皇の都は、しばしば動いている。このように、日本語の「みやこ」ということばと、中国語の「都」という語とは、すこし意味が異なる。

『魏志倭人伝』には、つぎのように記されている（国名の読み方は、暫定的なものである）。

「南（行）して、邪馬台国にいたる。女王の都するところである。（中略）七万余戸ばかりである。（中略）つぎに斯馬国がある。つぎに巳百支国がある。つぎに伊邪国がある。つぎに都支国がある。つぎに弥奴国がある。つぎに好古都国がある。つぎに不呼国がある。つぎに姐奴国がある。つぎに対蘇国がある。つぎに蘇奴国がある。つぎに呼邑国がある。つぎに華奴蘇奴国がある。つぎに鬼国がある。つぎに為吾国がある。つぎに鬼奴国がある。つぎに邪馬国がある。つぎに躬臣国がある。つぎに巴利国がある。つぎに支惟国（きいこく）がある。つぎに烏奴国（あなこく）がある。つぎに奴国（なこく）がある。これは、女王の境界のつきるところである。」

ここの文章は、さまざまな解釈が可能であるが、私は、つぎのように考える。

まず、この文章の最後の、「女王の境界」ということばに注目する。これは、「女王国の境界」の意味であると考える。

この文のはじめのほうの、「女王の都するところ」と、おわりの「女王の境界のつきるところ」とが、対応していると考える。『魏志倭人伝』の、「邪馬台国女王之所都」は、「邪馬台国は、女王の都するところである」とも読めるが、また、「邪馬台国は、女王の都（す）べる（統率する、支配する）ところである」とも読める。「邪馬台国女王之所都」は、「女王の都（す）べるところ」という意味あいも、あるていど含んでいるものと考える。

「邪馬台国」が「女王の都（す）べるところ」であるとすれば、「邪馬台国」というのは、斯馬国（しま）以下、「女王の境界のつきる」奴国までの二十一か国を含む総合名称であるという解釈がなりたつ。

この「邪馬台国」のなかに、卑弥呼の宮殿があり、その「総合名称」である「邪馬台国」全体の戸数が、「七万余戸」であったと考える。

なお、『魏志倭人伝』の「女王国」ということばは、「女王国＝邪馬台国」、すなわち、対馬国や一大（支）国や末盧国や奴国などをふくめない「邪馬台国」の意味で用いられている。

「女王国」を北九州のほぼ全域の意味にとる解釈があるが、そのような解釈をすると、「女王国より以北の国」とか、「女王国より以北には、とくに一大率をおいて」とか、「帯方郡より女王国にいたる里程」とかが、女王国の一部をなす対馬国よりも北をさすことになり、意味をもたないものになってしまう。

「女王国」の意味を、北九州のほぼ全域といった広い意味に解釈することが無理であり、邪馬台国そのものの意味に解釈すべきであることについては、井上光貞も、『古代史研究の世界』（吉川弘文館刊）のなかで、ややくわしくのべている。

ただ、伊都国については、女王国の北の国であっても、『魏志倭人伝』に、「世々王があり、みな女王国に属している」とあるから、女王国に帰属していたのであろう。

話の整合性

「箸墓古墳＝卑弥呼の墓」説をとなえた笠井新也は、のべている。

「思うに、『魏志倭人伝』における邪馬台国と卑弥呼との関係は、たがいに密接不離の関係にあり、これが研究は両々あいまちあい援けて、始めて完全な解決に到達するものである。その一方が解決されたかに見えても、他方が解決しない以上、それは真の解決とは言いがたいのである。たとえば、錠と鍵との関係のごとく、両者相契合（けいごう）して始めてそれぞれ正しい錠であり、正しい鍵であることが決定されるのである。」（「卑弥呼の冢墓と箸墓」〔『考古学雑誌』第三十二巻、第七号、一九四二年七月〕）

「邪馬台国と卑弥呼とは『魏志倭人伝』中の最も重要な二名辞で、しかも最も密接な関係を有するものであって、そのいずれか一方さえ解決を得れば、他はおのずから帰着点を見いだすべきものである。すなわち邪馬台国がどこであるかという問題さえ解決すれば、卑弥呼が九州の女酋であるか、あるいは大和朝廷に関係ある婦人であるかの問題はおのずから決すべく、また卑弥呼が何者であるかという問題さえ解決すれば、邪馬台国が畿内にあるか九州にあるかはおのずから決するのである。されば吾人は、二者のうちいずれにしても解決の容易なものより手をつけてこれを究明し、しかる後に他に考え及ぶのが

怜悧な研究法であろうと思う。」（「邪馬台国は大和である」〔『考古学雑誌』第十二巻第七号、一九二二年三月〕）

邪馬台国問題と卑弥呼問題とは、同時に解決されるべし、という笠井新也の主張は、はなはだもっともである。

そして、笠井新也は、卑弥呼に、崇神天皇の時代に活躍した倭迹迹日百襲姫をあて、卑弥呼の墓に『日本書紀』が、倭迹迹日百襲姫の墓と記している箸墓をあてた。

しかし、箸墓古墳の全長二七八メートルは、卑弥呼の墓の径百余歩（一五〇メートルていど）にくらべ、大きすぎる。径百余歩を、墳墓の大きさそのものとしても、墓域と考えても、箸墓古墳の大きさとあわない。

そして、卑弥呼に天照大御神をあて、その墓に平原王墓をあてる、あるいは、宮殿の場所として朝倉市地域を考える。そのほうが、笠井新也説よりも、全体的にずっと無理がすくない。年代論的にも整合的であると考えるべきである。

2　古代の「市（いち）」について

「陵」や「宮殿」と「市」

「第Ⅲ編」のおわりに、古代の「市（いち）」について、議論しておこう。

それは、大きな陵や大きな墓、宮殿などのつくられるところは、しばしば古代の「市（いち）」の近くであったからである。

いま、古代のおもな「市（いち）」のある場所をまとめれば**表14**のようになる。これを、152・153ページの**地図10**の上に記せば、**地図20**のようになる。

表14　古代の「市」のある場所

市の名	近くにあった宮殿・陵・墓	所在地	文献
大市	箸墓古墳	奈良県桜井市大字箸中	『日本書紀』「崇神天皇紀」
海石榴市	崇神天皇の宮殿	奈良県桜井市金谷	『日本書紀』「武烈天皇紀」に歌垣の記載。『万葉集』にも、「歌垣」でよまれた歌。
餌香の市（会賀の市）（河内の市）	古市古墳群（応神天皇陵、仲哀天皇陵、仁賢天皇陵、清寧天皇陵、安閑天皇陵など）	大阪府藤井寺市（河内の国の国府の近く）	『日本書紀』「雄略天皇紀」、「顕宗天皇紀」。『続日本紀』宝亀元年（770）に、「会賀市司」任命の記載。
軽の市	応神天皇の宮殿（軽島の明宮）	奈良県橿原市大軽町ふきん	『日本書紀』「応神天皇紀」、「天武天皇紀」。
難波の市	仁徳天皇の宮殿	大阪府大阪市	『今昔物語』
阿斗の桑の市	物部氏の本貫地（本籍地）のあたり	大阪府八尾市植松ふきんか	『日本書紀』「敏達天皇紀」。この地に、物部の守屋の墓がある。

たとえば、『日本書紀』の「崇神天皇紀」によれば、「箸墓」は、「大市」につくられた、とある。「大市」は、大きな市のある場所であったとみられる。

また、崇神天皇の宮殿は、現在の桜井市の金谷の地にあったとみられる。この地の近くには、「海石榴市」という市があった。

金谷に、餅売、栗買、上市口などの小字名が残っているのは、市のあったなごりとみられる。

この市では、求婚の場となる「歌垣」が行なわれた。海石榴市での「歌垣」のことは、『日本書紀』の「武烈天皇紀」にみえる。また、『万葉集』にも、「海石榴市」の名はみえ、歌垣で詠まれたとみられる歌がおさめられている。

そして、「市」は、中国でも、日本でも処刑を行なうところであった。

司馬遷の『史記』の「呉王濞列伝」に、御史大夫という高官の鼂錯が漢の都の長安の東の市で、礼服を着たまま、腰斬（腰のところできって、からだを上下二つにする）の刑に処せられたことが、記されている。

この話は、『漢書』の「鼂錯伝」に、さらにくわしく記されている。

そこには、「鼂錯を腰斬の刑に処し、その父母、妻子、兄弟らも、年齢にかかわりなく、みな棄市にすべきである」という文がみえる。「棄市」、すなわち、「市に棄る」とは、本来、「市場で、罪人を処刑し、みんなで、この世から追放する」ことである。「さらし首」にすることである。

『漢書』では、「劉屈氂伝」に、漢の武帝の腹ちがいの兄、中山靖王の子の劉屈氂が、食物をのせる車で引きまわされ、東の市で、腰斬の刑に処せられ、その妻子を、長安城中の華陽街で、さらし首（梟首）にした」という記事がある。

『漢書』では、また、「雋不疑伝」に、天一坊のような事件があり、太子を詐称した成方遂という男を、東の市で、腰斬の刑に処したことが記されている。

陳寿の編纂した『三国志』の「諸夏侯曹伝」にも、つぎのようにある。

「夏侯玄は度量大きく世を救う志をもった人物であったが、（魏の都、洛陽の）東の市場での斬刑に臨んでも、顔色一つ変えず、立居ふるまいは泰然自若としていた。時に四十六歳であった。」

夏侯玄は、魏の国の政治家で、司馬氏を打倒しようとして失敗し、捕らえられて殺された。

『世説新語』という文献がある。中国で、五世紀のなかばごろ成立したものである。知識人のエピソード

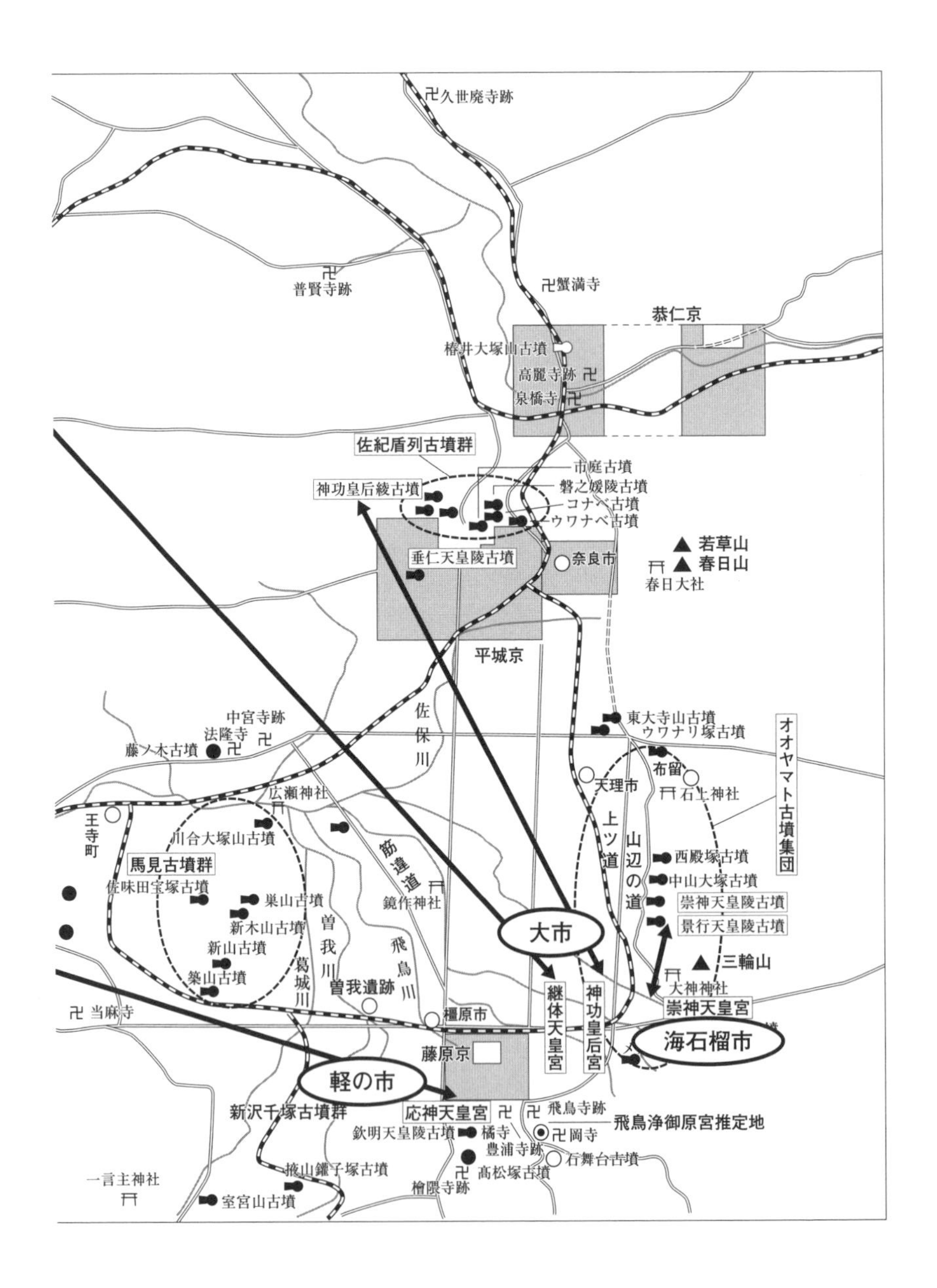
久世廃寺跡
普賢寺跡
蟹満寺
恭仁京
椿井大塚山古墳
高麗寺跡
泉橋寺
佐紀盾列古墳群
市庭古墳
磐之媛陵古墳
コナベ古墳
ウワナベ古墳
神功皇后綾古墳
垂仁天皇陵古墳
奈良市
若草山
春日山
春日大社
平城京
佐保川
中宮寺跡
法隆寺
藤ノ木古墳
東大寺山古墳
ウワナリ塚古墳
オオヤマト古墳集団
布留
天理市
石上神社
広瀬神社
王寺町
川合大塚山古墳
馬見古墳群
佐味田宝塚古墳
巣山古墳
新木山古墳
新山古墳
築山古墳
筋違道
鏡作神社
曽我川
葛城川
飛鳥川
上ツ道
山辺の道
西殿塚古墳
中山大塚古墳
崇神天皇陵古墳
景行天皇陵古墳
大市
三輪山
大神神社
崇神天皇宮
継体天皇宮
神功皇后宮
曽我遺跡
当麻寺
橿原市
海石榴市
藤原京
軽の市
新沢千塚古墳群
応神天皇宮
飛鳥寺跡
飛鳥浄御原宮推定地
欽明天皇陵古墳
橘寺
岡寺
豊浦寺跡
石舞台古墳
一言主神社
掖山鑵子塚古墳
高松塚古墳
檜隈寺跡
室宮山古墳

地図20　「市（いち）」のある場所

を集めた逸話集である。

そのなかに、夏侯玄の話は、ややくわしく記されている。

「夏侯玄が、捕らえられたとき、鐘毓（しょういく）が廷尉（ていい）（刑罪をつかさどる官）であった。鐘毓の弟の鐘会（しょうかい）（魏の政治家。蜀の国をほろぼした人）は、それまで、夏侯玄と面識がなかった。鐘会は、夏侯玄に、気軽で、なれなれしい態度をとった。

そこで、夏侯玄はいった。

『たとえ刑をうけるものであっても、そのような言葉をうかがうほど落ちぶれてはおりませぬぞ。』

夏侯玄は、拷問（ごうもん）をされても、終始一言も発しなかった。（洛陽の）東の市（中国の洛陽城、長安

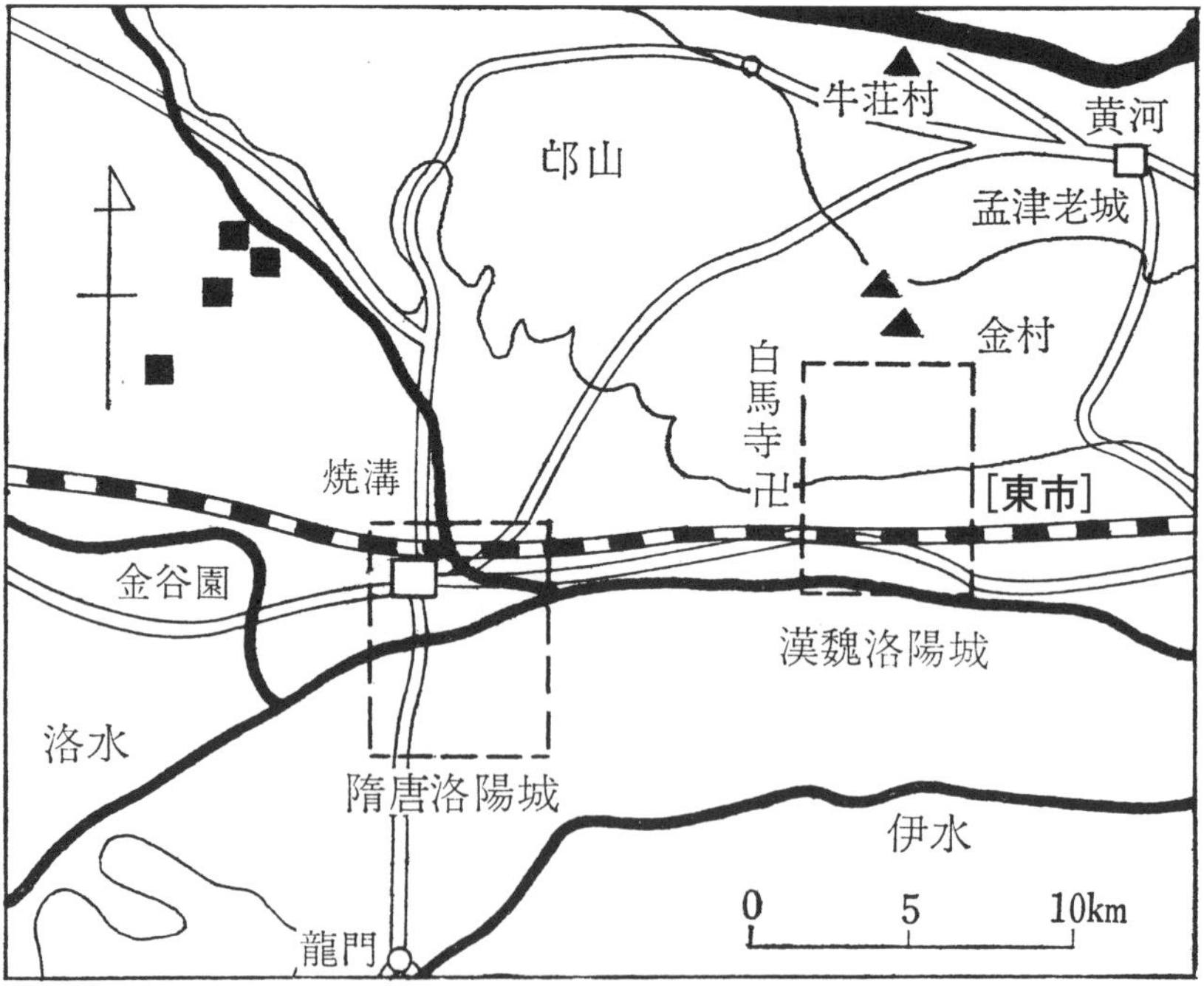

地図21　洛陽の東市（▲後漢の大古墳、■北魏の大古墳）

森浩一「卑弥呼の冢」（『ゼミナール日本古代史　上』〔光文社、1979年刊〕所収）にのっている地図をもとに作図。

城、わが国の平城京、長岡京、平安京などには、東の市と、西の市とがあった）で処刑されるさいにも、顔色ひとつ変えなかった。」

市場で、処刑が行なわれるのは、古代日本でも同じであった。

『日本書紀』の「雄略天皇紀」の十三年三月の条に、開化天皇の子孫の歯田根の命が、采女（後宮の女官。許可なく勝手に関係をもつことはできない）の山辺の小嶋子と通じたために、罰せられた話が記されている。歯田根の命の資材を、「餌香の市」の橘の木の下のところに陳列したという話である。

「餌香の市」は、応神天皇陵古墳などのある大阪府の古市古墳群の近くにあった。

『日本書紀』の「敏達天皇紀」の十四年三月の条に、およそ、つぎのような話がのっている。

「国に、伝染病（天然痘とみられる）が大流行した。かねて、仏教を排撃し、蘇我の馬子と対立していた物部の守屋たちは、病気がはやるのは、仏教を行なったためであると、強く主張した（天然痘と仏教が、ともに、朝鮮半島から伝わった可能性はある）。そして、寺の塔をたおし、火をつけて焼いた。仏像と仏殿も焼いた。焼け残った仏像も、難波の堀江にすてさせた。

そして、蘇我の馬子が世話をしていた尼の善信らを、呼び出した。役人たちは、尼たちの法衣をうばい、海石榴市の駅舎で、鞭打ちの刑に処した。」

伊都国にも「市」があったはず

「女王国から北の地には、特に一人の統率者を置いて諸国をとりしまらせている。諸国もこれを恐れはばかっている。その統率者は、つねに伊都国に駐屯していて、中国の刺史のようなものである。

倭の王が使いを遣わして、魏の都や帯方郡、また、各韓国に行かせるときや、帯方郡の使いが倭国に行くときはみな、港で荷物をあらため、文書・賜り物などにあやまりがないか確かめて女王に差し出す。
不足やくい違いは許されない。」

伊都国は、帯方郡からの使い、魏の国からの使いに、倭国の威信を示す必要のある地であったとみられる。ここに、立派な墓地をいとなんだのは、そのような意図があったのであろう。

『魏志倭人伝』はまた、「国ごとに市がある」と記している。

当然、伊都国にも、「市」があったであろう。それは、平原王墓の近くにあったであろう。

応神天皇、仲哀天皇、仁賢天皇、清寧天皇、安閑天皇などの諸天皇の陵のある大阪府の大古墳群、すなわち「古市古墳群」の地には、著名な「餌香の市」があった。海石榴市は、崇神天皇などの宮殿の近くにあった。

これまでの話でにのべてきた刑罰の話などは、多くの人の眼にふれさせ、みせしめとしたのである。

「海石榴市」も「餌香の市」も、水陸交通の要衝の地にあった。

話の種となって、より多くの人々にしらせるという効果が、ねらわれていたとみられる。

応神天皇の宮殿の地には「軽の市」があった。仁徳天皇の宮殿の地には、「難波の市」があった。宮殿の威容を示すことは、朝廷の威を示すことにつながる。統治上、必要なことであった。

さらに、『日本書紀』の「推古天皇紀」の十六年八月の条には、唐からの客を、「海石榴市の巷で迎えた。」という記事がある。

また、『日本書紀』の「敏達天皇紀」に、日羅（～五八四）という人を、「阿斗の桑の市」（河内国渋川郡跡部郷。大阪府八尾市跡部。**地図20参照**）につくった館にとどまらせた、という記事がみえる。

日羅は、日本人系の百済の官吏である。これも、客人接待といえよう。

これらのことが行なわれるのは、テレビや新聞もない時代、政府の威信などを人々に伝え示す広報作用も、市にはあったのである。ときには、「みせびらかす」というようなはたらきがあったのである。

『魏志倭人伝』には糸島市にあったとみられる「伊都国」について、つぎのようにある。

「（伊都国は、）帯方郡の使いが往来するときは、つねに、ここに泊（と）まる。」

当然、伊都国にも、市があったとみられる。そして、その市は、帯方郡の使いが泊（と）まる場所の近くにあった可能性が大きい。

大古墳群や都の近くに市があるのも、人々に大古墳群や都をみせて、朝廷などの威容を示すためとみられる。

威信を示す効果

『万葉集』の四二六〇番、四二六一番の歌に、つぎのような歌がある。

「大君（おおきみ）は神にしませば赤駒（あかごま）の腹這（はらば）う田居（たい）を都（みやこ）となしつ」（大君は、神でいらっしゃるので、赤駒（あかごま）の、腹ばっていた田んぼでも都となさった。）

「大君は　神にしませば　水鳥（みずとり）のすだく水沼（みぬま）を　都となしつ」（大君は、神でいらっしゃるので、水鳥の、集まる沼でも、都となさった。）

立派な都をつくることは、天皇の神のような力を、人々に示すことであった。

中国でも『漢書』の「高帝紀下」に、つぎのような話がのっている。

漢の劉邦（りゅうほう）の時代に、丞相の蕭何（しょうか）が、長安に未央宮（びおうきゅう）を造営した。

劉邦が、長安にはいったとき、未央宮が、あまりに壮麗であるので、蕭何に怒っていった。

「天下がおののき、戦争に苦労すること数年、その帰趨もわからないのに、こんな度はずれた宮殿をつくるとは、どうしたことか。」

蕭何が答えていった。

「できるだけ壮麗に造り、威光を示さなければ、天下はしたがわず、平定することはできないのです。」

テレビもマスコミもない時代、権力は視覚化される必要があった。人々の話の種となる材料が、必要であったのである。

都は、筑後川流域にあったとしても、卑弥呼の墓地を、伊都国の地にもうけ、立派に造営したとすれば、それは、そのほうが為政者の権威についての威信効果、PR効果がより大きいと判断されたためであろう。

古代の「市」

ここで、古代の「市」が制度的に、どのようなものであったかを、すこしまとめておこう。

古代の「市」が、どのようなものであったかについては、つぎの二つの史料をみればあるていどうかがえる。

(1) わが国の『律令』(「律」は刑法。「令」は行政法など)の、「関市令」(関所や市についての規定)の「市」に関する条。

(2) 中国の文献『周礼』の「地官」(教育・土地・人事などに関することをつかさどった役人)の「司市」(市をつかさどる役人)の条。『周礼』は、中国の春秋時代(紀元前七七〇年〜紀元前四〇三年)に成立したとみられる。後世の律令の書の原型。

「関市令」の「市」の規定

「関市令」のなかの、「市」についての規定は、つぎのようになっている。

(1)　市は、つねに午の時(正午をはさんだ前後の二時間)に集まること。日の入るまえに鼓を三度うって解散すること。鼓は、一度ごとに九回うつこと。

(2)　肆(店)ごとに、(絹の店、布の店のような)標識をたてて、商品名を記すこと。市の司(市場を監督する役所。「司」には、「役所」という意味も、「役人」という意味もある)は、商品の時価によって、上中下の三等級をつくること。十日ごとに、一簿(実際に売買された価格の記録)をつくること。それは、市場にいて、机にむかって書くこと。季節ごとに、それぞれ本庁(左右京職[みやこの役所])に報告すること。

(3)　官と私とが売買するときは、(銭以外の)物をもって対価とするばあいは、その物の値段は、中等の価格を基準とすること。現物がそこに存在しない盗品などの不法所有物の価格を評定するばあいも、またこのようにすること。

(4)　ものさし(長さをはかる)、ます(量をはかる)さお秤(重さをはかる)の、いわゆる度・量・衡は、毎年二月に、大蔵省に行って、精度検査をうけ、(合格の題印をしてもらって、)そののちに用いること。

(5)　天秤ばかりを用いるにあたっては、みな格(掛けさげておく横木のあるもの)に、かけておくこと。斛(容量一斛のます)を用いるにあたっては、(縁にそって平らにするための)「ますかき」を使うこと。米粉、麦粉は、天秤ばかりではかること。

(6)　奴婢を売るばあいは、居住地の役所にとどけること。奴婢の主人の書いた売るという証文が必要である。そのような保証をとり、正式に役所を通じた文書をつくったうえで、価格をつけること。牛馬のばあいは、もち主からの保証は必要であるが、役所の判署を要しない。私的に証文をつくること。

(7) 売るものは、欠陥のあるものを売ったり、品質が名目と異なるものを売ってはならない。横刀(たち)・槍・鞍(くら)・漆器(しっき)の類は、それぞれ製作者の姓名を、記銘すること。

(8) 市で商売をするときは、男と女とは、坐席を別にすること。

(9) 欠陥のあるものや、品質のまがいものを売買したばあいは、官に没収する。寸法が、公定の規格に足りないばあいは、もち主に返すこと。

(10) 官が、売り買いをするばあいを除いては、みな市(いち)で売買すること。居ながらにして物主を呼びつけ、時価にそむいた値段をつけてはならない。官私を問わず、たがいに時価をつけること。時価とかけ離れた値段をつけてはならない。

『周礼(しゅらい)』の規定

中国の文献、『周礼』の「司市」についての規定は、つぎのようなものである。

(1) 役人の「司市」は、市の治、教、政、刑、量度、禁令をつかさどる。

(2) とりあつかう物ごとに店(肆(し))を別にし、とりあつかう商品をたがいに比較できるようにし、値段が騰貴しないようにする。

(3) 政令をもって、不相応なぜいたく品を禁じ、ぜいたく品と、そうでないものとの値段差が大きくならないようにする。

(4) 商人をまねき、貨が内にあつまり、布が外に流れるようにし(流通をよくし、の意味。布も通貨のように用いられた。布銭とよばれる貨幣もあった)、市の政治がうまく行くようにする。

(5) 量度(ますや、ものさし)を定めれば物の値段が定まり、買う人が来るようになる。

(6) 売買にあたっては、証書を、つくって、信を結び、訴訟ごとがおきないようにする。
(7) 役人が、あざむきごとや、いつわりをのぞく。
(8) 刑罰をもって、暴を禁じ、盗みをのぞく。
(9) 「泉府」(「泉(せん)」は、「銭(せん)」に通じる)という官をもうけ、民の売物が売れないときは、これを買いとり、民が急に求めればこれを貸す。
(10) 「大市」は、午後二時ごろの市。すべての人が主となる。「朝市」は、朝の時の市。商人が主となる。「夕市」は、夕(ゆうべ)の時の市。男女の商人が主となる。
(11) 「市人(市の役人)」は、うそいつわりを監察する。鞭(むち)や、ほこをとり、門を守る。市の役人たちは、その店の財貨の、名と実(じつ)とがみだれていないようにし、売買、値段が極端にならないようにする。市の役人の、ものごとを処理するところに旗(はた)をたてて、市(いち)に指令をする。役人の「市師」は、大きな問題、大きな訴訟をとりあつかう。役人の「胥師(しょし)」「賈師(かし)」は、次に位置して処理し、小さい問題、小さい訴訟をとりあつかう。
(12) 役人の「質人」は、市の財貨、奴婢、牛馬、兵器、珍異なものの売買価が、極端にならないようにする。
(13) 役人の「廛人(てんじん)」は、税をとりおさめることなどをつかさどる。市にならんでいる店の税布、店をもたずに立って売っているものの税。そして、質布、罰布、廛布などをとりおさめる。質布は役人の「質人」が、犯罪を犯したものからとりたてたもの、罰布は、市令に違反したもののおさめる銭、廛布は、財貨や諸物、邸舎にかかる税である。

紀元前四〇三年以前に中国で書かれた『周礼(しゅらい)』と、八世紀にわが国で制定された律令とのあいだには、成立年代において、一千年以上の差がある。

それにもかかわらず、『周礼』の市の規定と、わが国の「関市令」の規定とのあいだには、その内容において、あるていどの共通性がある。

『周礼』……………「司市」（市を司どる）

『魏志倭人伝』………「大倭」（に、市を監督させる）

『律令』時代 ………「市司」（市を監督した役所［役人］）

これらは、おなじような役目をもち、おなじような仕事をしたのであろう。

その他「市」で行なわれたこと

これまでに述べてきたこと以外で、「市」で行なわれたことをまとめると、つぎのようになる。

(1) **世論調査** 『続日本紀』の聖武天皇の天平十六年（七四四）の閏四月の四日の条に、つぎのような記事がある。

「都として、恭仁の京（現在の京都府に属する）と難波の京（現在の大阪府に属する）と、どちらがよいかを、恭仁の宮の市において、人々の意見をたずねさせた。」（恭仁の京と難波の京の場所については210・211ページの地図20参照。）

(2) **雨乞** 『日本書紀』の皇極天皇元年（六四二）七月の条に、雨乞のために、市場を別のところにうつし、市の門をとじ、人をいれないで、祭りを行なったことがみえる。

『続日本紀』の文武天皇の慶雲二年（七〇五）六月二十八日の条に、市の店を出すことをやめさせ、そこで、お坊さんたちに雨を乞わせたことがみえる。

なお、雨乞のために、市場を別のところにうつす話は、『後漢書』の『礼儀志』の請雨条や、「郎顗伝」（列伝第二十下）にもみえる。（郎顗は、後漢の順帝［在位一二五～一四四］ごろの人。）

(3) **説法**　平安中期の僧、空也（九〇三～九七二）は、民衆に念仏をすすめ、社会事業をおこなった。「市の聖」とよばれた。

(4) **乞食**　『続日本紀』の淳仁天皇の天平宝字三年（七五九）五月九日の条に、「冬の三カ月のあいだに、市のあたりで、餓える人が多かった」とあり、同じく淳仁天皇の天平宝字八年（七六四）三月二十二日の条に、「平城京の東西の市のふきんに、乞食をする人が多かった」との記事がみえる。

「邸閣国」ってなんだろう

『魏志倭人伝』に、つぎのような文章がある。

「収租賦有邸閣国国有市　交易有無使大倭監之」

この文章は、ふつう、わが国では、つぎのように訳されている。

「租賦（租税とかみつぎもの）をおさめる。（それらをおさめるための）邸閣（倉庫）がある。国々に市がある。（たがいの）有無を交易し、大倭（身分の高い倭人）に、これを監（督）させる。」

ところが、現代中国人の学者たちの、標準的な読み方で、句読点を記した中華書局版の『三国志』（中華書局標点本『三国志』）では、原文に、つぎのような句読点が付されている。

「収租賦。有邸閣国、国有市、交易有無、使大倭監之。」

ここでは、二つつづく「国」という字のあいだに、「テン（読点）」がはいっている。

「国」と「国」とのあいだに「テン」をいれると、読み方は、つぎのようになる。

「租賦をおさめる。（それらをおさめるための）邸閣（倉庫）国がある。国に市がある。（たがいの）有無を交易し、大倭（身分の高い倭人）に、これを監（督）させている。」

このように読むとき、「邸閣国」って、なんだろう。

ここで、「邸閣」は、「立派な家」という意味よりも、「倉庫」という意味である、と考えられている。

九州大学の教授であった東洋史学者の日野開三郎は、論文「邸閣―東夷伝用語解の二―」（『東洋史学』六、一九五二年）をあらわし、『三国志』にみえる「邸閣」という語の用例についての調査結果を発表した。（この論文は、佐伯有清編『邪馬台国基本論文集Ⅱ』［創元社、一九八一年刊］にも、おさめられている。）『魏志倭人伝』以外の十一例について、くわしく検討し、つぎのようなことをあきらかにした。

(1) 大規模な軍用倉庫である。

(2) 糧穀の貯蔵を第一とするが、戦具や絹その他の資財を収めているものがある。

(3) 交通・軍事上の要地、政治・経済の中心地などにおかれている。

後漢末以来の戦乱のため、軍事が優先された結果、軍用倉庫の意味として定着したという。

『日本書紀』にも、「邸閣」の用例はある。

すなわち、「継体天皇紀」の八年三月の条に、つぎのような文がある。

「三月に、伴跛（任那の北部の代表的勢力）、城を子呑・帯沙に築きて、満奚に連け、烽候、邸閣を置きて、日本に備ふ。」

岩波書店刊の「日本古典文学大系」の『日本書紀　下』のこの個所には、つぎのような頭注がついている。

『魏志、張既伝『置烽候邸閣』による。トブヒは国境に事変があるとき、煙をたてて通信するノロシ。烽候はノロシをあげる所。邸閣は兵糧を置く倉庫。」

『日本書紀』の用例も、軍用倉庫である。そして、「邸閣（や）」と読ませている。

「邸閣」は、もともと、糧穀を貯蔵する倉庫であったようである。中国で刊行されている収録語彙数世界最大の漢語辞典、『漢語大詞典』には、「邸閣」について、つぎのように記されている（原文は、中国文）。

「古代の官府が、粮食などの物資をたくわえておくために設置した倉庫。」

ところで、わが国の古代において、「屯倉（みやけ）」ということばがあった。「屯倉（みやけ）」は、本来、大和朝廷の直轄領から収穫した稲米を蓄積をする倉庫の意味であった。それが転じて、朝廷の直轄領そのものをさすようになった。

「屯倉（みやけ）」は、「三宅」「官家」「屯家」「屯宅」「三毛（みけ）」などとも書かれる。福岡県の「三宅（みやけ）（三毛（みけ））郡」をはじめ、茨城県、千葉県、神奈川県、静岡県、愛知県、三重県、大阪府、奈良県、福岡県、熊本県、宮崎県などの「三宅郷（みやけのごう）」、神奈川県、島根県の「御宅郷（みやけのごう）」など、「屯倉（みやけ）」にちなむとみられる地名は、各地にのこる。

「邸閣国」は、あるいは、そのようなものをさすか。

第Ⅳ編 人口からみた邪馬台国

●「邪馬台国」の戸数「七万余戸」は、北九州にはいりうるか●

澤田吾一 著
田名網宏 解題
復刻 奈良朝時代民政経済の数的研究
〔付、諸國人口、斗量、衣食住〕
柏書房

沢田吾一著『奈良朝時代民政経済の数的研究』(柏書房刊)

奈良時代には、班田収授の法が行なわれた。班田収授の法では、全国の土地(田)と人口とをしらべ、耕作すべき田を、人々に班け与える。

これを行なうためには、全国の田の量と人口とを、かなりくわしくしらべる必要がある。奈良時代には、戸籍がつくられ、そのような調査が行なわれていた。

数学者であり、歴史学者であった沢田吾一は、そのような資料のうち、現在に残されているものを用い、奈良時代の人口の推計を行なった。

この推計は、邪馬台国時代など、古代の人口の推計のための、重要な手がかりを提供している。

『魏志倭人伝』は、「対馬国」の戸数を「千余戸」と記す。「一大国（一支国）」の戸数を「三千ばかりの家」と記す。

面積の小さい「一支国」のほうが、面積の大きい「対馬国」よりも戸数が大きくなっている。これは、後世の資料からみて、実状にあっているとみられ根拠がある。

そして、後世の資料からみて、「一支国」に「三千戸」の戸数がはいるのなら、筑後川流域に、「邪馬台国」「七万戸」の戸数は、はいりうる計算になる。

1　日本列島人口小史

縄文前期・東部九州の人々は、火山灰で死に絶えた

「人口」の面から、邪馬台国について考えてみよう。

「人口」に視点をおくとき、いままで見えなかったものが見えてくる。

このシリーズの拙著『日本民族の誕生』(勉誠出版、二〇一三年刊)のなかで、私は、つぎのようなことを述べた。

約二万二〇〇〇～二万一〇〇〇年まえごろに、鹿児島県の鹿児島湾の奥部、現在の桜島から国分市にかけての地域を火口原とする火山の大噴出があった

その火山灰は、遠く東北地方南部から朝鮮半島にまでおよぶ。

九州の南半分から四国の一部にかけては、五〇センチ以上の火山灰が降りつもった。

中国地方から四国の大部分、近畿地方にかけては、一〇～五〇センチ、平均およそ二〇センチの火山灰がつもった。

関東地方から石川県、富山県あたりまで、およそ一〇センチの灰が降りそそいだ。死の灰であった。

このときの灰の層が、発掘を行なうさい、旧石器時代の編年のための、信頼度の高い時間の指示層(メルクマール)となっている。

およそ一万数千年まえごろから、縄文時代がはじまる。

縄文時代のはじめごろにも、九州で数回にわたる火山の爆発があった。

東部九州を中心とする地域では、人々は全員死に絶えたとみられる。

甲元真之（熊本大学助教授）・山崎純男（福岡市教育委員会）両氏共著の『弥生時代の知識』（東京美術刊）では、のべられている。

「鹿児島県屋久島にある一奏松山遺跡の発掘は、鍵を与えてくれました。ここでは縄文時代の初めから終わり頃までの、各時期にわたる生活址の一部が層序的に積み重なっていましたが、そこでは、縄文前期の層の上に、固い火山灰層が堆積しており、この火山灰層の上部には、縄文時代後期の土器が出現していました。つまり、縄文中期にあたる時期に、火山灰が降りそそいだことが知られるのです。それは口永良部島の火山の爆発によるものと推定されますが、これによる火山灰は口永良部島だけでなく屋久島の北岸の切通し（山を切り開いてつけた道）でしばしばみかけられます。九州と南西諸島との交渉が中断されたのはこの火山灰の影響でしょう。さらに一歩進めて推測すれば、この火山灰の影響は広く九州各地に及んだことが考えられないでしょうか。縄文時代の早い頃、同じく鹿児島県の鬼界島（硫黄島）が爆発を起こした折には、遠く関東地方までその余波が及んでいますが、今日アカホヤとしてその名残を各地の地層断面でみることができます。これなどは火山灰が堆積した後、風雨にさらされてわずかに残ったものですから、その残存する火山灰の厚さが、所によって一メートルにも達することは、その重大さを思い知らされます。このアカホヤの噴出により、東部九州を中心とする地域では、人々は全員死に絶えたことが主張されています。このアカホヤほどではないにしても、口永良部島の火山噴出物は、縄文中期の九州の人々にとってたえがたい苦難を与えたでしょう。

昭和五十四年（一九七九）六月から十一月までの半年間にわたって噴火活動を続けた阿蘇山は、結局九一七万トンもの灰を降りそそぎました。その灰は今日では風雨に流されて検出することはできませんが、阿蘇の降らした火山灰ヨナによって家畜はすべて死滅し、死の川を出現させました。」

東日本に偏在した縄文時代の人口

国立民族学博物館の文化人類学者、小山修三（こやましゅうぞう）氏の推定によれば、縄文早期の人口は、二万一〇〇〇人ていどであったろうという。

そして、関東には、九州の約五倍の人々が住んでいた。

気候は、しだいに温暖化にむかう。

約六〇〇〇年まえごろの縄文前期に、温暖化のピークに達する。

このころの人口は、約十万六〇〇〇人ていどと推定されている。そして、関東には、九州の七倍以上の人口が住んでいた。

ピークをすぎて、気候はしだいに寒冷化にむかう。

しかし、人口はふえていく。

約四〇〇〇年まえごろの縄文中期に、縄文時代の人口はピークとなり、約二十六万一〇〇〇人と推定されている。

そして、関東には、九州の十八倍の人々が住んでいた。

縄文時代の人口分布の特徴は、いちじるしく東日本にかたよっていたことである。

縄文時代中期のころ、近畿地方以西の西日本の総人口は、全日本の総人口のわずか三・六％ていどであったとみられる。

総人口の二十五分の一しか、西日本には住んでいなかったのである。

東日本への、人口のいちじるしい偏在は、なぜおこったか。

その理由としては、
(1) 食糧資源の偏在のため（国立民族学博物館の佐々木高明教授の説）
(2) 火山の影響による（北海道大学の吉崎昌一教授の説）
などが考えられる。

あまりにも極端な偏在は、食糧事情だけでは説明が難しいようにも思える。

やはり、あとあとまで、火山の影響があったのではなかろうか。

奈良時代に編纂された『日本書紀』でさえ、南九州を「膂宍の空国（荒れてやせた不毛の地）」と表現している。

気候温暖なはずの南九州の人口が、歴史時代にはいってからも多くはなかった。

火山のために、土地がやせていたとみられる。

大陸渡来の農耕文化がもたらしたもの

気候は寒冷化していき、東日本の植生が変化した。

また、小山修三氏らによれば、縄文時代の後半には、大陸から新しい文化をもった人々が渡って来、縄文人には免疫のない新しい病気をもたらしたであろうという。

気候と食糧事情の悪化、疫病などのために、東日本の人口の崩壊がおきる。

いまから二千数百年まえの縄文時代の晩期の人口は、七万六〇〇〇人ほどに落ちこむ。

ただ、九州を中心とする西日本の人口は、あまり落ちこまなかった。

西日本では、縄文時代の後・晩期に、イモ、豆、雑穀を内容とする焼畑農耕が受容されつつあった。この農耕文化は、大陸から渡来した人々がもたらしたものであった。

この大陸から渡来した人々は、疫病に対して免疫性をもち、かつ、食糧事情をよくする文化をもっていた。

このころには、九州の人口は関東の人口に近くなっていた。関東の人口は九州の人口の、約一・二倍とみられている。

なお、食糧事情などのあまりよくなかったとみられる縄文時代の後晩期には、平均身長も低くなっている。

「弥生維新」の人口急増

二千数百年まえに、弥生時代がはじまる。

弥生時代の開始は、「弥生維新」といってよいほどのものであった。

稲作が行なわれ、社会制度がととのっていった。

『魏志倭人伝』に、「租賦を収む」とある。すなわち、租税のとりたて制度があったのである。

租税をとることによって、国家はプロの軍隊を養うことができ、武器をととのえることができる。

国家権力は、それまでの部族国家の時代よりも、飛躍的に強力となる。国家権力は、軍の力によって支配領域をひろげることができ、新たな支配領域からも、また租税をとりたてることができる。

国はより大きくまとまり、生産性をあげる方法は、よりすみやかに普及していく。

弥生維新に匹敵する維新は、明治維新である。このときも人口の急上昇をもたらした、

明治維新後の人口の急上昇についてくわしく分析された板倉聖宣（いたくらきよのぶ）氏は、そのさいの人口増加の原因を、つ

ぎの二つに求めておられる(『歴史の見方考え方』〔仮説社、一九八六年刊〕)

(1) 明治維新後の新政府の四民平等、職業と移住の自由化、文明開化の政策が人々の気持ちをかえたこと。

(2) 開国によって、食糧移入の道が開かれたこと。

社会制度の変化と、食糧事情の好転、おもに、この二つの原因により、弥生時代の人口は急速にのびていく。

小山修三氏は、弥生時代の人口を五十九万五〇〇〇人と推定し、「後期にはひょっとして一〇〇万人を超えていたのではないかと思います」(埴原和郎(はにはらかずろう)編『日本人新起源論』〔角川書店、一九九〇年刊〕)とのべておられる。

九州の人口は、関東の人口をおいぬく。

邪馬台国時代の全国人口は、四〇〇〇万人を超えていた?

いまから一七五〇年ほどまえの邪馬台国の時代は、弥生時代と古墳時代との過渡的な時代であった。

邪馬台国の時代を、弥生時代の後期に位置づける人が多いが、福岡県文化課の考古学者、柳田康雄氏のように、古墳時代にくみいれる人もいる。

邪馬台国時代の人口について、上智大学の鬼頭宏(きとうひろし)氏は、のべておられる。

「三世紀の邪馬台国時代の人口についてであるが、『魏志倭人伝』にある邪馬台国以下二十九カ国の戸数から、一八〇万人以上あったと推計できる。同書には邪馬台国ほか七国の戸数が書かれており、その合計は一五万九千余戸となる。一戸あたり人員をどれくらいに見積もるかが問題であるが、三~五世紀の住居跡から推定される世帯の規模を参考にこれを一〇人とすれば、八カ国の人口は一五九万人余となる。

戸数記載のない斯馬国以下二十一カ国の戸数を仮に各国千戸として加えれば倭人伝二十九カ国の総人口は一八〇万人余になる。しかしこれらの国はすべて西日本に位置していて、この一八〇万人の中には東日本の人口が含まれていないということも考えられる。もしそうだとすると、弥生時代と次に見る八世紀の地域人口構成を参考に、東日本人口を推計してこれに加えて、当時の人口を三〇〇万人内外はあったとみなくてはならないだろう。」（『人口から読む日本の歴史』〔講談社学術文庫、講談社、二〇〇〇年刊〕）

『魏志倭人伝』に記載されている戸数を、「邪馬台国畿内説」をとって、西日本の戸数とみるか、「邪馬台国九州説」をとって、九州の戸数とみるかによって、日本列島全体の人口の推定値は、ちがってくる。

私は、つぎの二つの理由から、邪馬台国時代の日本列島全体の人口は、四〇〇万人を超えていた可能性があると考える。

(1)　私は、邪馬台国は、九州にあったと考える（これについては、拙者『邪馬台国への道』徳間文庫参照）。

『魏志倭人伝』に記されている邪馬台国七万余戸の戸数は、おそらく、租税のとりたて制度に関連して把握されたものであろう。

『魏志倭人伝』に記されている「倭」の諸国の総戸数は、十五万余戸である。一戸四人とみても、六〇万人となる。『後漢書』の「郡国志」の記す戸数・人口によれば後漢時代の中国では、一戸が五・〇七人であった。一戸五人とみれば、十五万余戸は、七十六万人である。

小山修三氏の調査によれば、弥生時代の全国人口は、九州の人口の約六倍である、邪馬台国時代の九州の人口を、六〇万～七十六万人（狗奴国などの戸数を考えれば、九州の人口は、もっと大きかった可能性がある）として、その六倍をとれば、三六〇万～四五六万人となる。

(2)　この本のなかでのべるように、桑原秀夫の方法により、歴史時代にはいってからあとの人口の推移にあてはまる曲線の式をもとめ、邪馬台国時代の人口の推定を行なうと、四〇〇万人をこえる人口となる。弥生時代から、それにつづく土師器の時代にかけて、人口は急上昇している。邪馬台国時代の人口は、三〇〇万〜四〇〇〇万人以上になっていた可能性は、あるとみるべきだろう。

小山修三氏の人口推定方法

以上の、弥生時代までの人口の推定は、小山修三氏の示された結果を利用している。

小山修三氏の人口推定の方法については、鬼頭宏氏の『人口から読む日本の歴史』に要領よくまとめられている。つぎのとおりである。

① **遺跡数**　時代別、地域別に遺跡数の分布を調べる。基礎資料として文化財保護委員会が昭和四十年（一九六五）にまとめた『全国遺跡地図』（全四十七巻）が利用された。人口推計の対象とされたのは草創期と晩期を除く縄文早期〜後期の五期と、弥生、土師器の各時代である、地域は北海道、沖縄を除く、本土の九地域である（東北・関東・北陸・中部・東海・近畿・中国・四国・九州）。

② **基礎人口**　推計の基礎になる人口を土師器文化期（三〜十二世紀）の中ほどにあたる八世紀に求める。選ばれたのは、沢田吾一が出挙稲（租税的性格をもつ営農貸しつけ資金）をもとに推計した奈良時代の左右両京を除く良民人口（全国で約五四〇万人）である。

③ **集落規模**　詳しい数量的データの得られる東京および関東地方の遺跡から各時代の集落規模（人口）を推定し、土師器文化期を1として比例定数を決定する。縄文早期は土師器時代の二〇分の一、縄文前期〜後期は七分の一、弥生時代は三分の一とされた。

④ **八世紀の集落人口**　関東地方の土師器時代の集落あたりの人口を八世紀人口に対応させて計算する

（943,000人÷5,549＝170人）。

⑤　**関東地方の人口**　例えば関東地方の縄文中期人口は次のようにして求められる。

土師器時代の集落あたり人口④×比例定数③×縄文中期遺跡数①

＝170人×（1/7）×3,977＝96,600人

⑥　**時代別・地域別人口**　右のようにして得た関東地方の人口を基準にして、各地方と関東地方の遺跡数の比率から、時代別・地域別人口を計算する。

小山氏の推定方法は、そうとうよく考えられた方法である。

この方法によれば、小山氏の推計以後に、縄文中期の遺跡が発見されたとしても、その発見量に比例して、土師器時代の遺跡が発見されれば、推定の結果には影響しないことになる。

ただ、私はおもに、つぎの二つの理由から、小山修三氏の推定はやや過小推定になっているのではないかと考える。

(1)　小山氏は、八世紀の人口を古代人口推定の基礎とされている。八世紀の人口との比例関係によって古代人口を求めておられる。

八世紀の全国人口としては、左右両京の人口もあったのであり、良民以外の人口もあった。

この点から、全国人口はすくなくとも、一割ていどは多くみなければならない。

(2)　古い時代になるほど、遺跡そのものの失われる率、あるいは発見される率は、小さくなるのではないか。「桑田変じて滄海（そうかい）となる」というような自然の変異などによって、遺跡が失われていく率は、時間の経過にあるていど比例して大きくなるのではなかろうか。

このような問題点があるとはいえ、小山氏の方法をこえる推定方法がそれほどあるわけではない（あとで

紹介する桑原秀夫の方法などは参考になるであろうが)。また、ある時代をとって、東日本と西日本との人口比の大略をしる、というようなことであれば、小山氏の方法は十分に有効である。

沢田吾一の人口推定方法

昭和二年(一九二七)に、沢田吾一は、大著『奈良朝時代民政経済の数的研究』(復刻版は、柏書房からでている)をあらわす。

沢田は、この本で奈良時代の人口の推定を行なっている。

沢田は、いくつかの方法で推定を行なっているが、中心は、弘仁主税式に記載されている出挙(すいこ)稲数を基準とする推定である。

ここで「出挙稲」とは、つぎのようなものである。

「出挙」は、一種の租税に近いものである。実質的には租税とみてよい。「出」は貸付、「挙」は回収を意味する。春に官稲を農民に貸しつけ、秋に三~五割の利子とともに回収する。名目は営農資金であったが、奈良時代中期からは利稲収入を目的とし、強制的、租税的色彩を強めた。

「出挙稲」は、出挙のために貸しつける稲をさす。

沢田吾一の人口推計方法についても、鬼頭宏氏が要領よくまとめておられるので、つぎに紹介する。

① **課丁数・出挙稲比** 沢田はまず、貸付けられる出挙稲数が諸国の課丁数に比例していたことを明らかにした上で、数値が判明する陸奥国の弘仁六年(八一五年)の課丁数(正丁および次丁)と、弘仁主税式に記されている陸奥国の出挙稲数の比を求めた。

② **各国課丁数** 右の陸奥における課丁数・出挙稲比を各国に適用して出挙稲数に乗じ、国別課丁数を算

出する。

③　**国別人口**　この課丁数を、あらかじめ戸籍・計帳断簡から求めた八世紀後半の課丁数・人口比で除すことにより、各国の人口を算出した。

ただし、弘仁出挙稲は陸奥国以下四十三カ国についてしか得られないので、東海道諸国と近江については、さらに時代の下った延喜主税式（十世紀初頭）の出挙稲数を利用した。またいずれの数も得られない畿内五カ国と志摩・対馬・多褹（種子島）・左右京の人口は別途に推計された。

このような方法により、沢田は奈良時代（八世紀）の総人口を、六〇〇万～七〇〇万人と推定した。

明治維新による人口の伸び

その後、日本の人口には増減はあったが、長期的にみれば、人口は増大していった。

ただ、江戸時代の後半には、人口の伸びは停滞した。

一七二一年から一八四六年までの調査では、ずっと同じくらいで、ほとんど変化がなかった。

日本の人口は、三〇〇〇万～三二〇〇万人ていどであった。

江戸時代の末期には、社会は行きづまった。天明二～七年（一七八二～八七）には、天明の大飢饉があった。

天明三年（一七八三）には、浅間山が噴火し、その影響で冷害がおきた。奥羽地方の飢餓は、多数の餓死者を出し、各地に一揆打ちこわしがおき、幕府や諸藩の支配の基礎が大きくゆらいだ。

食糧が不足し、平均身長も低くなっていった。徳川末期、明治初期の男子の平均身長は、一五八センチであった。現在より十数センチ低く、日本の歴史上、平均身長が一番低くなったほどである。（埴原和郎(はにはらかずろう)「自然人類学からみた日本人の起源」『季刊邪馬台国』38号参照）。

この幕末の行きづまりは、明治維新にとって打開された。

その後、人口は急速にのび、現在の人口は、一億二〇〇〇万人を超えている。

2　中国の人口

千里に鶏鳴なし

魏の国の始祖、曹操（一五五～二二〇）は、詩人でもあった。

曹操は「蒿里行」という詩の中でうたっている（「蒿里」は、人の死後、霊魂のあつまるところ）。

白骨は野に露され、
千里に鶏鳴なく、
生民は百に一を遺すのみ。
これを念えば、人腸を断つ。

後漢の中平元年（一八四）、「蒼天すでに死す。黄天まさに立つべし」のスローガンをかかげ、黄巾の賊が兵をあげた。かくて、二世紀の後半から、中原一帯は、大動乱の中に投げこまれた。

後漢王朝は衰退し、魏の始祖曹操、呉の始祖孫堅、蜀の始祖劉備玄徳らが、黄巾の賊征定のなかで名をあげていった。

さきの曹操の詩は、大動乱のあとの中原の姿をうたっているのである。

曹操の詩に近い表現は、陳寿の編纂した『三国志』の中にも、いくつも見いだされる。

「この当時、天下の戸数、人口は減少し、わずか十分の一までになっている。（『魏書』『二公孫陶四張伝第

八』の「張繡伝」。筑摩書房、一九七七年刊、現代語訳『三国志Ⅰ』255ページ）

「現代は荒廃した時代の後を受け、人民は死に絶えている。」（『魏書』「諸夏侯曹伝第九」の「夏侯尚伝」。現代語訳『三国志Ⅰ』288ページ）

「現今、千里にわたって人煙なく、見捨てられた人民は困窮しております。」（『魏書』「王衛二劉傅伝第二十一」の「衛覬伝」、筑摩書房、一九八九年刊、現代語訳『三国志Ⅱ』87ページ）

後漢の首都洛陽は、焦土となり、周囲百里は、董卓の軍によって焼きはらわれた。

「（後漢の）天子のみくるまは、すぐさま西（長安）に向った。董卓配下の兵は、洛陽の城外百里にわたるまで焼きはらった。また、董卓みずから兵をひきつれ、南北の宮殿、宗廟、政府の蔵、民家に火を放ったので、洛陽城中はすっかり灰燼に帰してしまった。さらに、多くの富豪を捕え、罪をかぶせてその財産を没収したため、無実の罪で死んだ者は数知れなかった。」（『魏書』「董二袁劉伝第六」の「董卓伝」の裴松之注の文。『後漢書』によるという。現代語訳『三国志Ⅰ』168ページ）

このような状況におちいったことは、関中の、長安を中心とする地域も同じであった。

「この当時（初平三年、一九二年ごろ）、三輔（長安を中心とする地域）の戸数はまだ数十万あったが、李傕らが兵を放って略奪をはたらき、町や村を攻略したため、人民は飢餓に苦しみ、二年の間に互いに食らいあい、ほとんど死にたえてしまった。」（『魏書』「董二袁劉伝第六」の「董卓伝」。『三国志Ⅰ』172ページ）

三国時代の中国の人口

魏の政治家、杜恕（？～二五二）は、二三〇年ごろ、明帝に意見書を提出している。そこから、当時の華北の人口を推定できる。

杜恕はいう。

「今、大魏は十州の地を領有しておりますが、動乱による疲弊のあととて、その戸数・人口を計算すると過去の一州の民にも及びません。しかも二方面（南の呉と西の蜀）の地は僭上して反逆し、北方のえびすはまだ従っておりません。」（『魏書』「任蘇杜鄭倉伝第十六」の「杜畿（とき）伝」。現代語訳『三国志Ⅰ』476ページ）

「十州」とは、後漢時代の十三州から、呉が支配する揚州と交州、蜀が支配する益州を除いた数である。後漢時代の中国の総人口は、西暦一四〇年の統計では、四九一五万〇二二〇人となっている。ここから、揚州、交州、益州の人口をさし引くと、残りの一〇州で、三六三五万五二一〇人となる。魏の人口が、その一〇分の一以下になっていたとすれば、約三六〇万人以下となる。

同じく魏の政治家、陳群（ちんぐん）（?～二三六）は述べている。

「（青竜年間、二三三～二三七に）今は動乱の後で、人民の数は極端に少なくなっているのです。（前）漢の文帝・景帝の時代と比較すると、一つの大きな郡にすぎません。加えて国境地帯では戦闘が起っており、将兵は苦労しています。」（『魏書』「桓二陳除衛盧伝第二十二」の「陳群伝」。現代語訳『三国志Ⅱ』109ページ）

魏の高官の蔣済（しょうせい）の伝にも述べられている。

「景初年間（二三七～二三九）、外は征伐にあけくれ、内は宮殿造営に力をついやしたため、やもめの男女が多くなり、穀物も実りが少なかった。蔣済は上奏して述べた。『陛下（明帝）には今し前代の事業を拡大し尊重され、先帝の遺業を輝かせ成就なさるべきでございまして、実際まだ枕を高くして安心して統治できる状態ではありません。今、十二州を領有しているとはいえ、人民の数からいいますれば、漢の時代の一つの大きな郡にすぎません。二賊（蜀・呉）はまだ討滅できず、辺境に兵をとどめたまま、農耕しつつ戦っており、長年にわたってやもめを強いております。』」（『魏書』「程郭董劉蔣劉伝第十四」の

「蔣済伝」。現代語訳『三国志Ⅰ』473ページ）

ここで、十二州というのは、魏が、雍州から、涼州と秦州とを分けたからである。

前漢代、後漢代の戸数・人口

さて、『漢書』「地理志」によれば、紀元二年の郡国の戸数・人口は、**表15**のようになっている。

また、『後漢書』「郡国志」によれば、後漢代の郡国の戸数・人口は、**表16**のようになっている。

表15をみれば、前漢の最大の郡は、汝南（じょなん）郡で、その人口は、二五九万六一四八人である。それに次ぐのが、潁川（えいせん）郡で、二二一万〇九七三人である。

また、**表16**によれば、後漢の最大の郡は、南陽郡で二四三万九六一八人である。それに次ぐのが、汝南郡で二一〇万〇七八八人となっている。

これらから見れば、三国時代の初期の魏の人口は、約二一〇〇万〜二六〇〇万程度ということになろう。

呉と蜀の人口

東京外国語大学の岡田英弘（おかだひでひろ）氏は、その著、『倭国』（一九七七年、中公新書）の中で、呉と蜀の人口について、次のように述べておられる。

「呉の人口は、魏よりずっと少なく、約百五十万人というところであろう。皇甫謐（こうほひつ）（二一五〜二八二）の言うところでは、二四四年に将軍朱照日（しゅしょうじつ）が、呉の領するところの兵戸は十三万二千であると魏に報告している。兵戸というのは、軍人の戸籍に登録されている家族のことで、一戸から一人が兵士になるのだから、これはそのまま軍隊の定員と考えてよい。のちに呉が晋に併合されたときの数字では、呉の全

地　域	戸　数	人　口	一戸平均人数
	戸	人	人
金城(きんせい)郡	38,470	149,678	3.89
天水(てんすい)郡	60,370	261,348	4.33
武威(ぶい)郡	17,581	76,419	4.35
張掖(ちょうえき)郡	24,352	88,731	3.64
酒泉(しゅせん)郡	18,137	76,726	4.23
敦煌(とんこう)郡	11,200	38,335	3.42
安定(あんてい)郡	42,725	143,294	3.35
北地(ほくち)郡	64,461	210,688	3.27
上(しょう)郡	103,683	606,658	5.85
西河(せいが)郡	136,390	698,836	5.12
朔方(さくほう)郡	34,338	136,628	3.98
五原(ごげん)郡	39,322	231,328	5.88
雲中(うんちゅう)郡	38,303	173,270	4.52
定襄(ていじょう)郡	38,559	163,144	4.23
雁門(がんもん)郡	73,138	293,454	4.01
代(だい)郡	56,771	278,754	4.91
上谷(しょうこく)郡	36,008	117,762	3.27
漁陽(ぎょよう)郡	68,802	264,116	3.84
右北平(ゆうほくへい)郡	66,689	320,780	4.81
遼西(りょうせい)郡	72,654	352,325	4.85
遼東(りょうとう)郡	55,972	272,539	4.87
玄菟(げんと)郡	45,006	221,845	4.93
楽浪(らくろう)郡	62,812	406,748	6.48
南海(なんかい)郡	19,613	94,253	4.81
鬱林(うつりん)郡	12,415	71,162	5.73
蒼梧(そうご)郡	24,379	146,160	6.00
交趾(こうし)郡	92,440	746,237	8.07

地　域	戸　数	人　口	一戸平均人数
	戸	人	人
合浦(ごうほ)郡	15,398	78,980	5.13
九真(きゅうしん)郡	35,743	166,013	4.64
日南(にちなん)郡	15,460	69,485	4.49
趙(ちょう)国	84,202	349,952	4.16
広平(こうへい)国	27,984	198,558	7.10
真定(しんてい)国	37,126	178,616	4.81
中山(ちゅうざん)国	160,873	668,080	4.15
信都(しんと)国	65,556	304,384	4.64
河間(かかん)国	45,043	187,662	4.17
広陽(こうよう)国	20,740	70,658	3.41
甾川(しせん)国	50,289	227,031	4.51
膠東(こうとう)国	72,002	323,331	4.49
高密(こうみつ)国	40,531	192,536	4.75
城陽(せいよう)国	56,642	205,784	3.63
淮陽(わいよう)国	135,544	981,423	7.24
梁(りょう)国	38,709	106,752	2.76
東平(とうへい)国	131,753	607,976	4.61
魯(ろ)国	118,045	607,381	5.15
楚(そ)国	124,738	497,804	3.99
泗水(しすい)国	25,025	119,114	4.76
広陵(こうりょう)国	36,773	140,722	3.83
六安(りくあん)国	38,345	178,616	4.66
長沙(ちょうさ)国	43,470	235,825	5.43
合　計	12,366,470	57,671,401	4.66
103郡国の平均戸数人口	120,062.8	559,916.5	4.66
〔参考〕[漢書]の記す郡国総戸数人口	12,233,062	59,594,978	4.87

表15　『漢書』「地理志」の郡国の戸数・人口（西暦２年）

地　域	戸　数	人　口	一戸平均人　数	地　域	戸　数	人　口	一戸平均人　数
	戸	人	人		戸	人	人
京兆尹	195,702	682,468	3.49	渤海郡	256,377	905,119	3.53
(長安)	(80,800)	(246,200)	3.05	平原郡	154,387	664,543	4.30
左馮翊	235,101	917,822	3.90	千乗郡	116,727	490,720	4.20
右扶風	216,377	836,070	3.86	済南郡	140,761	642,884	4.57
弘農郡	118,091	475,954	4.03	泰山郡	172,086	726,604	4.22
河東郡	236,896	962,912	4.06	斉　郡	154,826	554,444	3.58
太原郡	169,863	680,488	4.01	北海郡	127,000	593,159	4.67
上党郡	73,798	337,766	4.58	東萊郡	103,292	502,693	4.87
河内郡	241,246	1,067,097	4.42	琅邪郡	228,960	1,079,100	4.71
河南郡	276,444	1,740,279	6.30	東海郡	358,414	1,559,357	4.35
東　郡	401,297	1,659,028	4.13	臨淮郡	268,283	1,237,764	4.61
陳留郡	296,284	1,509,050	5.09	会稽郡	223,038	1,032,604	4.63
潁川郡	432,491	2,210,973	5.11	丹陽郡	107,541	405,170	3.77
汝南郡	461,587	2,596,148	5.62	予章郡	67,462	351,965	5.22
南陽郡	359,316	1,942,051	5.40	桂陽郡	28,119	156,488	5.57
南　郡	125,579	718,540	5.72	武陵郡	34,177	185,758	5.44
江夏郡	56,844	219,218	3.86	零陵郡	21,092	139,378	6.61
廬江郡	124,383	457,333	3.68	漢中郡	101,570	300,614	2.96
九江郡	150,052	780,525	5.20	広漢郡	167,499	662,249	3.95
山陽郡	172,847	801,288	4.64	蜀　郡	268,279	1,245,929	4.64
済陰郡	290,025	1,386,278	4.78	犍為郡	109,419	489,486	4.47
沛　郡	409,079	2,030,480	4.96	越嶲郡	61,208	408,405	6.67
魏　郡	212,849	909,655	4.27	益州郡	81,946	580,463	7.08
鉅鹿郡	155,951	827,177	5.30	牂柯郡	24,219	153,360	6.33
常山郡	141,741	677,956	4.78	巴　郡	158,643	708,148	4.46
清河郡	201,774	875,422	4.34	武都郡	51,376	235,560	4.59
涿　郡	195,607	782,764	4.00	隴西郡	53,964	236,824	4.39

地　域	戸　数	人　口	一戸平均人　数
	戸	人	人
漢中郡	57,344	267,402	4.66
巴　郡	310,691	1,086,049	3.50
広漢郡	139,865	509,438	3.64
蜀　郡	300,452	1,350,476	4.49
犍為郡	137,713	411,378	2.99
牂柯郡	31,523	267,253	8.48
越巂郡	130,120	622,418	4.78
益州郡	29,036	110,802	3.82
永昌郡	231,897	1,897,344	8.18
広漢属国	37,110	205,652	5.54
蜀郡属国	111,568	475,629	4.26
犍為属国	7,938	37,187	4.68
隴西郡	5,628	29,637	5.27
漢陽郡	27,423	130,138	4.75
武都郡	20,102	81,728	4.07
金城郡	3,858	18,947	4.91
安定郡	6,094	29,060	4.77
北地郡	3,122	18,637	5.97
武威郡	10,043	34,226	3.41
張掖郡	6,552	26,040	3.97
酒泉郡	12,706	—	—
敦煌郡	748	29,170	39.00
張掖属国	4,656	16,952	3.64
張掖居延属国	1,560	4,732	3.03
上党郡	26,222	127,403	4.86
太原郡	30,902	200,124	6.48
上　郡	5,169	28,599	5.53

地　域	戸　数	人　口	一戸平均人　数
	戸	人	人
西河郡	5,698	20,838	3.66
五原郡	4,667	22,957	4.92
雲中郡	5,351	26,430	4.94
定襄郡	3,153	13,571	4.30
雁門郡	31,862	249,000	7.81
朔方郡	1,987	7,843	3.95
涿　郡	102,218	633,724	6.20
広陽郡	44,550	280,600	6.30
代　郡	20,123	126,188	6.27
上谷郡	10,352	51,204	4.95
漁陽郡	68,456	435,740	6.37
右北平郡	9,170	53,475	5.83
遼西郡	14,150	81,714	5.77
遼東郡	64,158	81,714	1.27
玄菟郡	1,594	43,163	27.08
楽浪郡	61,492	257,050	4.18
南海郡	71,477	250,282	3.50
蒼梧郡	111,395	466,975	4.19
合浦郡	23,121	86,617	3.75
九真郡	46,513	209,894	4.51
日南郡	18,263	100,676	5.51
*合　計	9,323,960	47,891,382	5.14
*101郡国の平均戸数人口	92,316.4	474,172.1	5.14
*〔参考〕『後漢書』の記す郡国総戸数人口	9,698,630	49,150,220	5.07

*戸数のみ記され人口の記されていない酒泉郡はのぞく。

表16　『後漢書』「郡国志」の郡国の戸数・人口（西暦140年）

地　域	戸　数	人　口	一戸平均人数	地　域	戸　数	人　口	一戸平均人数
	戸	人	人		戸	人	人
河南尹（かなんいん）	208,486	1,010,827	4.85	済北国（せいほく）	45,689	235,897	5.16
河内郡（かだい）	159,770	801,558	5.02	山陽郡（さんよう）	109,898	606,091	5.52
河東郡（かとう）	93,543	570,803	6.10	済陰郡（せいいん）	133,715	657,554	4.92
弘農郡（こうのう）	46,815	199,113	4.25	東海郡（とうかい）	148,784	706,416	4.75
京兆尹（けいちょういん）	53,299	285,574	5.36	琅邪郡（ろうや）	20,804	570,967	27.45
左馮翊（さひょうよく）	37,090	145,195	3.91	彰城国（しょうせい）	86,170	493,027	5.72
右扶風（ゆうふふう）	17,352	93,091	5.36	広陵郡（こうりょう）	83,907	410,190	4.89
潁川郡（えいせん）	263,440	1,436,513	5.45	下邳国（かひ）	136,389	611,083	4.48
汝南郡（じょなん）	404,448	2,100,788	5.19	済南国（せいなん）	78,544	453,308	5.77
梁　国（りょう）	83,300	431,283	5.18	平原郡（へいげん）	155,588	1,002,658	6.44
沛　国（はい）	200,495	251,393	1.25	楽安国（らくあん）	74,400	424,075	5.70
陳　国（ちん）	112,653	1,547,572	13.74	北海国（ほくかい）	158,641	853,604	5.38
魯　国（ろ）	78,447	411,590	5.25	東莱郡（とうらい）	104,297	484,393	4.64
魏　郡（ぎ）	129,310	695,606	5.38	斉　国（せい）	64,415	491,765	7.63
鉅鹿郡（きょろく）	109,517	602,096	5.50	南陽郡（なんよう）	528,551	2,439,618	4.62
常山国（じょうざん）	97,500	631,184	6.47	南　郡（なん）	162,570	747,604	4.60
中山国（ちゅうざん）	97,412	658,195	6.76	江夏郡（こうか）	58,434	265,464	4.54
安平国（あんぺい）	91,440	655,118	7.16	零陵郡（れいりょう）	212,284	1,001,578	4.72
河間国（かかん）	93,754	634,421	6.77	桂陽郡（けいよう）	135,029	501,403	3.71
清河国（せいが）	123,964	760,418	6.13	武陵郡（ぶりょう）	46,672	250,913	5.38
趙　国（ちょう）	32,719	188,381	5.76	長沙郡（ちょうさ）	255,854	1,059,372	4.14
渤海郡（ぼっかい）	132,389	1,106,500	8.36	九江郡（きゅうこう）	89,436	432,426	4.84
陳留郡（ちんりゅう）	177,529	869,433	4.90	丹陽郡（たんよう）	136,518	630,545	4.62
東　郡（とう）	136,088	603,393	4.43	廬江郡（りょこう）	101,392	424,683	4.19
東平郡（とうへい）	79,012	448,270	5.67	会稽郡（かいけい）	123,090	481,196	3.91
任城国（にんじょう）	36,442	194,156	5.33	呉　郡（ご）	164,164	700,782	4.27
泰山郡（たいざん）	8,929	437,317	48.98	予章郡（よしょう）	406,496	1,668,906	4.11

人口の九%が兵士となっている。この比率を適用すると、三国時代の初期の呉の人口は、約百五十万人になるのである。」

呉が、三世紀の前半に、約一〇万の軍をもっていたことは、孫権（一八二〜二五二、在位二二九〜二五二）が、つぎのように述べているところからもうかがわれる。

「わしは呉の全部の土地、十万の軍勢をそっくりそのままもちながら、人の掣肘を受けるわけにはいかない。」（『蜀書』「諸葛亮伝第五」。現代語訳『三国志Ⅱ』355ページ）

蜀の戸数・人口

岡田英弘氏は、『倭国』のなかでまた述べられる。

「（三世紀前半の）蜀については確かな手がかりはないが、約百万人で、三国の合計は約五百万人らしい。皇甫謐は一四〇年の後漢の南陽郡、汝南郡の戸数統計を引用して、『これを今に方べるに、三帝が鼎足して、二郡を踰えない』と言っている。これは五百万人弱ということである。黄巾の乱以来、中国の人口は十分の一以下に激減したわけで、これは事実上、中国人種の絶滅である。……」

ついでにその後の人口の推移についても説明しておこう。国民一人当たりの防衛負担は、魏が一番軽くて、呉はその二倍、蜀は三倍ということになる。だから二三四年に蜀の諸葛亮が死んで、熱戦が冷戦に移行し、自然休戦の状態になったあと、人口の回復は魏が一番早くて増加率年二パーセント、呉は年一パーセント、蜀は横ばいということだったらしい。

二六三年に、魏が蜀を併合する。このときのことが、つぎのように記されている。

「王隠の『蜀記』にいう。……（劉禅は）尚書郎李虎に官民の戸籍簿を送らせた。〔それによると〕戸数二十八万、男女の人口九十四万、武装した将兵十万二千、官吏四万、米四十余万石、金銀おのおの二千斤、綿とあや絹の類おのおの二十万匹、他の物資もこれと比例していた。」（『蜀書』「後王伝第三」の裴松之注。現代語訳『三国志Ⅱ』346ページ）

男女の人口九十四万、将兵十万二〇〇〇、官吏四万。この合計は、一〇八万二〇〇〇人である。この人口を加えて魏の人口は、五三七万二八九一人になったという。魏だけでは、三十年前の約一・八倍に増加していたことになる。これは年二％の増加である。

『三国志』に注をいれた南宋の裴松之は、二八〇年に呉が滅亡したときのことについて、つぎのように記している。

「『晋陽秋』にいう。王濬（おうしゅん）は呉の図籍を収めた。呉は、四つの州、四十二の郡、三百十一の県、五十二万三千の戸、三万二千の吏、二十三万の兵、男女二百三十万の人口、米穀二百八十万石、舟船五千余艘、後宮五千余人を領していた。」（『呉書』「三嗣主伝第三」の裴松之注）

岡田英弘氏は、これについて述べる。

「魏はその二年後に晋と変わるが、強敵が一つ減った晋では防衛負担はますます軽くなり、人口増加率はさらに上昇した。これに比べて呉は低迷し、晋との実力の差は開くばかりだった。二八〇年についに晋に併合されたとき、呉の人口は、『吏三万二千、兵二十三万、男女口二百三十万』、合計二五六万二、〇〇〇人となっている。四十年間に一・七倍は、年一％の増加率である。これを加えた晋の総人口は、一、六一六万三、八六三人となっているが、これには数字の誤りがある。戸数のほうが二四五万九、八四〇戸だから、一戸五人とすれば一千二百万人ぐらいにしかならない。これから呉の人口を引くと九百七十万人ほどで、二十年間に一・八倍ならば、年三％の増加率である。」

しかし、裴松之は、『晋太康三年地記』という文献を引用して述べている。
「『晋太康三年（二八二）地記』を調べると、晋の戸数は三百七十七万あり、呉と蜀の戸数はその半分に満たない、という。」（『魏書』「桓二陳除衛薺伝第二十二」の「陳群伝」の裴松之注。現代語訳『三国志Ⅱ』110ページ）

三七七万戸で、一戸五人とすれば、一八八五万人となる。一戸四人とみれば、一五〇八万人となる。さきの、晋の総人口、一六一六万三八六三人というのは、正しいのではないであろうか。

むしろ、さきの岡田英弘氏の引用文のなかの、戸数二四五万九八四〇戸のほうが、三四五万九八四〇戸かなにかの、誤りであろう。

比較的安定していた江南

魏は蜀を併せ（二六三年）、ついで、西晋が魏に代わり（二六五年）、さらに、西晋は呉を亡ぼした（二八〇年）。中国は、ふたたび統一された。

しかし、晋の中国統一は、二十年たらずしか続かなかった。永平元年（二九一）、中原は、ふたたび動乱に見まわれた。「八王の乱」である。

「八王の乱」は、「永嘉（えいか）の乱」へとつながり、華北は、ふたたび戦乱が続くこととなる。これに乗じて、匈（きょう）奴（ど）、鮮（せん）卑（び）などの民族があいついで中原をおかし、いわゆる「五胡十六国（三〇四〜四三九）」の動乱状態となる。

中国の人口は、二〇〇〇万人にも達しないうちに、ふたたび激減しはじめたとみられる。

華北には、北方の諸民族が侵入し、いわゆる南北朝時代（四三九〜五八九）となる。

晋王朝の皇室と中原の貴族たちは、長江を南にわたり、江南の地に、東晋をたてる。

西晋の時代も、江南の地は、比較的安定していた。

広東省と広西チワン族自治区で、それぞれ晋代の墓が発見されている。そこから出土した墓塼（ぼせん）（塼は、煉瓦、タイル状の平板）に、つぎのような意味の銘文がみられる。

「永嘉年間（三〇七〜三一三）に、天下は災害を受けたが、江南だけはなお安定していた。」（永嘉の世、天下は空漠となったが、ただ江南だけは繁栄していた。）

東晋の時代になると、開発と経営とがすすめられ、長江の中・下流域の農業や手工業は、さらに発展をみることとなる。

後漢・光武帝の再統一による人口回復

岡田英弘氏は、その著『倭国』のなかで、前漢以後の中国の人口の推移を、つぎのようにまとめておられる。

「漢の人口は、王莽の即位の直前の紀元二年に、五、九五九万四、九七八人というピークを記録していたが、戦乱のための食糧不足で、王莽の在位中にすでにこれが半減した。しかも王莽が倒れてからも、後漢の光武帝の手によって中国が再統一されるまで、さらに十四年を要したので、人口はまた半減して応劭（おうしょう）（二世紀後半）の言葉によれば、「世祖（光武帝）が中興したとき、海内の人民の数えられるものは、十の二三に減っており、辺境はさびれはてて、生き残ったものとてなかった」という惨状だった。六千万人の二十五％とすれば、中国再統一の紀元三十七年の人口は、約一千五百万人しかなかったことになる。

光武帝が定めた緊縮政策のおかげで、中国の人口は順調に回復した。再統一の年からの統計を並べてみよう。

三十七年　約一、五〇〇万〇、〇〇〇人
五十七年　二、一〇〇万七、八二〇人
七十五年　三、四一二万五、〇二一人
八十八年　四、三三五万六、三六七人
一〇五年　五、三二五万六、二二九人

これはほぼ年二％の増加率だが、これからあとの二世紀のはじめには頭打ちとなり、五千万人前後を維持したのである。」

他の資料もおぎないながら、西暦二年から、三国時代の終わりである西暦二八〇年までの、中国の人口の推移をまとめれば、**表17**および**図28**のようになる。

なお、中国に、『大唐六典』という文献がある。唐の玄宗皇帝の勅選で、七三八年ごろに成立した。唐代の官制や法制について説明した本である。

そのなかに、つぎのような文がある。

「およそ天下の戸、八〇一万八七一〇。口、四六二八万五一六一。」

これは、玄宗皇帝の七三四年（開元二十二）の数であるという。

この記事をみれば、つぎのようなことがわかる。

(1)「開元の治」といわれた唐の絶頂期の戸数、人口が六百年ほどまえの、西暦一〇〇～一五〇年ごろの後漢の戸数・人口におよばない。

表17　中国の人口の推移

西暦	中国の人口	魏	蜀	呉	事件
2年	59,594,978(前漢)				● 8年王莽が新を建てる。 ●25年光武帝が後漢を建てる。
37	15,000,000(後漢)				
57	21,007,820(後漢)				
75	34,125,021(後漢)				
88	43,356,367(後漢)				
105	53,256,229(後漢)				
140	49,150,220(後漢)				
157	56,486,856(後漢)				●184年黄巾の乱おこる。
年代 年代 230〜240	5,000,000(三国)	万人 万人 250〜350	万人 100	万人 150	●220年後漢滅亡。
263	(750万人弱？)	人 4,290,891	人 1,082,000	(200万人弱？)	●263年蜀滅亡。 ●265年晋が魏に代わる。
280	16,163,863(晋)			人 2,562,000	●280年呉滅亡。

(2)　開元二十二年（七三四）は、日本の奈良時代にあたる。日本の奈良時代の人口を、六〇〇万人ていどとすれば、そのころの唐の人口は、日本の人口の約七・七倍である。

(3)　『大唐六典』の記事の一戸あたりの人数（口）は、五・七七人となる。

これは**表16**に示されている後漢時代の一戸あたりの人数五・〇七〜五・一一よりも大きくなっている。しかし、まずまず中国の史書の一戸あたりの人数は、大きくみれば、四・五人から六人ぐらいのあいだで動いているといえよう。

『思痛記』にみる惨状

いくら戦乱の世の中とはいえ、人口が、十分の一以下に激減するという事実を、信じられない人がいるかもしれない。

しかし、中国では、比較的最近でも、似たような事例がある。

「阿片戦争」は、一八四〇年にはじまり一八四二年に終わった。それから八年後の一八五〇年に、「太平天国の乱」がおきる。民間宗教的な色彩の強い点で、「黄巾の乱」と「太平天国の乱」は似ている。

軍隊としての規律がとぼしい太平天国の賊徒が、どのような殺戮を行なったかは、李

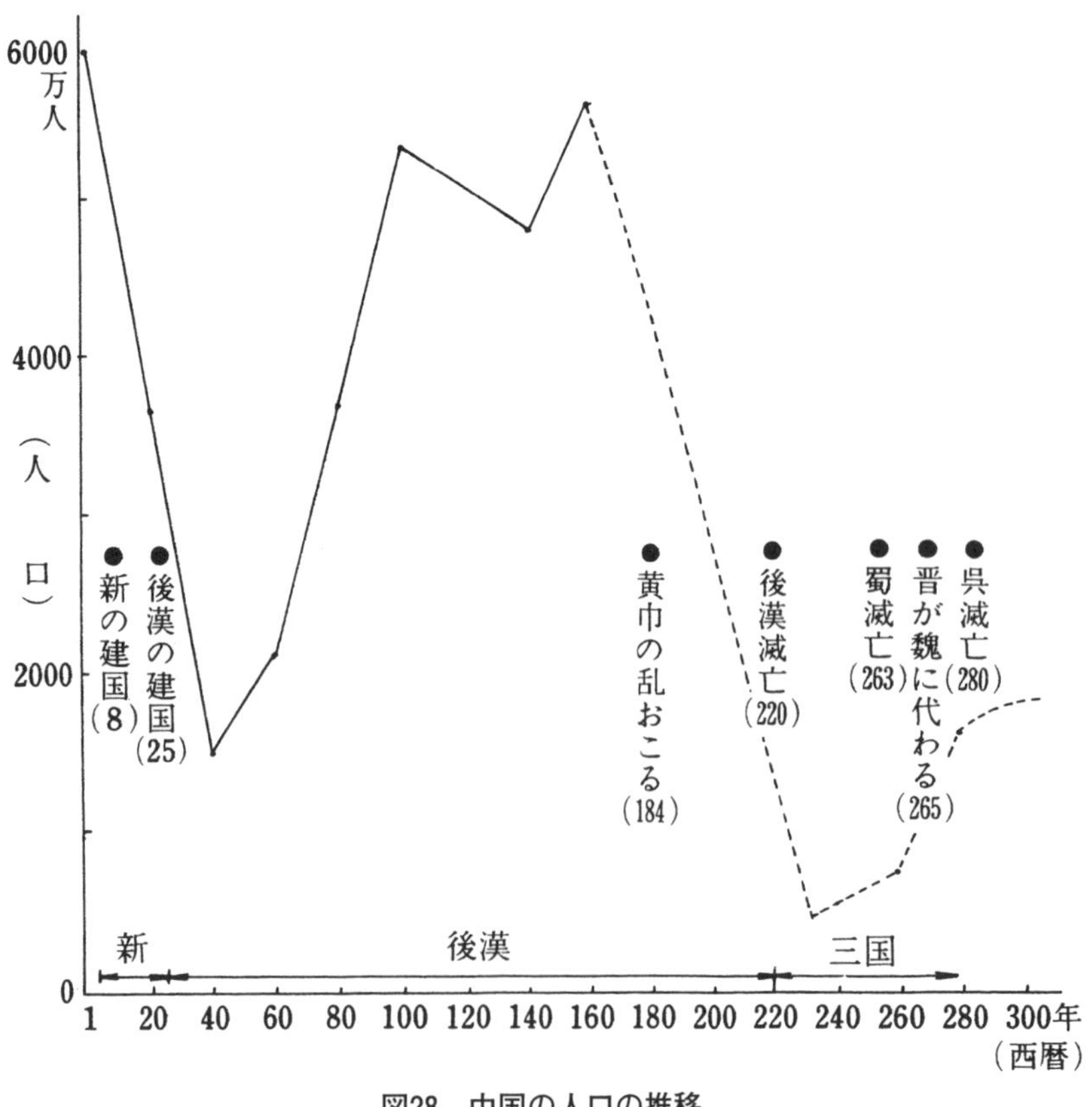

図28　中国の人口の推移

圭の書いた『思痛記』（松枝茂夫訳、『記録文学集』〔平凡社、一九七五年刊〕）にくわしい。

「疲れきった老人や、子供達はしゃがみ込みました。すると彼等は、賊達からめちゃくちゃに斬り刻まれて路傍に捨てられました。河に飛び込もうとする人も、長槍で突き刺されるか、鉄砲で撃たれて、誰一人として助かる者はいませんでした。河の水は、そのために真っ赤になったほどでした、辛うじて命は助かった者も、耳を切り取られ、後ろ手に縛られて歩かされ、全身血みどろになっても止まることは許されませんでした。最後はくたくたになって殺されてしまうのです。

進む途中で子供や老人を見付けると、死にかかっていても、必ず突き刺して殺してしまうのです。

女や子供は追い立てられ、踏みにじられて死んでいきました。目や腸をえぐり出されて死んでいる者は数知れませんでした。」

「大きな村を通りました。家という家は皆焼き尽くされていました。河べりには百本ほどの大きな木がありましたが、木の下にはそれぞれ、一個か二個の死体がくくりつけられていました。良く見ると、死体は真っ黒に焦げていて満足なのは一つもありません。枝や葉がついている木は一本もありません。恐らく、賊か官軍のどちらかが、非道の限りを尽くした挙句に家も人も焼きつくしてしまったのでしょう。

当時は、賊軍だけが残虐な行為を働いのではなく、官軍『清朝軍』も負けじとばかりに民衆を苦しめ略奪、強姦、放火、殺人という残虐行為を繰り返していたのです。」

「汪典鉄が人を殺しに行こうといって陸疇楷を誘いに来ました。彼はとても喜んで、私にもついてこいと言いました。我が身が可愛いばかりに、仕方無くついて行きました。暫（しばら）く歩いた所に、飢えと恐怖で真っ青な顔の老若男女六、七十人が隠れていました。

汪と陸は左右に分かれて殺人をはじめました。刀が振り降ろされるごとに一人また一人と死んでいき、十分もたたないうちに数十の命が断たれました。地面はそのために真っ赤に染まりました。中に、一、二歳の幼児がいました。汪はその子を母親の腹の上に据えて、腰のつけ根からずばりと斬りました。そして、母親も殺しました。彼は陸の殺しぶりを見ようと言って私を引っ張りました。陸は、殺した人々の腹を一々裁ち割っていました。終わると、二人は顔を見合わせて、『人を殺すのは実に愉快なことだ。それを止める奴の気持ちが分からん』と言って笑うのです。」

中国は、日本にくらべて、山や谷がすくなく、平地が多い。逃げようにも、逃げる場所がないのである。また、わが国では、歴史上、このような無法がまかり通った時代がそれほど多くないので殺戮によって人口が激減するといった事態が、やや理解しにくくなっている。

二十世紀にはいってからでも、カンボジアにおいて、ポル・ポト軍が、ほしいままの殺戮を行ない、人口を激減させている。

ただ、人口の把握は、租税をとりたてることや徴兵と関係している。治安が乱れれば、政府によって把握することのできない、租税を収めない人間や徴兵を逃れようとする人間の数が増加する。治安がよくなれば、政府によって把握することのできる人間の数が増加する。

したがって、治安が回復したさいの急激な人口増は、自然増（これも、第二次大戦後のわが国のベビー・ブームのように、動乱のあとでは、大きくなると見られる）以外に、逃亡していた民がもどってきたり、把握されなかった民が把握できるようになることからも起きる。

古代の人口は不安定であった

私たちは、人口というものが、時とともに増大するように考えている。私たちの祖先も、そのように考えていたようである。『古事記』神話の中に、つぎのような話がのっている。

伊邪那岐（いざなぎ）の命（みこと）が、黄泉比良坂（よもつひらさか）で、伊邪那美（いざなみ）の命（みこと）に、離別の言葉を申しわたしたとき、伊邪那美の命がのべた。

「『いとしい我が背（せ）の君よ。あなたがそのようにひどいことをなされるのならば、わたしはあなたの国の人々を、一日に千人ずつ絞（くび）り殺してあげましょう。』

これに対して、伊邪那美の命は答えていった。

『いとしい我が妻よ。おまえがそんなひどいことをするのならば、わたしは、一日に千五百の産屋（うぶや）をたてて、子どもを生ませることにしよう。』

このような次第で、一日にかならず千五百人の人が死に、一日にかならず千五百人の人が生まれるのである。」

たしかに、一般的には、人口は時とともに増大するといえる。しかし、古代においては、現代にくらべ、人口ははるかに不安定であった。戦争や自然の災害などのために、人口が急激に減少することもあったのである。

東夷と倭――安定した地域では案外人口は多い

『三国志』に記されている「東夷伝」諸国の戸数、および「倭」の諸国の戸数をまとめれば、**表18**、**表19**のようになる。

表18 「東夷伝」諸国の戸数

国名	戸数
夫余	8万戸
高句麗	3万
東沃沮	5千
濊	2万
馬韓	10余万
弁韓と辰韓	4.5万
合計	28万（余）

表19 「倭」の諸国の戸数

国名	戸数
邪馬台国	可7万余戸
投馬国	可5万余戸
奴国	有2万余戸
末盧国	有4千余戸
一支国	有3千許家
対馬国	有千余戸
伊都国	有千余戸
不弥国	有千余家
合計	15万（余）

『漢書』『後漢書』には、郡国の戸数、人口が記されているのに、『三国志』には、魏の郡国の戸数、人口は記されていない。

『三国志』の裴松之の注に、つぎのような文がある。

「『袁子』にいう。魏の初めは、大動乱の後を受け、人民が減少しており、古代を規範とするわけにはいかなかった。そのため侯王を封建する場合、すべて領地に寄住させるだけで、虚名はあってもその実質はなかった。王国には老兵百余人をもたせて、その国を守らせた。王侯の称号はあったけれども、けっきょく平民の男と等しかった。」（『魏書』「武文世王公伝第二十」の「広平哀王儼伝」の裴松之注。現代語訳『三国志Ⅱ』68ページ）

戸数、人口の把握は、租税は徴兵と関係しているが、魏の初めころは、人民は疲弊し、侯王といえども、租税をとりたてり、徴兵を行ないうるような状況ではなかったとみられる。

「東夷伝」や「倭」の諸国の戸数が記されているのは、これらの地域が、一応安定し、租税をとりたてうる状況にあったことを思わせる。事実、「倭人伝」には、「祖賦を収む」と記されている。

さて、**表18**、**表19**をみくらべるならば馬韓、弁韓、辰韓の南鮮の三韓の戸数の合計で、十四、五万となる。「倭」の諸国の戸数の合計に、ほぼ匹敵する。

よく、「倭」の戸数には、「誇張」があるといわれる。しかし、「倭」の戸数に「誇張」があるとするならば、「夫余」の八万戸や、三韓の十四、五万戸も、「誇張」としなければ、おさまりがつかなくなる。

すでに述べたように、古代の人口は、変動がはげしい。安定した地域では、案外人口が多かったことも、みとめてもよいのではなかろうか。

二〇一三年の中華人民共和国の人口は、約十三・五七億人、わが国の人口は、一・二七億人である。中華人民共和国の人口は、わが国の人口の、約十一倍弱である。

古代にくらべ、中華人民共和国の版図はひろがっているが、わが国の領域も、ひろがってきている。

中国が、古代の安定した時代に、五〇〇〇万～六〇〇〇万の人口を擁していたとすれば、わが国が、古代の安定した時期に、その二十分の一程度の人口を有していたとしても、決して不自然ではない。二〇分の一として、わが国の古代の人口を、二五〇〇万～三〇〇〇万としてみよう。一戸五人とみても、戸数は五〇～六〇万となる。

『三国志』の「倭」の諸国の戸数十五万は、十分、日本列島内に収まりうるように思える。

三韓十四、五万戸の人々が住んでいた土地の面積との比較や、中国の人口の比較から言えば「倭」の諸国の戸数、十五万余は、九州島のなかだけでも、考え方によっては、収まるのではなかろうか。

十五万余といえば、蜀が滅亡したさいの戸数の半分程度の戸数である。

一戸は何人か

『魏志倭人伝』には、「倭」の諸国の戸数が記されている。この一戸には、平均何人の人がいたのであろうか。

これについては、つぎの四つの考え方がなりたつ。

(1) **中国の文献に照らして考える**　『魏志倭人伝』は、中国の文献である。したがって、中国人が、その当時、「戸」と考えていたものによって記述したと考える。いくつかの例をあげてみよう。

(i) すでに述べたように、王隠の『蜀記』によるとき、蜀が滅亡したさいに、蜀の戸数は、二十八万戸で、人口は、一〇八万二〇〇〇人であったという。ここから、一戸あたりの数は、三・八六人。

(ii) 同じく、すでに述べたように、『晋陽秋』によるとき、呉が滅亡したさい、呉の戸数は、五二万三〇〇〇戸で、人口は、二五六万二〇〇〇人であったという。ここから、一戸あたりの数は、四・九〇人。

(iii) 『漢書』「地理志」によるとき、全国の戸数一二二三万三〇六二戸で、人口は、五九五九万四九七八人。一戸あたりの数は、四・八七人。ただし、郡国別にみるとき、一戸あたりの平均人数は、最小で二・七六人、最大で八・〇七人。(**表15**参照)

(iv) 『後漢書』の「郡国志」によるとき、全国の戸数九六九万八六三〇戸で、人口は四九一五万〇二二〇人。一戸あたりの数は、五・〇七人。郡国別にみるとき、一戸あたりの平均人数に、いちじるしく大きなものや、小さなものがあるのは、おもに、誤写、誤刻にもとづくもののようである(たとえば、遼西郡と遼東郡の人口が同じ数で記され、その結果、遼東郡の「一戸平均人数」が、いちじるしく小さくなっている。**表16**参照)。

(2) **わが国の郷古にあたると考える**　のちの律令制では、五十戸をもって、一郷(里)と定めた。その郷を構成した各戸を、郷戸という。奴婢や寄口(没落した戸が富裕な戸に引きとられたものなど)の非血縁者を含むことがある。平均約二十五人に達する大家族であるが、一〇人前後から一〇〇人以上におよぶものなど、さまざまである。

(3) **わが国の房戸（ぼうこ）にあたると考える**　郷戸は、それを構成する小家族に分かれるのがふつうである。房戸は、単婚家族に近い小単位で、一戸内の別棟（すなわち別房）に住んでいたので、房戸という。房戸は平均約八人からなる。

(4) **「戸」は、「棟」あるいは「家」をさすと考える**　『魏志倭人伝』に、「父母兄弟（それぞれ）臥息（がそく）する（寝てやすむ）ところを異にす」とある。すなわち、棟を異にしていたことが考えられる。この「棟」を、「戸」と考える。謝銘仁著『邪馬台国　中国人はこう読む』（立風書房一九八三年刊）には、およそつぎのようなことが記されている。

「中国では、一夫一妻であったのに、倭国では、むしろ、一夫多妻が多かった。中国では、結婚しても子供が生まれないばあいは、子供をつくるために妾をもらう。二号、三号をもっている場合、『一人養両家』『一人養三家』（一人で二家族または三家族を養う）という。『戸』は、このような『家』をさす。」

たしかに、「一支国」のところでは、「三千許家」とあり、「家」を「戸」の意味に用いている。つまり、一番目の妻とその子供たちのすむ棟、二番目の妻とその子供たちのすむ棟、……などが、それぞれ別になっており、それらを、すべて、「戸」または「家」と呼んだ、といえようか。

一戸あたりの人数は、社会の状況によってかなり異なりうる。明治時代と現代とをくらべてもわずか一〇〇年ほどのあいだに、核家族化が進み、一戸あたりの人数は、大きく減少している。

邪馬台国の一戸あたりの人数を、直接知りうる資料は、存在しない。

一戸あたりの人数の可能性としては、三人ぐらい（『漢書』に記されている長安の一家平均人数は、三・〇五人）

から二十五人（郷戸程度の人数）程度の可能性が、一応は、あるといえよう。

3　わが国の古代の人口推定

邪馬台国時代のわが国の人口をうかがいうる文献資料は、『魏志倭人伝』以外に存在しない。そして、『魏志倭人伝』に記されている倭国の戸数記事が、どの程度の資料価値をもつかは、同時代の中国の戸数・人口記事や、後代のわが国の人口などに照らしあわせて判断する以外にはない。

邪馬台国時代の中国の戸数・人口については、すでにみてきた。そこで、つぎに、わが国の後代の人口をみてみよう。

奈良時代のわが国の人口

わが国の古代（おもに奈良時代）の人口について、もっともまとまった研究を行なったのは、沢田吾一（一八六一～一九三一）である。昭和初年、沢田吾一は、わが国の古代の全国総人口の推定を行なった。

沢田は、正倉院文書や『続日本記』の記事などをもとに、地方行政の単位である「郷」の平均人口を求めた。そして、一郷平均人口、一三九九人という数をえた。一郷約一四〇〇人として、『和名抄』の郷数四〇四一にかけ、全国総人口の推定値として五六〇万をえた（良民人口）。

さらに沢田は、諸国の国ごとの人口推定を行なっている。『弘仁式』『延喜式』の国別に記載された出挙稲（すいことう）（一種の現物租税。春に稲を強制的に貸しつけ、秋の収穫後に利息をとる形で行なった）が、人口にほぼ比例することを利用して、推定を行なった。

沢田が示した国別人口の推定値は、**表20**のとおりである。この国別人口推定値は、大まかなものであるが、だいたいの傾向は、うかがえるであろう。

なお、全国総人口の推定値には、さまざまなものがある。おもなものをまとめれば、つぎのようになる。

(1)　一郷平均人口に、総郷数をかけて求める。推定値約五六〇万。（沢田吾一）

(2)　『宋史』の「奝然（ちょうねん）」に、日本の郷数を三七七二、駅数を四一四と記している。一郷平均人口一四〇〇人として、郷の総人口は、約五二八万人。駅は、大路駅四十戸、中路駅二十戸、小路駅十戸と考えられ、平均二十五戸として、駅の総人口、約二十八万人。平城京の人口は、約四十万と推定される。以上を合計して、総人口五七六万。（沢田吾一）

(3)　「弘仁稲」による全国人口推定値、五五九万九二〇〇人。（沢田吾一）

(4)　「延喜稲」による全国人口推定値、五五七万三一〇〇人。（沢田吾一）

(5)　「弘仁稲」による推定値と「延喜稲」による推定値との両方を勘案し、良いと思われるもの、あるいは、二つの推定値の平均をとったもの、などにより、妥当とみられる値を推定したもの。五四〇万一五五〇人。（表20の合計値、沢田吾一）

(6)　古代の戸籍残簡から、口分田（くぶんでん）（人民に割りあてられた田）の一人あたりの平均面積を求めると、一・三〜一・四段となる。『和名抄』によるとき、全国の水田面積は、八五二万三六八八段（対馬をのぞく）となっている。ここから、全国の総人口（対馬をのぞく）は、六〇九万〜六五五六万人となる。

(1)〜(5)までの推定値は、良民人口である。沢田吾一は、賤民、雑民、私民の人口などを加え、奈良時代の全国総人口を、六〇〇万〜七〇〇万人と推定した。

(6)の値は、(1)〜(5)の値よりも大きくなっているが、島などでは、田地面積から推定される以上の人口がいたと考えられるので、(6)の値でも、なお、低めの推定値ということもできる。

表20　沢田吾一による全国各国の人口推定値（延長5年〔927〕ごろの値）

地域	番号	国名	推定人口	郷数	郷別人口
			人	郷	人
畿内	1	山城	99,600	78	1,277
	2	大和	130,300	89	1,464
	3	河内	94,200	80	1,178
	4	和泉	26,700	24	1,113
	5	摂津	112,800	78	1,446
小　計			463,600	349	1,328
山陰道	6	丹波	87,400	68	1,285
	7	丹後	49,950	35	1,427
	8	但馬	95,600	59	1,620
	9	因幡	94,600	50	1,892
	10	伯耆	77,600	48	1,617
	11	出雲	82,100	78	1,053
	12	石見	47,550	37	1,285
	13	隠岐	8,800	12	733
小　計			543,600	387	1,405
山陽道	14	播磨	145,650	98	1,486
	15	美作	98,450	64	1,538
	16	備前	114,350	51	2,242
	17	備中	89,950	72	1,249
	18	備後	72,900	65	1,122
	19	安芸	65,600	63	1,041
	20	周防	58,950	45	1,310
	21	長門	40,750	40	1,019
小　計			686,600	498	1,379
南海道	22	紀伊	55,150	56	985
	23	淡路	13,600	17	800
	24	阿波	66,950	46	1,455
	25	讃岐	106,200	90	1,180
	26	伊予	101,100	72	1,404
	27	土佐	60,700	43	1,412
小　計			403,700	324	1,246
西海道	28	筑前	89,150	102	874
	29	筑後	74,300	54	1,376
	30	肥前	83,400	44	1,895
	31	肥後	181,750	99	1,836
	32	豊前	73,450	43	1,708
	33	豊後	84,950	47	1,807
	34	日向	45,750	28	1,634
	35	大隅	24,750	37	669
西海道	36	薩摩	22,950	35	656
	37	壱岐	10,000	11	909
	38	対馬	7,000	9	778
小　計			697,450	509	1,370
東海道	39	伊賀	37,300	18	2,072
	40	伊勢	108,800	94	1,157
	41	志摩	6,500	14	464
	42	尾張	55,400	69	803
	43	三河	56,000	69	812
	44	遠江	90,800	96	946
	45	駿河	75,500	59	1,280
	46	伊豆	21,000	21	1,000
	47	甲斐	68,700	31	2,216
	48	相模	102,000	67	1,522
	49	武蔵	130,900	119	1,100
	50	安房	40,200	32	1,256
	51	上総	125,800	76	1,655
	52	下総	120,600	91	1,325
	53	常陸	216,900	153	1,418
小　計			1,256,400	1,009	1,245
北陸道	54	若狭	28,300	21	1,348
	55	越前	120,800	55	2,196
	56	加賀	80,600	30	2,687
	57	能登	45,300	26	1,742
	58	越中	98,700	42	2,350
	59	越後	97,900	34	2,879
	60	佐渡	20,200	22	918
小　計			491,800	230	2,138
東山道	61	近江	141,900	93	1,526
	62	美濃	103,400	131	789
	63	飛驒	12,500	13	962
	64	信濃	105,100	67	1,569
	65	上野	104,200	102	1,022
	66	下野	102,700	70	1,467
	67	陸奥	186,000	188	989
	68	出羽	102,600	71	1,445
小　計			858,400	735	1,168
合　計			5,401,550	4,041	1,337

沢田吾一について

奈良時代の人口の推定を行なった沢田吾一（一八六一〜一九三一）は数学者であり、歴史学者であった。

東京帝国大学（現在の東京大学）卒業後、高等商業（現在の一橋大学）の教授となり、商品学、経済数学を担当した。

当時、小学校や中学校で、ひろく用いられていた算術や代数の教科書の著者としてよく知られていた。

五十六歳で高等商業を定年退官後、六〇歳になる直前に、東京帝国大学の文学部国史学科に入学しなおす。

そして、国史学科を卒業後、一九二七年に、『奈良朝時代民政経済の数的研究』（冨山房刊）を出版した。

この本の内容にあたるものを博士の学位請求論文として提出するが、審査に時間がかかる。通過の連絡があったのは、沢田吾一が肺炎で急逝した直後の、一九三一年（昭和六）のことであった。

律令政府も把握できなかった南九州と奥州の人口

『続日本紀』の天平二年（七三〇）三月辛卯（七日）の条に、次のような文章がある。

「大宰府が言上した。『大隅と薩摩の両国の人民は、〔大隅・薩摩の〕国を建てて以来、班田されたことがありません。彼らの所有する田地はすべて〔荒地を開いた〕墾田で、〔先祖から〕うけついでこれを耕作しており、〔彼らは〕田地の移動を願ってはおりません。もし班田収受を行なえば、恐らくはさわがしい訴えが相つぐでありましょう。そこで旧制のままで田地の移動はせず（班田収受はせず）、それぞれ耕作させたいと思います。』と。（大宰府言す。大隅薩摩両国の百姓、国を建ててよりこのかた、いまだかつて田を班たず。その有するところの田はことごとくこれ墾田。あひうけて作ることをなして、改め動かすことを願はず。もし班授に従はば、おそらく喧訴多からんと。ここにおいて旧にしたがひて動かさず。おのおのみずから作

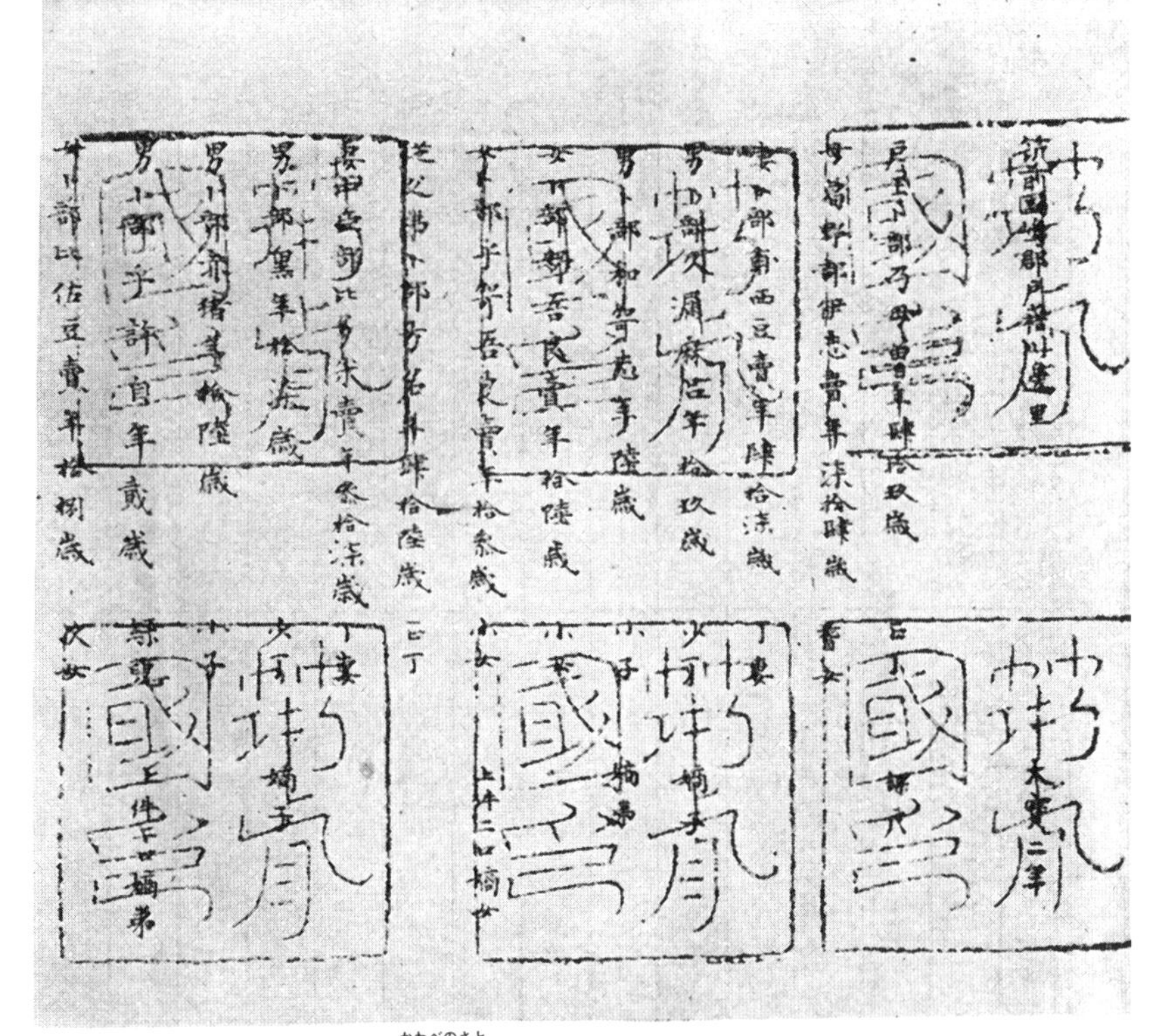

写真18　筑前の国嶋郡川辺里の戸籍（正倉院文書、『寧楽遺文』による。）

沢田吾一の、奈良時代の人口推定のための、基礎資料となったのは、今日まで部分的に残る当時の戸籍などである。

写真のものには、「筑前国印」のハンコが、やたらに押されている。

奈良時代（710〜784）のすこしまえの大宝２年（702）のものである。

「筑前国嶋郡戸籍川辺里」ではじまり、以下、「戸主卜部乃母曾（大宝２年に）年49歳、正丁　課戸」「母葛野部伊志売年74歳　耆女（６、70歳台の老女）」などとつづく。戸主卜部乃母曾の受田が、２町２段60歩であることが、あとに記されている。

らしむ。)」(現代語訳は、直木孝次郎他訳注『続日本紀1』(一九八六年平凡社刊、東洋文庫四五七)による。)

大隅の隼人は、養老四年(七二〇)二月にも、反乱を起して大隅国守の陽候史麻呂を殺害している。このときは、歌人としても名高い大伴旅人が、征隼人持節大将軍となり征討している。

律令政府の権力をもってしても、薩摩・大隅の両国には、班田収受の法を強行しえなかったのである。

大隅・薩摩の両国では、奈良時代初期の郷数にくらべ、平安時代初期の郷数が、かなり大幅に増えている(北九州では、逆に、奈良時代初期の郷数よりも、平安時代初期の郷数のほうが、減る傾向がみとめられる)。すなわち、奈良時代初期の郷数は、『律書残編』によれば、大隅十九、薩摩二十五であったものが平安時代初期には、『和名抄』によるとき、大隅三十七、薩摩三十五になっている。

郷数は、人口にほぼ比例していると考えられるが、大隅・薩摩両国のばあいは、人口の自然増の結果、郷数がふえたと考えられる部分よりも、奈良時代の初期には十分把握することのできなかった人口が、その後把握できるようになったため、郷数が増えたと考えられる部分のほうが、多いと考えられる。

とすれば、大隅・薩摩両国の人口は、奈良時代の律令政府が、十分に把握していなかっただけで、本来は、奈良時代の初期の郷数などによって推定される人口よりも、もっと多くの人口を擁していた可能性がある。

陸奥の国なども、南九州と近い状況にあったであろう。

養老四年(七二〇)九月には、陸奥で、蝦夷が反乱をおこし、按察使・上毛野広人を殺害している。

藤岡謙二郎編『日本歴史地理総説　古代編』(吉川弘文館、一九七五年刊)には、桑原秀夫の仮説にもとづく、国別の推定値が示されている。それによると、陸奥の国の八六六年の推定値は、約四十五万八四〇〇人、出羽の国の七一四年の推定値は、約十九万五五〇〇人となっている。**表20**に示した沢田吾一の推定値、陸奥の国十八万六〇〇〇人、出羽の国十万二六〇〇人の、倍以上か、または、倍近くである。桑原秀夫の方法による推定値は、蝦夷も含めた総人口を意味するが、やはり、陸奥の国などでは、沢田の方法によって推定された値よりも、もっと多くの人口があったと考えられる。

筑前の国だけで「九万戸」は無理

邪馬台国は、九州に比定されることが多いので、九州に関するデータを、いますこし掲げておこう。

福本誠という人が、明治三十六年（一九〇三）に刊行した本に、『筑前志』（国光社刊、一九七四年に、臨川書店から復刻版がでている）という本がある。この本には、元禄十四年（一七〇一）と、明治三十三年（一九〇〇）との、筑前各地の、戸数、人口が記されている（**表21**）。

表21の元禄十四年の数字は、貝原益軒の『筑前続風土記』によっている。

この数字は、福岡本藩に属する農商の数字である。農商以外の戸数・人口を考えるばあいには、この数字を、約一・八倍（戸数）、または、約一・五倍（人口）しなければならない（末永茂世編『筑前旧志略』明治二十年刊参照）。

この表などから、つぎのことがいえる。

(1) 一戸あたりの人数は、元禄十四年（一七〇一）のばあいで、六・四七人、明治三十三年（一九〇〇）の合計値のばあいで、六・〇〇人である。（元禄十四年の数値の、戸数を一・八倍、人口を一・五倍したばあいは、一戸あたりの人数は、五・三九人となる）。

(2) **表21**の元禄十四年の戸数を、一・八倍すれば、九万二九五〇戸となる。『魏志倭人伝』に記されている奴国二万余戸、邪馬台国七万余戸の、合計九万余戸が、のちの筑前の国の領域内にあったとする議論がある。元禄十四年の戸数が、約九万余戸とすれば、三世紀の時点で、この地域に九万余戸をいれるのは、かなり無理ではなかろうか。邪馬台国を北九州に求めるとすれば、筑前と豊前をあわせた戸数を考えるか、あるいは、筑後の戸数を考慮にいれるしかしなければならないであろう。

表21　筑前各地の戸数・人口

	元禄十四年戸数	元禄十四年人口
福岡市	四、六四三戸	三四、四二一人
糟屋郡	五、〇〇八	三一、八八六
宗像郡	四、四九八	二九、八六一
遠賀郡	五、三八二	三四、七七〇
鞍手郡	五、二二二	三一、七〇四
嘉穂郡	五、四〇九	三六、〇七〇
朝倉郡	七、四五二	四四、〇四三
筑紫郡	五、八七七	三六、九六四
糸島郡	四、六二三	三〇、七一三
早良郡	三、五一九	二三、七七七
計	五一、六三九	三三四、二〇九

	明治三十三年末現在戸数	明治三十三年末現在人口
福岡市	九、九四五戸	七五、六八七人
糟屋郡	九、二六七	五三、〇一八
宗像郡	八、二〇三	四八、九二七
遠賀郡	一六、四三三	八八、五二〇
鞍手郡	一三、七〇三	七七、一七一
嘉穂郡	一三、三〇三	七五、三〇五
朝倉郡	一三、九二五	八七、七八三
筑紫郡	一二、二五一	七三、四七六
糸島郡	九、九一五	五四、九五六
早良郡	五、三六二	三二、四七九
計	一一一、三〇七	六六七、三二二

4　邪馬台国の人口

邪馬台国は九州島内にあった

『魏志倭人伝』に記されている倭人諸国の戸数をまとめれば、256ページの**表19**のようになる。

この戸数については、おおよそ、次の三つの考え方が存在する。

(1)　実数に、だいたい近いとみる。

(2)　実数に近いとはかぎらないが、すくなくとも、比例関係は、あらわしているであろうと考える。すなわち、『魏志倭人伝』に、戸数が多かったと記されている国は、他の国にくらべ、相対的に戸数が多く、『魏志倭人伝』に、戸数がすくなかったと記されている国は、相対的に戸数がすくなかったと考える。

(3)　戸数の記述には、「誇張」などがはいっており、実数はほとんど、うかがえないと考える。

(3)の立場にたつ人もすくなくないようであるが、私は(1)または(2)の立場にたつ。そして、どらかといえば、(1)の立場に近い。

そして、私は**表19**に示された邪馬台国以下の諸国は、九州島内にあったと考える。

いかにその根拠をのべよう。

沢田吾一の奈良時代の人口推計

沢田吾一（一八六一～一九三一）は、すでに紹介したように、昭和の初年に、『奈良朝時代民政経済の数的研究』（一九二七年、冨山房。復刻版、一九七二年、柏書房）をあらわし、奈良時代の人口推計を行なっている。

沢田吾一の研究は、今日、これを超える研究がないため、通説化し、古代の人口を考えるさいの出発点となっている。

しかし、くわしくみていくと、かなりな問題がある。とくに、九州の人口は、そうとうな過少推定になっていると考えられる。

沢田吾一は、およそ、つぎのようにして、奈良時代の人口の推計を行なった。

古代の村落制度である郷里制（ごうり）においては、一郷（里）は、五〇戸で構成された。これは、大宝令の里制に、「五十戸をもって里（郷）とせよ。里ごとに長一人を置け」と明記されているばかりではない。美濃の国の戸籍などで、その実例も残っている。

天平十九年（七四七）にきめた基準では、一郷あたりの納税者は、三三二〇人であった。ここで、納税者は、十七歳から六十五歳までのすべての男子をさす。また、正倉院文書（しょうそういんもんじょ）のなかにある、全国各地の戸籍と計帳の残簡から求めれば、全良民人口中で、十七歳から六十五歳までの男子が占める率は、二十三・五八％となる。これらの数字から、一郷の全良民人口を推測すれば、一三九九人となる。

一方、『和名抄』によれば、全国の郷数は、四〇四一である。一郷の人口と郷数とをかければ、全国の人口の推計値がえられる。

このようにして沢田吾一は、奈良時代の全国の良民の総人口の推定値として、約五六〇万という数字をえている。

沢田吾一は、また、八世紀のある年の兵士の数や、九、十世紀の各国別の出挙稲（すいことう）（田の面積や耕す農民の数に応じて割りあてた一種の現物租税。稲を強制的に貸し付け、利稲をとる形で行なった）の数などの材料も使っている。どの材料を使っても、全良民の数は、五〇〇万と六〇〇万の間となる。

表22　西海道9国3島の推計人口（算定人口は対馬、多褹以外は平均値。＊は多褹を加えた値）

国名	弘仁稲（束）	課丁（人）	人口（人）	延喜稲（束）	課丁（人）	人口（人）	算定人口（人）
筑前	590,000	15,970	85,400	790,100	17,370	92,900	89,150
筑後	520,000	14,080	75,300	623,600	13,710	73,300	74,300
豊前	520,000	14,080	75,300	609,800	13,400	71,600	73,450
豊後	570,000	15,430	82,500	743,800	16,350	87,400	84,950
肥前	590,000	15,970	85,400	692,600	15,220	81,400	83,400
肥後	1,230,000	33,300	178,000	1,579,100	34,710	185,500	181,750
日向	330,000	8,930	47,700	373,100	8,200	43,800	45,750
大隅	120,000	3,250	17,400	242,000	5,320	＊28,400	＊24,750
薩摩	120,000	3,250	17,400	242,500	5,330	28,500	22,950
壱岐	65,000	1,760	9,400	90,000	1,980	10,600	10,000
対馬	(3,920)	—	—	(3,920)	—	—	7,000
多褹	(2,080)	—	—	—	—	—	＊(3,700)
九州の合計人口（壱岐・対馬・多褹を除く）			664,400			692,800	＊680,450

良民の他に、賤民、雑民、私民の人口などを加え、沢田吾一は、奈良時代の全国の総人口を、およそ、六〇〇万ないし七〇〇万とした。

沢田吾一推計の九州の人口は過少推定

沢田吾一は、『弘仁式』『延喜式』に記されている出挙稲によって、国別の人口を推定している。

『弘仁式』（八二〇年成立）および『延喜式』（九二七年成立）の出挙稲をもとにして算出された西海道（九州地方）九国と壱岐島の人口は、**表22**のとおりである。『弘仁式』の出挙稲による人口と、『延喜式』の出挙稲による人口では、大隅・薩摩の両国では、やや大きな差があるが、他の諸国では、あまり違わない。

沢田吾一の推計した九州の人口が、過少推定になっていることは、つぎのようなことか

表23　奈良時代初期（『律書残編』）の郷数と平安時代初期（『和名抄』）の郷数（九州）

国名	(a)奈良時代初期の郷数（カッコ内は推定値）	(b)平安時代初期の郷数（『和名抄』）	(a)－(b)
筑前	（欠）（119）	102	（不明）（17）
筑後	70	54	16
豊前	50	43	7
豊後	40	*47（39）	－7（1）
肥前	70	45	25
肥後	106	98	7
日向	26	28	－2
大隅	19	（旧多褹島を加う）37	（－18）
薩摩	25	35	－10
壱岐	（欠）（13）	11	（不明）（2）
対馬	（欠）（11）	9	（不明）（2）
多褹	（欠）（6）	（大隅に合す）	—
計	（555）	509	（46）

＊テキストにより異同がある。

らわかる。

九州のばあい、奈良時代と平安時代とで、各国の郷数が違ってきている。

喜田貞吉は、その著『日向国史』（東洋堂、一九四三年刊）の中で、『律書残編』と『和名抄』との郷数を比較し、北九州の郷の数が、奈良時代初めよりも、平安時代初期にいたって、かえって減少していることを指摘している。

奈良時代初期の郷数を、『律書残編』によってしらべる。それを、平安朝初期の『和名抄』の郷数（『和名抄』の記す郷が、ほぼ九世紀ごろのものであることについては、池辺弥氏の研究がある）と比較すれば、**表23**のようになる（『律書残編』の郷数は、『日向国史』にも、池辺弥著『和名類聚抄郷名考証』〔吉川弘文館刊〕にものせられている。『日向国史』所載のものには、誤りがある）。

奈良時代初期との、両方の郷数がわかる筑後以下の八国においては、奈良時代に四〇六郷であったものが、平安時代初期には、三八七郷に減っている。

奈良時代初期の郷数にくらべ、すくなくなっている平安朝初期の『和名抄』の郷数においてさえ、筑前の国の郷数は、一〇二郷である。一方、出挙稲（延喜稲）による沢田吾一の推定によれば、表22に示したように、筑前の国の算定人口は、八万九一五〇人である。すると、一郷あたりの人口は、八七四人となる。これは、沢田吾一が全国各地の戸籍と計帳の残簡から求めた一郷あたりの全良民人口、一三九九人にくらべ、大幅にすくない。まして、奈良時代初期においては、筑前の国の郷数は、もっと多かった可能性が大きい。とすると、出挙稲による筑前の国の推定人口はによるばあい、一郷あたりの人口は、八七四人よりも、さらにすくなくなってしまう。

出挙稲による筑前の国の推定人口が、過小評価となっていることは、あきらかである。

また、『続日本紀』によれば、恵美押勝（えみのおしかつ）（七〇六〜七六四）が、天平宝字五年（七六一）に征新羅を計画したさい、九州全体で、二万〇〇二〇人の兵士、水手をだしている（対馬ふくむ）。

ところで、東国の軍、山陽道、南海道の軍においては、十人の正丁（二十一歳から六十歳までの男子）につき一人という割合で募兵を行なっている。すなわち、東国十二国においては、二十二万二八〇〇人の正丁に対して、二万〇六二〇人の兵士、水手（かこ）（船をこぐ人）を募兵している。募兵率は、十・八一人に一人である。山陽道、南海道十二国においては、十八万八一〇〇人の正丁に対し、一万七四二〇人の兵士、水手を募兵していることになる。募兵率は、十・八〇人に一人である。

以上の、東国十二国、山陽道、南海道十二国の合計二十四国では、四十一万〇九〇〇人の正丁に対して、三万八〇四〇人の兵士、水手を募兵していることになる。募兵率は、十・八〇に一人である。九州でも、この割合で募兵されたとすれば、二万〇〇二〇人の兵士、水手をだすためには、九州に、二十一万六二五二人の正丁がいたことになる。

一方、沢田吾一が、全国各地の戸籍、計帳から求められたところによれば、良民人口中で、正丁が占める率は、〇・一八一六である。ここから、九州の良民人口は、一一九万〇八一五人と推定される。この値は、沢田吾一が、出挙稲から推定した良民人口、約六十八万人を大きくこえる。

すなわち**表22**に示した沢田吾一の推定値によるとき、弘仁稲にもとづく九州の人口の推定値は、六十六万四四〇〇人、延喜稲にもとづく人口の推定値は、六十九万二八〇〇人である。この二つの数を平均すれば、六十七万八六〇〇人となる。

沢田吾一の推定を正しいものとし、良民中の正丁が占める率を、〇・一八一六とすれば、六十七万八六〇〇人の九州の良民人口中には、十二万三二〇〇人の正丁がいたことになる。すると、九州においては、正丁約六・二人にたいして一人の割合で兵士、水手をだしたことになる。

沢田吾一自身、九州の推定人口値と募兵率とについてのべている。

「東国の軍、中国の軍においては、十人の正丁に一人という理想的募兵を行なう計算になるのに、ひとり九州においてだけ、苛酷残忍な徴発をあえてしたとは、想像することができない。したがって、六人の正丁に一人の割合で人を出すのは、可能範囲の極端であろう。ここから、九州の人口六十七万七千余は、下限の数として成立するものである。」

沢田吾一は、『奈良朝時代民政経済の数的研究』のなかで、日露戦争のばあいは、満二十歳以上六十歳未満の全国男子の約十一人に一人の割合で戦役に参与していることなど、内外の募兵率について、くわしい考察を行なっている。そして、沢田は、「されば、『六、七夫一兵』の容易ならざるは察するに余りあり」とものべている。

他の資料も募兵比率による推定人口を支持する

募兵比率から推定した九州の良民人口、一一九万〇八一五人という値を支持する他の資料も存在する。『続日本紀』神亀四年（七二七）七月丁酉（ひのととり、二十七日）の条に、「筑紫の諸国の庚午の籍（六七〇年〔天智九〕、庚午の年につくられた戸籍。ほぼ全国的に作成された）七百七十巻。官印を以って、之に印す」とある。「戸令」の造戸籍の条によれば、戸籍は、「里別に巻を為す」とあるから、当時の九州の里（郷）数は、七七〇里（郷）とみることができる（池辺弥著『和名類聚抄郡郷里駅名考証』、吉川弘文館刊、28ページ参照）。

この値は、『律書残編』による九州の総郷数（あとにのべる推定値）五五五郷や、『和名抄』による九州の総郷数五〇九郷のいずれよりもずっと大きい。

『律書残編』や『和名抄』の郷数には、脱落などのあることが考えられる。『続日本紀』は、「六国史」の一つであり、『律書残編』や『和名抄』よりも、信頼がおけるという見方もなりたつであろう。

九州の郷数を、七七〇郷として、一郷の平均良民人口を、まえに記したように、一三九九人とすれば、九州の良民人口は、一〇七万七二三〇人となる。この値は、募兵比率から推定した九州の良民人口、一一九万〇八一五人という値に近い。

もしかりに、『律書残編』の記すように、五五五郷の郷しかなかったとすれば、一郷一三九九人として、良民人口は、七十七万六四四五人となる。このうち正丁の占める率を、〇・一八一六とすれば、正丁の数は、十四万一〇〇二人となる。ここから、二万〇〇二〇人の兵士、水手をだしたとすれば、約七人（七・〇四人）に一人の割合で、兵士、水手をだしたことになる。やはり、沢田のいう、「『六、七夫一兵』の容易ならざるは察するに余りあり」に該当することになってしまう。

沢田吾一の人口推定の問題点

沢田吾一の出挙稲などによる人口推定の方法には、つぎのような問題があると考えられる。

(1)　沢田吾一は、一郷平均の人数の推定値に、『和名抄』の郷数をかけるときは、大きめの推定値を与える可能性について論じている。それは、『和名抄』の郷のなかには、奈良時代の駅家(うまや)、余戸(あまりべ)、神戸(かんべ)が混入しているからであるという。したがって、この面からみるとき、『和名抄』の郷数に一郷あたりの人数をかけた値と比較的よく一致する弘仁稲による推定値、延喜稲による推定値も、大きめの推定値を与えている可能性もあるという。しかし、とくに北九州のばあい、『和名抄』の郷の数は、奈良時代初期の郷の数にくらべて、大きく減少している。そして、奈良時代の『肥前風土記』や『豊後風土記』の郷の数と、平安時代に成立した『和名抄』の郷の数とを比較するとき、『肥前風土記』や『豊後風土記』の「駅」をのぞいた郷の数が、駅家などを混入させた『和名抄』の郷の数に、ゆうに匹敵している。『和名抄』の郷の数を用いるとき、奈良時代の人口推定値として、大きめの値が与えられている可能性は、九州のばあい、ほとんどないように思える。

(2)　沢田吾一は、『和名抄』の郷数による推定という面からみるときは、人口の推定値として大きめの値を与えている可能性が生じ、正丁約六人に一人の募兵という面からみるときは小さめの値を与えている可能性があり、したがって、『和名抄』の郷数による推定と比較的よく一致する弘仁稲、延喜稲による推定値は、まずまず妥当な推定値を与えているかとした。しかし、以上みてきたように、『和名抄』の郷数によるとき、すくなくとも九州においては、大きめの推定値を与えている可能性はほとんどなく、これにたいし、募兵の割合からみるとき、小さめの人口推定値を与えている可能性は、多分に存在している。

(3) 出挙稲による人口推定が、小さめの値を与える理由としては、その人口推定が、大まかな値しか与えないことによるとみられる。一例として、肥後の国の出挙稲をみてみる。肥後の国の『弘仁式』による出挙稲は、一二三万束である。その内わけは、正税四十万束、公廨稲四十万束、国分寺料六万束、薩摩の国国分寺料二万束、府廨三十五万束である。ここで公廨稲というのは、官庁に対して支給された田(公廨田)からあがる稲である。税や公廨田からあがってくる稲が、出挙稲となった。ところで、肥後の国のばあい、たまたま、府公廨が大きいが、他の国々では、府公廨は、零かごくわずかである。また、国分寺料は、四万束である国が、もっとも多い。そして、大半の国では、正税と公廨田との合計が、出挙稲の九〇%以上を占める。そして、ほとんどの国において、正税と公廨稲とは、同額か、近い値である。

さて『続日本紀』の天平十七年(七四五)十一月の条に、「諸国の公廨、大国は四十万束とする。上国は三十万束とする。中国は二十万束とする。その中で、大隅薩摩の両国は各四万束とする。下国は十万束とする。その中で、飛騨、隠岐、淡路の三国は各三万束とする。志摩の国、壱岐の島は各一万束とする。もし正税数すくなく、また、民が承知して挙げない者があれば、かならずしも限度に達しなくてもよい。」と制されている。さらに『延喜式』においては、大国十三国(肥後をふくむ)、上国三十五国(筑前、筑後、豊前、豊後、肥前をふくむ)、中国十一国(日向、大隅、薩摩をふくむ)、下国九国(壱岐、対馬をふくむ)とされている。肥後の国は、『弘仁式』による出挙稲からみても、『延喜式』からみても、奈良時代以後、一貫して、大国であったようである。ある国が、大国、上国、中国、下国のいずれに属するかは、時代によっていくらか変わっているようであるが、いずれにしても、出挙稲のほとんどを占める正税、公廨稲の数は、四〇万束、三〇万束、二〇万束、一〇万束、という大まかなオーダーで動いている。したがって、出挙稲をもとにした人口の推計は、やはり、おおまかなものになってしまう。**表22**の弘仁稲による人口推定値の、筑後と豊前の人口、大隅と薩摩の人口などが、同じ値となっているのは、このような理由による。

(4)　出挙稲から推定された人口は、すべての良民の人口である。官戸、官奴婢、私奴婢、家人(けにん)、陵戸、雑戸、品部(しなべ)などの人口が落ちている。出挙稲から推定されうる以外の人口が、かなりあったのではないか。

(5)　**表22**をみると、大隅、薩摩では、弘仁稲による推定人口と延喜稲による推定人口とが、かなり大きくちがっている。これらのことは、とくに大隅、薩摩の人口の推定値の信頼性についての疑いをもたせる。

(6)　『和名抄』による推定値、弘仁稲による推定値、『延喜式』による推定値、いずれも、荘園の人口を落としている可能性がある。律令制度の負担は、農民にとって過重であった。そのため、浮浪、逃亡は早くから生じ、平城遷都（七一〇年）のころは、すでに、全国的に一般化しつつあった。浮浪人は、奈良時代後半以後に発展する荘園の中に流入するものが多かった（ただし、九州の農民が、九州の中の荘園に逃げこんだばあいは、九州全体の人口はは変わらない）。

沢田吾一は、戸籍残簡により、九州地方（西海道）の「奴婢」の人口は、良民人口の約一〇〇分の七としている。

九州の良民人口を、募兵比率により、一一九万〇八一五人とし、奴婢人口は良民人口の約一〇〇分の七としたばあい、奴婢などをふくめた総人口は、一二七万四一七二人となる。

八世紀前半の、奈良時代の九州の人口は、このていどと考えるのが妥当なようである。

壱岐と対馬の人口・四つの推定

邪馬台国の戸数、人口についての、手がかりを与えてくれそうなのが、壱岐と対馬の戸数、人口である。

沢田吾一は、『奈良朝時代民政経済の数的研究』のなかで、およそ、つぎのようにのべている。

「九州の西、北、南に島々がちらばり、舟子、漁民が多いので、狭い郷もまた多いであろう。島々、海角においては、その近くの本土にくらべ、郷数の割合に田地面積のすくないことは、『和名抄』により、一郷あたりの田地面積を算出してみれば、あきらかなことである。また、『三代実録』貞観十八年(八七六)三月在原行平請事の文中に、壱岐島課丁二千余人、水田六百十六町と記されている。これから計算すれば、良民人口一人について、水田〇・五八段の割合にあたる。ここからも、人口が多く、田のすくない土地であることがわかる。また、近代においても、島々や海角の人口が、耕地にくらべ、稠密(ちゅうみつ)であることは、あきらかな事実である。」

『魏志倭人伝』にも、対馬国については、「良田なく、海物を食して自活し、船に乗り南北に市糴す(してき)」、一支(壱岐)国については、「やや田地がある。田を耕すも、なお食するにたらず。また南北に市糴す」とある。「市糴」すなわち「米を買っていた」という記事からも、田地にくらべ、人口の多かったことが読みとれる。

さて、壱岐と対馬の人口は、どのていどであったであろうか。いくつかの推定値をのべてみよう。

(1) **水田面積による推定**　『和名抄』によれば、壱岐の水田面積六二〇町(この値は、『三代実録』貞観十八年〔八七六〕三月在原行平請事の文中に、壱岐島課丁二〇〇〇余人、水田六一六町と記されているのと、ほぼ合っている)、対馬の水田面積は四二八町である。沢田吾一の調査によれば、天平宝字元年(七五七)以後のばあい、課丁が全良民の中で占める率は、十八・七一%であるという。八七六年の壱岐島課丁二〇〇〇余人から、壱岐の島の全良民の人口は、一万六八九九人以上ということになる。さらに、壱岐の島の全良民人口をもとに、水田面積比によって、対馬の全良民人口を推定すれば、七三七九人以上ということになる。「奴婢」の人口は、全良民中の約一〇〇分の七とすれば、壱岐の人口は一万一四三八人以上、対馬の人口は七八九六人以上ということになる。

(2) **沢田吾一の推定**　沢田吾一は、弘仁稲、延喜稲の値などから、壱岐の良民人口を約一万人とし、対馬の良民人口を約七〇〇〇人とした。この値は、水田面積によって求めた値と、ほぼ合っている。

(3) **郷数による推定**『和名抄』によれば、壱岐の郷数十一、対馬の郷数九である。一郷あたりの人数を、沢田吾一により、一三九九人とすれば、壱岐の人口一万五三八九人、対馬の人口一万二五九一人となる。以上の人口は、良民人口で、奴婢の人口は含まれていない。奴婢の人口を、全良民中の一〇〇分の七とすれば、壱岐の人口は一万六四六六人、対馬の人口は一万三四七二人となる。対馬の郷数には、脱落があるらしく（永留久恵（ながどめひさえ）「対馬の人口」［安本美典編著『「邪馬台国」人口論』〈柏書房、一九九一年刊〉所収］参照）、その点からは、以上の推定値でも、過少推定値であるといえる。

(4) **動員数による推定**　天平宝字五年（七六二）の動員において、東国の動員に加えられた水手は、対馬から二〇〇人である。動員は、人口に比例して行なわれたと考えられる。すでにのべたように、募兵率は、正丁十・八〇人に一人ていどとすれば、対馬には、二一六〇人の正丁がいたことになる。良民人口中で、正丁が占める率を、〇・一八一六とすれば、対馬の良民人口は、一万一八九四人となる。いま、壱岐と対馬の人口比が、水田面積比（六二〇対四二八）にほぼ等しいとすれば、壱岐の良民人口は一万七二三〇人となる。奴婢の人口を、全良民中の約一〇〇分の七とすれば、対馬の人口は一万二七二七人、壱岐の人口は一万八四三六人となる。この値は、郷数による推定値に近い。

表24　4つの方法による壱岐・対馬の人口推定値

	(A)壱岐の人口	(B)対馬の人口	(C)対馬の人口の2分の1	(D)壱岐の人口との比率 $\left(\frac{(C)}{(A)}\right)$
	人	人	人	
(1)水田面積による推定	11,438	7,896	3,948	0.345
(2)沢田吾一の推定＊	10,700	7,490	3,745	0.350
(3)郷数による推定	16,466	13,472	6,736	0.409
(4)動員数による推定	18,436	12,727	6,364	0.345

＊この数字は、奴婢人口を加えてある。

以上の四つの推定値表の形にまとめれば**表24**のようになる。これらの推定値については、あとで、今一度検討することにする。

『魏志倭人伝』の記述も、対馬より壱岐の人口のほうが大きい

以上のいずれの推定によっても、面積の小さい壱岐の人口のほうが、面積の大きい対馬の人口よりも大きい。

そして、『魏志倭人伝』も、一大（支）国を、「方三百里可（ばかり）」、対馬国を、「方四百里可」と記し、一大（支）国の戸数を、「三千許（ばかり）の家」と記し、対馬国の戸数を、「千余戸」と記している。やはり、面積の小さい壱岐の戸数を、面積の大きい対馬よりも大きく記している。これは実際の傾向にあっていると考えられる。『魏志倭人伝』の記述には、なんらかのよりどころがあったと考えるべきである。

ただ、『魏志倭人伝』が、対馬の戸数を、壱岐の戸数の三分の一に記しているところからみると、『魏志倭人伝』に記す「対馬国」は、対馬の北島、または、南島だけをさしている可能性も考えられる（白鳥庫吉、古田武彦、野津清の諸氏は、『魏志倭人伝』の「対馬国」は対馬の南島だけをさすとしている）。

『和名抄』によれば、対馬の上県郡（かみあがたぐん）（下島、北島）の郷数は四、下県郡（しもあがたぐん）（上島、南島）の郷数は六である。永留久恵によれば、『和名抄』に記されている郷数には、脱漏や誤記があり、北島に六、南島に六、合計十二の郷が存在したであろうという。『魏志倭人伝』の対馬国の戸数は、対馬の北島または南島だけをさしているものとする。

さきの四つの方法による壱岐と対馬の人口の推定値をまとめれば、**表24**の(A)、(B)欄のようになる。また、『魏志倭人伝』に記されている戸数は、対馬の北島または南島だけをさすものとして、対馬の推定人口を二分の一にすれば、**表24**の(C)欄のようになる。このようにした上で、対馬の推定人口（(C)欄）と、壱岐の人口との比を求めれば、**表4**の(D)欄のようになる。

『魏志倭人伝』は、一大（支）国の戸数を「三千許の家」と記し、対馬国の戸数を、「千余戸」とする。一支国の戸数と対馬国の戸数との戸数比は、一対〇・三三三以上である（『魏志倭人伝』の記事では、壱岐の戸数については、「三千許の家あり」となっており、「三千戸前後」であるのに対し、対馬の戸数については、「千余戸」となっており、「千戸以上」であることに注意）。

この比率は、『魏志倭人伝』の「対馬国」が、対馬の北島または南島だけをさすとしたとき、かなりよく合致する。しかし、三世紀のころは、対馬はまだよく開けておらず、北島と南島の戸数を合計しても、壱岐の三分の一程度しかなかったのかもしれない。

奈良・平安時代もあまり変わらぬ壱岐・対馬の人口

以上の、壱岐、対馬の人口の推定は、奈良時代および平安時代初期のデータにもとづいている。この人口推定値は、邪馬台国時代の人口と、さして変りがなかったであろうか。私はおそらくは、壱岐、対馬をはじめとする北九州の人口は、それほど大きく変りがなかったであろうと思う。そう思う理由を、以下にのべてみよう。

(1) かりに、壱岐、対馬の人口は、邪馬台国時代には、**表24**の四つの方法による推定値のいずれよりも、もっとすくなかったものとする。そして、『魏志倭人伝』の戸数記事にも、あるていどの信憑性があるものとする。すると、壱岐の一戸あたりの人数が小さくなりすぎる。

(2) 古代においては、都が別の土地にうつると、もとの都は、急激にさびれていっている。九州にあった邪馬台国が、のちに畿内にうつったとすれば、邪馬台国時代の北九州の人口は、のちの時代にくらべ、相対的に大きかったことが考えられる。北九州の郷の数が、奈良時代初めよりも、平安時代にいたって、かえって減少していることはすでにのべた。また、次のような事実もある。

大宝令の規定では、大路の駅馬は、各駅二〇匹であった。そして、大同二年（八〇七）十月の官符（『類聚三代格』巻十六）によると、大路である大宰府路の筑前の国九駅、豊前の国二駅は、はじめ、規定通りおのおの二〇匹の駅馬をもったが、「いま貢上の雑物減少することなかばを過ぎ、逓送の労、旧日よりすくなく、人馬いたずらに多く、乗用にあまりあり」との理由から、各駅五匹をへらし、各十五匹になったという。

のちの時代においても、北九州がさびれる傾向がみとめられるのは、かつては北九州にあった政治の中心が、畿内にうつったなごりではないであろうか。畿内に大和朝廷をつくったころには、北九州の祖国邪馬台からきた多くの人員を必要としたであろう。邪馬台国が北九州にあったとすれば、朝鮮半島への連絡路にある壱岐、対馬の重要性は、国内の充実に力をそそいだ奈良時代よりもかえって大きく、壱岐、対馬の人口なども、のちの時代にくらべて、かならずしも、すくなくなかったことが考えられる。

(3) すでに行なった壱岐、対馬の人口推定において、**表24**の(1)の水田面積による推定値は、西暦八七六年の課丁数が、推定のもとになっている。平安時代の人口の推定値といえる。**表24**の(2)の沢田吾一の推定は、弘仁稲（弘仁年間は八一〇～八二四）、延喜稲（延喜年間は九〇一～九二三）が、推定のもとになっている。やはり、平安時代の人口の推定値である。**表24**の(3)の推定のもとになっている一郷あたりの人口推定値一三九九人は、『続日本紀』天平十九年（七四七）の一郷の課税対象人口についての記事、大宝二年（七〇二）、養老五年（七二一）の戸籍残簡、神亀（七二四～七二九）、天平（七二九～七四九）にわたる計帳残簡などをもとに算出されている。『和名抄』に記されている郷数じたいは平安時代のものであるが、奈良時代の郷数は、『和名抄』の郷数を下まわることはなかったとみられる。したがって、**表24**の(3)の郷数による推定値は、基本的には、奈良時代のデータにもとづく人口の推定値である。**表24**の(4)の動員数による推定値は、『続日本紀』の七二七年の記事にもとづく九州の良民人口数、七六一年の記事にもとづく対馬からの動員数などが、推定のもとになっている。したがって、これも、基本的には、奈良時代のデータにもとづく人口の推定値である。そして、**表24**をみれば、たとえば、壱岐のばあい、平安時代のデータにもとづく推定人口が一万～一万一〇〇〇人、奈良時代のデータにもとづく推定人口が、一万六〇〇〇～一万八〇〇〇である。奈良時代の推定人口のほうが、平安時代の推定人口よりも、大きくなっている。

(4)　『魏志倭人伝』の壱岐島についての「三千許(ばかり)の家」は、かりに、中国の史書の記述例にならい、一戸四～五人ていどとすると、一万二千人～一万五千人ていどの人口となる。これは**表24**の(1)(2)の人口推定値にやや近い。

(5)　『魏志倭人伝』は、対馬国について、「方（域）は、四百余里ばかり（一辺四百余里の正方形にあたる面積）」と記す。一支国については、「方（域）は、三百里ばかり」と記す。面積の大きい対馬国のほうが「千余戸」で、面積の小さい一支国のほうが、「三千ばかりの家」であると記す。このように面積の大小関係と戸数（あるいは人口）の大小関係とが逆になっている。このような現象は、明治以前のわが国の、壱岐島と対馬島との人口においてもみとめられる。**表25**のとおりである。

表25をみればわかるように、対馬の人口が壱岐の人口よりも多くなるのは、ほぼ大正時代にはいってからである。二〇世紀以後である。

『魏志倭人伝』の記す戸数記事は、なんらかの当時の実状を反映しているとみるべきである。もし、適当に創作をするのなら、面積の大きい対馬の戸数を壱岐よりも多いと記しそうなものである。

(6)　古代においては、人口や水田面積の増加の速度が、あまり大きくなかったようである。そのため、数百年を経ても、人口や水田面積が、それほど大きくは変わっていないことが考えられる。

たとえば、『和名抄』には、各国の水田面積が記されている。朝鮮でできた『海東諸国紀』にも、水田面積が記されている。『和名抄』は、十世紀のはじめ、承平年間（九三一～九三八）に成立したものである。一方、『海東諸国紀』は、日本へ使臣としてきた申叔舟（しんしゅくしゅう）が、一四七一年に著わしたもので、わが国の国状などを記したものである。この二つの書物は成立の時期に、五〇〇年以上の差がある。『和名抄』と『海東諸国紀』とに記されている水田面積を示せば、**表26**のとおりである。『海東諸国紀』の水田面積には、あきらかに、誤記、誤植と思われるものもふくまれている（たとえば、摂津の水田面積は、はじめのほうの数字を、一つ書き落としているようである）。しかし、『和名抄』と『海東諸国紀』との水田面積が、全体的には、よく合致している。**表26**のⒸ欄の数字に「◎」印がつけられているのは、『海東諸国紀』の水田面積は、『和名抄』の水田面積の一割以内しか異なっていないものである。六十七の国のうち、四十六の国には、「◎」印がつく。すなわち、約七割方の国においては、水田面積が、一割以内しか異なっていないのである。また、合計では、一％ほどしか違わない。

表25　壱岐島の人口と対馬島の人口との比較

番号	調査年	壱岐	大小関係	対馬	原文献
1	３世紀卑弥呼時代の戸数	**3000許(ばかり)家**	＞	1,000余戸	『魏志倭人伝』
2	奈良時代（710～784）の推定人口	**10,600人**	＞	7000人	沢田吾一『奈良朝時代民政経済の数的研究』（延喜稲による推定）
3	1721（享保６）	**19,993**	＞	16,467	藤岡謙二郎編『日本歴史地理総説』近世編、39ページ表③
4	1775（安永４）	**23,200**	＞	14,800	『宮中秘策』
5	1786（天明６）	**23,391**	＞	14,136	関山直太郎『日本の人口』80～81ページ
6	1804（文化元）	**25,368**	＞	13,862	『吹塵録』
7	1846（弘化３）	**27,005**	＞	16,904	『吹塵録』
8	1872（明治５）	**33,010**	＞	29,684	藤岡謙二郎編『日本歴史地理総説』近世編、39ページ表③
9	1891（明治24）	**35,987**	＞	32,305	『徴発物件一覧表』
10	1920（大正９）	38,669	＜	**56,646**	横山順「壱岐の人口」（安本美典編著『「邪馬台」人口論』［柏書房、1991年刊］所収）107ページ
11	1935（昭和10）	40,777	＜	**56,137**	
12	1946（昭和21）	47,605	＜	**53,137**	
13	1955（昭和30）	51,765	＜	**67,140**	
14	1965（昭和40）	45,654	＜	**65,304**	
15	1975（昭和50）	41,871	＜	**52,472**	
16	1985（昭和60）	39,530	＜	**48,873**	
17	2013（平成25）	28,010（壱岐市）	＜	**39,980（対馬市）**	インターネットによる

表26 『和名抄』と『海東諸国紀』の水田面積

番号	国名	(A)『和名抄』水田面積	(B)『海東諸国紀』水田面積	(C) (B)/(A)	番号	国名	(A)『和名抄』水田面積	(B)『海東諸国紀』水田面積	(C) (B)/(A)
1	山城	89,618段	111,220段	1.24	36	丹波	106,661段	18,469段	0.17
2	大和	179,060	176,140	0.98◎	37	丹後	47,560	55,370	1.16
3	河内	113,384	190,970	1.68	38	但馬	75,558	71,400	0.94◎
4	和泉	45,697	41,260	0.90◎	39	因幡	79,149	81,260	1.03◎
5	摂津	125,250	11,260	0.09	40	伯耆	81,616	88,300	1.08◎
6	伊賀	40,511	15,000	0.37	41	出雲	94,359	94,308	1.00◎
7	伊勢	181,307	190,240	1.05◎	42	石見	48,849	49,180	1.01◎
8	志摩	1,240	970	0.78	43	隠岐	5,853	5,849	1.00◎
9	尾張	68,208	119,400	1.75	44	播磨	214,413	112,460	0.53
10	三河	68,208	88,200	1.29	45	美作	110,214	110,224	1.00◎
11	遠江	136,113	129,670	0.95◎	46	備前	131,857	132,102	1.00◎
12	駿河	90,632	97,170	1.07◎	47	備中	102,279	102,278	1.00◎
13	伊豆	21,104	28,140	1.33	48	備後	93,012	92,692	1.00◎
14	甲斐	122,500	140,030	1.14	49	安芸	73,578	72,509	0.99◎
15	相模	112,361	122,361	1.09◎	50	周防	78,344	72,579	0.93◎
16	武蔵	355,747	350,747	0.99◎	51	長門	46,035	49,024	1.06◎
17	安房	43,358	43,458	1.00◎	52	紀伊	71,985	72,037	1.00◎
18	上総	228,470	228,766	1.00◎	53	淡路	26,509	27,373	1.03◎
10	下総	164,327	330,010	2.01	54	阿波	34,145	34,145	1.00◎
20	常陸	400,926	490,096	1.22	55	讃岐	186,476	188,301	1.01◎
21	近江	334,026	334,025	1.00◎	56	伊予	135,014	155,074	1.15
22	美濃	148,231	148,245	1.00◎	57	土佐	64,510	62,280	0.97◎
23	飛騨	66,157	16,155	0.24	58	筑前	185,000余	183,289	0.99◎
24	信濃	309,088	390,253	1.26	59	筑後	128,000余	138,518	1.08◎
25	上野	309,370	321,403	1.04◎	60	肥前	139,000余	144,320	1.04◎
26	下野	301,558	274,600	0.91◎	61	肥後	235,000余	153,970	0.66
27	陸奥	514,403	511,622	0.99◎	62	豊前	132,000余	132,782	1.01◎
28	出羽	261,092	260,902	1.00◎	63	豊後	75,000余	75,240	1.00◎
29	若狭	30,774	30,808	1.00◎	64	日向	48,000余	72,360	1.51
30	越前	120,660	178,395	1.48	65	大隅	48,000余	6,730	0.14
31	加賀	137,668	127,674	0.93◎	66	薩摩	48,000余	46,300	0.96◎
32	能登	82,059	82,970	1.01◎	67	壱岐	6,200	6,206	1.00◎
33	越中	179,095	170,995	0.95◎	68	対馬	4280	—	—
34	越後	149,976	149,365	1.00◎	合計		8,523,688 (対馬をのぞく)	8,648,732 (対馬をのぞく)	1.01◎
35	佐渡	39,604	39,283	0.99◎					

さらに十世紀にできた『和名抄』に記されている水田面積が、それから二〇〇年さかのぼる奈良時代の水田面積と、それほど大きくは変わらなかったことを示すような微証もいくつかある。たとえば、『大日本古文書』巻一の、相模の国の天平七年（七三五）封戸租交易帳残簡によれば、「八郡あわせて、食封十三個所、一千三百戸、田四千一百六十二町二段二百九歩」とある。一郷は五十戸からなるので、一三〇〇戸は、二十六郷にあたる。よって一郷平均の田の面積は、一六〇・一町となる。一方、『和名抄』は、相模の国の郷数を六十七、水田面積を一万一二三六町とする。一郷平均の田の面積は、一六七・七町である。一六〇・一町と一六七・七町とは、その差が、二十分の一に満たない。すなわち、『和名抄』の記事にしたがい、相模の国の二十六郷の水田面積を推算すれば、その値は、天平七年の二十六郷の水田面積に、ほぼ合致するのである。

このような事例は、いくつもあげることができる。沢田吾一の『奈良朝時代民政経済の数的研究』には、このような事例が七例ほどあげられている。人口や水田面積の増加の速度が、それほど大きくなかったとすれば、邪馬台国時代と奈良時代（その間の年代差は、約五〇〇年）とでも、とくに、はやくひらけたところでは、人口や水田面積が、それほど大きくは変わらない可能性がある。古代において、新しい田は開墾されたであろうが、河川の氾濫によって田が失われることもあり、その増加の速度は遅々たるものであったであろう。

壱岐対全九州の人口比からは、「倭人伝」の戸数総計は不自然ではない

さて、奈良時代の壱岐の人口を表24によって、一万六四六六人ないし、一万八四三六人、その中をとって、一万七四五一人としてみる。また、奈良時代の九州の総人口は、募兵率にもとづく推定によって、一二七万四一七二人としてみる。すると、壱岐対全九州の人口比は、一対七三となる。

一方、『魏志倭人伝』によるとき、壱岐の戸数約三〇〇〇戸と、邪馬台国以下すべての国の戸数の合計十五万余との比を求めれば、一対五〇（余）となる。

『魏志倭人伝』に戸数が記されている邪馬台国その他の国々は、戸数からみて、九州島内に十分おさまるのである。そして、あとでのべるように、北九州（一応、筑前、筑後、豊前、豊後、肥前の五か国を考える）の範囲のなかにも、おさまるのである。

郷数による九州各国の人口推定値

つぎに、九州各国の人口を推定してみよう。

北九州の郷の数が、奈良時代初めよりも、平安時代初期にいたって、かえって減少していることについては、すでにのべた。271ページの**表23**を今一度ご覧いただきたい。

北九州の筑後、豊前、豊後、肥前、肥後の五国においては、奈良時代初期に合計三三六郷であったものが、平安時代初期には二八七郷となり、四十九郷減っている。約七分の一の減である。逆に、南九州の日向、大隅、薩摩の三国では、奈良時代初期に合計七十郷であったものが、平安初期には一〇〇郷となり、三十郷ふえている。これは開発が進んだことと、大隅の国が多褹島の領域を加えたことなどによる。なお、**表23**において、カッコ内の数字は、推定したものである。

筑前の国の郷数は、つぎのようにして推定した。

北九州の筑後、豊前、豊後、肥前、肥後の五国においては、奈良時代初期に三三六郷であったものが、平安中期には二八七郷に減っている。筑前の国も、この割合で減ったものとする。すると、筑前の国の奈良時代初期の郷数は、一一九郷（102×336/287）となる。

壱岐、対馬の『和名抄』の郷数も、脱漏のある可能性があり、一応、『和名抄』の郷数に、筑前の国の郷数の推定のばあいと同じく、336/287を掛けた数を記しておく。

奈良時代初期の多褹の郷数も、推定を行なった。（推定の方法は以下のとおりである。「弘仁主税式」に、対馬の正税を三九二〇束とし、多褹島の正税を二〇八〇束としている。この比例によって対馬の郷数十一から、多褹島の郷数を求めれば、六郷〔11×2080/3920〕となる）。

さて、**表23**によるとき、奈良時代初期の九州の郷数の総計は、五五五郷となる。ところが、すでにのべたように、七二七年には、筑紫には全部で七七〇の里（郷）があったとみることができる。

表23の奈良時代初期の郷数にも、かなりな脱漏があるとみられる。しかし、奈良時代の九州各国の人口の推定には、他によるべきデータがないので、この**表23**の奈良時代の初期の各国の郷数を用いる。推定の方法は、以下のとおり。

(i)　壱岐と対馬の人口には、**表24**の(4)の、動員数による推定値を、そのまま用いる。

(ii)　多褹の人口には、対馬の正税三九二〇束と、多褹の正税二〇八〇束との比によって、対馬の人口から求める。すると、六七五三人（12727×2080/3920）となる。

(iii)　募兵率にもとづく推定によって、九州の全島の人口を、一二七万四一七二人とする。そして、壱岐の人口（一万八四三六人）、対馬の人口（一万二七二七人）、多褹の人口（六七五三人）を除いた総人口（一二三万六二五六人）を、奈良時代の初期の郷数に応じて、比例配分する。奈良時代の初期の推定総郷数は五五五郷。そこから、壱岐（十三郷）、対馬国（十一郷）、多褹（六郷）の推定総郷数をのぞけば五二五郷。したがって、たとえば筑前の国の推定人口は二十八万〇二一八人（1236256×119/525）となる。

表27　九州各国の人口推定値

	(a) 奈良時代初期(『律書残編』)の郷数(カッコ内は推定値)	(b) 推定人口	(c) 『和名抄』の郷数	(d) 『和名抄』の一郷あたりの人数
筑　前	(119)郷	280,218人	102郷	2,747人
筑　後	70	164,834	54	3,052
豊　前	50	117,739	43	2,738
豊　後	40	94,191	47	2,004
肥　前	70	164,834	45	3,663
肥　後	106	249,606	98	2,547
日　向	26	61,224	28	2,187
大　隅	19	44,741	37*	1,392
薩　摩	25	58,869	35	1,682
壱　岐	(13)	18,436	11	1,676
対　馬	(11)	12,727	9	1,414
多　褹	(6)	6,753	(大隅に合す)	
計	555	1,274,172	509	2,503

＊旧多褹島を加う。

以上の方法で、九州各国の推定人口を求めれば、**表27**の(b)欄のようになる。

九州各国の各郡の人口推定値

つぎに、九州各国の各郡の推定人口を求めることにする。その推定方法はつぎのとおり。

(1) 各郡のなかに、いくつの郷があったかを示す資料は、『和名抄』以外に存在しない。しかし、『和名抄』の記す郷の数には、脱漏があるとみられる。そこで、『和名抄』の郷の数を用い、脱漏をおぎなって、各郡の人口を推定する方法を考える。

(2) **表27**の(b)欄の各国の推定

人口を、『和名抄』の郷数で割り、一郷あたりの人口を求める。
『和名抄』の郷数は、国によってはかなりな脱漏があると考えられるが、このようにすれば、脱漏の多い国の一郷あたりの人数は多くなる。たとえば、肥後の国の郷数は、奈良時代の初期には七十郷(a)欄)であったものが、『和名抄』の郷数では、四十五郷に減っている。約三割六分の減少である。したがって、**表27**の(d)欄の、『和名抄』の一郷あたりの肥前の国の値は、その脱漏をおぎなう形で、他の国にくらべ大きくなっている。

(3)　たとえば、肥前の国の松浦郡の推定人口を求めてみよう。『和名抄』には、肥前の国の松浦郡には、五つの郷があったとされている。

表27の(d)欄によれば、肥前の国の一郷あたりの人数は三六六三人であるから、これに五を掛けて、松浦郡の人口は一万八三一五人と推定される。このようにすれば、脱漏をほぼ修正した上での松浦郡の人口が推定されることになる。さいわい、肥前の国については『風土記』が残存していおり、そこでは、松浦郡の郷数は十一となっている。『風土記』の十一の郷数が、『和名抄』では五に減少しているのである。沢田吾一の求めたように、一郷あたりの良民人口を一三九九人とすれば松浦郡の良民人口は一三九九人に十一を掛けて、一万五三八九人となる。奴婢などの人口を、良民人口の約七%として、奴婢などの人口をおぎなえば、松浦郡の総人口は、一万六四六六人となる。これは、さきの、『和名抄』の郷数から推定した松浦郡の人口、一万八三一五人に、ほぼ近くなる。

『風土記』の郷数は、『律書残編』の郷数と一致しており、さきに紹介した『続日本紀』神亀四年（七二七）の庚午（こうご）（六七〇年）の籍（じゃく）についての記述などを参考にすれば、なお脱漏している郷数もあるとみられる。『和名抄』の郷数から推定した郡の人口は、そのような脱漏も、平均的におぎなう形になっているので、松浦郡の人口も、『風土記』の郷数にもとづく人口推定値一万六四六六人にくらべ、一万八三一五人と、やや多めになっている。

要するに、脱漏をおぎなった形で、各郡の大まかな人口を推定する方法を考えたわけである。

対馬国「千余戸」

以上のような、各郡ごとの人口を推定する方法を考えたうえで、以下、『魏志倭人伝』に記されている各国の、戸数・人口をみていくことにする。以下の文は**地図22**とみくらべながら、お読みいただければわかりやすいと思う。

まず、対馬国をとりあげる。

「対馬国」の戸数は、「倭人伝」に「千余戸」と記されている。

一方、対馬の推定人口は、**表27**のによれば、一万二七二七人となっている。一戸あたりの人数が、十人ていどとなろうか。

「倭人伝」の対馬の戸数は、対馬の北島か南島だけの戸数を記したものかもしれない。一万二七二七人を半分にすれば、六三六四人となり、一戸あたりの人数は、五、六人ていどとなる。あるいは、『魏志倭人伝』のころは、対馬の人口は、のちの時代にくらべ、なおすくなかったのかもしれない。いずれにしても、「千余戸」という戸数は、対馬の中に、十分おさまる戸数である。

一支国「三千許(ばかり)の家」

「一支国」の戸数は、「倭人伝」に、「三千許(ばかり)の家」と記されている。

壱岐の推定人口は、**表27**によれば、一万八四三六人である。一戸あたりの人数が、約六人となる。「三千許の家」は、壱岐島の中に、だいたいおさまるとみてよいであろう。

末盧国「四千余戸」

「末蘆国」の戸数は、「倭人伝」に「四千余戸」とされている。

「末蘆国」に、肥前の国、松浦郡の地をあてはめれば、松浦郡の推定人口は、すでにのべたように一万八三一五人である。一戸あたりの人数は約四人ていどとなる。それほど不自然な値ではない。

「末蘆国」は、松浦郡の範囲にだいたいおさまりうるとみてよいであろう。

「末蘆国」の範囲を、いますこし広くとり、肥前の国の、松浦郡（五郷）、小城郡（四郷）、杵島群（四郷）の三郡を考えれば、推定人口は、四万七六一九人（3663人×13郷）となる。一戸あたり一〇人となる。「四千余戸」は、ゆうにおさまってしまう。

「末蘆国」は、だいたいは、松浦郡の範囲とみてよいのではなかろうか。

伊都国「千余戸」

「伊都国」の戸数は、『魏志倭人伝』に「千余戸」とある。

『翰苑』引用の『魏略』では、「戸万余」とある。一桁ちがっている。

「伊都国」に、筑前の国、怡土郡（八郷）をあてはめれば、怡土郡の推定人口は二万一九七六人（2747人×8郷）である。「千余戸」とすれば、一戸あたりの人数は約二十人である。「伊都国」は怡土郡の範囲に十分おさまる。「戸万余」とすれば、一戸あたりの人数は約二人となり、怡土郡の範囲にややおさまりに

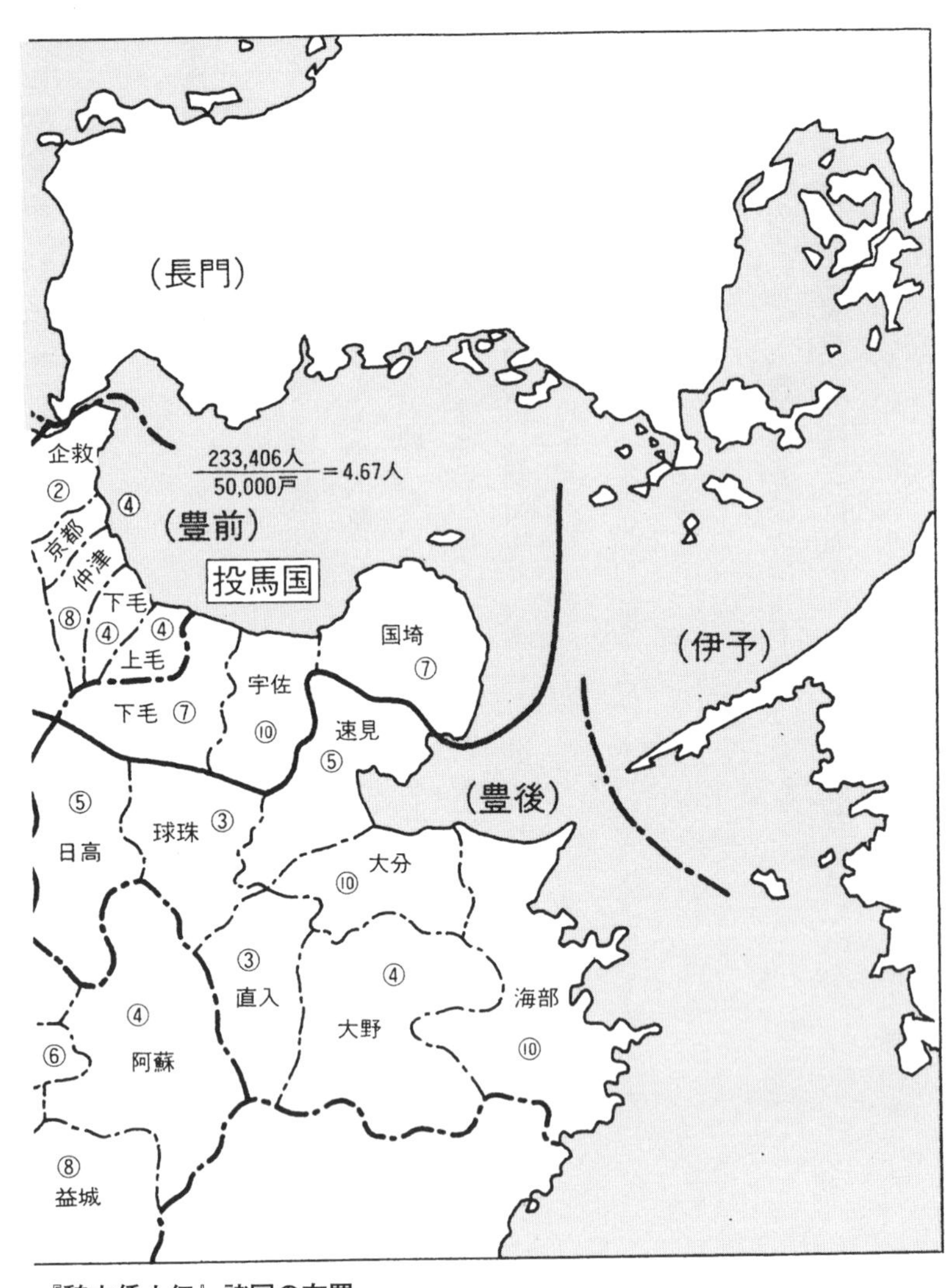

『魏志倭人伝』諸国の布置
数は、『翰苑』所載の『魏略』により、「戸万余」を用いた）

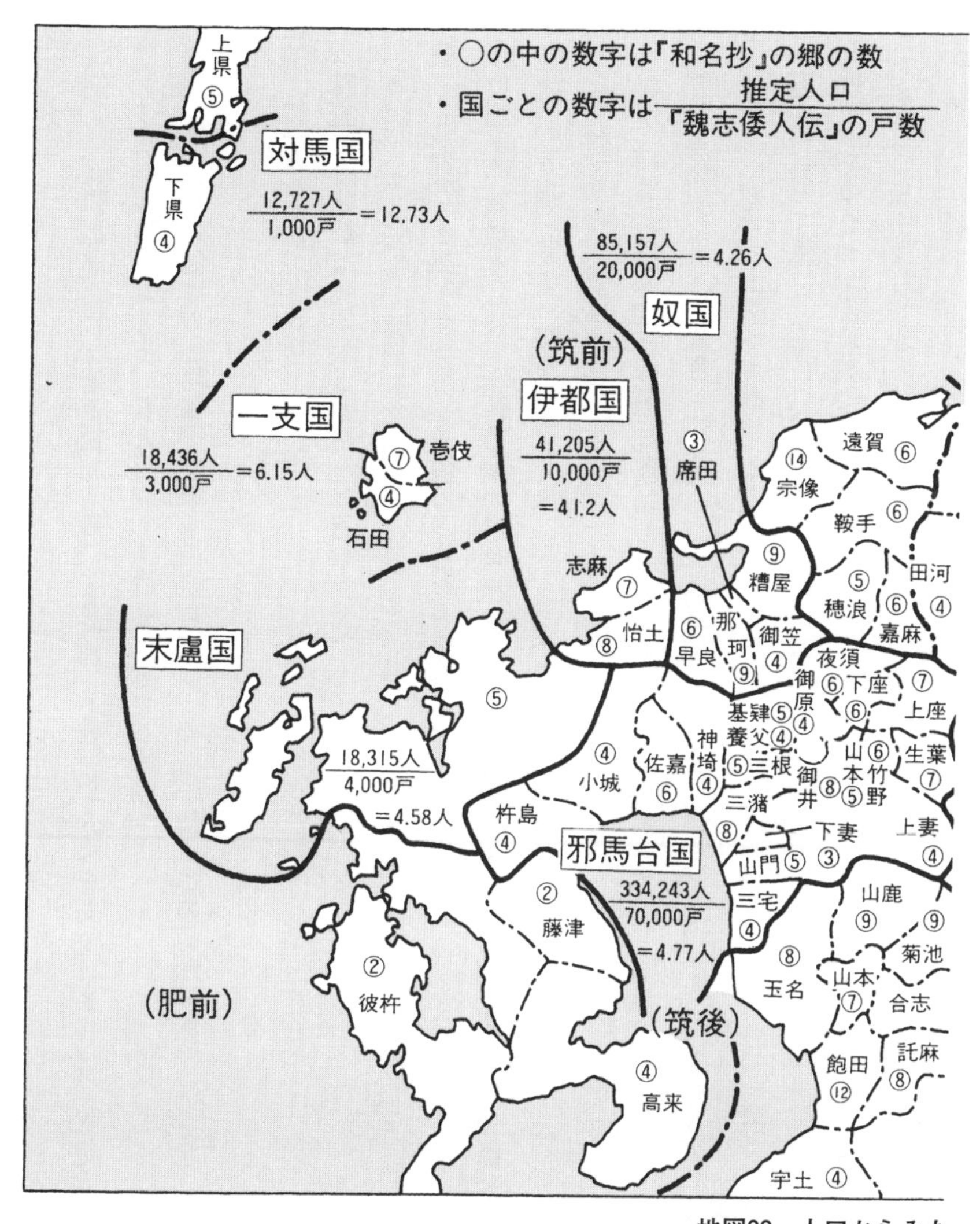

地図22　人口からみた
（人口は、『和名抄』の郷数などをもとに推定。伊都国の戸

くい。

ただし、「伊都国」に、怡土郡（八郷）、志麻郡（七郷）の二郡をあてはめれば、推定人口は四万一二〇五人となる。「戸万余」でも、なんとかおさまるていどになる。

まずは、「倭人伝」の「伊都国」の「千余戸」は、のちの怡土郡の範囲にあったとみてよいであろう。

奴国「二万余戸」

「奴国」の戸数は「倭人伝」に「二万余戸」とある。

「奴国」としては、福岡県福岡市の博多あたりを中心とする地域を考える（「奴国」の「奴」は、「那津」の「那」と関係があるとみられる。「那津」は、現在の博多港）。

「奴国」の領域として、筑前の国の早良郡（六郷）、那珂郡（九郷）、席田郡（三郷）、御笠郡（四郷）、糟屋郡（九郷）の五郡、三十一郷を考えれば、その推定人口は八万五一五七人となる。

一戸あたりの人数は約四人となる。

「奴国」は、だいたいはこの範囲におさまるとみてよいであろう。

もし、筑前の国、宗像郡（十四郷）も、「奴国」の領域にはいると考えれば、推定人口は十二万三六一五人となる。一戸あたりの人数は約六人となる。

いずれにしても、「奴国」は福岡市を中心とする地域に、だいたいはおさまるとみてよい。

福岡市を中心とする地域に、邪馬台国を比定する見解もあるが（古田武彦他）、そうすると奴国二万余戸をもって行く場所がむずかしくなってしまう。

不弥国「千余家」

『魏志倭人伝』は、「不弥国」の戸数を「千余家」と記す。

「不弥国」の比定地としては、つぎの二つが有力である。

(1)　福岡県糟屋（かすや）郡宇美町
(2)　福岡県嘉穂郡穂波（ほなみ）町

まず、(1)の説を考える。筑前の国糟屋（かすや）郡（九郷）の推定人口は二万四七二三人。「千余家」は、一家五人と考えても五〇〇〇人ていどで、糟屋郡の範囲に十分おさまる。

(2)の説のばあい、筑前の国穂波郡（五郷）の推定人口は、一万三七三五人。やはり。「不弥国」の「千余家」は十分おさまる。

ただ、私個人は(1)の説にややかたむく。

考古学的遺跡、遺物の豊富さから、「奴国」の中心地を、福岡県春日市の須玖（すぐ）岡本あたりにあて、「不弥国」の中心地を、穂波町の近くの、飯塚市立岩あたりにあてる見解がさかんである。

しかしそうすると、距離を実測してみるとき、**表28**にみられるように、「伊都国から奴国」「奴国から不弥国」までの一里の長さが、他の諸国間の距離にくらべて長くなりすぎる。**表29**のように、「奴国」として筑前の国那珂郡をあて、「不弥国」として糟屋郡宇美町を考えたほうが、距離は自然となる。

「奴国」を、福岡県春日市の須玖岡本あたりにあて、「不弥国」を飯塚市立岩あたりにあてる見解は、考古学的な成果にややひかれすぎた見解ではあるまいか。

表28 『魏志倭人伝』の1里は何メートルか(「奴国」を須玖岡本[春日市岡本]、「不弥国」を飯塚市穂波と想定)

	「倭人伝」の記述	実際の距離(中数)	1里は何メートルか
帯方郡(京城 沙里院)→狗邪韓国(巨済島 金海) (あるいは南し、あるいは東す)	7,000余里	630km ~710km (670km)	96m 弱
狗邪韓国(巨済島 金海)→対馬国(佐護 厳原) (一海を渡る)	1,000余里	64km ~120km (92km)	92m 弱
対馬国(佐護 厳原)→壱岐国(原ノ辻 勝本) (南、一海を渡る)	1,000余里	58km ~138km (98km)	98m 弱
壱岐国(原ノ辻 勝本)→末盧国(呼子 唐津) (一海を渡る)	1,000余里	33km ~ 68km (51km)	51m 弱
末盧国(呼子 唐津)→伊都国(井原 平原) (東南、陸行)	500里	32km ~ 47km (40km)	80m
伊都国(井原 平原)→奴国(春日市〔須玖岡本〕) (東南〔行〕する)	100里	23km ~ 30km (26.5km)	265m
奴国(春日市〔須玖岡本〕)→不弥国(穂波町) (東行する)	100里	22km ~ 24km (23km)	230m
合計	10,700余里	1,000.5km	94m 弱

投馬国「五万余戸」

『魏志倭人伝』は、「投馬国」の戸数を「五万余戸」可(ばか)りと記す。

拙稿「遺跡分布から推定する邪馬台国」(『季刊邪馬台国』29号)で論じたところであるが、私は、この「投馬国」を、豊前の国を中心とし、筑前の国の一部を加えた地域をあてる。

豊前の国の人口は、**表27**にみられるように、十一万七七三九人。これに、筑前の国の遠賀郡(六郷)、鞍手郡(六郷)、嘉麻郡(六郷)、宗像郡(十四郷)、穂波郡(五郷)の、五郡三十七郷の推定人口一〇万一六三九人を加えれば、二十一万九三七八人となる。一戸あたりの人数は約四人となる。

私が、この地を「投馬国」の領域と考える理由を、以下に整理してみ

表29　『魏志倭人伝』の１里は何メートルか（「奴国」を那珂川町、「不弥国」を宇美町に想定）

	「倭人伝」の記述	実際の距離（中数）	１里は何メートルか
帯方郡（京城 沙里院）→狗邪韓国（巨済島 金海）（あるいは南し、あるいは東す）	7,000余里	630km ～710km（ 670km）	96m 弱
狗邪韓国（巨済島 金海）→対馬国（佐護 厳原）（一海を渡る）	1,000余里	64km ～120km（ 92km）	92m 弱
対馬国（佐護 厳原）→壱岐国（原ノ辻 勝本）（南、一海を渡る）	1,000余里	58km ～138km（ 98km）	98m 弱
壱岐国（原ノ辻 勝本）→末盧国（呼子 唐津）（一海を渡る）	1,000余里	33km ～ 68km（ 51km）	51m 弱
末盧国（呼子 唐津）→伊都国（井原 平原）（東南、陸行）	500里	32km ～ 47km（ 40km）	80m
伊都国（井原 平原）→奴国（福岡県那珂川町）（東南〔行〕する）	100里	16km ～ 17km（16.5km）	165m
奴国（那珂川町）→不弥国（宇美町）（東行する）	100里	12km ～ 13km（12.5km）	125m
合計	10,700余里	980km	92m

よう。

(1)　戸数はだいたいこの領域内におさまると考えられる。

(2)　『魏志倭人伝』に記されている「女王国自り以北は、其の戸数・道里を、略載することを得」の、「女王国自り以北」の国の中には、文脈上、「投馬国」がはいっているようにみえる。「倭人伝」の旅程記事を一応、「順次式」に読めば、「邪馬台国」は「投馬国」の南にあることになる。「放射式」に読んだとしても、「水行二十日」の「投馬国」よりも、「水行十日陸行一月」（この読み方がむずかしいが、合計四十日としてみる）の邪馬台国のほうが南にあることになる。「投馬国」を、豊前の国を中心とする地域にとれば、一応、邪馬台国よりも北に位置する。

(3)「投馬国」を、日向の国児湯郡都万神社（宮崎県西郡市妻）あたりにあてる見解が、本居宣長以来さかんである。しかし、児湯郡（八郷、推定人口一万七四九六人）だけでは、もちろん「五万余戸」をおさめることは不可能である。日向の国全体をとったとしても、その推定人口は、**表27**に記されているように、六万一二二四人で、「五万余戸」はおさまらない。日向、大隅、薩摩の三国の全計でも、十六万四八三四人で、「五万余戸」をいれるのはやや苦しい。要するに「投馬国」五万余戸を南九州にいれるのは、人口的にかなりな無理がある。

(4)「投馬」と「出雲」との音の類似から、「投馬国」は出雲にあてはめる見解が「邪馬台国＝大和説」の人々によって説かれている（末松保和、笠井倭人）。私は「邪馬台国＝九州説」に立つが、「投馬国」と出雲とは、やはり関係があるのではないかと思う。すなわち、ずっと昔は、豊前の国は出雲の勢力圏にあるていどはいっていたのではないかと思う。

『古事記』『日本書紀』の神話の伝えるところによれば、大国主の神は、出雲にいたことになっている。そして、『古事記』には、「おまえ（大国主の神）が領している葦原の中国」と記されている。葦原の中国は、出雲方面をさすように記されている。ところが、『日本書紀』「神代上」第六段の一書の第三では、「葦原の中国の宇佐嶋」とあり、豊前の国宇佐郡宇佐が、葦原の中国にはいっていたような書き方がされている。また大国主の神は、『古事記』によれば、「胸形の奥津宮に坐す神、多紀理毘売の命を娶して」、阿遅鉏高日子を生んだとある。大国主の神が、北九州の、比較的中国地方に近い地の女神と結ばれている。

「投馬国」が、豊前の国を中心とし、さらに中国地方までも含んでいたとするならば、「五万余戸」はますますおさまりやすくなる。

邪馬台国「七万余戸」

『魏志倭人伝』の「邪馬台国」についての記事には、いくつかの、注意しなければならない点がある。

まず、「倭人伝」の「女王国」ということばは、「女王国＝邪馬台国」、すなわち、対馬国や一大（支）国や末盧国や伊都国や奴国などを含めない「邪馬台国」の意味で用いられている。

『魏志倭人伝』にあらわれる、「女王国」の用例のすべてを、つぎにかかげてみる。

（i）（伊都国について）世々王がある。みな女王国に統属している。

（ii）女王国より以北は、その戸数・道里は略載するを可としよう。その余の旁国（わきの国国）は、遠絶していてい、つまびらかにしようとしてもできないことである。

（iii）（帯方郡）から女王国にいたるのに一万二〇〇〇余里ある。

（iv）女王国より以北には、とくに一大率（いちだいそつ）（ひとりの身分の高い統率者）をおいて、諸国を検察させている。……つねに伊都国に（おいて）治めている。

（v）女王国の東（方）に、一〇〇〇余里を渡海すると、また国がある。みな倭種である。

「女王国」を、北九州のほぼ全域の意味をとる解釈があるが、そのような解釈をすると、「女王国より以北の国々」とか、「女王国より以北には、とくに一大率をおいて」とか、「帯方郡より女王国にいたる里程」とかが、意味をもたないものになってしまう。

「女王国」の意味を、北九州のほぼ全域といった広い意味に解釈することが無理であり、邪馬台国そのものの意味に解釈すべきであることについては、井上光貞も、『古代史研究の世界』（吉川弘文館刊）のなかで、ややくわしくのべている。

つぎに、「女王国」の領域について考える。

『魏志倭人伝』には、つぎのように記されている

「南（行）して邪馬台国にいたる。女王の都するところである。水行十日、陸行一月である。……七万余戸ばかりである。

女王国より以北は、その戸数・道里は略載するを可としよう。その余の旁国は、遠絶していて、つまびらかにしようとしてもできないことである。

つぎに斯馬国がある。つぎに巳百支国がある。つぎに伊邪国がある。つぎに都支国がある。つぎに弥奴国がある。つぎに好古都国がある。つぎに不呼国がある。つぎに姐奴国がある。つぎに対蘇国がある。つぎに蘇奴国がある。つぎに呼邑国がある。つぎに華奴蘇奴国がある。つぎに鬼国がある。つぎに為吾国がある。つぎに鬼奴国がある。つぎに邪馬国がある。つぎに躬臣国がある。つぎに巴利国がある。つぎに支惟国がある。つぎに烏奴国がある。つぎに奴国がある。これば、女王の境界のつきるところである。」

ここの文章は、様々な解釈が可能であるが、私はつぎのように考える。

まず、この文章の最後の、「女王の境界」ということばに注目する。これは「女王国の境界」の意味であると考える。

「女王国＝邪馬台国」と考えるから、ここまでが、邪馬台国の版図である。

すなわち、「邪馬台国」というのは、斯馬国以下、奴国までの二十一国をふくむ汎称であると考える。この「邪馬台国」に女王の都があり、その戸数が「七万余戸」であったと考える。

私は、この本の「第Ⅱ編」や、『卑弥呼と邪馬台国』（PHP研究所刊）、『邪馬台国と卑弥呼の謎』（潮文庫）、『高天原の謎』（講談社現代新書、のち徳間文庫）、『邪馬台国への道』（筑摩書房刊）、『研究史邪馬台国の東遷』

（新人物往来社刊）などでのべてきたように、卑弥呼の宮殿そのものは、福岡県の夜須町（筑前の国夜須郡の地）、朝倉市。（筑前の国上座郡、下座郡）の付近にあったと考える。

しかし、夜須郡（六郷）、上座郡（七郷）、下座郡（六郷）の、三郡十九郷の推定人口は、五万二一九三人で、「七万余戸」の戸数をいれるのは、とうてい無理である。

私は、汎称としての邪馬台国の領域の中には、この三郡十九郷のほかに、筑後の国全域（五十四郷、推定人口は、**表27**により十六万四八三四人）、さらに、有明海沿岸の肥前の国、基肄郡（五郷）、養父郡（四郷）、三根郡（五郷）、神埼郡（四郷）、佐嘉郡（六郷）、小城郡（四郷）などの六郷二十八郷（推定人口十万二五六四人）などが含まれていたのであろうと思う。

以上を総計すれば、三十一万九五九一人となる。七万戸として、一戸平均四・五七人となる。「七万余戸」は、だいたいこの領域内におさまることになる。

この他に、つぎのようなことが考えられる。

(1)　豊後の国（**表27**により、推定人口九万四一九一人）のほとんどが、女王国の版図にはいっていた可能性が考えられる。『魏志倭人伝』には、「女王国の東（方）に、千余里を渡海すると、また国がある。みな倭種である」とある。「女王国＝邪馬台国」の東には、海がなければならない。「女王国＝邪馬台国」の領域を、筑前の夜須郡、上座郡、下座郡、および筑後の国に限定すると、東は陸で、一〇〇〇余里（およそ、対馬と壱岐の距離）行っても、やはり陸地である。豊後の国も女王国の版図とすれば、その東の海をわたったところは四国である。四国が古くから、古代人の認識にのぼっていたことは、『古事記』の国生み神話において、九州と四国だけが国別の名前まで記されていることからうかがわれる。また、四国が西がわから、古代人の認識にのぼっていたことは、『古事記』で、四国のことを「伊予の二名の島」

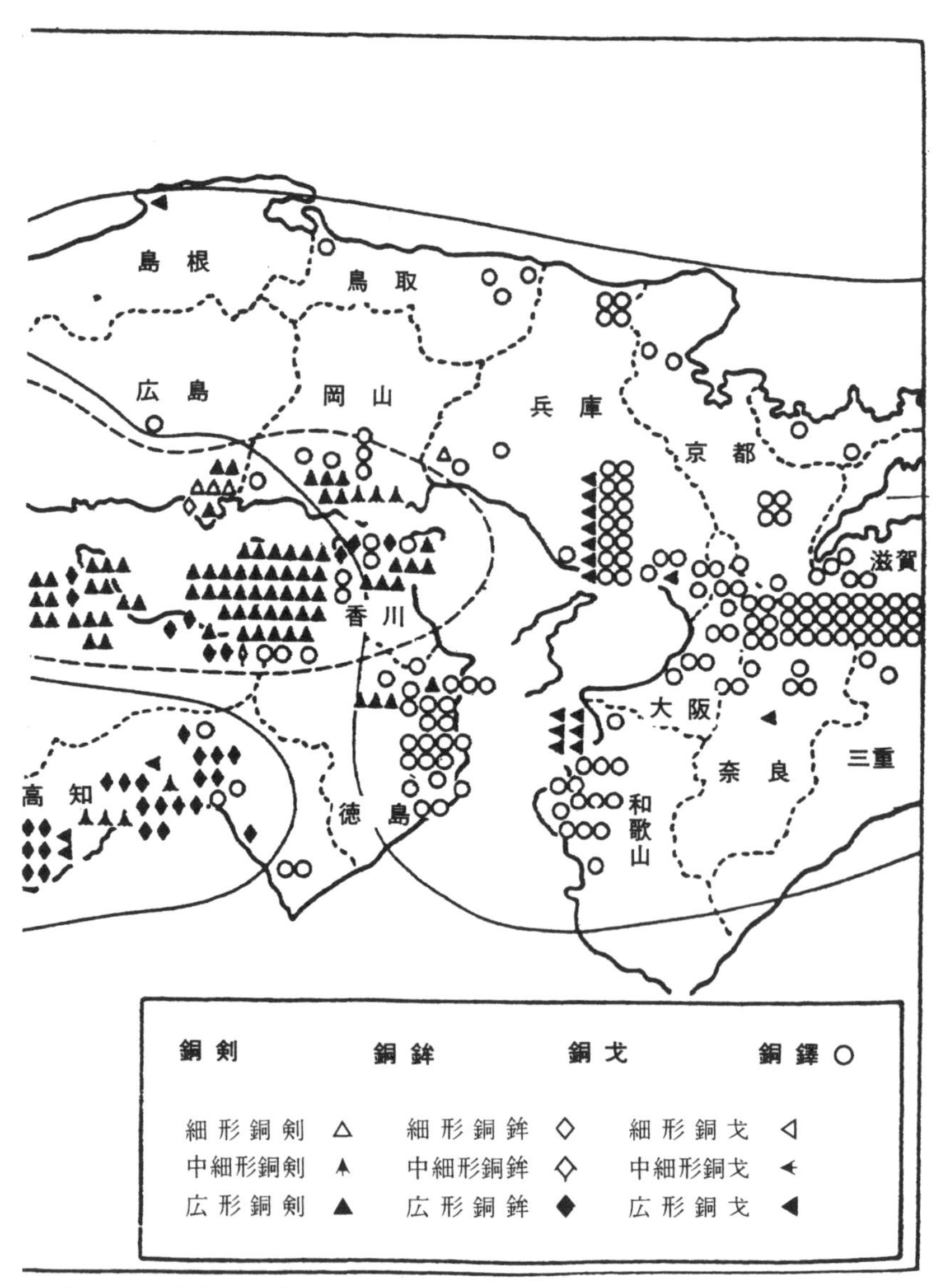

銅鐸の分布（杉原荘介原図）

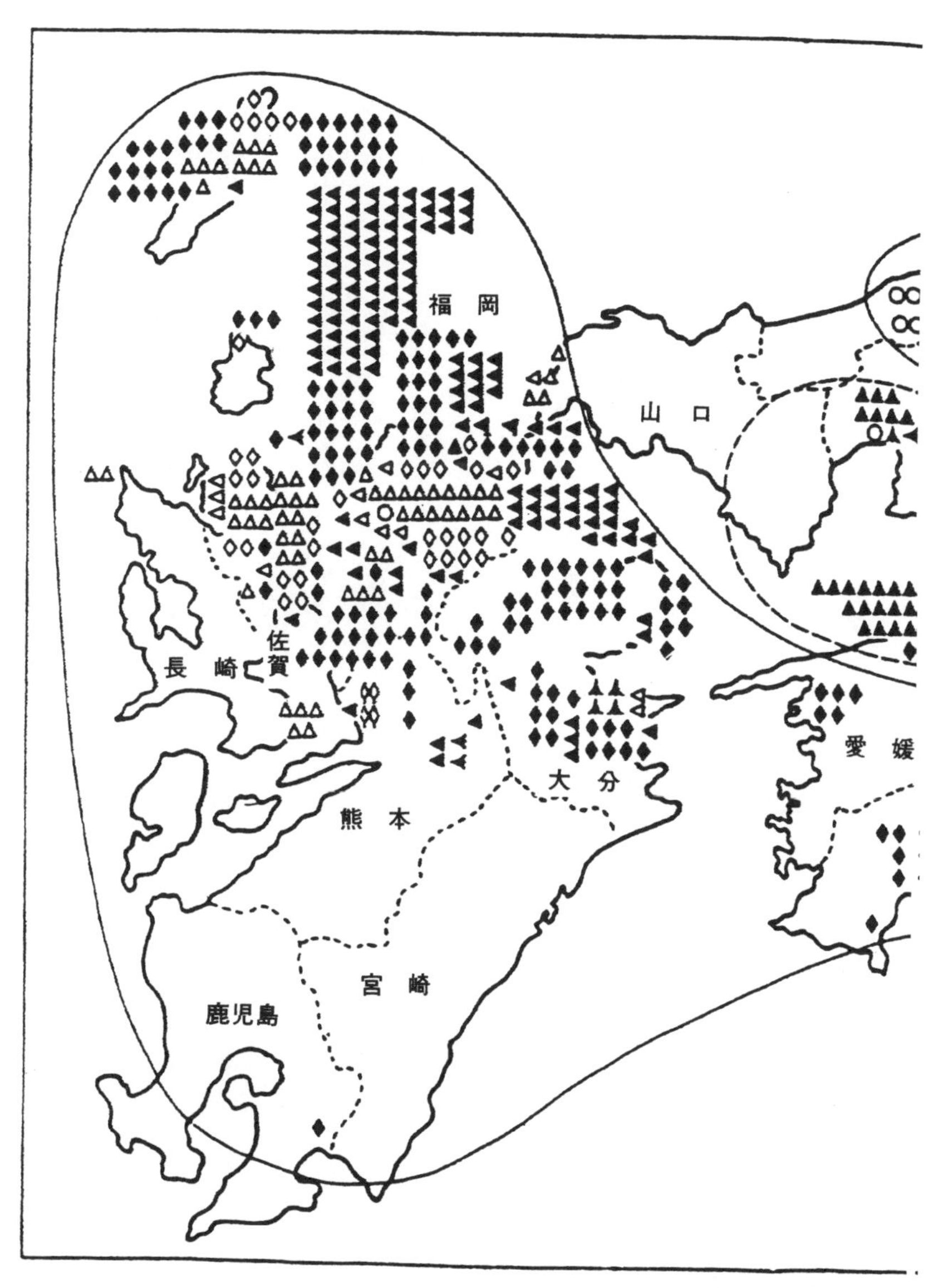

地図23　銅剣、銅鉾、銅戈、

と記し、四国の総称に、西がわの伊予の国（愛媛県）の名が冠せられていることからうかがわれる。また、愛媛県、高知県などの銅利器が九州型のものであることは、小田富士雄氏などの、のべておられるところである（**地図23**、および『季刊邪馬台国』29号21～23ページ参照）。

(2) 井上光貞は、その著『日本の歴史1　神話から歴史へ』（中央公論社刊）のなかで、邪馬台国の領域には、肥後北部の玉名郡（八郷）、山鹿郡（九郷）、菊池郡（九郷）も含まれるであろう、とされた。これら三郡二十六郷の推定人口は、六万六二二二人である。

もし、邪馬台国の領域を、筑前の国の夜須、上座、下座の三郡、筑後の国全域、肥前の国の基肄、養父、三根、神埼、佐嘉、小城の六郡、さらに、肥後の国の北郡の玉名、山鹿、菊池三郷にまでおよぶとするならば、その推定人口の総計は、四十八万〇〇〇四人となる。「七万余戸」は、十分におさまることになる。

狗奴国の戸数「?」

狗奴国の戸数は、『魏志倭人伝』に記されていない。しかし、邪馬台国とゆうに対抗できる国であったようである。

狗奴国として、かりに肥後の国全域を考えれば、**表27**により、推定人口は二十四万九六〇六人である。一戸四・五人と考えても、その戸数は、五万五〇〇〇戸強となる。女王国七万余戸に、十分対抗しえたであろう（肥後の北部に玉名、山鹿、菊池の三郡を除いても、その戸数は四万戸強となる）。

「倭人伝」十五万余戸は北九州の範囲におさまる

表27によれば、筑前、筑後、豊前、豊後、肥前の北九州五国の推定人口の総計は、八十五万二九七九人

（壱岐、対馬を含む）である。一戸平均四・五人として、約十九万戸である。

『魏志倭人伝』に記されている戸数の総計十五万余戸は、北九州の範囲で、十分おさまるのである。

『魏志倭人伝』には、「租賦を収む（租税のとりたて制度がある）」と記されている。租税のとりたて制度があるとすれば、戸数、人口なども、あるていど正確に把握されていたのではなかろうか（たとえば、一定の戸数ごとに長をおき、その長を通じて租税をとりたてるなど）。

「倭人伝」の戸数は、租税のとりたてのために把握されたデータにもとづく可能性がある。

古代の人口を知りうるデータは、かならずしも豊富とはいえない。「倭人伝」の戸数「誇張説」なども、かならずしも、十分な根拠をもつものとは思えない。考え方によっては、「倭人伝」に記されている諸国の戸数は、九州島内に十分におさまるのである。軽々に戸数記事を疑うのは、さけるべきではなかろうか。

さらにつぎのような事実がある。

及川昭文氏の「シミュレーションによる遺跡分布の推定」

茨城大学の及川昭文氏は、『東アジアの古代文化』の69号に、「シミュレーションによる遺跡分布の推定」という論文を発表しておられる。

及川氏は、弥生遺跡の発掘された場所の、標高、傾斜度、傾斜方向、地形、地質、土壌などをしらべ、それと同等の性質をもつ場所が、九州において、どのように分布しているかを示している。次ページの**地図24**に示すとおりである。

及川氏は、そのような場所は、平野を中心に広がっていること、筑紫平野（筑後川流域）が突出していること、奴国にあてられる博多湾岸地域の合計にくらべ、筑紫平野は二倍以上の人口を含みうることを示して

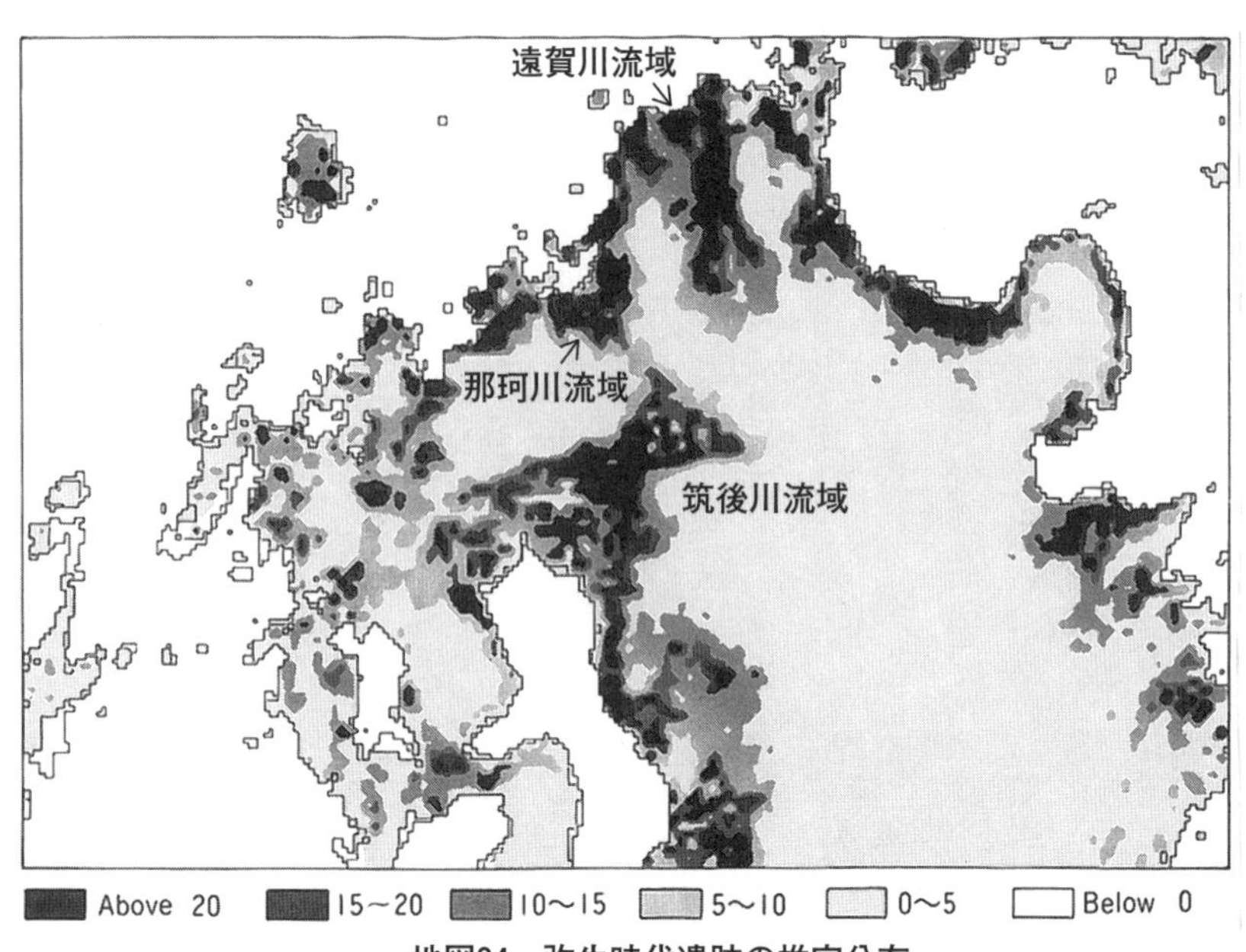

地図24　弥生時代遺跡の推定分布
（及川昭文氏による）

いる。

及川昭文氏は、一キロメートル四方のメッシュ（mesh、網の目）を考え、遺跡があったと期待される度合（遺跡期待指数）の高いメッシュが、どのように分布しているかの表を示しておられる。

その表にもとづき、『魏志倭人伝』に記された国々が存在したとみられる地域に、遺跡期待指数の高いメッシュがいくつ存在しているかをみれば、**表30**のようになる。

この**表30**をみれば、つぎのようなことがわかる。

(1)　私は、邪馬台国が、筑後川流域にあったと考える。投馬国を遠賀川流域から豊前、豊後（むかしの豊の国）にあてはめる。壱岐を1としたメッシュ数の比率は、『魏志倭人伝』に記されている戸数の比率とほとんど正確に合致している。このことは、諸国の各地域への比定が、ほぼ正しいこと

表30　遺跡期待指数の高いメッシュの分布（及川昭文氏による）

国名	クラスター	メッシュ数	戸数（千）	壱岐を1とした比率		『魏志倭人伝』記載の戸数
				メッシュ	戸数	
一支国	壱岐	29	3	1.0	1.0	有3千許家
末盧国	唐津	46	4	1.6	1.3	有4千余戸
伊都国	糸島半島	90	1	3.1	0.3	有千余戸
（伊都国［『魏略』］）	（糸島半島）	（90）	（10）	（3.1）	（3.3）	（戸万余）
奴国	博多湾	264	21	9.1	7.0	有2万余戸
投馬国	遠賀川・中津	164	50	16.0	16.7	可5万余戸
邪馬台国	筑紫平野	676	70	23.3	23.3	可7万余戸
合計（『魏略』による）		1589（1589）	149（158）	54.1（54.1）	49.6（52.6）	15万（余）戸

を示しているようにみえる。（伊都国の戸数は、『翰苑』引用の『魏略』によれば、「戸万余」となっている。「戸万余」のほうが、メッシュの比率とあう。）

(2)　壱岐に、1の割合のメッシュがあるとすれば、北九州に、その約五十倍の割合のメッシュがある。つまり、もし、壱岐に三千戸の戸数があるとすれば、北九州にその五十倍の十五万戸があってもおかしくない。そして、当時の壱岐の戸数三千戸は、ほぼ妥当とみられる根拠をあげることができる。つまり、邪馬台国をはじめとする『魏志倭人伝』に記されている国々は、北九州の範囲におさまる。『魏志倭人伝』の記述は、かなり正確なのではないか。

付編　人口増大曲線による古代人口の推定

●パンディミックモデルの人口増大曲線●

人類誕生から2050年までの世界人口の推移(推計値)グラフ

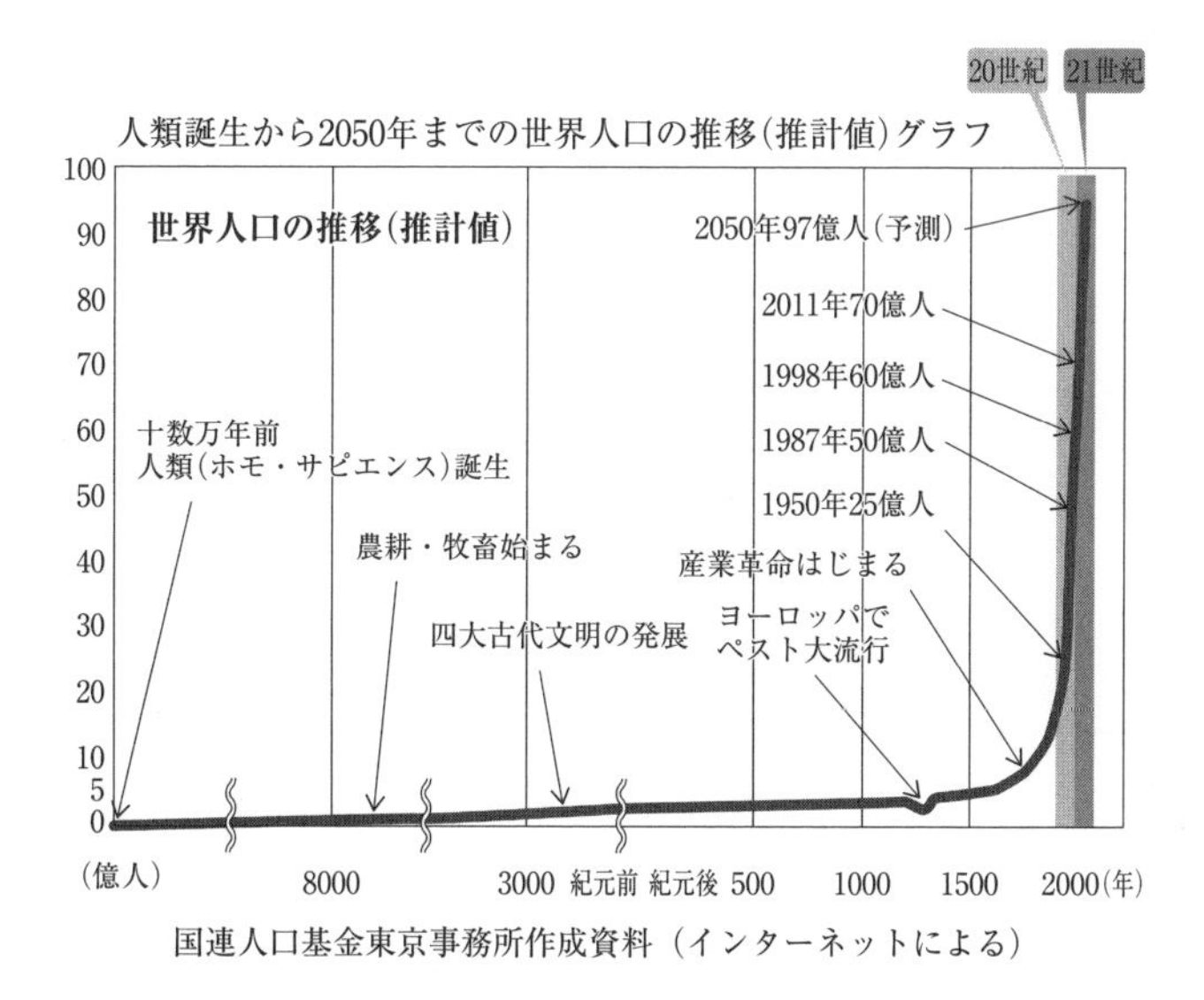

国連人口基金東京事務所作成資料（インターネットによる）

わが国の人口も、世界の人口も、人口の増加曲線は、似たような形をしている。

すなわち、1000年、2000年をさかのぼるころ、人口の増加傾向は、きわめて緩慢である。

19世紀ごろからはじまり、20世紀にかけて、人口は、爆発的に増大する。そして、21世紀にはいるころから、人口の増加傾向は、しだいにゆるくなる。20世紀は、人類史上、もっとも多くの人が、戦争で死に、また、人口が急激に増大した時代である。

この傾向をもとに、古代の人口、たとえば邪馬台国時代の全国総人口や、北九州の人口を推定できるのか。

病気の全国的な（あるいは、世界的な）流行を、パンディミックという。人類という病は、二〇世紀に、パンディミック現象をおこし、日本列島を、あるいは、世界を冒しているようにみえる。

パンディミック現象には、適切な数学的モデルは、考えられるのか。

人類の増加傾向は、ある一定のパターンを示しているようにみえる。

その増加曲線は、数式で表現できるのか。数式で表現できれば、古代の人口を、推定できることになる。

だれしも、最初に考えつくは、ネズミ算的な、あるいは、マルサス的な、等比級数的な人口増大曲線（指数曲線）である。

しかし、パンディミック現象的な人口増大曲線は、等比級数的な人口増大曲線よりも、もっと極端な、爆発的増大性を示す。

指数曲線モデル

イギリスの古典派経済学者、マルサス（一七六六～一八三四）は、その著書『人口論』のなかで、食糧は、等差級数的に増加するが、人口は、等比級数的に増加するとのべた。

人口が、等比級数的に増加するとする仮説は、人口が、「指数曲線」にしたがって増加すると考えることと、まったく同じことである。

「指数曲線」は、一定の時間間隔ごとに、一定の割合で、減少または増大する曲線をさす。

二人の夫婦が、三人の子どもを生む。三人の子どもがそれぞれ三人計九人の子どもを生む。九人の子どもが、それぞれ三人計二十七人の子どもを生む。というように、「ネズミ算」的に子孫の数がふえていったならば、子孫の数は、「指数曲線」にしたがって、増大して行くはずである。人口は、このような形で、増大して行くのであろうか。

しかし、ここ二千年ぐらいの、日本および世界の人口増大曲線に、「指数曲線」を、じっさいにあてはめてみると、さまざまな要因が働くようで、あてはまりが、あまりよくない。人口の増大曲線に、「指数曲線」を、そのままあてはめるのは、かなり無理がある。

マルサスも『人口論』のなかで、人口の等比級数的な増加が、そのままの形で実現されるわけではないことをのべている。

マルサスは、人間のおどろくべき繁殖力を指摘し、ほうっておけば、二十五年で、人口が倍増するが、病気、戦争、飢餓などの要因が、人口を抑制している、とのべている。

たとえば、上智大学教授の鬼頭宏（きとうひろし）氏著の『人口から読む日本の歴史』（講談社学術文庫、講談社、二〇〇〇年刊）に、**表31**のような表がのっている。

（単位：千人）

畿内	畿内周辺	山陰	山陽	四国	北九州	南九州	沖縄	合計
0.1	0.2	0.1	0.3	0.2	0.8	1.1	—	20.1
0.4	1.3	0.5	0.9	0.4	1.4	4.2	—	105.5
0.4	2.3	0.5	0.7	0.2	1.4	3.9	—	261.3
1.1	3.1	0.9	1.7	2.7	2.4	7.7	—	160.3
0.8	1.2	1.1	1.0	0.5	3.0	3.3	—	75.8
30.2	70.3	17.7	48.9	30.1	40.5	64.6	—	594.9
457.3	503.0	350.4	439.3	275.7	340.5	218.6	—	4512.2
583.6	596.3	456.2	541.0	335.0	422.3	275.2	—	5506.2
520.9	715.1	313.9	460.6	304.6	485.4	296.5	—	6441.4
499.8	750.6	330.6	470.6	320.3	483.1	304.4	—	6836.9
2284.6	1397.5	412.1	815.2	625.0	797.5	468.6	—	12273.0
2699.8	3380.2	1174.1	2428.8	1838.6	2385.1	1304.7	—	31278.5
2567.4	3200.1	1236.3	2445.1	1874.7	2392.5	1405.9	—	31010.8
2604.1	3294.9	1270.6	2488.0	1929.0	2434.1	1422.2	—	31282.5
2449.6	3213.9	1304.8	2567.9	1993.8	2382.4	1489.1	—	30103.8
2432.8	3135.8	1305.0	2557.7	1989.4	2398.6	1490.3	—	29869.7
2458.6	3124.3	1375.7	2657.5	2043.1	2390.8	1493.8	—	30565.2
2420.8	3119.1	1391.0	2668.2	2112.6	2453.9	1505.7	—	30746.4
2479.2	3246.1	1475.1	2822.1	2235.9	2455.6	1584.0	—	31913.5
2519.6	3264.5	1502.6	2910.3	2276.3	2501.9	1604.8	—	32625.8
2492.7	3217.2	1532.2	2957.5	2319.4	2531.1	1608.6	—	32476.7
2322.4	3121.5	1385.7	2800.9	2260.2	2483.1	1594.6	—	31102.1
2398.5	3206.6	1450.7	2920.6	2331.8	2548.4	1613.3	—	32297.2
2036.8	3024.9	1338.5	2911.1	2459.2	2857.1	2139.9	166.8	33300.7
2219.7	3225.6	1403.2	3093.2	2620.2	3010.3	2254.8	354.4	35957.7
2714.7	3487.2	1487.1	3329.1	2868.8	3388.8	2483.5	410.1	41308.6
2362.2	3449.1	1037.3	3093.2	2620.2	3010.3	2254.8	354.4	35958.1
2769.4	3816.9	1102.8	3329.1	2868.8	3388.8	2483.5	410.1	41310.3
3242.3	4174.8	1148.0	3655.6	3013.2	3896.1	2716.0	465.8	46540.6
4439.5	4772.6	1169.4	3800.6	3065.7	4858.4	3299.9	571.6	55963.1
6453.8	6614.4	1512.8	5284.0	4220.3	7373.8	4723.1	698.8	83898.4
11781.3	8675.8	1350.2	6015.8	4040.1	7892.9	4524.3	1042.6	111939.6
12857.8	9610.7	1386.3	6388.0	4182.8	8593.9	4829.8	1273.4	125570.2
11298.0	10098.0	1184.0	5860.0	3631.0	8224.0	4392.0	1457.0	120913.0
—	—	—	—	—	—	—	—	100496.0
—	—	—	—	—	—	—	—	67336.0

南関東：安房・上総・下総・武蔵・相模（千葉・埼玉・東京・神奈川）
北陸：佐渡・越後・越中・能登・加賀・越前・若狭（新潟・富山・石川・福井）
東山：甲斐・信濃・飛騨（山梨・長野）
東海：伊豆・駿河・遠江・三河・尾張・美濃（静岡・愛知・岐阜）
畿内：大和・山城・摂津・河内・和泉（京都・大阪・奈良）
畿内周辺：近江・伊賀・伊勢・志摩・紀伊・淡路・播磨（滋賀・三重・和歌山・兵庫）
山陰：丹後・但馬・因幡・伯耆・隠岐・出雲・石見（島根・鳥取）
山陽：美作・備前・備中・備後・安芸・周防・長門（岡山・広島・山口）
四国：阿波・讃岐・伊予・土佐（徳島・香川・愛媛・高知）
北九州：筑前・筑後・肥前・壱岐・対馬・豊前・豊後（福岡・佐賀・長崎・大分）
南九州：肥後・日向・大隅・薩摩（熊本・宮崎・鹿児島）　沖縄：琉球（沖縄）

表31　日本列島の地域人口：縄文早期〜2100年

時代	年	北海道	東奥羽	西奥羽	北関東	南関東	北陸	東山	東海
［国別］									
縄文早期	8100B.P.	—	1.7	0.3	2.5	7.2	0.4	3.1	2.1
縄文前期	5200B.P.	—	14.3	4.9	12.6	30.2	4.2	25.5	4.8
縄文中期	4300B.P.	—	32.4	14.3	23.9	71.5	24.6	72.3	12.8
縄文後期	3300B.P.	—	36.1	7.7	16.8	34.8	15.7	22.2	7.4
縄文晩期	2900B.P.	—	27.5	12.0	3.9	3.8	5.1	6.2	6.4
弥生時代	1800B.P.	—	28.7	4.7	39.3	59.7	20.7	85.1	54.4
奈良時代	725	—	206.5	78.0	356.9	422.8	252.6	121.9	488.7
平安初期	800	—	186.0	80.3	451.4	519.5	461.4	184.3	413.9
平安前期	900	—	372.9	189.3	733.6	728.1	536.4	360.9	423.2
平安末期	1150	—	326.8	280.1	710.1	892.1	708.6	325.7	434.0
慶長５年	1600	7.1	734.4	338.5	714.3	1304.6	864.2	428.1	1081.3
享保６年	1721	18.7	2355.4	1053.2	2210.3	3938.1	2586.8	1262.6	2642.2
寛延３年	1750	26.2	2203.4	1015.5	2143.0	3913.8	2592.6	1284.2	2710.1
宝暦６年	1756	27.2	2167.4	1006.1	2106.4	3865.9	2655.5	1319.1	2691.8
天明６年	1786	31.6	1876.5	965.9	1766.6	3484.2	2530.1	1328.6	2718.8
寛政４年	1792	32.9	1881.9	980.1	1696.6	3464.9	2628.0	1290.1	2585.8
寛政10年	1798	34.5	1906.9	1023.6	1704.2	3516.4	2723.3	1358.1	2754.7
文化元年	1804	54.5	1923.5	1044.2	1664.4	3490.5	2769.3	1353.4	2775.3
文政５年	1822	74.3	1980.8	1091.1	1617.1	3474.3	3013.7	1391.4	2973.0
文政11年	1828	78.0	2016.1	1135.1	1603.3	3609.4	3117.9	1536.0	2950.1
天保５年	1834	81.4	2028.6	1129.1	1501.7	3502.8	3169.0	1464.4	2940.9
天保11年	1840	77.2	1807.4	999.2	1552.2	3605.1	2881.4	1390.1	2821.2
弘化３年	1846	85.1	1929.5	1094.9	1594.2	3731.9	3041.4	1429.6	2920.9
明治６年	1873	123.7	2306.0	1197.9	1664.7	3555.7	3309.3	1386.7	2822.4
明治13年	1880	163.5	2505.4	1276.2	1888.8	3931.5	3476.8	1506.2	3028.0
明治23年	1890	421.7	2981.8	1424.7	2276.1	5019.9	3860.1	1746.0	3409.2
［府県別］									
明治13年	1880	163.5	2478.2	1303.4	2078.6	3763.1	3476.8	1399.6	3113.5
明治23年	1890	421.7	2947.6	1458.9	2490.7	4830.5	3860.1	1626.6	3505.0
明治33年	1900	949.3	3463.9	1640.6	2890.6	5629.0	3906.2	1816.8	3932.3
大正９年	1920	2359.2	3926.6	1867.4	3449.5	7678.5	3847.4	2146.2	4710.6
昭和25年	1950	4295.6	6355.4	2666.3	5191.3	13050.6	5179.5	2872.2	7406.6
昭和50年	1975	5338.2	6780.1	2452.8	5796.7	27041.7	5306.2	2800.7	11100.4
平成７年	1995	5692.3	7363.5	2470.7	6943.4	32576.6	5618.6	3076.0	12706.3
	2025	5109.0	7058.0	2053.0	7319.0	32447.0	5146.0	3161.0	12474.0
	2050	—	—	—	—	—	—	—	—
	2100	—	—	—	—	—	—	—	—

（注）１）資料：1846年まで：鬼頭宏「明治以前日本の地域人口」『上智経済論集』第41巻１・２号（1996：表１）
1873〜1890年：梅村又次他『地域経済統計（長期経済統計13）』東洋経済新報社（1983：表20・21）
1920〜1995年：『国勢調査報告』
2025〜2100年：国立社会保障・人口問題研究所推計（平成９年中位推計）
２）原表の弥生時代を1800B.P.に変更し、沖縄人口の誤記を修正した。
３）明治13、23年の国別人口と府県別人口の合計は一致しないが、修正していない。
４）16地域の国別（府県別）構成は次のとおり。
北海道：蝦夷（北海道・1890年までは千島、樺太を含む）
東奥羽：陸奥（青森・岩手・宮城・福島）　西奥羽：出羽（秋田・山形）
北関東：常陸・上野・下野（茨城・栃木・群馬）

表31をみて、まず気がつくことは、一七〇〇年以後は、データがくわしく、一六〇〇年以前は、データが粗(あら)いことである。

いま、**表31**の合計欄により、つぎの二点をとってみる。

(1)　一九九五年の人口………一億二五五七万〇二〇〇人

(2)　一七二一年の人口………三一二七万八五〇〇人

(1)と(2)との年代差は、二七四年間である。

そして、(2)の人口を、(1)の人口で割れば、〇・二四九一である。

つまり、二七四年さかのぼれば、人口は、約四分の一に減少することになるのである。

このように、二七四年さかのぼるごとに、人口が、約四分の一（〇・二四九）になるとするとどうなるか。

つぎのようになる。

(2)　一七二一年の人口………三一二七万八五〇〇人

(3)　一四四七年の人口………七七九万一四七三人

(4)　一一七三年の人口………一九四万〇八五六人

(5)　八九九年の人口………四十八万三四六七人

つまり、西暦九二四年ごろの人口は、約四十八万人と推定されることになる。

ところが、**表31**をみると、西暦九〇〇年ごろの人口は、約六四四万人となっている。約四十八万人は、約六四四万人にくらべ、十分の一以下の過小推定である。このばあいの減少曲線は、あとの323ページの**図31**に、「**指数曲線Ⅱ**」として示されている。

また、この「付編」の編のトビラに示した**図**（311ページ）をご覧いただきたい。

世界の人口は、一九五〇年の二十五億人から、一九九八年の六〇億人に、およそ五〇年間で、倍増以上（正確には、二・四倍）になっている。

かりに、過去へ五〇年さかのぼるごとに、人口が等比級数的に半減していくものとすれば、西暦二〇〇〇年ごろの人口は、皆無（一人以下）になってしまう。

古代にさかのぼっても、人口は、「指数曲線」であらわされるほど、急激には、減少しないのである。

桑原秀夫の双曲線モデル

人口増大曲線モデルとして興味をひくものに、桑原秀夫（一八九六～一九八八。元、日立造船株式会社専務取締役、近畿数学史学会会長）の提示したモデルがある。

桑原秀夫は、一九六三年に、「『日本の古代人口』推計についての一考察」という論文を、『古代文化』誌、第十巻第一号に発表した（この論文は、『季刊邪馬台国』34号［梓書院、一九八七年刊］に転載されている）。

たとえば、藤岡謙二郎編『日本歴史地理総説　古代編』（吉川弘文館、一九七五年刊）では、この桑原秀夫の論文にもとづき、東海道、東山道、北陸道などの国々の人口推定が行なわれている。

桑原秀夫は、さきの論文において、多くのデータにもとづき、つぎのような、法則的仮説をたてた。

［桑原秀夫のたてた法則的仮説］
過去に時間をさかのぼるばあい、X年数を要して、人口が半減したとき、さらにその人口が半減（はじめからいえば四分の一に減）に達する場合の年数は$2X$年である。

この法則的仮説の意味するところは、あとでまた検討することとする。とりあえず、［指数曲線にもとづく仮説］と比較してみよう。

［指数曲線にもとづく仮説］では、つぎのようになる。

［指数曲線にもとづく仮説］

過去に時間をさかのぼるばあい、X年数を要して、人口が半減したとき、さらにその人口が半減（はじめからいえば四分の一に減）に達する場合の年数は、X年である。

つまり、半減に要する年数が、「$2X$年」か、「X年」かの違いである。

［桑原秀夫のたてた法則的仮説］では、減少の勢いが、［指数曲線にもとづく仮説］にくらべ、Xが大きくなるほど（さかのぼるべき年数が大きくなるほど）急速にゆるやかになる。

［桑原秀夫のたてた法則的仮説］では、半減に要する年数じたいも、倍、またその倍とふえて行くのである。

［桑原秀夫のたてた法則的仮説］をみたす曲線は、横軸を西暦年数x年、縦軸を人口y人とするとき、つぎのような双曲線となる。これは、すこし数式を演繹すれば、容易に求められる。

$$y=\frac{a}{b-x}\quad (a,\ b\text{は定数})\ \cdots\cdots\cdots\text{(A)}$$

この(A)式では、未知の定数は、a、bの二つだけなので、xとyとについて、二点を定めるならば、a、bを、一応定めることができる。

そこで、xとyとの二点として、まず、つぎの二つを考えてみる。

(1)　**西暦一九九五年の日本人口として、一億二五五七万二〇〇人**

これは、**表31**から読みとった値である。実測データとしては、**表31**のなかでは、もっとも新しい。

(1)　**西暦八〇〇年の人口として、六〇〇万人**

お茶の水女子大学の教授であった日本史家、青木和夫氏は、その著『日本の歴史3　奈良の都』（中央公論社、一九六五年刊）のなかで、沢田吾一の研究を紹介したのち、つぎのようにのべる。

「歴史学者たちは、奈良時代の人口を口にするとき、沢田氏がその博士論文の主旨を、一般の人々のためにやさしく書きなおした著書『奈良朝時代民政経済の数的研究』（初版は一九二六年）の結論を、そのまま借用している。いわく、

『故に計算上に於て総良口五百五十八万云々を得たれども、安全なる主張としては五百万と六百万の間にありと云ふ可く、従て之を五百六十万といふも是れ大体の近似数と見るべきものとす』

ただ、もう一つの結論、良民のほかに賤民をくわえれば総人口は六百万ないし七百万くらいになるだろうというほうは、論証過程があっさりしすぎて説得性を欠いているため、借用する人はすくない。わたくしなども、賤民は良民の一割以下とみたほうが安全だと思っているので、全人口は六百万くらいと主張することにしている。」

これは、「奈良時代の人口」の推定値なのであるが、この「六〇〇万人くらい」という値が、じつは、奈良時代末・平安時代初期ごろ、西暦八〇〇年ごろの人口であることは、鬼頭宏著『人口から読む日本の歴史』（講談社文庫、講談社、二〇〇〇年刊）のなかで、ややくわしく、根拠をあげてのべられている。

ただ、鬼頭宏氏のこの著書では、すでに**表31**（314・315ページ）に示したように、西暦八〇〇年ごろの全国

人口は、五五一万人ほどとされている。これは、良民の人口にあたる。全人口の推定値としては、すくなめの推定値になっているようにみえる。「班田収授(はんでんしゅうじゅ)の法」では、全口の土地と人口とをしらべて、耕作すべき田を、各人にわけた。このころの人口の推定値は、かなりなていど、信頼できるとみられる。

さきに紹介した『日本の歴史3　奈良の都』のなかで、青木和夫氏は、つぎのようにのべる。

「ちなみにいえば、租税のかからぬ人々までふくめて全人口を定期的に調査した政府は、そののち明治維新まで、日本には存在しなかった。九世紀以後も政府は戸籍制度をつづけたが、六年ごとは十二年ごと、やがて数十年に一度となり、一〇世紀にはもうできなかった。一六世紀の末に全国を再統一した織豊(しょくほう)政権につづく徳川幕府は、一七二一年から、数年間隔の人口調査を再開したが、それも相手は百姓・町人で、自分たち武士の仲間うちは除外していた。」

以上の、xとyとの二つのポイントを用いて、a、bを定めれば、さきの(A)式に示した双曲線は、つぎの

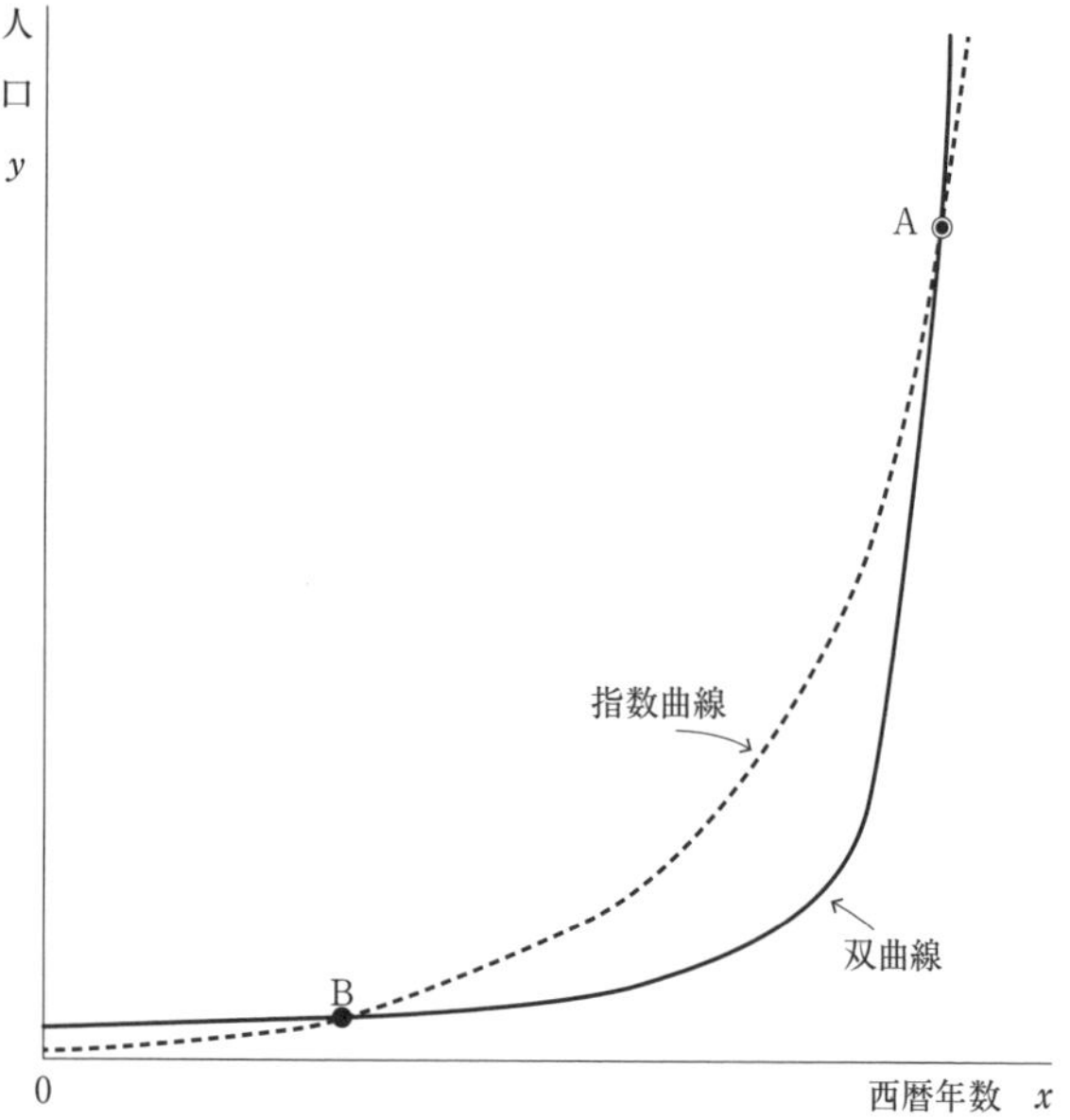

図29　2点A、Bを通る指数曲線と双曲線

ようになる。

$$y=\frac{7530}{2055-x}$$

この曲線は、**図30の**、［双曲線Ⅱ］に示した。

この式により、邪馬台国時代の全国総人口として、西暦二五〇年ごろの値を求めれば、$x=250$として、yの値は、つぎのようになる。

約四一七万人

また、**図30**には、点Aと点Bとを通るような双曲線の式も、**［双曲線Ⅰ］**として示した。**［双曲線Ⅰ］**によるとき、邪馬台国時代の全国総人口の推定値は、つぎのようになる。

約四四〇万人

さらに、**図30**には、点Aと点Cとを通るような双曲線も、**［双曲線Ⅲ］**として示した。**［双曲線Ⅲ］**は、与えられたデータのほとんどに、あてはまっておらず、かつ、あきらかに、過剰推定値を示している。**［双曲線Ⅲ］**によるとき、西暦二五〇年、邪馬台国時代の人口を推定すると、約六二二万人となる。これは、西暦八〇〇年ごろの人口の約六〇〇万人をこえてしまっている。

同様の推定を、「指数曲線」によって行なった結果を、**図31**に示した。

図30と**図31**とを、ていねいにみくらべていただくならば、「指数曲線」が、「双曲線」にくらべ、はるかにあてはまりがわるいことが、おわかりいただけるであろう。

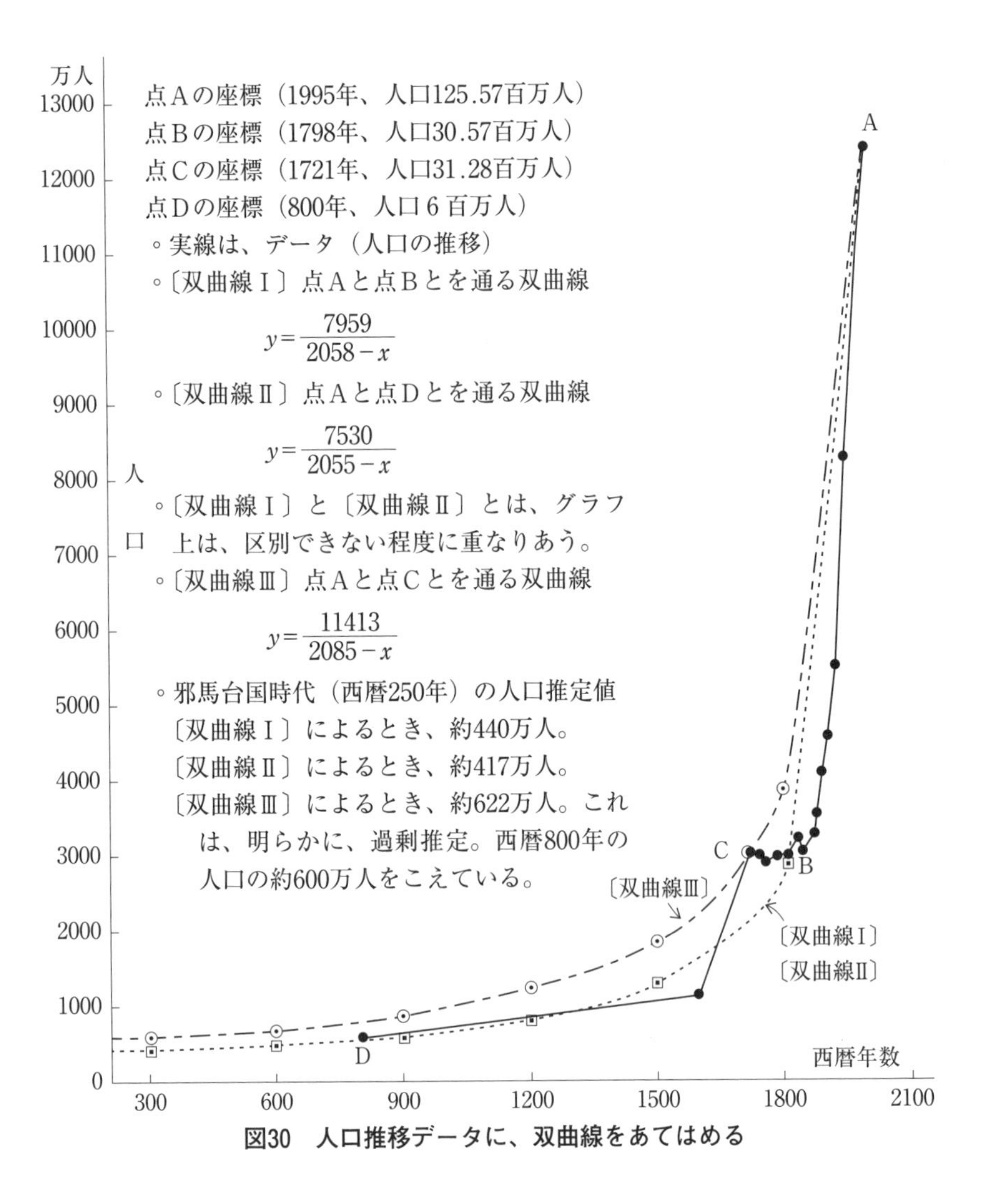

図30　人口推移データに、双曲線をあてはめる

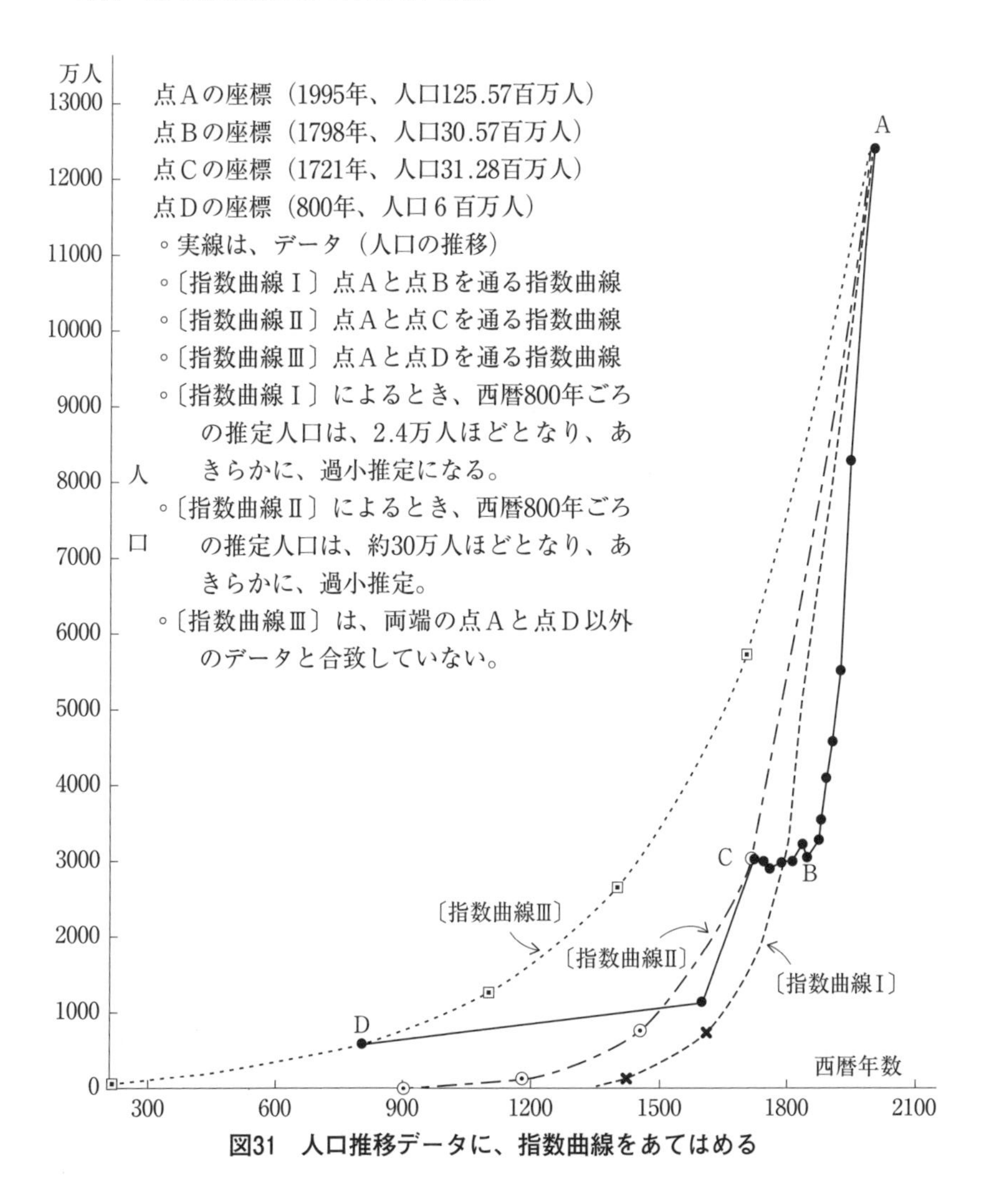

万人
13000
12000
11000
10000
9000
8000
7000
6000
5000
4000
3000
2000
1000
0
人
口
点Aの座標（1995年、人口125.57百万人）
点Bの座標（1798年、人口30.57百万人）
点Cの座標（1721年、人口31.28百万人）
点Dの座標（800年、人口6百万人）
◦実線は、データ（人口の推移）
◦〔指数曲線Ⅰ〕点Aと点Bを通る指数曲線
◦〔指数曲線Ⅱ〕点Aと点Cを通る指数曲線
◦〔指数曲線Ⅲ〕点Aと点Dを通る指数曲線
◦〔指数曲線Ⅰ〕によるとき、西暦800年ごろの推定人口は、2.4万人ほどとなり、あきらかに、過小推定になる。
◦〔指数曲線Ⅱ〕によるとき、西暦800年ごろの推定人口は、約30万人ほどとなり、あきらかに、過小推定。
◦〔指数曲線Ⅲ〕は、両端の点Aと点D以外のデータと合致していない。
A
B
C
D
〔指数曲線Ⅲ〕
〔指数曲線Ⅱ〕
〔指数曲線Ⅰ〕
西暦年数
300
600
900
1200
1500
1800
2100

図31　人口推移データに、指数曲線をあてはめる

図31のばあい、点Aと点Dとを結ぶ指数曲線［**指数曲線Ⅲ**］は、残りのすべてのデータと、はなれている。かつ、［**指数曲線Ⅲ**］を用いても、邪馬台国時代の人口推定は、あきらかな過小推定となる。ましして、［**指数曲線Ⅱ**］を用いたばあいは、邪馬台国時代の人口推定は、さらなる過小推定となる。［**指数曲線Ⅰ**］では、もっとひどい過小推定となる。

邪馬台国時代の北九州の人口推定

ここで、北九州を、一応、筑前・筑後・豊前・豊後・肥前・壱岐・対馬（福岡・佐賀・長崎・大分）と定めることにする。

さきの(A)式で示された双曲線の定数a、bを定めるためのxとyとの二点として、今度は、つぎの二つを考える。

(1) **西暦七五〇年ごろの北九州の人口として、八十五万二九七九人**

290ページの**表27**により、「筑前・筑後・豊前・豊後・肥前・壱岐・対馬」の人口の合計を求めれば、八十五万二九七九人となる。

(2) **西暦一七五〇年の北九州の人口として、二三九万二五〇〇人**

314・315ページの**表31**により、北九州（筑前・筑後・豊前・豊後・肥前・壱岐・対馬）の人口、二三九万二五〇〇人。

以上の、xとyとの二つのポイントを用いて、a、bを定めれば、さきの(A)式に示した双曲線は、つぎのようになる。

この式により、邪馬台国時代の北九州の人口として、西暦二五〇年ごろの値を求めれば、$x=250$として、yの値は、つぎのようになる。

$$y=\frac{1326}{2304-x}$$ （人口の単位は100万人）

約六十四・五万人

この六十四・五万人と推定される北九州の範囲のなかに、256ページの**表19**に示した『魏志倭人伝』に記されている「十五万戸」ほどが、はいっていたとしてみよう。

すると、一戸あたりの人数は、四・三人ほどとなる。この値は、『漢書』「地理志」の記す一戸あたりの人数四・六六人（242・243ページの**表15**）に近いが、やや小さい。

また、『後漢書』「郡国志」の記す一戸あたりの人数五・一四人（244・245ページの**表16**）にくらべても小さい。

ただ、246ページで紹介したように、王隠の『蜀記』の記すように、三国時代の蜀の国の滅亡時の戸数は二十八万戸、人口は、一〇八万二〇〇〇人で、一戸あたりの戸数が、三・八六人であるような例もある。

『魏志倭人伝』の記す「十五万戸」は、なんとか、北九州のなかにおさまりそうである。

さらに、東京大学の日本史家であった井上光貞は、その著『日本の歴史1　神話から歴史へ』（中央公論社、一九六五年刊）のなかで、「邪馬台国の領域」について論じ、さまざまな根拠をあげて、ふつう南九州のなかにいれられる肥後の国の北部が、邪馬台国の領域にはいっていたであろうことをのべている。

井上光貞は、たとえば、つぎのようにのべる（カッコ内は、安本の注記）。

「山門・御井・八女(やめ)などの諸郡のひろがる（北九州の）筑後地帯と、もう一つの山門のある（南九州の）

肥後北部の玉名（たまな）・鹿本（かもと）両郡の一帯とは、かならずしもはっきりと区別されてはいなかったのではないかとの考えに達する。」

「わたくしは邪馬台国のひろがりを、たんに筑後のみならず、肥後北部にまで及ぼしたほうが現実的な見方だとおもうのである。」

「邪馬台国のもう一つの候補地とされていた肥後菊池郡山門郷のヤマトの名も、じつは筑後山門郡の名とともに、両者とも筑後および肥後北半にひろがっていた邪馬台国の名の残存したものであったとみることができよう。」

290ページの**表27**にみられるように、肥後の国の人口は、かなり多い。その一部が、邪馬台国の領域にはいるとすると、状況が、かなり変ってくる。

さらに、『魏志倭人伝』には、戸数二万戸の「奴国」と、女王国の境界の尽きるところにあるとする「奴国」と、「奴国」の名が二回でてくる。

この戸数二万戸の奴国を北九州の筑前の国の那珂郡のあたりにあて、女王国の境界の尽きるところにある「奴国」を、南九州の日向の国の那珂郡のあたりにあてる見解もある。

また、いっぽう、『魏志倭人伝』の記す戸数は、「七万余戸」などのように、「余戸」のついているものがほとんどである（256ページの**表19**参照）。合計も、十五万戸以上と考えられる。

考えるべき要素は多いが、古代の人口は、時代をさかのぼるほど、減少の度合は、緩慢になる傾向がある。『魏志倭人伝』の記す「十五万余戸」は、北九州を中心とする範囲に、だいたいおさまりうるていどの数とみることができよう。

封鎖人口の構造

桑原秀夫の示すデータでは、西暦六八〇年のわが国の人口を六〇〇万人、西暦一三八〇年の人口を一二〇〇万人とする。このばあい、双曲線の式は、つぎのようになる。

$$y=\frac{8400}{2080-x}$$（人口の単位は100万人）

この式によるとき、**西暦二五〇年の邪馬台国時代のわが国の人口は、四五九万人と推定される。**

同様にして、桑原秀夫の示すデータでは、西暦一五五〇年の世界人口を四億人、西暦一七九〇年の世界人口を八億人とする。この世界の人口の増加を示す双曲線は、つぎのようになる。

$$y=\frac{1920}{2030-x}$$（人口の単位は億人）

人口の増加を示す曲線として、ふつうよく、指数曲線やロジスティック曲線が用いられる。しかし、短期間は別として、長期間をとれば、指数曲線やロジスティック曲線よりも、桑原秀夫の示す双曲線のほうが、実際のデータに、はるかによくあてはまっているようにみえる。

しかし、桑原秀夫の示した双曲線にも問題がある。たとえば、ここに示した桑原秀夫のデータにもとづく双曲線のばあい、数式から容易にわかるように、日本の人口のばあいで二〇八〇年に、世界の人口のばあいで二〇三〇年に、人口が無限大になってしまうことである。すなわち、人口爆発をおこす計算になってしまうことである。しかし、実際には、そのような近い将来に、人口爆発がおきることは考えられない。

これは、以下のように考えるべきであろう。

鬼頭宏は、その著『人口から読む日本の歴史』（講談社、二〇〇〇年刊）のなかで、つぎのようにのべている。

「生物が生きていくためには一定の食糧と空間が必要である。それでは一定量の食糧と空間が与えられているときに、生物個体数はどのようなぐあいに増殖していくのだろうか。アメリカの生物統計学者であったパール（Pearl）とリード（Reed）はこのような疑問を抱き、実験を試みた。パールらは牛乳瓶に一つがいのキイロショウジョウバエを十分な餌とともに入れて、日数の経過につれ個体数がどのように増えるかを調べたのである。何通りもの条件を設定して実験した結果、いずれの場合にもショウジョウバエは無限に増殖することはなかった。初めはゆっくりと、そして次第に増加速度を高めたのち、ある水準に近づくに従って再び増加率は落ち、ほぼ一定数を保つことが認められた。

一九二〇年に発見されたS字形の増加曲線は、ロジスティック曲線と名づけられた。これは一世紀以前にすでに発表されて以来、長い間忘れられていた法則だったが、パールらによる再発見以後、この曲線はたいていの生物にあてはまることが確かめられた。人間もまた例外ではない。」

桑原秀夫も、「封鎖人口」ということばを用い、この種のことを論じている。

桑原秀夫は、その論文「日本の古代人口推計」のなかで、つぎのように記す。

「日本列島内の人口現象は、他国とちがって周囲が海のため、古来いちじるしい人口の流入または流出がなかったことが、一つの特徴として挙げられる。すなわち、多少の流出入はあっても、列島内の総人口を左右するようなものではなかった。この現象を封鎖人口と称する。」

そして、日本の人口だけでなく、世界人口全体が封鎖人口の構造に近づきつつあるようにみえる。

人口は、わが国でも、世界でも、はじめは、きわめて緩慢に増加し、二〇世紀に急激に、爆発的に増加し、そのあと増加の速度はにぶり、一定値あるいは、限界値に近づいていっているようにみえる。

運のいい生物は、進化により、新しい能力を獲得し、あるいは、人間のばあいは、技術革新により、何度か限界値を突破し、また、個体数を増大させて行くのであろう。

微分方程式であらわせば

数式の本質的構造や全体的構造、あるいは数式同士の関連性や意味は、微分方程式の形であらわせば、容易に把握できることがすくなくない。

人口推定にしばしば用いられる指数曲線は、微分方程式であらわせば、つぎのようになる。

$$\frac{dy}{dx}=ky \quad (k\text{は定数})$$

また、ロジスティック曲線を、微分方程式であらわせば、つぎのようになる。

$$\frac{dy}{dx}=ky\,(L-y) \quad (L\text{は限界値})$$

そして、ロジスティック曲線の微分方程式は、つぎのように変形できる。

$$\frac{dy}{dx}=kLy\left(1-\frac{y}{L}\right)$$

この式から容易にわかるように、人口yの値が、限界値Lにくらべてきわめて小さいばあいは、ロジスティック曲線は、指数曲線で近似できる。

いま、桑原秀夫の示した双曲線を微分方程式の形で示せば、つぎのようになる。

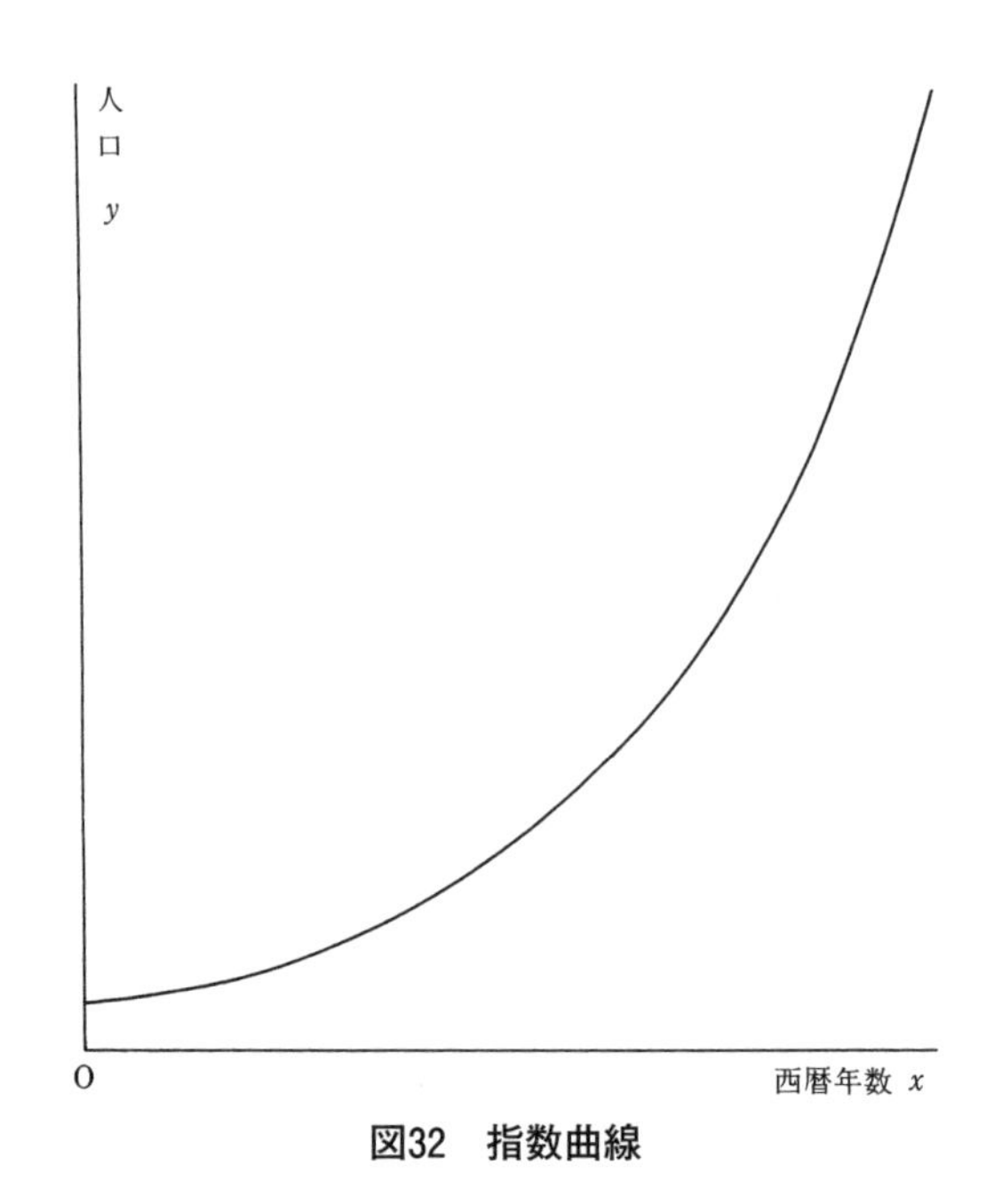

図32　指数曲線

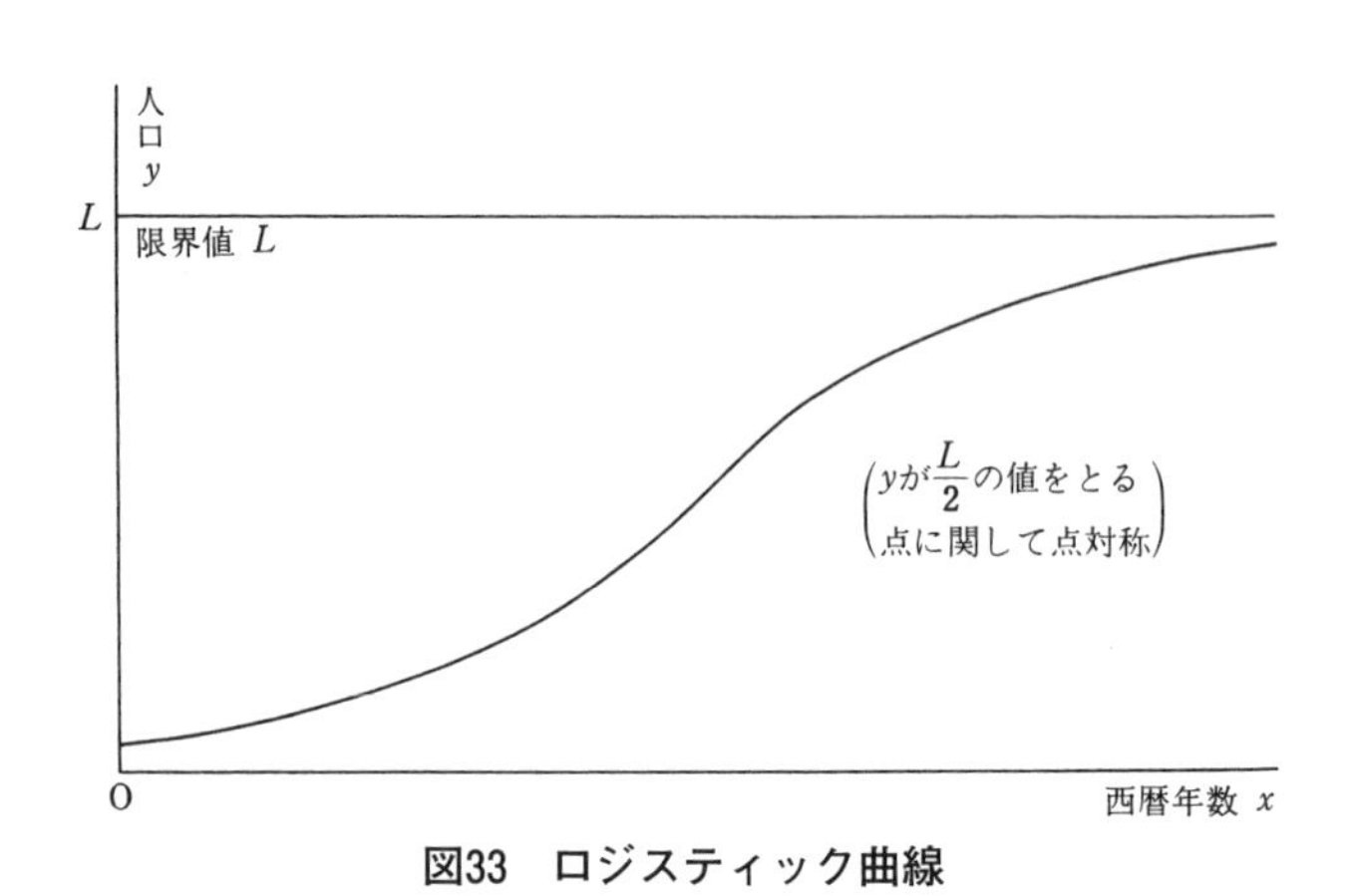

図33　ロジスティック曲線

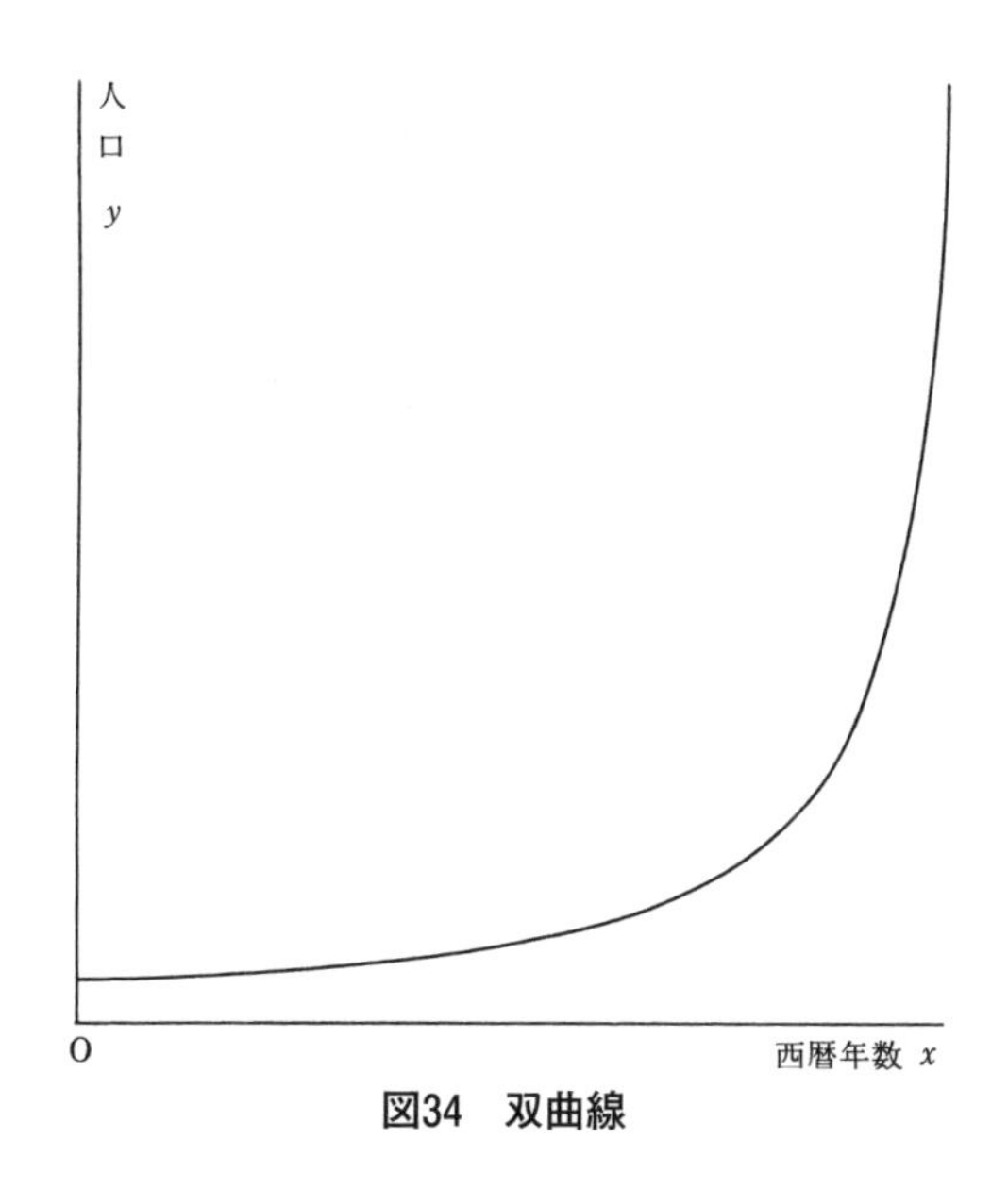

図34　双曲線

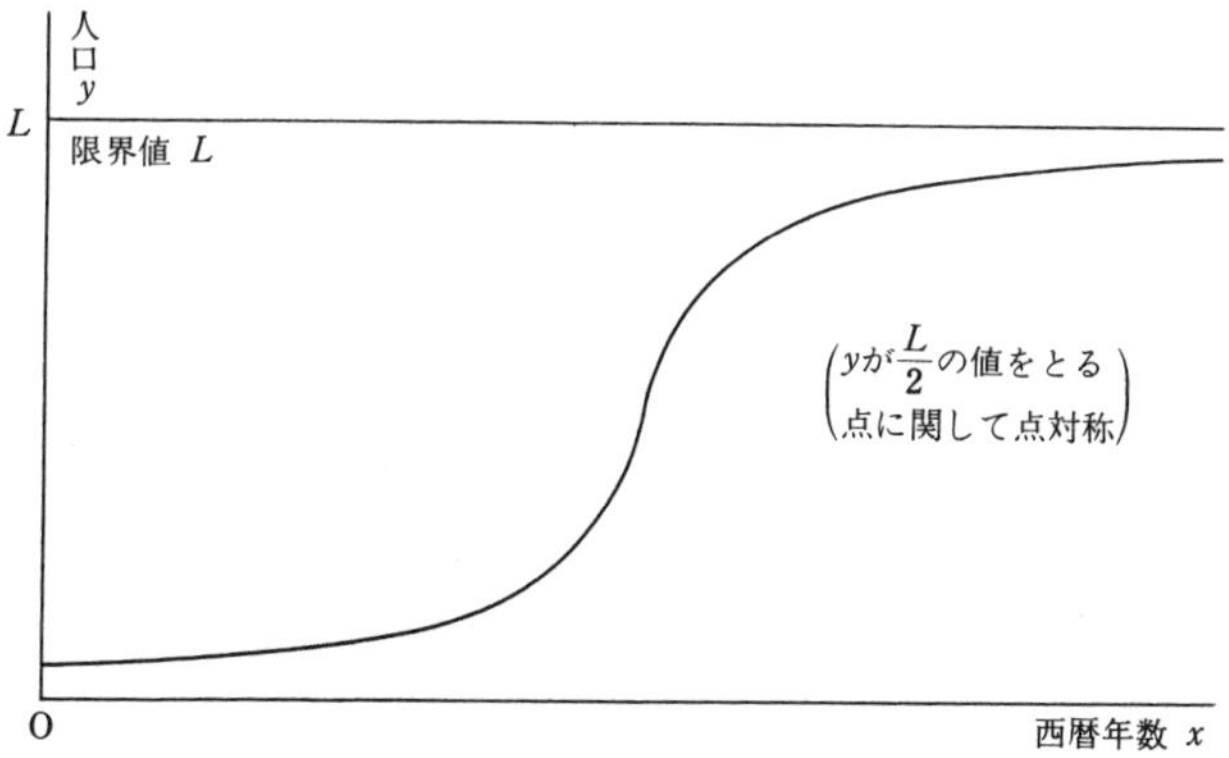

人口 y

L

限界値 L

（yが$\frac{L}{2}$の値をとる点に関して点対称）

O

西暦年数 x

図35　2次反応のロジスティック曲線

図36　日本の長期人口趨勢

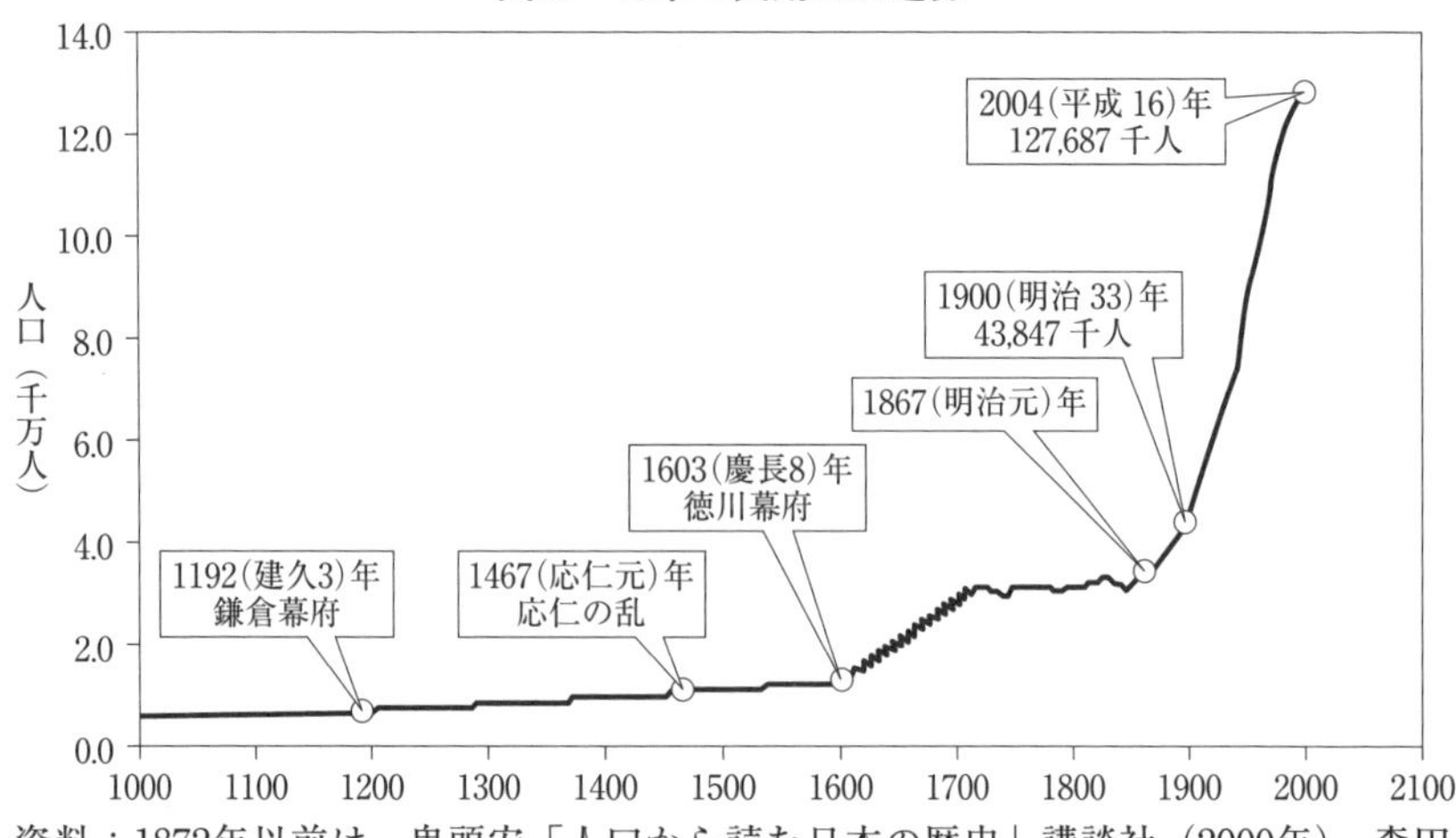

資料：1872年以前は、鬼頭宏「人口から読む日本の歴史」講談社（2000年）、森田優三「人口増加の分析」日本評論社（1944年）による。1872年から2004年までは総務省統計局「国税調査」、「10月1日現在推計人口」による。2005年以降は国立社会保障・人口問題研究所「日本の将来推計人口（平成14年1月推計）」。
内閣府『平成17年（2005）版　少子化社会白書』による。

$$\frac{dy}{dx}=ky^2$$

「指数曲線」と「双曲線」という一見別の形で表現される数式が、微分方程式では、「ky」と「ky^2」という相互に関係をもった統一的な形（ともに、「ky^n」の形であらわせる）で表記できるのである。

「指数曲線」では、人口の増加の速度が、「y」に比例する形になっている。これに対し、「双曲線」では「y^2」に比例する形となる。加速度が加わるのである。

生物が、封鎖状態におかれ、かつ、食物などが保障されているばあい、はじめはきわめてゆっくりと増殖し、やがて、爆発的にふえ、そして、限界に達する。

ここ二千年間、わが国も、世界も、同じような歩みをしたようにみえる。おもに二〇世紀の百年間で爆発的にふえて、そして日本が、つづいて世界全体が、限界状況に近づいているよう

図37　日本の人口は、2010年前後にピークに

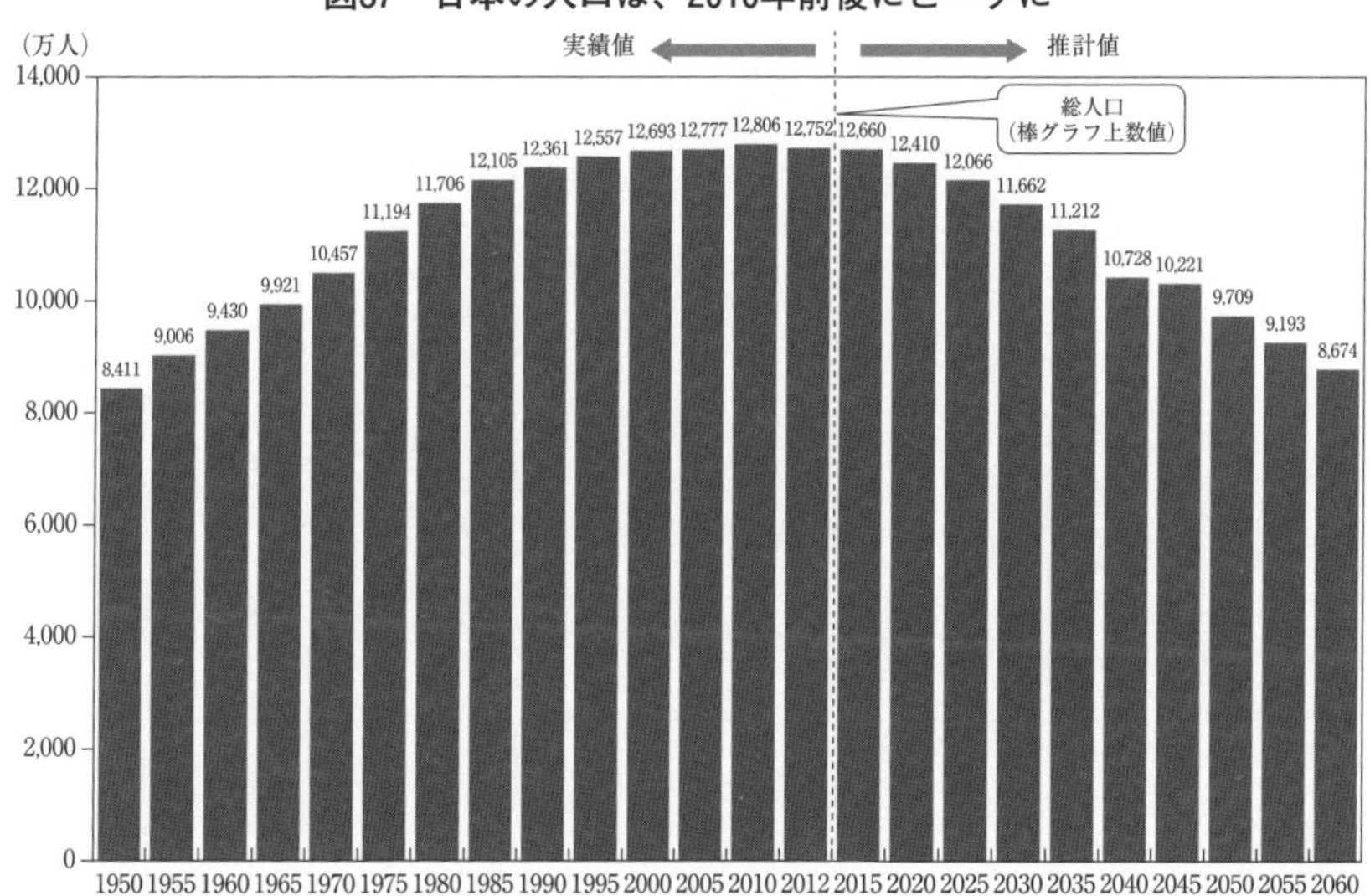

内閣府『平成25年（2013）版　高齢社会白書』による。
資料：2010年までは総務省「国税調査」、2012年は総務省「人口推計」（平成24年10月1日現在）、2015年以降は国立社会保障・人口問題「日本の将来推計人口（平成24年1月推計）」の出生中位・死亡中位仮定による推計結果
（注）1950年～2010年の総数は年齢不詳を含む。

にみえる。

反応の速度が、たんに、変化する一物質の濃度に比例するような化学反応を、物理化学で、「一次反応」という。

この用語を用いるならば、指数曲線は、人口増加の速度が、そのときの人口の大きさに比例するという「一次反応」型のモデルを考えている。これに対し、桑原秀夫の示した双曲線は、人口増加の速度が、そのときの人口の大きさが大きければ大きいほど加速されるという「二次反応」型のモデルを考えていることになる。

したがって、「二次反応」で、しかも、限界値があるばあいのモデルの微分方程式を、「二次反応」のロジスティック曲線のばあいにならって推定すれば、つぎのようになる。

図38　世界人口の推移と推計：紀元前～2050年

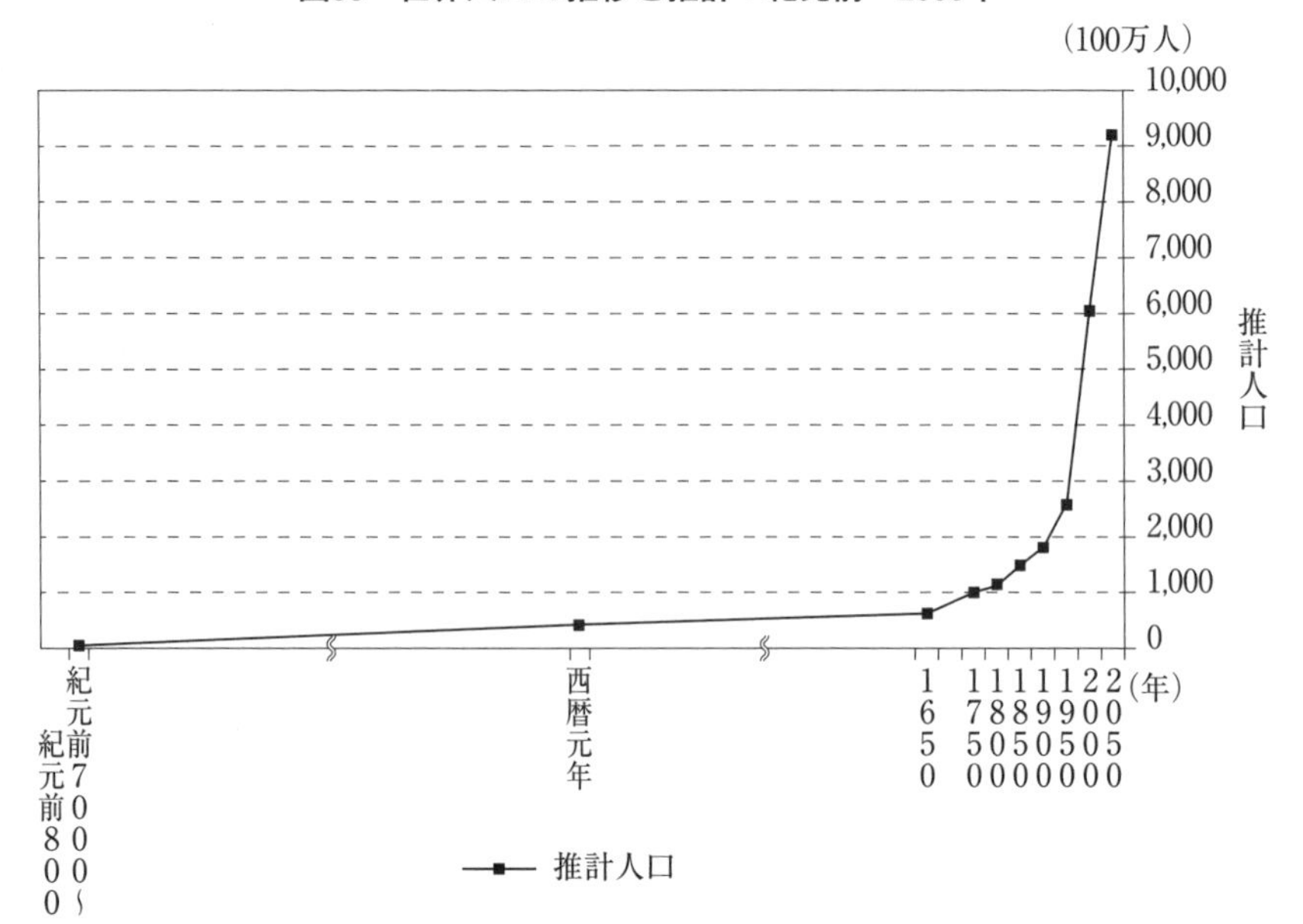

資料：国立社会保障・人口問題研究所「人口統計資料集（2010）」より環境省作成
環境省編『平成22年（2010）版　図で見る環境白書・循環型社会白書・生物多様性白書』による。

$$\frac{dy}{dx} = ky^2 (L - y)^2$$

この微分方程式にもとづく曲線を、「二次反応のロジスティック曲線」と名づけよう。この曲線は、人口yの値が、限界値Lにくらべてきわめて小さいばあいは、双曲線で近似される。すなわち、**図32～35**のようになると考えられる。

桑原秀夫の仮説では、西暦紀元0年ごろの世界の人口は、約一億人となる。そのころの人口が、0になってしまうマルサスの指数曲線のモデルよりも、桑原秀夫のほうが、より適切なモデルを提出しているといえよう。

図39　世界と主要国の将来人口推計

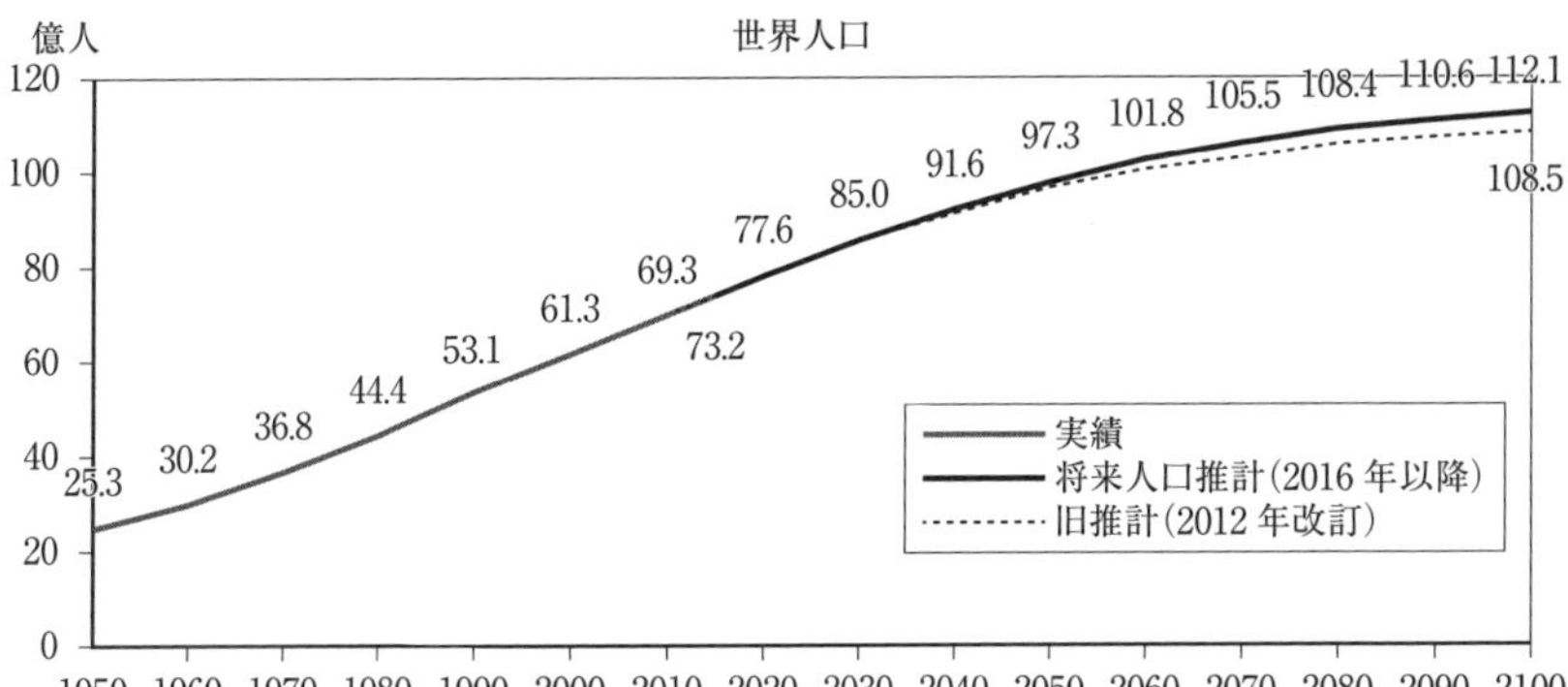

『社会実情データ図録』（http://www2.ttcn.ne.jp/honkawa/1151.html）による。もとの資料は、国連，World Population Prospects: The 2015Revision。

あとがき

自然科学の分野では、ある特定の分野が説明できる理論よりも、いくつかの分野を、統一的に説明できる理論のほうがのぞましいとされる。

たとえば、ニュートンの力学は、天体の運動も、地上の運動も、同一の原理で説明できるところに長所があった。

邪馬台国問題のばあい、重要なテーマとして、つぎのようなものがあげられよう。
(1) 卑弥呼は、『古事記』『日本書紀』に記されているだれにあたるのか。あるいは、『古事記』『日本書紀』に記されている人物とは、関係のない人物なのか。
(2) 邪馬台国(戸数七万余戸の広い領域)はどこか。
(3) 卑弥呼の宮殿のあった場合はどこか(狭い領域)。
(4) 卑弥呼の墓は、どこにあったのか。
これらのどれかが説明できるだけでなく、同一の原理で、これらの諸問題に、統一的な解答の与えられることがのぞましい。

また、日本の古代史に関係しては、おもに、つぎのような資料がある。
(1) 『古事記』『日本書紀』をはじめとする国内文献。
(2) 『魏志倭人伝』をはじめとする外国文献。
(3) 考古学的なデータ
(4) 神社に関する伝承をはじめとする諸伝承。

(5) 風俗、習慣などにみられる民俗学的諸事実。

これらの諸資料についても、統一的な立場からの説明のできることがのぞましい。

この本、および、このシリーズの拙著でこころみようとしているのは、このような統一的な説明体系の構築である。

そしてまた、このシリーズは、古代と現代とをむすぶ橋、人文科学、社会科学と自然科学とをむすぶ橋を、構築しようとするものでもある。

私は、このような橋の構築が、かなりなていど、成功のみこみがあると思うものである。

このような探究において、お手本になると思われるのは、ユダヤ系諸学者の諸業績である。

マルクスは、人間の経済活動についての総合的な説明体系の構築をめざした。

フロイトは、人間の精神世界を、統一的に説明できる体系の構築をめざした。

アインシュタインは、広大な宇宙の全体的構造を説明できる体系の樹立をめざした。

「偉大な学説は、妄想と紙一重」ともいう。これらの人々の学説は、人類のなかの特殊な人々がみた夢物語なのかも知れない。妄想の一種なのかも知れない。

マルクス主義のために、多くの人々が命を落した。しかし、マルクスの予言通りに歴史が展開したわけではなかった。

それでも、私は、これらの人々にあこがれる。これらの人々の「ひそみ」にならいたいと思う。

大志は、ホラ話に近くても、生きるよすがともなりうるのである。青年のみが抱くべきものでもないと思う。

すでに、私の足どりは、蹉跎(さだ)、蹌踉(そうろう)たるものとなっているが、それでもなお、一歩でも、目的に近づきたいと思う。

この拙著のシリーズは、最初に、勉誠出版会長の池嶋洋次氏がたてて下さった。そして、本書の刊行には、ご多忙中にもかかわらず、岡田林太郎社長が、またまた編集を直接担当して下さった。お力ぞえいただいた勉誠出版の方々に、涂甚の謝意を表したい。

出版不況といわれている時代ではあるが、願わくは、本書と、本書のシリーズが、よき運命にであいますように。

著者紹介

安本美典（やすもと びてん）

1934年、中国東北（旧満洲）生まれ。京都大学文学部卒業。文学博士。産業能率大学教授を経て、現在、古代史研究に専念。『季刊 邪馬台国』共同編集者。情報考古学会会員。専攻は、日本古代史、数理歴史学、数理文献学、数理言語学、文章心理学。

『大和朝廷の起源』（勉誠出版）などの、本シリーズの既刊17点以外のおもな著書に、つぎのようなものがある。

日本古代史関係……『神武東遷』（中央公論社）、『卑弥呼の謎』『高天原の謎』『倭の五王の謎』『邪馬台国ハンドブック』（以上、講談社）、『邪馬台国への道』『数理歴史学』（筑摩書房）、『研究史邪馬台国の東遷』（新人物往来社）、『吉野ケ里遺跡と邪馬台国』（大和書房）、『奴国の滅亡』『日本人と日本語の起源』（以上、毎日新聞社）、『新説：日本人の起源』『騎馬民族は来なかった！』『巨大古墳の主が分った！』『「邪馬台国畿内説」を撃破する！』（以上、宝島社）、『邪馬台国はその後どうなったか』『巨大古墳の被葬者は誰か』『応神天皇の秘密』（以上、廣済堂出版）、『日本誕生記Ⅰ、Ⅱ』『邪馬台国の真実』（PHP 研究所）など。

言語学関係……『日本語の誕生』（大修館書店）、『日本語の成立』（講談社）、『日本語の起源を探る』（PHP 研究所）、『日本人と日本語の起源』（毎日新聞社）、『言語の科学』（朝倉書店）、『言語の数理』（筑摩書房）など。

おしらせ

月に一度、「邪馬台国の会」主催で、安本美典先生の講演会が開かれています。
「邪馬台国の会」案内ホームページ
http://yamatai.cside.com

推理◎邪馬台国と日本神話の謎

卑弥呼の墓は、すでに発掘されている!!

福岡県平原王墓に注目せよ

著　者	安本美典
発行者	池嶋洋次
発行所	勉誠出版（株） 〒101-0051 東京都千代田区神田神保町 3-10-2 電話 03-5215-9021（代）
装　幀	稲垣結子
印　刷 製　本	（株）太平印刷社

平成29年1月10日　第1版第1刷

ISBN978-4-585-22558-4 C0021

―― 安本美典の本 ――

邪馬台国と出雲神話
銅剣・銅鐸は大国主の命王国のシンボルだった

出雲から、大量の銅剣・銅鐸が出土した。これは出雲神話の伝える「出雲の国譲り」の結果、うずめられたものではないのか――加茂岩倉遺跡・神庭荒神谷遺跡に出現した大量の遺物は、神話を裏付けている！　神話から、歴史的事実の核を探る。

A5判上製・335頁
本体3200円＋税

邪馬台国と高天の原伝承
「邪馬台国＝高天の原」史実は国内で神話化した

「卑弥呼＝天照大御神」ならば、天照大御神のいた「高天の原」こそ、邪馬台国の神話化した記憶であることになる。「高天の原」には「天の安川」が流れ、福岡県甘木市には、現在も安川がある。日本神話に見える数々の地名が、この近辺に実在している。一九九二年には、巨大環濠集落「平塚川遺跡」が、この地に出現。高天の原の真実を探る。

A5判上製・300頁
本体3200円＋税

古代物部氏と『先代旧事本紀』の謎

『先代旧事本紀』は、だれによって、いつ書かれたのか。本書ではじめて明らかにされた編纂者と成立年代。編纂者は明法博士の興原敏久、成立年代は西暦八二七年～八二九年前後だ！『先代旧事本紀』は説く。「神武天皇よりも前に、物部氏の祖・饒速日の尊が、畿内へ東遷降臨した」。この伝承は、どこまで信用できるのか。

A5判上製・316頁
本体2800円＋税

倭王卑弥呼と天照大御神伝承

日本古代史混迷の元凶は、「年代論」の不徹底にある。この本では、「天皇一代の平均在位年数」にもとづく年代論の基礎を明確にする。卑弥呼と天照大御神とは、年代が重なり合う。邪馬台国の時代と日本神話の時代とは重なりあう。この年代論によってこそ、一七〇〇年の時空を超え、日本古代史の新大陸に達しうる。

A5判上製・304頁
本体3200円＋税